国家社会科学基金项目“基于用户交互的数字图书馆服务评价模型与实证研究”(项目编号 11BTQ010)

基于用户交互的数字图书馆服务评价模型与实证研究

梁孟华　吕元智　王玉良　著

世界图书出版公司
上海 · 西安 · 北京 · 广州

图书在版编目(CIP)数据

基于用户交互的数字图书馆服务评价模型与实证研究/梁孟华,吕元智,王玉良著.—上海:上海世界图书出版公司,2019.1

ISBN 978-7-5192-5384-4

Ⅰ.①基…　Ⅱ.①梁…　②吕…　③王…　Ⅲ.①数字图书馆-图书馆服务-研究　Ⅳ.①G250.76

中国版本图书馆 CIP 数据核字(2018)第 278645 号

书　　名	基于用户交互的数字图书馆服务评价模型与实证研究 Jiyu Yonghu Jiaohu de Shuzi Tushuguan Fuwu Pingjia Moxing yu Shizheng Yanjiu
著　　者	梁孟华　吕元智　王玉良
责任编辑	吴柯茜
封面设计	张亚春
出版发行	上海世界图书出版公司
地　　址	上海市广中路 88 号 9-10 楼
邮　　编	200083
网　　址	http://www.wpcsh.com
经　　销	新华书店
印　　刷	上海安枫印务有限公司
开　　本	787 mm×1092 mm　1/16
印　　张	24.5
字　　数	350 千字
版　　次	2019 年 1 月第 1 版　2019 年 1 月第 1 次印刷
书　　号	ISBN 978-7-5192-5384-4/G·529
定　　价	128.00 元

序

随着社会信息化进程的推进，世界各国都加大了对信息资源和服务保障体系的建设和投入。数字图书馆伴随着现代信息技术的快速发展和应用得到了长足发展，无论在数量上还是在服务功能上都取得了突破性的进展，数字图书馆的服务评价一直是学界和业界共同关注的焦点问题。在服务组织上，数字图书馆的交互式服务发展迅速，面向用户的跨系统资源整合得以实现。在服务评价中，围绕服务方式、技术和资源保障的评价，国内外进行了一系列的研究，取得了一系列的成果。然而，面向用户的服务管理和交互服务评价却相对滞后，未能建立交互式评价模型和指标体系。针对数字图书馆服务评价研究方面这一环节的缺失，梁孟华教授显示出高度的学术敏感和责任意识，自 2008 年开始便已展开了相关研究，并于 2011 年获得国家社科基金的立项支持，其成果就是今天摆在读者面前的这本《基于用户交互的数字图书馆服务评价模型与实证研究》。而由于目标明确、研究专深、实证充分，可以说，这是一本面向用户的服务管理和交互服务评价研究领域具有开拓性和前瞻性的优秀学术专著。该书从基于用户交互的数字图书馆服务评价的含义与内容入手，依据用户嵌入理论、软系统方法论、绩效三棱镜理论和投入产出理论等相关理论，借鉴数字图书馆评价模型的构建方法和通用指标，从用户交互需求、交互服务绩效和交互服务过程，提出三维评价模型；构建数字图书馆交互服务评价理论框架和指标体系；并通过专家和广泛调查，优选指标，利用结构方程进行数字图书馆服务评价模型的整体性和科学性检验。因此，该书基于用户交互的数字图书馆服务评价研究从用户体验和服务绩效出发，所构建的服务评价理论是数字图书馆管理理论的重要组成部分。交互评价模型的构建以及以用户为中心的数字图书馆服务指标体系构建，是面向用户的信息资源管理理论的深化。

该书根据数字图书馆交互服务的开放性，评价模型的构建着眼于动态环境下用户参与的数字图书馆服务的三维评价，突破了现有评价的局限性。这对于推进基于交互评价的服务发展和数字图书馆建设具有现实的利用价值。其中，实证研究将过程评价和绩效评价结合，同时，基于用户互动的评价指标体系可应用于泛在环境下各类型数字图书馆的服务评价，对于改进面向用户的服务、提高服务质量具有实际意义。

当然，该书之所以有如此重要的学术价值，是与其作者梁孟华教授在图书情报档案学领域多年的深厚积累及善于思考、勇于创新密不可分的。梁孟华大学毕业后即在武汉大学图书馆等单位工作，有着从事图书情报档案领域工作的宝贵的实践经验，2001 年以后，她又先后在职攻读了武汉大学信息管理学院的情报学硕士、博士学位，从而能够将其丰富的实际工作经验与敏锐的理论思考相结合，不仅在权威性学术刊物上发表了一系列优秀的研究成果，其硕士、博士论文也全部获得答辩委员会授予的“优秀”等第，显示出图情档研究领域一个年轻人才出类拔萃的科研实力。而这本书仍然进一步证明了这一点。该书就是作者完成国家社科基金项目“基于用户交互的数字图书馆服务评价模型与实证研究”的最终成果。作为该项目的负责人，梁孟华在完成相关研究的基础上，着重用户参与视角构建数字图书馆的服务评价模型，并带领团队成员进行了大量调研和实证检验。在此基础上，梁孟华对我国目前数字图书馆交互服务发展中存在的问题进行了全面而深入的分析，而且，因为其研究坚持理论和实践的有机结合与互动互证，所以该书中常常反映出作者的真知灼见。

作为梁孟华的硕士、博士指导教师，我非常欣慰地看到了梁孟华又一项重要学术成果的出版，它将大大有助于作者的后续研究，并对该领域研究起到十分积极的推动作用。在此对作者顺利完成又一项国家社科基金课题和本书的出版致以深切的祝贺！

数字图书馆的评价随着服务的发展和技术的更新处于不断完善中，我相信，在该书作者和广大图情档研究界同仁的积极努力下，该领域的研究一定会不断攀登新的高峰，不断推动国家、社会和人类文明的发展与进步。

胡昌平

2018 年 4 月 28 日

目　　录

0 引言

随着信息技术和网络技术的迅速发展和应用,数字图书馆不仅拓展了用户获取信息的范围,改变信息服务的服务环境、服务方式和服务内容,而且从根本上改变了用户获取信息的方式和手段。在服务组织上,数字图书馆的交互式服务发展迅速,面向用户的跨系统资源整合得以实现。但是在服务评价中,围绕服务方式、技术和资源保障的评价,国内外进行了一系列的研究。然而,面向用户的服务管理和交互服务评价却相对滞后。本项目就是在此背景下产生。

0.1 背景和意义

当代高新科技不断改变用户和数字图书馆的信息交互方式,数字化和Web2.0交互环境使用户主动参与数字图书馆服务的程度不断提高。这样一个全新的信息环境无论是数字图书馆服务,还是对数字图书馆服务评价都产生了巨大的影响。

0.1.1 交互式信息服务环境的产生和服务组织的转型与重构

新一代互联网模式——Web2.0是在2004年由O'Reilly Media公司的戴尔·多尔蒂(Dale Dougherty)和MediaLive公司的克雷格·克莱因(Craig Cline)在一次讨论因特网发展趋势的头脑风暴会议上首次提出来的①。基于

① 范并思,胡小菁.图书馆2.0:构建新的图书馆服务[J].大学图书馆学报,2006(1):2-7.

Web2.0技术的应用以及交互网络环境的建立彻底改变了用户和数字图书馆之间的交流和沟通,“维基”“博客”“用户参与”“高性能搜索”都是Web2.0的特征,而相对于“简单浏览”的Web1.0,“用户互动”可以说是Web2.0的典型特征①。博客、维基、交互问答平台、视频共享和虚拟社区等交互形式已经成为当前流行的网络交流方式,这些交互方式大大提高了用户的参与度。因此,数字图书馆中用户和数字图书馆系统之间、数字图书馆系统之间以及用户和用户之间的信息交互成为数字图书馆信息交流的主要方式。

数字图书馆交互服务的发展,推动了以用户需求为中心的信息服务的发展,一方面用户拥有更大的自由度,另一方面用户又为不断涌现的许多新技术和新问题而困惑。由于数字图书馆在人才、环境以及掌握信息资源的时间广度、专业深度和学科覆盖面等方面具有优势,它们所提供的信息产品和信息服务在一定程度上满足用户的浅层信息需求,随着用户深层信息需求的加剧以及用户自助服务意识的增强,数字图书馆通过利用网络平台,在环境、系统、用户、资源之间架起信息通道,用户可以直接在网上表达自己的需求,并及时得到专业人员的指导,从而优化信息行为,获取个性化服务。基于这种思想,交互式信息服务在实践过程中不断发展②。随着用户获取和利用数字图书馆资源能力的逐步增强,用户和数字图书馆之间的交互式行为变得越来越便利,不管是参考咨询中的交互行为、交互式网上咨询、交互式信息检索、个性化定制服务、视频点播等,还是用户信息反馈、用户参与评价和用户信息教育等,越来越多的用户希望参与到数字图书馆的交互服务之中,通过交流平台达到与服务人员和数字图书馆资源的互动,获得高质量的个性化服务。

因此,用户参与和信息需求导向下的数字图书馆交互服务体系应该是多维开放的,打破部门、系统条块分割的结构。数字图书馆的服务已经从以前提供静态信息的形式发展到提供动态互动信息,服务方式也由数字图书

---

① 叶鹰,黄晨.基于DSpace的Lib2.0[J].大学图书馆学报,2006(3):2-5.

② 邓胜利,张敏.基于用户体验的交互式信息服务模型构建[J].中国图书馆学报,2009(1):65-70.

馆单项信息推送发展到用户直接参与整个服务环节。这种信息交流方式的转变和服务模式的转变必将推动数字图书馆交互服务的进一步发展，拓展交互服务的实践，导致数字图书馆服务运行机制和服务组织的变革和重构。

0.1.2 交互式信息服务的逐步成熟亟待建立科学的服务评价体系

基于信息资源共享的数字图书馆为用户提供了雄厚的数字资源基础，解决了用户快速查找网络资源的问题。但是，由于用户需求各不相同，而数字图书馆基于关键词等各种检索途径无法识别用户的个性化信息需求，而为用户提供的信息产品和信息服务没有差异化，这必将导致用户的信息需求无法得到真正满足。随着用户个性化需求和基于 Web 的交互式信息服务需求的增长，“静态”Web 技术很难满足交互式信息服务的发展，于是开发“动态交互”式 Web 的技术纷纷发展起来，其中包括浏览器端和服务器端的动态技术和 Web2.0 技术等。在 Web2.0 中，每个用户作为平等的主体而存在，他们的行为是一种准双向的行为。可以说，Web2.0 就是以用户为核心的互联网，把“人”的作用提高到前所未有的高度，从以前简单的网站对个人的单向传播，逐渐演变为一对一、一对多、可协同的交互式传播①。交互服务从本质上是针对具体用户个人的问题、环境、心理、知识等不同特征的表述来实施。因此，数字图书馆从面向用户的数字资源建设、信息传递共享和利用为中心，发展到借助 Web2.0 技术，构建交互平台，建立全方位交互共享系统。数字图书馆的创建和发展引发了用户信息需求内容和需求结构的变化。

面对数字图书馆信息服务的用户需求变化和个性化服务的深入，数字图书馆服务模式的改变和交互服务的深入开展，原有的数字图书馆信息评价标准显然已不适合。用户直接参与服务和评价使评价主体多元化，不同

① 胡昌平，李阳晖.面向用户的交互式信息服务组织分析[J].图书馆论坛，2006(12)：188-193.

的评价主体从不同的视角来制定评价标准,必将出现评价标准统一性问题。评价主体的改变必然使评价方式和评价过程发生变化,评价方式由原来的单一评价转变为多向多维的评价方式,评价过程也由单项评价转为双向或多向评价。因此,在动态交互的环境下如何进行有效服务评价这一问题将会日益显现。为了减少数字图书馆服务评价过程的风险、降低评价成本、提高数字图书馆服务能力与效率,针对逐步成熟的交互服务制定科学合理的服务评价体系和解决服务评价机制存在的问题,已越来越引起政府部门、学术界及社会公众的广泛关注。同时,建立科学的交互服务评价体系是管理科学和科学管理过程中不可缺少的一部分,也是现代数字图书馆科学管理必不可少的。科学评价就是对科学工作者创造性劳动的仲裁,是对其科研成果的有效性、可靠性、科学性及其价值的评定,科学评价是科学奖励的基础,通过科学评价才有可能判定发现者和发明者的成果及其贡献的大小,才有可能对科学进行控制和导向,抵制科学活动中的越轨行动和不良倾向。所以,评价对一个科学系统的运行起着关键性的控制作用①。合理有效的数字图书馆交互服务科学评价体系对于数字图书馆服务转型和变化中的服务评价与资源的合理利用发挥着极大的作用。

0.1.3 情报学和信息资源管理理论前沿研究的重要内容

情报是一个发展中的概念。情报活动最早产生于军事领域,直接出自战争的需要,然后再不断扩展到其他社会竞争领域。1915 年版《辞源》对情报的解释是"军中集种种报告,并预见之机兆,定敌情如何,而报于上官者"。1939 年版《辞海》也认为"战时关于敌情之报告,曰情报"。这是我国最早对情报的定义②。现在情报通常被认为是对交流对象有用的知识或信息,并通过一定的渠道传递给交流对象。随着网络技术、信息社会的兴起和变革

① 文庭孝,邱均平.对科学评价作用与价值的再认识[J].科技管理研究,2007(9): 43 - 44.
② 严怡民.情报学概论[M].修订版.武汉: 武汉大学出版社,2001: 10.

构造了当代情报学发展的新语境,一系列新思想、新方法、新技术应运而生,情报学研究也曾现出一些新特征。研究对象由传统的以纸为载体的文献转变为以数字形式存储和传递信息,网络环境下实现知识的组织和提供成为情报学研究的新课题①。情报学研究和情报机构的研究也从传统的“文献信息世界”进入现代化的“知识内容世界”,情报学者和情报人员主要处理的将是“内容”而不仅仅是“文献”②。情报学研究知识信息的组织、表达、检索与利用、评价,都离不开现代信息化环境和数字图书馆服务的实践。本书以数字图书馆交互服务作为评价研究对象,研究数字图书馆用户交互需求变化和用户交互行为特征,理顺相关理论原理和构建相关理论基础,以基于用户交互的数字图书馆服务评价模型作为研究重点,构建评价指标体系,并通过实证数据进行模型和指标体系的优化,这些都体现了情报学研究内容的深化与拓展。信息资源管理涉及信息搜索、加工、存储、转换、交流、组织、提供和利用等业务环节,数字图书馆交互服务管理和评价与信息资源管理的发展息息相关,而且数字图书馆交互服务实践的发展也是信息资源管理深层次的研究内容。因此,有关数字图书馆交互服务在动态环境中如何得到有效评价也是信息管理学研究的前沿问题,技术环境和信息环境的变革,数字图书馆的快速发展和组织变革带来全新的动态评价都给情报学和信息资源管理研究提出了新挑战。本课题研究的意义主要体现在以下方面:

(1) 有助于深化面向用户的信息资源管理理论和情报学理论的发展。数字图书馆服务不仅涉及数字信息资源加工、组织、利用、传播等管理,而且存在面向用户的服务组织和业务拓展问题。因而,基于用户交互的数字图书馆服务评价研究从用户体验和服务绩效出发,所构建的服务评价理论是数字图书馆管理理论的重要组成部分。交互评价模型的构建以及以用户为中心的数字图书馆服务指标体系构建,是面向用户的信息资源管理理论和情报学理论的深化。

---

① 马费成,宋恩梅.情报学的历史沿革与研究进展.情报学研究进展[M].武汉:武汉大学出版社,2007:8.

② 文燕平.21 世纪情报学的发展趋势及其哲学思考[J].情报科学,2003(5):458-460.

(2) 有利于促进理论联系实践和提高面向用户的数字图书馆服务质量。交互服务评价的实施建立在用户参与与服务互动基础上,其模型构建和互动式评价理论的构建,对于推进基于交互评价的服务发展和数字图书馆建设具有现实的利用价值。其中,实证研究将过程评价和绩效评价相结合,同时,基于用户互动的评价指标体系可应用于泛在环境下各类型数字图书馆的服务评价,对于改进面向用户的服务、提高服务质量具有实际意义。

0.2 研究设计

0.2.1 研究目标

本课题研究动态环境下基于用户交互的数字图书馆服务的评价模型以及体系构建,在研究中强调理论模型与实证的结合,通过实证形成完整的理论体系及实施方案。拟通过理论分析与实证研究,建立能够充分反映用户交互需求和交互服务特征的三维评价体系,通过上海图书馆和武汉大学图书馆的用户调查了解用户交互需求和交互行为;更通过在武汉大学图书馆文献传递与馆际互借工作中的应用,进一步验证评价模型的实用性与适用性,在此基础上提出基于用户参与的数字图书馆交互服务评价组织实施的管理创新机制。具体而言,包括以下几个子目标:

(1) 通过基于用户交互的数字图书馆服务评价的理论分析,阐释数字图书馆交互服务评价的内涵,深入分析数字图书馆交互式信息服务的价值运行机制和评价理论依据。

(2) 依据面向用户的服务评价的相关理论和相关文献,构建基于用户交互的数字图书馆服务评价模型和评价指标体系。

(3) 通过实证数据科学测评定量验证基于用户交互的数字图书馆服务评价模型的科学性和评价指标体系的合理性。

(4) 通过实证,利用模型研究用户交互性和各种交互服务评价应用研究,提炼研究成果,形成具体的实施方案。

0.2.2 研究思路

本课题按所涉及的理论与实际问题展开研究,基本思路与研究架构如图 0-1 所示。

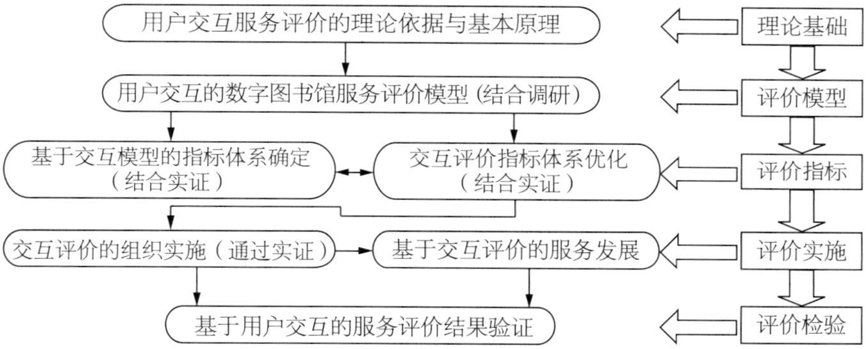

图 0-1 课题研究的思路与架构

0.2.3 研究方法

本课题采用比较分析法、三维建模法、统计分析法、实证分析法等作为主要的研究方法。

(1) 比较分析法：比较分析国内外数字图书馆评价模型的构建以及各种评价方法,提出交互服务评价的理论依据、基本原理以及方法体系。

(2) 三维建模法：采用基于用户、服务过程和服务绩效的三维建模方式构建基于用户交互的数字图书馆评价模型,实现动态环境下的交互服务评价。

(3) 统计分析法：通过对交互服务评价初始指标的重要性与适用性等调查数据的分析研究,分析各指标的相互关系、变化规律,依据分析结果对原评价体系的指标进行优选。

(4) 实证法：利用实证方法,选择高校图书馆和公共图书馆数字化服务和以及中国高等教育文献保障系统(CALIS)、国家科技图书文献中心(NSTL)等数字图书馆服务保障平台进行实证研究,实证内容是交互服务评价模型和评价指标体系的应用。

0.3 主要内容和难点

0.3.1 主要内容

本书共分8部分,内容分别如下:

(1) 引言。从交互式信息服务环境的产生和服务组织的转型与重构入手分析内容选题的背景和意义。详细介绍研究设计、主要内容和难点和主要观点和创新点。

(2) 文献综述。从基于用户感知互动的和基于用户满意互动的角度对国内外数字图书馆交互服务评价进行综述分析,并通过文献进行国内外相关研究述评。

(3) 基于用户交互的数字图书馆服务评价的理论基础。阐述数字图书馆交互式信息服务的内涵、交互服务评价的含义和意义。从以用户为中心的交互服务的核心价值和核心价值构成要素角度,重点分析数字图书馆交互式信息服务的价值运行。

(4) 面向用户的服务评价的相关理论依据。创新性地提出用户嵌入理论,分析其在数字图书馆服务评价中应用的可行性和意义、评价模式和评价支撑机制等。将软系统方法论、绩效三棱镜理论和投入产出理论应用到数字图书馆服务评价中,详尽分析其应用的可行性和模式,为交互服务评价奠定理论基础。

(5) 面向用户的数字图书馆交互服务评价体系的构建。从数字图书馆交互服务评价的基本要素入手,通过文献深入分析探讨基于用户交互的服务评价模型的建立,重点分析基于用户交互的数字图书馆服务评价模型和指标体系的构建。

(6) 基于用户交互的数字图书馆服务评价的验证实施。通过专家和广泛调查,利用调查数据优选指标,利用结构方程进行数字图书馆交互服务评价模型的整体性和科学性检验,进一步利用潜在变量路径分析交互服务评价因素关联度。

(7) 基于用户交互的数字图书馆服务评价的组织实施。引导用户参与的数字图书馆的管理理念与管理模式,重点分析用户参与的数字图书馆交互服务评价制度来确保评价的组织实施,提出基于协同视角的数字图书馆交互服务融合评价机制。

(8) 基于用户交互的数字图书馆服务评价实证研究。以上海图书馆和武汉大学图书馆为例进行用户交互性研究;以武汉大学图书馆为例分析用户满意度和各影响因素的动态关联;以武汉大学图书馆为例,利用数据包络分析评价文献传递服务发展;以武汉大学图书馆为例,利用 New-Cost-DEA 研究文献传递成本效率绩效。

0.3.2 难点问题

(1) 评价指标体系的设置与优选,需要科学客观地设计专家调查问卷并进行广泛的调查研究,因而从调研数据出发进行指标体系的设置和优选是研究的难点之一。

(2) 本课题提出的交互评价理论、交互评价模型以及指标体系的构建必须通过实证进行,相关工作涉及面广,需要与数字图书馆和信息服务机构合作。

0.4 主要观点和创新之处

0.4.1 主要观点

(1) 交互式评价模型的构建和评价方法的扩展应用,可以实现交互服务过程评价与绩效评价的结合。

(2) 构建和优化的指标体系能适应泛在环境下各类数字图书馆交互服务评价的需要。

(3) 用户参与的评价模型的应用,将推进基于用户体验的交互服务和个性化服务的发展。

0.4.2　创新之处

(1) 本课题依据用户交互的评价原则所构建的数字图书馆服务评价模型,改变了传统的过程评价、绩效评价和综合评价结构,体现了数字图书馆服务与用户交互的关系,因此,交互评价模型的构建是对传统评价理论的创新。

(2) 本课题以交互服务的评价研究为起点,将数字图书馆服务评价与面向用户的信息资源组织相结合,体现了面向用户的数字图书馆管理理论和以用户需求为导向的信息资源组织理论的新发展。

1 文献综述

随着 Web2.0 技术的飞速发展,以用户为中心的数字图书馆交互服务发展迅速,相关理论和实践研究取得了显著的成果。但是相较于数字图书馆交互服务的快速增长,基于用户交互的数字图书馆的服务整体质量评价研究却没有引起足够的重视。在发现这一薄弱环节后,大量专家和学者都试图构建一个有效的数字图书馆交互服务评价理论框架,包括对评价内容、评价理论与评价方法的选择、评价主体等一系列问题的研究。数字图书馆交互服务评价为数字图书馆建设的各项指标和绩效提供了一种可量化的、直观的度量方式。数字图书馆交互服务评价是一项系统化的工作,以用户交互为基础的数字图书馆服务评价包括基于用户感知互动的数字图书馆服务评价、基于用户满意互动的数字图书馆评价等。

1.1 基于用户感知互动的数字图书馆服务评价研究

用户是图书馆的服务对象,用户感知和需求等是影响图书馆全部工作流程的因素之一。以用户为中心的图书馆服务评价理念越来越受到图书馆界的认可,随着数字图书馆队伍的不断壮大,用户在图书馆服务过程中的自助和自主性越来越强,这就要求在数字图书馆服务评价过程中,必须更加注重对用户感知和用户需求的研究。用户感知是用户与服务系统之间互动过程中的“真实瞬间”,服务质量很大程度取决于用户感知,用户感知又以服务接触能力为基础。所谓基于用户感知的图书馆评价是指用户以自身感受为基点,对数字图书馆的内部机制和外部服务的全面感受和评价。

20 世纪 90 年代以来,图书馆界开始引入全面质量管理的思想和方法体系进行知识信息服务评价研究,即从关注知识信息流程方式,到更多的关注用户的感知和需求①。其中最具代表性的是美国营销学家贝里(Berry)、帕拉休拉曼(Parasuraman)和蔡特哈姆尔(Zeithmal)在 1998 年提出的全面质量评价(Service Quality, SERVQUAL)模型。SERVQUAL 的核心思想是服务质量的评价通过用户的感知和对服务的期望来进行②。贝里等人经过大量的定量和定性分析之后确定评价服务质量的因素主要由可靠性、反应性、可信度、关注度和有行性组成,并根据这 5 个因素设计了一个含有 22 个问题的调查表,每个问题有 3 个选项:① 用户可接受的最低值,② 用户对服务的感知,③ 服务期望。同时又提出了一个计算模型:$Q=P-E$(Q 代表服务质量,P 代表用户对服务的感知,E 代表用户对服务的期望)③④。基于用户感知的服务评价模式开始得到图书馆界的重视,并逐渐在实践中应用。

1.1.1 基于用户感知的数字图书馆技术和资源评价的国内外研究现状

随着数字图书馆的广泛应用给用户带来全新的服务环境和资源获取形式,学者开始致力于用户对于数字图书馆技术、电子资源以及信息技术带来新环境的感知服务等领域的研究。

亚历山大数字图书馆(Alexandria Digital Library, ADL)是美国加利福尼亚大学圣巴巴拉分校建设的地理信息数字图书馆,是以地理资源信息

① 梁孟华.图书馆知识信息服务综合评估研究[M].上海:上海世界图书出版公司,2012:26.

② 初景利.应用 SERVQUAL 评价图书馆服务质量[J].大学图书馆学报,1998(16):43-44.

③ 金更达.图书馆服务质量评价探讨[J].大学图书馆学报,2002(3):49-54.

④ 孙静,粟慧.用户感知的服务质量评价模式[J].图书情报工作,2005(11):105-109.

网络为基础建立起来的。亚历山大数字图书馆经过十多年的发展已经很成熟，现在有两套系统提供给全世界用户免费使用，一个是世界观光旅行家——Globletrotter①，一个是地名词典——Gazetteer，其中地名词典有两个版本②③④。亚历山大数字图书馆通过收集用户数据、对用户进行网络调查、定位目标用户群等研究来获取用户对数字图书馆的评价和感知。这些用户评价结果和用户感知调查被用于数字图书馆资源和系统的评价中，并被应用于基于 Java 的界面和支撑系统的开发和完善工作。亚历山大数字图书馆还从用户感知的角度，组织了多个评价小组对地理信息资源进行评价，包括信息处理组、图像处理组、性能与并行处理组等。⑤

K.基兰(K.Kiran)和 S.迪尔吉特(S.Diljit)认为，用户感知是数字图书馆服务的一个重要属性。数字图书馆的实用性属性使用户花费最短的时间和最少的精力得到需要的信息和资源，在用户感知客户支持服务的交付过程中，在线指导、帮助寻找所需信息，以及与其他数字图书馆开展馆际资源共享的能力，对用户而言都是极具重要意义的资源获取的一部分。另一个重要的属性是 Web 服务提供方便地访问一个组织良好的信息资源集合的能力。当客户访问 Web 服务时，可以通过访问和获取的容易性、设备的可用性以及网站使用的便利性，来评价数字图书馆的资源获取。在用户交互服务过程中，用户通过在线支持来改善信息搜索的结果。这种在线支持将减少客户的时间和精力，而且使搜索过程变得更加有效。当顾客暂停使用数字图书馆服务时，有两个方面值得关注：用户是否获得了所需要的信息资

① NGDA Globetrotter[EB/OL].[2014-05-11].http://clients.alexandria.ucsb.edu/globetrotter/.

② NGDA ADL Gazetteer[EB/OL].[2014-05-11]. http://webclient.alexandria.ucsb.edu/client/gaz/adl/.

③ NGDA ESRI Gazetteer[EB/OL].[2014-05-11]. http://webclient.alexandria.ucsb.edu/client/gaz/esri/.

④⑤ HILL L L, CARVER L. Alexandria Digital Library: user evaluation studies and system design[J]. Journal of the American society for information science, 2000(3): 246-259.

源;用户是否带着愉快的感觉离开,无论所需的信息是否得到了满足。①

帕蒂·科斯科娃(Patty Kostkova)和杰玛·马德尔(Gemma Madle)在对医疗数字图书馆的评价研究中指出,对数字知识资源的评价是数字图书馆评价的重要内容。对数字图书馆知识资源评价的关键是,数字图书馆用户是否可以从存储在数字文件中的信息中获取所需知识。医疗数字图书馆需要确保用户通过访问其数据或资源获取知识,提高用户在利用医疗数字图书馆时能够并容易获取所需知识的感知,用必要的知识来武装数字图书馆用户,以确保用户工作的顺利开展,无论所提供内容是不是一个合适的临床指南。②

诺伯特·富尔(Norbert Fuhr)等人的研究认为,资源获取是数字图书馆评价的重要方面。用户是所有交互过程的首要部分,其特点是复杂的和不断变化的,如果把数字图书馆当作一个内容承载工具来评价,系统的检索性能仅仅是系统整体性能的一个方面,评价工作必须超越系统性能,而从用户感知和需求来开展。信息获取系统的用户和所获取信息以及正在使用的系统相互影响,用户检索材料基于这样一个原因:用户不断地评价他们所获取的信息,制定、重新制定或改变他们的目标。所获取的信息资源影响着用户的感知,提高用户在资源检索过程中的感知,需要系统在更高的抽象层次上捕捉用户需求和感知的转变,进而提供相关资源,而不是立即请求检索结果。③

金英美(Yong-Mi Kim)关注用户对数字图书馆网站的感知研究,从用户、网站设计和数字服务三个视角,探讨了不同专业角色和层次的用户对图

① KIRAN K, DILJIT S. Modeling Web-based library service quality[J]. Library & information science research, 2012(34): 184 - 196.

② KOSTKOVA P, MADLE G. What impact do healthcare digital libraries have? An evaluation of national resource of infection control at the point of care using the Impact-ED framework[J]. International journal on digital libraries, 2013(13): 77 - 90.

③ FUHR N, TSAKONAS G, AALBERG T, et al. Evaluation of digital libraries[J]. International journal on digital libraries, 2007(8): 21 - 38.

书馆网站使用模式和评价的差异性，并广泛调查用户数据，根据不同的学术角色和层次对用户进行分类，通过比较其使用图书馆网站和资源的过程，得出不同的使用和评价模式。有经验的用户对网站的感知不同于经验不足的用户，因为相对于有经验的用户，经验缺乏者多为学科领域新人。研究发现，拥有高信息消费需求的多为博士生和教员，他们更容易感知网站资源的有用性。因此，对图书馆网站资源的使用和评价研究，应该将用户分为不同层次的用户组。网站设计和数字化服务也应该针对用户层次的不同，通过优化人机交互设计和馆员素质提高用户对图书馆的感知评价。①

TAM 模型作为一种理论框架也开始用于研究用户接受数字图书馆新技术意向的决定因素，除了用户感知有用性及感知易用性等变量外，研究人员还将许多外部变量加入到 TAM 模型中，并进行了预测和检验。郑汉浩(Hanho Jeong)在 TAM 模型中加入三种外部变量，分别是界面特征(包含术语、导航、页面设计)、个体差异(包含自我效能感、领域知识)及系统特征(包含相关性、系统输出质量)。其中，个体差异通过对数字图书馆系统的感知易用性，间接影响到用户的感知有用性，系统特征、界面特征则直接影响用户对数字图书馆的感知有用性，此外，系统输出质量对用户使用数字图书馆的感知易用性及感知有用性都有明显的影响。用户对数字图书馆的感知易用性所产生的总体影响还可以单独作为一个主要决定因素，影响用户对数字图书馆的行为意向。②

米勒(Miller)等人采用 TAM 模型对数字图书馆 TEEAL 进行了跨国比较，在 TAM 模型加入了系统明显性、社会规范、领域知识、对内容的信任、相关性等外部变量，并分析这些因素对用户使用数字图书馆感知有用性的影响程度，此外，还加入了易访问性、系统明显性、计算机自我效能感、馆

① KIM Y M. Users' perceptions of university library websites: a unifying view[J]. Library & information science research, 2011(33): 63 - 72.

② JEONG H H. An investigation of user perceptions and behavioral intentions towards the e-library[J]. Library collections acquisitions & technical services, 2011,35(5): 45 - 60.

员帮助、英语能力等影响因素，分析它们对用户感知易用性的影响。其中，相关性是感知有用性的主要驱动力，而感知有用性是数字图书馆用户行为意向的主要影响因素。①

帕克(Park)等人以发展中国家的用户为调研对象，对其接受和使用数字图书馆系统的影响因素进行了检验，并对 TAM 模型的适用性进行了验证。其中，计算机使用经验、领域知识、英语能力、对出版的兴趣、系统明显性、可访问性、图书馆帮助、相关性等方面的因素作为外部变量被添加到 TAM 模型中，以分析各因素对模型中感知易用性及感知有用性的影响过程，最后对数字图书馆用户的接受行为意向进行研究。②

杨雅芬、李广建在已有研究的基础上，根据 TAM3 模型，研究发现主观规范、自愿性、工作相关性、输出质量、结果可展示性以及感知易用性等因素都影响到个体用户对特定新系统的感知有用性，继而影响用户对系统的接受意向；控制、情绪以及内在动机等方面因素影响用户对特定新系统的感知易用性理论分析。借鉴 TAM3 的理论框架，他们对数字图书馆用户的技术接受行为进行研究，提出了基于 TAM3 的数字图书馆用户技术接受模型，并对用户接受和使用数字图书馆意向的影响因素进行论述，从而为后续实证研究提供理论框架。③

保洪才以用户感知为基本特征，以用户满意度为主要内容构想了一个图书馆电子资源绩效评价模型④。该模型由 5 个变量组成，分别为电子资

① MILLER J, KHERA O. Digital library adoption and the technology acceptance model: across-countryanalysis [J]. Electronic journal of information systems in developing countries, 2010,40(6): 1 - 19.

② PARK N, ROMAN R, LEE S. et al. User acceptance of a digital library system in developing countries: an application of the technology acceptance model [J]. International journal of information management, 2009,29(3): 196 - 209.

③ 杨雅芬，李广建.基于 TAM3 的数字图书馆用户技术接受模型研究[J].图书情报研究，2012(3): 15 - 24.

④ 保洪才.基于用户感知的图书馆电子资源绩效评价模型[J].图书馆学刊，2012(12): 115 - 117.

源现状、网络平台现状、相关培训、服务沟通渠道、用户价值感知和用户满意度。将 5 个变量的评分记为 ξ_n，相应权重记为 ω_n，可以得出电子资源总评分的数学表达式：$\xi = \omega_1\xi_1 + \omega_2\xi_2 + \omega_3\xi_3 + \omega_4\xi_4 + \omega_5\xi_5$。

1.1.2 基于用户感知的数字图书馆服务质量评价

数字图书馆全新的服务模式和服务理念给用户带来全新的体验，基于用户感知的数字图书馆服务质量评价研究也成为海内外学者研究重点。

新泽西数字高速公路(the New Jersey Digital Highway, NJDH)是新泽西一个历史文化数字图书馆。2006 年 9 月到 12 月，朱迪·杰恩(Judy Jeng)开展了一个基于 Web 的问卷调查，问卷由两部分组成，第一部分含有 26 个问题，包括七级李克特量表①以及一组强调数字图书馆的有用性、导航型、设计合理性、术语专业性和用户感知的开放式问题；第二部分问卷针对不同专业背景的被调查者设计了不同问题，研究的主要目的是为了以用户为中心评价新泽西数字高速公路。研究表明，使用用户友好型的系统和个性化服务是提高数字图书馆评价的关键。用户在使用数字图书馆过程中的感知有用性与数字图书馆服务的效率、人机交互满意度、图书馆环境的多方面内容相关。②

恩里克·弗里亚斯-马丁内斯(Enrique Frias-Martinez)认为，大多数数字图书馆通过类似的设计向用户展示同样的界面，这种方法使用户觉得很难找到满意的信息资源，造成用户喜好和数字图书馆服务不相匹配。这种用户喜好和功能设计之间的不匹配可以通过提供个性化服务来解决，那么对个性化服务的评价也应当从用户感知的角度来进行评价③。尼尔森

---

① 李克特量表[EB/OL].[2014-05-17].http://en.wikipedia.org/wiki/Likert_scale.

② JENG J. Evaluation of the New Jersey Digital Highway[J]. Information technology and libraries, 2008(12): 17-24.

③ MARTINEZ E F, CHEN S Y, LIU X H. Investigation of behavior and perception of digital library users: a cognitive style perspective[J]. International journal of information management, 2008(28): 355-365.

(Nielsen)提出5个可衡量指标,具体包括:① 易学性,即界面是否易于学习;② 交互效率,即用户使用具体界面完成具体任务的效率;③ 易记性,即用户搁置界面一段时间后,是否记得如何操作;④ 出错频率和严重性,即操作错误出现的频率高低、严重程度;⑤ 满意度,即用户对界面是否满意。[①]

基兰和迪尔吉特的研究表明,数字图书馆工作人员和用户之间的关系不能忽视,工作人员的素质提高也不能忽视,这将影响用户参与交互服务的感知,进而影响对数字图书馆服务的评价。数字图书馆提供客户支持服务,是用户评价数字图书馆的一个重要的质量属性。在数字图书馆环境下,用户支持服务的模式可以被假定为"重获服务",即用户支持服务只有在用户遇到问题时才会提供,以帮助用户有效地搜索、检索和使用图书馆的丰富资源,可以改善用户对数字图书馆服务的感知。因此,数字图书馆应该侧重于培训服务人员在网络环境下的人际关系交流能力,这使得用户对数字图书馆有了一种归属感,影响用户对数字图书馆服务的感知及用户行为意图。用户重视功能和情感利益显示,数字图书馆用户想要表达自身的重要性,更加有趣的创新体验会帮助用户在交互服务中获得一个愉快的体验和感知。[②]

海拉迪奥(Heradio)等人指出,随着数字图书馆使用量的不断增加,关于数字图书馆的实用性、可用性和成本的问题越来越突出,数字图书馆质量评价越来越受到重视。由于数字图书馆注定要服务于用户社区,因此数字图书馆评价的一个重要方面就是要注重用户意见和感知。学者相关文献的研究,已经得到了一组不同的标准,用于从用户感知、收集用户感知数据、处理相关数据的角度评价数字图书馆服务。[③] 通过对相关研究的总结和发

① NIELSEN J. Usability engineering[M]. Boston MA: Academic Press, 1993: 65-82.

② KIRAN K, DILJIT S. Modeling Web-based library service quality[J]. Library & information science research, 2012(34): 184-196.

③ HERADIO R, AMOROS D F, CABRERIZO F J, et al. A review of quality evaluation of digital libraries based on users' perceptions[J]. Journal of information science, 2012(6): 269-283.

展，着重从用户感知角度对数字图书馆评价体系进行了研究。

谢宏(Xie Hong)认为，图书馆界对数字图书馆评价标准的研究比数字图书馆建设的研究少，对基于用户感知的数字图书馆评价研究更少。谢宏在文章中确立了用户感知标准，并把它们应用到现有数字图书馆的服务评价中。研究过程中，48 名受试者被要求针对数字图书馆服务评价提出一系列必要的标准，并让 48 名受试者用他们提出的标准进行评价。结果发现，可用性和质量是评价数字图书馆馆藏的重要指标。同时，服务质量、系统性能和效率以及用户感知也是数字图书馆服务评价的基本指标。①

孙静、粟慧根据图书馆服务质量评价的发展和现状，针对我国传统评价体系的不足，提出从服务环境、信息获取、个人控制和服务效果四个维度，开展以用户为中心的图书馆服务质量评价，并借鉴美国研究图书馆学会的试验项目 LibQUAL＋，建立一个以用户感知为基本特征的图书馆服务质量评价模式，对浙江大学两个校区的图书馆进行评价实验。②

阎秋娟认为，用户可感知的质量是一种整体可感知质量，是由用户对服务的期望和实际感受到的质量的综合。以用户感知作为理解数字参考咨询服务质量的切入点，加强对数字参考咨询服务质量影响因素的控制，尽可能减少期望质量与实际感知质量之间的差距，可提高用户可感知的数字参考咨询服务质量。据此，建立了一个基于用户可感知的数字参考咨询服务质量模型，从期望服务质量和实际感知服务质量两个方面论述数字参考咨询服务质量控制的策略。③

唐娜从用户参与数字图书馆的数字参考咨询服务的交互过程中，从

---

① XIE H. Evaluation of digital libraries: criteria and problems from users' perspectives[J]. Library & information science research, 2006(6): 433 - 452.

② 孙静，粟慧.用户感知的服务质量评价模式——以用户为中心的图书馆服务质量评价[J].图书情报工作，2005(11): 105 - 109.

③ 阎秋娟.数字参考咨询服务质量控制——基于可感知的服务质量思考[J].图书馆建设，2008(5): 69 - 72.

用户感知的角度出发，提出了以下指标来评价数字参考咨询服务：①咨询界面性能，包括咨询界面的稳定性等；②安全性，着重保护用户的个人隐私，包括用户与信息专家的交流内容、用户的身份信息等；③图片发送功能，包括屏幕截图等；④交流功能，包括语言交流以及交流方式的有效性等；⑤内容共享功能，包括文件共享、页面推送、网络导航等；⑥答案处理，包括答案不充分时应对机制、确保用户得到满意答案的机制等。以上研究就是对基于用户感知的数字图书馆参考咨询服务评价的研究。①

许炜研究了用户接受数字图书馆的因素及其相互关系。他认为：感知有用性是用户接受高校数字图书馆的决定性因素；感知易用性对用户接受数字图书馆没有直接影响，但有显著促进感知有用性；界面设计和术语词汇使用只会促进感知易用性，并不直接影响感知有用性；提高相关性和系统可及性可以增加高校数字图书馆的感知易用性；相关性与高校数字图书馆的感知有用性正相关；对用户而言，计算机自我效能感和领域知识与高校数字图书馆的感知易用性正相关，其中计算机自我效能的作用最大。②

何巍针对不同专业、不同学校和不同性别的数字图书馆用户样本，对用户使用数字图书馆服务的感知进行了跟踪调查，并结合数学方法对调查结果进行了分析，建立了基于用户感知的高校图书馆电子服务质量测评研究的4个维度和20个相关指标。其中易用性维度包括检索设备的舒适度、交互界面的美观等；信息质量维度包括数字资源丰富、信息内容准确权威等；个性化服务维度包括提供自助服务、提供同类资源获取排名等；交互质量包括提供帮助页面和常见问题集、与在线服务人员互动的方便性、移动设备访问的便捷性、用户可以对资源和服务做出量化的评价、尽可能使用户在任何

---

① 唐娜.公共图书馆参考咨询网站的用户交互特性关键因素研究[D].重庆：西南大学，2008：34－37.

② 许炜.高校数字图书馆用户接受研究[D].武汉：武汉大学，2009：137－139.

地方都可以访问数字资源。①

宋爽、杜慰纯认为 SERVQUAL、LibQUAL+^{TM}等现有感知服务质量评价模型在数字图书馆领域的应用中存在着与数字图书馆无关的评价指标多、一般用户的感知评价受制于使用相关服务的阅历等问题。从提升评价的客观性角度出发,将图书馆业务人员作为内部用户加入评价,形成包含内外两级用户的广义用户感知模型,对其相应的服务质量控制方式进行探讨,得出的改进措施有提高服务标准、增强图书馆主页与各服务系统的关联以及关注个性化服务等。②

1.1.3 国内外相关研究述评

1.1.3.1 国内外相关研究文献分布

从前文的国内外研究现状分析可以看出,数字图书馆服务理念和发展模式给用户带来了全新的体验和交互方式。相关的研究国外起步早,成果较丰富。目前国内外基于用户感知的数字图书馆服务评价的理论著述也比较多。从研究内容上看,大多集中在对数字图书馆新技术应用的感知和包括数据库、环境、工作人员等资源感知,资源获取包括本馆馆藏、资源导航、代查代检、馆际互借和文献传递等方式的评价。从用户感知视角对于数字图书馆服务质量评价研究也是国内外学者研究的重点。

2014 年 3 月 17 日,"基于用户交互的数字图书馆服务评价模型与实证研究"项目组(以下简称项目组)选择 Elsevier Science Direct Online 数据库和中国期刊网全文数据库作为中外文相关发文检索数据库。Science Direct (SD)是 Elsevier 公司的核心产品,是全学科的全文数据库,集世界领先的经同行评审的科技和医学信息之大成,有 2 200 多种同行评审的期刊,包含 4

① 许巍.基于用户感知的高校图书馆电子服务质量测评研究[D].太原:山西大学,2013:60-62.

② 宋爽,杜慰纯.高校数字图书馆感知服务质量及控制研究[J].图书馆建设.2013(7):70-75.

大类 24 个学科数百个专业领域，中国高校每月下载量高达 250 万篇。中国期刊网全文数据库是目前世界上最大的连续动态更新的中国期刊全文数据库，收录国内 8 200 多种重要期刊，以学术、技术、政策指导、高等科普及教育类为主，同时收录部分基础教育、大众科普、大众文化和文艺作品类刊物，内容覆盖自然科学、工程技术、农业、哲学、医学、人文社会科学等各个领域，全文文献总量 2 200 多万篇。通过两个数据库的查找比较，可以看出中外相关研究的规律。

项目组选择 Science Direct 的子库 Computer Science 数据库，利用专家检索方式，确定英文检索式"digital library" and "user perception" and "evaluation" or "appraisal" or "measurement" or "assessment" or "estimate"检索到 164 篇相关英文文献。在中国期刊网数据库中，确定中文检索式"用户感知"并含"数字图书馆""评价"或含"评价"，检索途径为主题，以模糊检索方式检索到相关中文文献 26 篇。相关文献分布如表 1－1 所示。

表 1－1　基于用户感知交互的数字图书馆服务评价研究

单位：篇

分类	年度				
	1990—1994	1995—1999	2000—2004	2005—2009	2010—至今
英文文献	14	16	8	45	81
中文文献	0	0	1	9	16

国内外相关研究表现出如下特点：

第一，国外注重理论模型研究并较多关注实证研究，成果丰富多样。20 世纪 90 年代，全面质量评价(SERVQUAL)的提出，首次系统地把用户感知和用户期望定义为服务质量评价的决定性因素，图书馆界引入 SERVQUAL 模型之后，对其适应性研究和修正研究就在不断地进行。例如，艾伯特·卡鲁阿纳(Albert Caruana)等人以 SERVQUAL 模型理论为基础和根据，调查并记录图书馆用户的用户感知，这就是对 SERVQUAL 的适应性研究；美国研究图书馆协会的“LibQUAL+”“DigiQUAL+”等模型，就是对SERVQUAL模型的修正研究。随着数字图书馆建设得越来越完善，对数字图书馆评价的研究也在不断展开，并得到了很多相关的实证模型，如TAM模型、美国的用户满意度模型ACSI、英国的eVALUEd模型等。国内外学者开始质疑SERVQUAL模型在数字图书馆应用的适应性之后，相关的实证模型研究成果越来越多地被提出来，但是这些模型很多都是片面的，没有经过推广，也经不起大量数字图书馆评价工作的实证考验。

第二，国内相关研究开展时间晚，数量不多，大多借鉴国外的研究模型应用于国内用户对于数字图书馆的感知。20世纪90年代，西方学者开始了基于用户感知的图书馆服务评价的研究，随后我国学者开始引入其研究方法和成果。数字图书馆实践发展成熟之后，对于数字图书馆评价的研究，国内外在研究开始时间、研究数量和质量上表现出明显的差异。当然，国内学者对国外的相关研究的理念和方法的引入，在理论思考和实践的过程中，得到了很多丰硕的成果，使得数字图书馆评价工作的理论水平不断发展，实践过程中也受到了用户、专家和数字图书馆的肯定。但是，很多相关研究直接套用国外研究成果，缺乏自主创新。这是很值得国内图书馆界思考的问题。

1.1.3.2　国内外相关研究文献内容对比

1. 新技术和资源获取评价相关文献对比

从国内外相关研究文献的对比可以看出，国内外基于用户感知的数字图书馆技术和资源获取评价研究不仅有数量上的差距，还有研究方法上的不同，国外学者重视发展全面的、综合的理论模型，并强调应用推广。在这些理论和规范的指导下，国外学者进行基于用户感知的相关研究，在研究过程中侧重于实证的广泛应用研究。例如利用TAM模型来研究用户对于信息技术所带来的服务环境的彻底改变，界面特征、系统特征的感知评价。该模型在美国很多数字图书馆得到应用推广。而在我国只有个别学者提出了较为完善的理论体系，利用理论模型研究相关问题，当然理论研究成果也难以推广。

国外有很多拥有特色资源的数字图书馆，如地理信息数字图书馆——亚历山大数字图书馆。这些图书馆依靠资源优势来提高用户利用数字图书馆的忠诚度，所以对其资源以及用户对其资源利用的评价工作开展得比较积极，采取多种方法对用户参与数字图书馆的各项服务时的感知进行调查研究，用来评价和改善数字图书馆服务，而国内由于缺少这样的特色资源数字图书馆，对资源获取的评价大多还是跟传统的图书馆资源评价方法相似，即重视资源的丰富性，缺少对用户利用数字图书馆的人文关怀。

2. 信息服务质量评价相关文献对比

国外学者对基于用户感知的数字图书馆信息服务质量评价的研究与数字图书馆的建设几乎同步，较国内的相关研究，有着起步早、成果多的特点，科研环境和科研条件也比较优越，如上文提及的特色资源数字图书馆。国外学者对基于用户感知的数字图书馆信息服务质量的评价研究主要集中在参考咨询服务、个性化服务、交互服务等方面，这些服务都是用户参与度较高的服务，也是用户最容易感知到的服务。在研究过程中，针对各项服务涉及的数字图书馆界面、后台技术、工作人员和数字图书馆系统做出了较为全面的评价，研究成果非常丰富。为数字图书馆的建设提出了很多宝贵意见，例如基兰和迪尔吉特的研究表明，要改善用户对数字图书馆交互服务的评价，应该着力提高数字图书馆工作人员的素质，培养他们在网络环境下的人际关系交流能力。

国内学者的相关研究虽然起步较晚，但是由于重视用户、重视数字图书馆信息服务质量研究的理念不断地被图书馆界接受和认可，相关研究成果也比较可观。国内学者对基于用户感知的数字图书馆信息服务质量的研究角度与国外相同，也主要集中在用户对服务的期望和实际感受到的质量评价、用户接受高校数字图书馆的因素及其相互关系以及从用户感知的角度出发，提出评价数字化服务的评价指标体系。另外，对于个性化服务、交互服务、参考咨询服务评价三个方面的研究较多，主要集中在数字图书馆界面的改进、参考咨询的内容处理以及涉及的相关工作人员和专家的素质培养等方面。这些研究成果在我国数字图书馆的建设和改善中发挥了重大作用。

1.1.3.3 述评总结

总而言之,基于用户感知的数字图书馆服务评价研究一直以来都是国内外学者研究的热点,这也体现了数字图书馆在建设过程中以用户为中心的思想,符合数字图书馆服务用户的基本理念。对比中外研究成果可以看出,国外相关研究成果多,起步早,注重模型研究和修正,利用理论模型开展用户对于新技术、新资源建设和获取等多角度的用户感知研究。特别值得关注的是研究成果的推广和应用得到较好的发展,使得理论研究能较广泛和较深入地接受实践检验,并进一步得到完善。国内学者也重视以用户为中心的研究,注重用户感知,但是用户对于数字图书馆建设环境、资源的感知研究较少,而用户对于信息服务质量评价方面的研究成果较多。但从整体上看,研究成果的应用得不到推广,很多理论研究仅限于成果发表,个别的能以一个数字图书馆作为研究对象,探讨成果的实践应用,但基本上也得不到较为广泛的推广应用。

1.2 基于用户满意互动的数字图书馆服务评价国内外研究

服务用户是图书馆永恒的主题。现代图书馆的服务中心已从原来的以馆藏资源为中心向以用户为中心发展。满足用户需求,成了图书馆服务的终极目标。因此,用户满意度也成为国内外学者关注的方向。瑞典于 1989 年率先实施全国性的用户满意度测评指数①,随后大批欧美国家和地区相继建立了全国或地区性的用户满意度指标模型②。本节从用户满意互动的角度出发,从业务流程、绩效两个角度对国内外的数字图书馆服务评价的研

① 吴建华.数字图书馆评价方法[M].北京:科学出版社,2009:99.

② 用户满意度评价分析方法[EB/OL].[2013-03-08].http://labs.chinamobile.com/mblog/382108_68503.

究现状进行阐述和分析。

1.2.1 基于业务流程的用户满意度服务评价的国内外研究现状

图书馆的业务流程是图书馆组织开展各项管理工作的基础。它是图书馆管理中一系列有规律的、连续的行为或活动，主要包括馆藏资源、数据收集、信息组织、信息存储、信息利用等环节。① 任妮等人以关键词统计的方式结合前人已有研究成果，得到一套通用的数字图书馆业务流程，将业务流程归纳为资源建设、技术支持和用户服务三大类。② 资源建设包括印本资源处理、数字资源建设、数字资源管理；技术支持包括设备硬件、系统和软件开发、维护；用户服务包括信息检索、视频/音频点播，个性化信息服务、参考服务、馆际互借、定制服务、用户培训和在线服务。

1977 年，兰开斯特(Lancaster)的著作《图书馆服务的衡量与评价》最先提出基于图书馆参考服务、文献传递、馆藏发展以及图书馆技术服务等方面的评价。③ 1988 年，兰开斯特出版了《图书馆评价》，该书成为图书馆评价的重要参考图书。20 世纪 80 年代，国外关于图书馆服务的业务流程评价研究已具有一定规模，且致力于评价指标的制定与规范统一工作。④

1990 年，美国大学和研究图书馆协会(ACRL)开展了"学术图书馆效益测评项目"的研究，该研究从使用者满意情况、藏书的提供与使用、图书馆及其设备的使用和信息服务等几个方面来评价学术图书馆绩效，评价的重点从重视图书馆本身的条件向重视读者的满意程度转变。⑤ 随后美国图书馆界的学者更加注重从服务方式、服务环境、工作量等指标来评价图书馆服务

①④ 梁孟华.图书馆知识信息服务综合评价研究[M].上海：上海世界图书出版公司，2012：25.

② 任妮，黄水清，熊健.数字图书馆业务流程研究[J].大学图书馆学报，2010(2)：64－69.

③ LANCASTER F W. The measurement and evaluation of library services[M]. Washington Information Resources Press, 1977.

⑤ 李建霞.图书馆绩效评价研究综述[J].图书情报知识，2011(5)：42－52.

的效益。①

1994 年,比克内尔(Bicknell)注重参考咨询服务中数字图书馆与用户的互动评价,从数字参考咨询服务的流程、工作人员的行为和沟通技巧、服务环境、工作人员的积极性和工作量等方面进行信息服务质量的评价。②

2007 年,安·布兰福德(Ann Blandford)及其合作者以两个数字图书馆为例,利用以用户为中心的场景设计方法,从数字图书馆软件开发流程的角度对数字图书馆系统进行可用性评价。③

2012 年,玛丽安·S. 拉莫斯(Marian S. Ramos)和克里斯蒂娜·M.阿布里戈(Christine M. Abrigo)对数字参考咨询 2.0 服务在菲律宾学术图书馆的应用情况进行系统的评价,从用户满意和服务互动角度探讨了即时通讯和脸书(Facebook)参考咨询服务的不同方面,如统计数据、参考咨询内容的问题和答案质量,咨询面谈以及用户的认知和偏好。④

2012 年,卡恩(Khan)等人探讨用户对图书馆馆藏、组织、设备以及传统和信息技术启动服务等方面的满意度,以 AMU(Aligarh Muslim University)、BHU(Bamaras Hindu University)、ALU(Alahabad University)、BBRAU(Baha Bhim Rao Ambedkar University)四所大学的教师、学者和学生为调查对象进行评价,对 4 所大学图书馆进行评价。⑤

① 梁孟华.图书馆知识信息服务综合评价研究[M].上海：上海世界图书出版公司,2012：21.

② BICKNELL S T. Focusing on quality reference serviece[J]. The journal of academic librarianship, 1994,20(2)：77－81.

③ KEITH S, BUTTERWORTH R, FIELD B, et al. Disrupting digital library development with scenario informed design[J]. Interacting with computers, 2007,19(1)：70－82.

④ RAMOS M S, ABRIGO C M. Reference 2.0 in action：an evaluation of the digital reference services in selected philippine academic libraries[J]. Library hi tech news, 2012,29 (1)：8－20.

⑤ KHAN A M. Users' perceptions of library effectiveness：a comparative users' evaluation of central libraries of AMU, BHU, ALU and BBRAU[J]. International information & library review, 2012,44(2)：72－85.

2012 年，史蒂文·布坎南(Steven Buchanan)等人探讨了业务流程建模在数字图书馆服务的分析与设计中的作用，指出业务流程模型建立需要用户参与，开发团队通过与用户的有效接触，从流程建模的挑战、方法和成功因素等方面，讨论英国国民医疗服务数字图书馆(NHS)可用性和有效性评价的用户满意等相关问题。①

2013 年，M.S.切·鲁苏里(M.S. Che Rusuli)等人使用许多学者使用的SERVQUAL 或者 LibQUAL 模型作为测量用户满意感知的测评工具，以马来西亚大学图书馆为例进行图书馆用户满意互动模型的实证研究。文章从学生满意度的角度入手，采用结构方程模型，构建了由质量、期望、价值、相容、感知五个模块组成的图书馆用户满意度模型(LCS)。② 该模型的提出，为确定和测评用户对图书馆提供的产品或服务的满意程度提供了基本的理论方法。

2013 年，赫苏斯·特拉姆拉斯(Jesús Tramullas)等人从满足用户需求和信息想关问题的角度，聚焦馆藏结构和组织、界面、数字图书馆目标和用户心态之间的关系，从以用户为中心的技术流程角度，设计了一个基本的评价工具。实验期间(2008 年—2012 年)他们邀请了 82 名来自萨拉戈萨大学信息管理以及图书情报学专业的学生，利用绿宝石软件(Greenstone software)来进行数字信息资源的发布和创建功能的评价研究，从用户满意度角度评价信息资源在创建和发布流程中的索引导航创建、分类、输出、元数据管理、配置插件和模板功能等方面的易用性、可理解性等问题。③

① BUCHANAN S, McMENEMY D. Digital service analysis and design: the role of process modeling[J]. International journal of information management, 2012(32): 251-256.

② RUSULI M S C, TASMIN R, TAKALA J, et al. An empirical study of library customer satisfaction (LCS) model at malaysian university libraries[J]. World applied sciences, 2013(23): 47-52.

③ TRAMULLAS J, CASABÓNA A I S, PICAZOB P G. An evaluation based on the digital library user: an experience with greenstone software[J]. Procedia-social and behavioral sciences, 2013(73): 167-174.

2014 年，阿尔瓦罗·特赫达-洛伦特(Álvaro Tejeda-Lorente)等人利用模糊语言建模方法，根据用户的信息行为和档案记录分析用户的个性化需求和潜在需求，为用户营造专业的信息获取环境。文章着重从用户满意度的角度出发，在信息获取流程中评价数字图书馆个性化推送系统的准确性和相关性。①

20 世纪 80 年代，我国还处于数字图书馆评价的初步发展时期。1987 年，国家教育委员会制定了《普通高等学校图书馆章程》，对我国普通高校图书馆的管理体制与组织机构文献资源建设、读者服务、科学管理、工作人员、经费、馆舍、设备等方面做出了规定，成为设置高校图书馆评价项目和指标的依据。

1991 年，国家教委正式下发了《关于开展普通高等学校图书馆评价工作的意见》《普通高等学校图书馆评价指标体系大纲》和《关于指标体系的说明》，对高校图书馆评价从组织领导、评价原则、评价流程、内容设计、指标体系、操作方法等方面进行了规范说明。②

20 世纪 90 年代，我国部分省市高校图书馆开展了一些单项评价，考评内容包括办馆条件、读者服务、文献采集、自动化建设等方面。2000 年以后，高校图书馆的评价工作逐步向制度化和规范化发展。2002 年，教育部颁发了《普通高等学校图书馆规程(修订)》。2003 年，教育部高等学校图书情报工作指导委员会发布了《普通高校图书馆评价指标(征求意见稿)》及《关于评价办法的说明》用以规范和指导高校图书馆的指标体系设置和评价活动的开展，并且将用户评价活动作为一项重要的评价内容纳入了二级评价指标。③

刘岩芳、吕娜等人认为，由于图书馆没能建立起相应的用户满意测评的业务流程，用户满意实践活动开展得不尽如人意。因此，刘岩芳着重分析了

① LORENTE Á T, PORCEL C, PEIS E, et al. A quality based recommender system to disseminate information in a university digital library original research article[J]. Information sciences, 2014,261(10): 52 - 69.

② 李建霞.图书馆绩效评价研究综述[J].图书情报知识,2011(5): 42 - 52.

③ 方小苏.图书馆绩效评价[M].杭州: 浙江大学出版社,2008.

数字图书馆用户满意测评业务流程，构建了业务流程图，对影响数字图书馆用户满意度的因素进行了分析，得出了电子资源、印刷资源、物理环境、读者服务、技术设施、工作人员素质、网站性能等七个影响因素，并对某高校图书馆的用户满意度水平进行了分析测评，探索了用户满意度测评在图书馆管理层面上的应用。①

白茹莉探讨了影响数字参考服务满意度的主要因素，并进行了计量检验，为数字参考性服务工作的改进提供支持。其研究中所用数据来自对浙江工业大学图书馆的数字服务用户的调查，检验结果表明：各类因素均在不同程度上对数字参考服务满意度有影响。数字参考服务满意度的重要因素有网络信息资源、技术设施和图书馆员工的服务水准，而影响数字参考服务满意度的次重要因素为图书馆环境。②

王凯结合用户满意度理论，对数字图书馆的用户进行行为与满意度分析，提出四个影响馆藏资源用户满意度的因素：馆藏资源的内容与形式、馆藏站点服务与支撑、馆藏资源利用效能、综合管理与服务。在此基础上，王凯构建了基于用户满意度的馆藏资源评价模型并确定其指标评价体系，对测评所得的数据进行分析，以掌握用户的需求与期望，从而灵活调整馆藏资源体系，为馆藏资源建设与评价提供理论参考。③

杨俊英以数字资源整合检索系统为研究对象，选取 39 所“985”高校图书馆的数字资源管理现状进行分析，以 MetaLib 系统为实证研究平台，选取有使用经验的高校学生作为用户代表进行使用评价，对数字资源整合检索系统的功能有效性、使用效率和满意度进行研究，并针对检索系统的选择，检索系统的生产商以及用户使用培训等方面提供意见，改善数字资源的管

① 刘岩芳，吕娜，袁永久.数字图书馆用户满意度测评及其应用研究[J].情报科学，2008(11)：1663-1666.

② 白茹莉.数字参考服务满意度评价模型分析[J].图书馆理论与实践，2009(2)：53-54，61.

③ 王凯.基于用户满意度的数字馆藏资源评价模型研究[J].图书情报工作，2010(2)：157-160.

理和利用问题。①

胡昌平等人从数字图书馆面向用户服务的视角,构建了以基于内容的信息服务、信息组织构建、信息检索服务、交互服务、个性化服务等 5 个数字图书馆的核心业务为因变量的高校图书馆服务满意度结构模型,运用结构方程模型方法研究用户满意度的影响因素以及各影响因素之间的关系。他们研究发现,信息提供服务、信息检索服务和个性化服务的服务质量对用户满意度有直接影响。②

朱榕通过以用户在数字图书馆使用过程的信息查询行为为基础,分析用户信息行为与可用性属性之间的内在联系,构建评价指标指标体系,开辟对数字图书馆的可用性进行量化评价的新途径,从用户的角度解释数字图书馆在用户界面、信息架构和资源内容等方面的可用性上存在的问题。③

刘玉美以用户满意度为依据,从用户视觉角度出发,分维度和层次构建数字图书馆资源服务能力评价指标体系,指标体系由 4 个一级指标和 18 个二级指标组成。这 4 个一级指标(数字资源和信息的获取能力、数字资源的整合与描述能力、数字资源加工能力、数字资源展示能力)分别从数字图书馆人机信息交互/系统信息交互、资源组织、资源加工创新、资源表示等方面进行对数字图书馆服务能力进行评价。④

1.2.2 基于绩效的用户满意度服务评价的国内外研究现状

国际标准化组织将图书馆绩效界定为“图书馆提供服务的效果和提供

① 杨俊英.基于学生用户的数字资源整合检索系统的评价研究——以 MetaLib 系统为例[D].重庆:西南大学,2011:1-47.

② 胡昌平,胡媛,严炜炜.高校数字图书馆服务的用户满意度实证研究[J].国家图书馆学刊,2013(6):23-32.

③ 朱榕.基于用户信息查询行为的数字图书馆可用性评价研究[J].创新科技,2013(10):49-50.

④ 刘玉美.高校数字图书馆数字资源服务能力评估系统设计与实现[D].成都:电子科技大学,2013:1-21.

服务过程中资源配置及利用的效率”。余胜认为,图书馆绩效评价就是按照统一的指标和一定的方法,对图书馆投入的资金和资源,对图书馆管理者和从业人员在一定时间内经营图书馆所取得的业绩,以及图书馆在一定时间内提供的各项服务中所获得的效益进行测评,也就是对图书馆各项资源的投入产出效益的比较进行评价。①

1996 年,国际图书馆协会联合会出版了《测度质量:学术图书馆绩效评价的国际指南》,从图书馆总体利用和设施、馆藏、目标质量、馆藏文献的可获得性、参考服务、远程利用、用户满意等 7 个方面共 16 项指标进行学术图书馆资源配置及利用的绩效评价,指导绩效评价实践活动的开展,是图书馆绩效评价的国际性指导手册。②

20 世纪 90 年代中期后,以英美国家为主,开展了一系列数字图书馆绩效评价项目和国际会议,取得了许多研究成果。1998 年,由欧盟委员会资助的 EQUINOX 项目开始启动,致力于欧洲学术图书馆绩效和质量评价。该项目制订了一系列强调信息获取、传递、费用和用户满意度的绩效指标。2000 年 11 月,EQUINOX 项目已经完成,但相关研究仍在进行,新的研究成果和动态仍继续发布在网站上。佐薇·克拉克(Zoe Clark)根据 EQUINOX 项目的进展,在各个图书馆实施国际通用的评价指标,包括信息的存取、传递、成本和用户满意度,开发和测试一个综合的质量管理和投入产出效益评价软件。③

1999 年,美国研究图书馆协会与德克萨斯 A&M 大学图书馆共同发起了“LibQUAL+™计划”,通过让用户参与网上调研,及时了解用户需求和满意度。LibQUAL+™是一种根据用户期望值与感受值的差距来进行测评的服务质量评价工具,它可以用来评价图书馆服务的各个方面,主要侧重于对图书馆服务效果、信息资源获取情况、图书馆数字化设施和环境等方面

① 余胜.关于图书馆绩效评价的研究与实践[J].中国图书馆学报,2006(4):101-104.

② 李建霞.图书馆绩效评价研究综述[J].图书情报知识,2011(5):42-52.

③ 梁孟华.图书馆知识信息服务综合评价研究[M].上海:上海世界图书出版公司,2012:38.

进行考评。在 LibQUAL+™基础上发展而来的 DigiQUAL+™项目,评价的重点则是用户对数字化服务的期望,通过用户需求对数字化服务进行识别和改造,主要侧重对数字图书馆可访问性、互操作性、资源使用、藏品建设、数字图书馆用户社区、数字图书馆开发者社区、数字图书馆可持续发展、资源导航、服务利用与质量等方面进行评价。①

2009 年,加亚桑达拉(Jayasundara)等人选择了斯里兰卡大学 263 名研究生和本科生进行分层抽样,提出了一个理论模型(服务质量/客户满意度模型),帮助识别服务质量的属性和域,从服务水平与产出效益的角度测评用户满意度。研究者认为,现有的服务质量模型,如 LibQUAL、SERVQUAL 和 SERVPREF 的有效性已经受到质疑。研究的结果是建立了以响应速度、支持性、建筑环境、数据收集和访问、设备和设施、技术、Web 服务和服务传递作为质量域②来测评面向用户的数字图书馆的绩效考评。

2010 年,塞西莉亚·加里贝(Cecilia Garibay)等人,结合质量功能展开法(QFD)和 Kano 模型从技术需求和用户需求两个维度对图书馆服务水平和绩效进行评价,内容包括网站检索、网页组织、帮助服务、回答速度、搜索引擎、数字资源规模、信息内容质量等,并探讨了如何改进技术来满足用户需求,提高用户满意度。③

2012 年,基兰等人强调从用户感知和满意度角度,建立一个评价概念模型,从服务环境质量(馆藏可用性、设备)、服务传递质量(个性化、用户支持、用户关系)、服务结果质量(可靠性、服务效益、情感效益)三个维度测评

① 吴建华.数字图书馆评价方法[M].北京:科学出版社,2009:114.

② JAYASUNDARA, NGULUBE P, MAJANJA M M K. A theoretical model to predict customer satisfaction in relation to service quality in selected university libraries in Sri Lanka[J]. South African journal of libraries & information science. 2009,75(2):179-194.

③ GARIBAY C, GUTIÉRREZ H, FIGUEROA A. Evaluation of a digital library by means of quality function deployment (QFD) and the Kano model[J]. The journal of academic librarianship, 2010,36(2):125-132.

图书馆基于网络的信息服务质量。① 该研究的参与者包括来自马来西亚4所研究型大学的学生和科研人员，基兰等人对1 000名用户进行了调查，采用结构方程验证影响服务质量的因素。

2013年，艾伦·劳里（Allen Laurie）等人对数字图书馆信息服务使用情况、重要性、用户对服务的满意程度进行分析探讨。在2005—2010年间，艾伦·劳里等人，对38所大学和学院进行信息服务产出评价调查，超过10 000名教师，18 000名学生和15 000名教职工参加此次调查，对信息服务产出质量进行测评。②

2013年，希里·阿里（Shiri Ali）等人通过调查问卷、访谈、有声思维、直接观察法等方法，邀请25名用户从自己的角度对两个数字图书馆的多语言用户界面进行有关多语言功能、同义词典、搜索功能、可视化和视觉吸引力等性能、效果方面的评价。③

2014年，赖金锋（Lai Chin-Feng）等人从用户角度出发，构建有关用户界面的评价模型，以期改善数字图书馆的服务质量，满足用户需求。赖金锋利用模糊层次分析法，对模型中的指标进行了重要性的权重分析，研究发现易用性、搜索功能、语言、描述、设计是评价数字图书馆服务质量最重要的5个标准。④

2014年，马可·安吉利尼（Marco Angelini）等人从满足用户需求的角度，采用以用户为中心的设计方法，开发一款新的工具——VIRTUE

---

① KIRAN K, DILJIT S. Modeling Web-based library service quality original research article[J]. Library & information science research, 2012,34(3): 184 - 196.

② LAURIE A, NEAL B, JOSH W, et al. Analyzing the MISO data: broader perspectives on library and computing trends [J]. Evidence based library & information practice, 2013,8(2): 129 - 138.

③ ALI S, STAN R, MATT B, et al. User evaluation of searchling and T-saurus: multilingual thesaurus-enhanced visual interfaces for digital libraries[J]. Canadian journal of information & library sciences, 2013,37(2): 137 - 160.

④ LAI C F, CHIU P S, HUANG Y M, et al. An evaluation model for digital libraries' user interfaces using fuzzy AHP[J]. Electronic library, 2014,32 (1): 83 - 95.

(Visual Information Retrieval Tool for Upfront Evaluation),对信息检索系统(IR)的行为、效能和故障进行分析,测评 IR 系统的可理解性和有效性。研究目的是给研究人员和开发者提供一个更好的工具进行可视化信息检索工具的前期评价,探讨不同的视觉效果、用户与系统的互动机制。①

2014 年,陈智珉(Chih-Ming Chen)和林尚滋(Shang-Tzu Lin)评价数字图书馆系统的信息架构对在线学习效率的影响,探讨了数字图书馆如何有效地支持在线学习、增强学习效率以及数字图书馆与学习者在学习过程之间的交互。他们的研究表明组织系统是影响学习效率的最主要因素,数字图书馆应该提供高质量信息组织和强大的信息检索系统,方便学习者在检索和浏览数字集合时获得知识。②

2014 年,马克斯韦尔 · K.许(Maxwell K.Hsu)等人以美国中西部一所大学商务专业的学生为调查对象对大学图书馆服务质量的感知和满意互动进行实证研究,该研究的主要目的是考察大学生对图书馆服务质量的感知以及图书馆服务质量对学生满意度的影响。研究表明,最重要的服务质量维度是有形资产(如物理设施、设备和人员)、可靠性(服务提供者信守承诺的程度和用心履行用户最佳利益)、充足的馆藏、响应性(服务提供者针对客户特性需求提供服务的意愿)和保证(服务提供者的知识和他们传递信任和信心的能力)。③

国际标准化组织也从 1998 年以来,相继颁布了一系列有关图书馆绩效评价的国际标准。ISO 2789:2006《信息与文献——国际图书馆统计》,对

---

① VIRTUE: A visual tool for information retrieval performance evaluation and failure analysis[EB/OL].[2013-03-17]. http://www.sciencedirect.com/science/article/pii/S1045926X13001006.

② CHEN C M, LIN S T. Assessing effects of information architecture of digital libraries on supporting E-learning: a case study on the digital library of nature & culture[J]. Computers & education, 2014(75): 92-102.

③ HSU M K, CUMMINGS R G, WANG S W. Business students' perception of university library service quality and satisfaction[J]. Contemporary issues in education research, 2014,7(2): 137-144.

图书馆电子服务使用评价进行了规定，定义了电子图书馆服务的各种形式、电子信息资源的各种形式、电子服务利用的各种形式。内容包括电子馆藏的评价、用户利用评价、电子服务、电子服务利用、数据调查等几大方面①，为图书馆绩效定量评价提供依据和参考。ISO 2789：2006 是有关图书馆数量统计的国际标准和统计工具，提供馆藏规模和服务、用户数量和类型、图书馆人员、设备、馆舍等图书馆投入方面的统计规范，为图书馆绩效产出评价提供科学合理、准确的统计数据。

ISO 11620：2008《信息与文献——图书馆绩效指标》对传统和电子图书馆的绩效指标进行了修改和更新，从用户满意的角度去设置指标体系，对图书馆提供的资源和服务进行测量和考评，如参考咨询回答正确率、需求文献的可用性等指标都以是否满足用户需求的角度来设置的。这些标准的颁布均体现了现代图书馆以用户为中心的理念，ISO 2789：2006 和 ISO 11620：2008 作为一个完整的体系共同构成图书馆绩效评价的国际标准②。ISO 系列国际标准的颁布为世界各国图书馆绩效评价提供了一整套的统计评价工具，为绩效评价指标体系的确定提供了统一的指导，从而推动了图书馆绩效评价在各国的顺利实施。③

目前，我国数字图书馆绩效评价研究正处于从传统型向复合型方向转变的时期。从 2000 年始，科技部科技基础工作专项资金项目“我国数字图书馆标准与规范建设”(CDLS)就针对数字图书馆系统的数字资源建设与服务，制定了数字资源加工规范、检索协议规范、元数据规范、数字图书馆知识组织系统规范等系列标准规范④，目的是为在更大范围内实现资源共享提供基础和规范，满足用户方便快捷地获取信息和服务的需求。

---

① 赵悦，申晓娟，孙一钢.数字图书馆评价指标体系[J].数字图书馆论坛，2011(7)：8－18.

② 余胜.ISO 11620：2008 绩效评价指标体系及其启示[J].山东图书馆学刊，2013(1)：23－28.

③ 张红霞.国际图书馆服务质量评价：绩效评价与成效评价两大体系的形成与发展[J].中国图书馆学报，2009(1)：78－83.

④ 李新霞.中外数字图书馆绩效评价的比较研究[J].图书馆学研究，2013(7)：34－41.

2001 年,我国国家图书馆借鉴国际标准,结合我国实际情况,制定了《国家图书馆绩效评价指标体系》,立足我国图书馆现状特点的基础上,从资源、基础业务工作、业务研究、管理和读者服务五个方面构建了图书馆绩效评价指标体系,是目前我国最具代表性和权威性的绩效评价指标体系。2003 年,中国图书馆学会对《公共图书馆评价标准》进行了调整和修改,增加了一些读者服务方面的指标,首次将读者满意度纳入考察范围,强调了对服务效益的评价。① 2004 年,中国图书馆学会以 2003 年经过修订的《公共图书馆评价标准》为评价依据,对全国 2000 多个县级以上公共图书馆进行大规模的第三次评价定级工作②,强化了对读者满意度和服务效益的评价。2005 年,中国高等教育文献保障系统(CALIS)在"十五"建设期间启动了资源评价子项目,进行 CALIS 引进数据库用户满意度调查。③

2005 年以后,国内学者也开始关注通过用户的满意度来评价数字图书馆的服务质量。如吕娜和余锦凤以用户为中心,通过对数字图书馆用户满意度影响因素的分析,如电子资源、印刷出版物、其他读者服务、技术设施基础、图书馆环境、工作人员素质和网站可用性等,构建数字图书馆通用满意度模型,并利用该模型对国内某所大学的用户满意度进行测评,而后根据结果对该大学图书馆提出针对性的意见。④

曹树金和王红霞参考美国顾客满意度指数模型,以大学生为主要研究对象,从图书馆数据库用户的质量感知出发,结合数据库自身的特征,从信息质量、服务质量和系统质量三个维度来测评高校图书馆中外文数据库用户利用与满意度情况,并给出针对性意见。研究结果显示,中文数据库的满意度普遍高于外文数据库,系统登录方便、检索功能强大,响应时间短、容易

① 李建霞.图书馆绩效评价研究综述[J].图书情报知识,2011(5):42-52.

② 中国图书馆学会制定公共图书馆评价标准《细则》[EB/OL].[2013-03-04].http://www.doc88.com/p-931465595604.html.

③ 谢春枝,燕今伟.图书馆联盟绩效评价的研究实践及思考[J].图书情报知识,2007(3):96-99.

④ 吕娜,余锦凤.数字图书馆以用户为中心的通用满意度模型的构建[J].情报学报,2006(3):322-325.

操作,信息准确及时对科研学习帮助较大都是大学生特别关注的问题①。

田迎玖在《图书馆服务读者满意度测评研究》一文中,引用读者满意度评价指标体系和方法,构建了读者满意度评价指标体系,利用层次分析法对图书馆服务质量进行测评,给出了读者满意度计算公式②,侧重于考评服务环境、服务质量、馆员业务能力和馆员素质。

尹怀琼、董风华等人以图书馆用户为中心,借鉴 CRM-BSC 模型(客户关系管理—平衡计分卡模型),从用户价值、用户满意、用户互动、用户知识 4 个方面构建一套以用户为中心的图书馆网站绩效评价指标体系,并以此体系对湖南地区高校图书馆网站进行实证评价研究,通过数据,分析高校图书馆网站建设的现状及问题,并提出有优化策略③。

国内也相继开展了一些数字图书馆绩效评价项目。2004 年以来,郑州大学索传军教授连续承担了多个有关数字馆藏绩效评价的国家项目。国家自然科传学基金项目"电子资源在线使用统计与绩效评价"是其中之一。索传军教授鉴于数字馆藏在国内图书馆中的使用及获取的统计数据元的情况,从技术设施、使用、成本、服务及用户满意度 5 个方面(共包含 12 个绩效指标)来构建基本适合中国目前数字馆藏服务绩效评价的指标体系④。索传军对电子资源服务绩效评价的含义做出界定,并提出电子资源的性能、内在的信息质量、电子资源的技术环境、服务环境等因素会影响电子资源的服务绩效。索传军认为用户信息素质和图书馆对用户培训的深度与广度,对电子资源服务绩效的影响很大,因此要注重从用户满意的角度去开展数字

---

① 曹树金,王红霞.高校图书馆中外文数据库用户满意度实证研究[C]//焦玉英,胡昌平,邓胜利.数字化信息服务研究:2009 年信息化与信息资源管理学术研讨会论文集.武汉:武汉大学出版社,2009:47 - 56.

② 田迎玖.图书馆服务读者满意度测评研究[J].大学图书情报学刊,2010(3):22,68.

③ 尹怀琼,董风华,张畅,杜方冬.基于 CRM-BSC 的图书馆网站评价及实证研究[J].图书馆杂志,2014(3):74 - 81.

④ 索传军.数字馆藏服务绩效评价指标体系及其构建原则[J].图书情报知识,2006(5):5 - 9.

图书馆电子资源服务绩效评价①。

宁波市数字图书馆开展了“面向宁波特色行业的数字资源库服务评价”项目。黎明等人在《宁波市特色产业数字图书馆服务评价》中阐述数字图书馆绩效评价的研究思路，探讨如何从用户角度出发，以用户为中心感知用户对特色数字资源库服务的满意度，并详细论述了宁波市数字图书馆的评价体系②，该体系分为数字资源（完整度、相关度、权威性、重复率等）、检索系统（响应速度、检索功能等）、用户培训（目标用户受训率、效果等）、数字参考咨询服务（馆员熟悉程度，与读者有效沟通等）、技术支持（系统维护、故障处理等）、用户满意度（用户使用率、满意率等）、收益和绩效（横向、纵向、社会、成本效益）7个方面。

1.2.3 国内外研究述评

1.2.3.1 国内外文献分布对比

2014年3月18日，本项目组利用武汉大学的校外账号登录，选择Elsevier ScienceDirect Online、EBSCO全文数据库、CNKI数据库（中国期刊网）作为中外文相关文献检索数据库。

Elsevier Science公司出版的期刊是世界上公认的高品位学术期刊，收录的期刊大多数来源于核心期刊，并且被世界上许多著名的二次文献数据库所收录。Elsevier电子期刊通过ScienceDirect Online（SDOL）平台提供文摘、全文期刊的检索、浏览和下载服务③。EBSCO数据库的Library, Information Science & Technology Abstracts (LISTA)数据库，将560多

① 索传军：电子资源服务绩效评价的含义及影响因素分析[J].图书情报知识，2005(6)：66－69.

② 黎明，张小艳，但旺.宁波市特色产业数字图书馆服务评价[J].现代情报，2009(8)：70－74.

③ 数据库简介[EB/OL].[2014－03－25].http://www.lib.whu.edu.cn/dc/viewdc.asp?id=18.

本核心期刊、近50本领先期刊和近125本精选期刊、书籍、研究报告和学报编入索引。主题涵盖图书馆管理、分类、编目、文献计量学、网络信息检索、信息管理等，收录的内容最早可追溯到20世纪60年代中期。CNKI数据库是目前世界上最大的连续动态更新的中国期刊全文数据库。通过中外数据库的查找比较，可以看出国内外有关用户满意度研究的规律。

EBSCO平台上选择Library, Information Science & Technology Abstracts数据库，确定英文检索式为“SU digital library AND SU user satisfaction AND SU evaluation OR SU assessment OR SU appraisal OR SU measurement OR SU estimate”，检索途径为主题检索(SU)，共检索出1 612条记录(出版物类型为全部)。

ScienceDirect中选择Computer Science数据库，使用专家检索方式，检索式为“digital library” and “user satisfaction” and “evaluation” or “appraisal” or “measurement” or “assessment” or “estimate”，共检索出1 625篇记录(出版物类型为全部)。

中文检索式确定为“数字图书馆”并含“用户满意度”并含“评价”或含“评价”，检索途径为主题检索，共检索出56条相关文献。

表1-2　基于用户满意互动的数字图书馆服务评价中外文发文对比

数据库	年份						合计
	1989年前	1990—1995年	1996—2000年	2001—2005年	2006—2010年	2011年至今	
EBSCO	86	84	103	328	619	392	1 612
ScienceDirect	91	69	139	246	496	585	1 625
CNKI	0	0	0	3	37	16	56

从表1-2中，可以看出，中外对于基于用户满意度的数字图书馆服务评价的研究在文献数量和时间分布上的对比。

国外由于通信技术和计算机网络技术应用较早，发展迅速，普及率较高。因此,国外对数字图书馆用户满意度的评价研究开展要早于我国。国外基于用户满意度的数字图书馆评价在发文时间上早于我国,在发文数量上也呈现优势,规模大,成果多。从两个外文数据库来看,1990 年以前,国外已经有相当一部分学者发表了研究成果。20 世纪 90 年代以后,基于用户满意互动的数字图书馆评价研究成果在数量上不断上升。1990—1995 年,文献数量在 100 篇以下。1996—2000 年,发文数量在 100 篇左右。2000 年以后,发文数量快速增长。2006—2010 年,EBSCO 收录的有关基于用户满意度的数字图书馆评价的文章数量达到 619 篇。ScienceDirect 收录文章比 EBSCO 少一些,数量为 496 篇。但 2011 年以后,ScienceDirect 收录相关文章 585 篇,多于 EBSCO 的收录量。虽然两个外文数据库在收录数量上有所差异,但是总体而言都呈现出国外学者对于用户满意度在数字图书馆评价中的应用的强烈关注,发表成果多。国内研究起步于 2001 年,前期研究成果很少,2000 年前没有相关文献。2001—2005 年期间,发文数量仅 3 篇。2006 年以后,相关研究的发文数量小幅度增加,2006—2010 年间,相关研究的发文数量达 37 篇,2011 年至今已有 16 篇相关文献。我国国内最近几年的研究进展相对而言较为迅速,但现状依旧是研究力度小、研究成果少。

1.2.3.2 文献内容对比

1. 基于业务流程的用户满意度数字图书馆服务评价

国外有关图书馆业务流程评价的研究起步较早,20 世纪 70 年代后期,欧美发达国家图书馆界就开始关注到业务流程的评价。20 世纪 80 年代,国外权威学术团体或组织相继出版有关图书馆业务流程测评相关的著作,并开展关于评价业务流程效益或成效的实践项目和实践活动。20 世纪 90 年代,国外学者开始关注用户满意度在数字图书馆服务流程评价中的应用,并且在理论和实践方面的研究均取得一定规模的进展。

我国的数字图书馆业务流程评价发展相对滞后,到 20 世纪 80 年代,国内关于图书馆服务流程的评价研究仅处于起步阶段,没有权威的组织、机构或团体来制定统一、系统、规范的评价指标来指导评价实践活动。研究内容主要涉及评价概念、目标、意义、流程等方面,仅仅是对图书馆评价相关的一些基本问题进行探讨，缺乏深入和系统性的研究。1987 年，我国虽然颁布了《普通高等学校图书馆规程》用以指导高校图书馆进行评价，但各高校图书馆仅仅是以图书馆自身的服务流程的特点为依据，设置简单的评价指标体系。直到 21 世纪初，我国高校图书馆评价工作才走上规范化、合理化、科学化的道路。我国学者对高校图书馆的研究较多，对公共图书馆的研究相对关注较少。

从评价机构来看，国外有权威组织来组织评价项目的统一开展和推广，如美国研究图书馆协会（ARL）、欧盟委员会、美国大学与研究图书馆学会（ACRL），规模庞大、成员众多，在组织内部已经形成了一套科学、完善的管理方法和理论体系，制度完善。而我国开展图书馆评价较晚，没有权威评价主体机构，评价体系不够健全，大多数学者的研究成果仅限几个数字图书馆的应用评价。

从研究内容来看，国内外学者的研究重点侧重于业务流程的成效评价，主要研究分析影响用户满意度的因素及各因素之间的关系。国外学者近年来的研究成果呈现一种趋势：基于某一业务流程，对用户与数字图书馆系统、用户与馆员交互与互动关系的满意度评价。国内学者侧重于从某一个具体的图书馆业务流程的角度来研究影响该业务流程用户满意度的因素，如白茹莉从数字参考服务这个图书馆的主要业务流程展开研究，得出影响数字参考服务满意度的主要因素有网络信息资源、技术设施和图书馆员工的服务水准的结论。国内学者也开始渐渐关注用户对服务交互活动的用户满意度评价，如刘玉美从数字图书馆人机信息交互/系统信息交互方面对数字图书馆服务能力进行评价。

2. 基于绩效的用户满意度数字图书馆服务评价

国内外学者在数字图书馆绩效评价方面的研究主要集中在数字资源使用统计、评价指标体系构建等方面。20 世纪 90 年代后，用户满意度成为图书馆绩效的研究重点，欧美等发达国家开展了一系列项目研究。如 EQUINOX 项目、LibQUAL+™ 计划、DigiQUAL+™ 项目的开展均从用户满意度角度，测评数字图书馆的服务质量、效果与绩效，并取得了良好的效果。国际标准组织也从1998年开始陆续颁布了一系列有关数字图书馆电子资源与服务绩效评价的国际标准。总之,国外图书馆绩效评价注重理论研究与实际应用的结合;重视对服务绩效评价指标体系的研究,有权威的组织颁布科学的、完善的、系统化的关于图书馆绩效的评价标准,如ISO 11620：2008。国外许多图书馆和评价机构都广泛开展了基于用户满意度的数字图书馆绩效评价,积累了丰富的实践经验。

我国开展绩效评价的时间晚于国外。21世纪后,我国才逐渐形成了相对系统的绩效评价体系,如《国家图书馆绩效评价指标体系》的出台标志着我国的评价工作逐渐走上标准化、制度化的轨道。从2000年以来,我国开始对数字图书馆的数字资源服务、技术服务等方面进行绩效评价研究。国内数字图书馆在绩效评价指标的理论研究方面还比较缓慢,实践开展得还不够完善。以国内已颁布的《高等学校图书馆数字资源计量指南(2007)》为例,该指南仅属于一个指南性的指导文件,内容比较简单,仅列出了数字资源的含义、分类,开展数字资源统计工作的重要意义等基本问题,并未对数字资源统计工作的开展做出详细的、系统的规定。2005年以后,我国学者也渐渐从用户满意度的角度来开展数字图书馆服务绩效评价。

在指标体系构建方面,国外对指标的划分较为细致,国内图书馆指标相较于国外,还不够系统完整,有待改进和完善。我国在评价实践活动中形成的指标体系,经过一次次修改和调整,具有一定的可操作性,越来越强调用户满意度在图书馆服务绩效评价中的作用,开展用户评价工作。但评价指标体系的设置中,仍然比较注重经费、设备、服务成本等投入要素,对产出要素的考虑较少。在学术研究探讨中,由于前期理论基础薄弱、研究多以学者个人单独进行以及数据回收率不高等原因,不同学者选取的指标都不尽相同,因此目前还没有一个获得充分认可的评价指标体系。

从研究内容上来看,国外学者的研究视角众多,对服务成本、用户培训、数字化状况、图书馆人力资源、用户满意度等方面都展开了相关研究。在国外,数字资源服务绩效评价研究已成为较为成熟的研究领域。我国基于用户满意度的数字图书馆绩效评价研究的角度较单一,主要侧重于数字资源使用绩效服务评价，如对图书馆数据库资源使用情况的评价。

近年来的研究成果显示，国外学者绩效评价的研究趋势是以用户和数字图书馆系统的互动过程、机制为着眼点进行用户满意互动的绩效评价，这些研究都以用户为中心，研究图书馆与用户之间的关系对图书馆服务绩效的影响。

1.2.3.3 述评总结

综上所述，基于用户满意度展开的数字图书馆服务评价研究得到了大量中外学者的关注。国外开展用户满意度的研究先于我国，且形成了成熟的用户满意度理论。在数字图书馆服务评价中，用户满意度得到了广泛的应用。在研究成果上，国外学者的文献数量多于国内学者，在研究方法上，国外学者注重结合实际案例进行实证研究，在调查实践的基础上进行研究，具有很强的可操作性，如卡恩等人对四所大学图书馆进行馆藏、组织、设备和传统和信息技术服务等方面的用户满意度评价。国内学者虽然也渐渐开始注重实证研究，但进行实证研究的学者在数量上仍旧是比较缺乏，在研究方法上还不够缜密、细致，学者更多地在理论层面进行研究，缺乏针对性，在实际评价中开展应用仍存在问题。我国尤其缺乏对大型数字图书馆进行系统、全面的综合评价，以及对多个数字图书馆的比较评价研究。

国内研究的侧重点相对宏观，没有从微观角度对数字图书馆满意度进行研究和探讨，缺乏针对性，且指标体系的设立比较简单，不够全面，同时由于我国缺乏对数据获取、分析等方面的深入研究，使得评价指标缺乏很强的操作性和良好的应用性，在实践开展的应用中存在障碍。

纵观国内的研究，从文献的内容来看，存在着创新性不高的问题。不少学者仅仅是参照国外的用户满意度模型(应用最多的美国用户满意度指数模型)，然后将其套用在数字图书馆的服务评价中，简单地构建一个用户满意度模型。基于中国特色的用户满意互动评价模型还有待进一步研究。国内现有的数字图书馆评价更侧重于单纬度的评价，如电子资源的统计角度，难以从系统的角度对数字图书馆资源建设、服务效果和投入产出效益进行评价。

我国图书馆界不能盲目照搬国外的数字图书馆评价发展经验，而是要借鉴国外相对成熟的理论和研究方法，采用定量与定性相结合的方法，制定出符合我国实际情况的、标准化的评价体系。

1.3 本章小结

数字图书馆的建设与发展，不仅拓展了用户获取信息的范围，而且从根本上改变了用户获取信息的方式和手段。在服务组织上，数字图书馆的交互式服务发展迅速，面向用户的跨系统资源整合得以实现。在服务评价中，围绕服务方式、技术和资源保障的评价，国内外进行了一系列研究，取得了一系列成果。然而，面向用户的服务管理和交互服务评价却相对滞后，未能建立交互式评价模型和指标体系。尽管如此，20 世纪 90 年代欧美图书馆开始关注从用户的角度来评价服务，如 2000 年艾伯特・卡鲁阿纳、迈克尔・T.尤因（Michael T.Ewing）和 B.拉马舍斯汗（B.Ramaseshan）通过用户的感知进行面向用户服务质量评价①；2007 年莉娜・维吉亚・席尔瓦（Lena Veigae Silva）则邀请计算机系学生和教授参与巴西数字图书馆评价项目研究②。在实践方面，1999 年 12 月美国研究图书馆协会发起了“LibQUAL＋”研究计划，2001 年 11 月美国国家自然科学基金会向美国研究图书馆协会和德克萨斯 A&M 大学提供基金，支持开发数字图书馆服务评价“DigiQUAL＋™”项目③等。相关研究成果表明：国外研究机构和学者都将用户的感知和满意作为提升服务的依据。随着面向用户的数字图书

① CARUANA A, EWING M T, RAMASESHAN B. Assessment of the three-column format SERVQUAL: an experimental[J]. Journal of business research, 2000(2): 49,57－65.

② SILVA L V, GONCALVES M A, LAENDER A H F. Evaluating a digital library self-archiving service: the BDBComp user case study[J]. Information processing and management, 2007(43): 1103－1120.

③ LibQUAL＋™: Charting Library Service Quality[EB/OL].[2009－08－20]. http://www.libqual.org/.

馆交互服务的发展,研究机构开始全面关注用户,不仅关注用户的感知和满意度,而且将这些要素结合起来,作为改进和提升服务的依据。如 20 世纪 90 年代,美国质量协会和密歇根大学商学院国家质量研究中心合作,开发了计量经济学的逻辑模型——ACSI(American Customer Satisfaction Index),也叫 Fornell 模型。该模型综合考虑用户期望、用户购买后的使用感受及购买价格等多方面的因素,将基于数学运算的用户满意度的计算方法与用户购买、使用产品或服务的心理感知结合在一起,重点研究和确定影响用户感受因素和指标,以及这些因素和指标与用户感知之间的定量关系和相关程度①。以服务为中心的图书馆界开始关注 Fornell 模型,学者们将用户满意度模型引入到图书馆领域,并将其应用在图书馆评价中。随着信息技术和网络的迅速发展,国内外学者也渐渐开始通过用户感知和满意互动的结合进行数字图书馆服务评价。它是用户通过将自己对数字图书馆的期望与用户实际感知到的图书馆服务的效果进行比较,从而得出的内心感受和主观评价。

国内学者也紧随其后,以用户为中心的服务评价研究一直都是图书情报界的研究热点。很多学者利用国外较成熟的评价模型对国内的数字图书馆服务进行评价,也有学者针对交互服务新模式的开展新的评价研究,如 2009 年,胡昌平等人从构建用户群体交互环境,设计了面向用户群体的社会化网络信息服务模式。② 2010 年,李贺等人提出数字图书馆的评价要加强数字内容评价及评价环境维度的研究,开展深层次的用户行为分析。③在实践方面,权威机构中国高等教育文献保障系统(CALIS)在“十五”建设期间启动了资源评价子项目,并从 2005 年开始进行 CALIS 引进数据库用

① 用户满意度评价分析方法[EB/OL].[2013-03-08].http://labs.chinamobile.com/mblog/382108_68503.

② 胡昌平,胡吉明.基于 Web2.0 的用户群体交互分析及其服务拓展研究[J].中国图书馆学报,2009(5):99-105.

③ 李贺,沈旺,国佳.国外数字图书馆评价研究现状分析[J].中国图书馆学报,2010(6):88-94.

户满意度调查。① 近年来国家社科基金先后资助了相关课题研究，如 2006 曹树金主持的“网络环境中图书馆用户需求结构的实证研究”，该课题通过大量实证研究了用户的需求分布；2010 年朱庆华主持的“互联网用户群体协作行为模式的理论与应用研究”则注重网络环境下用户协作行为的研究。②

纵观国内外研究，诸学者和研究机构围绕面向用户的图书馆服务质量提升问题，针对用户的信息利用进行了用户感知交互和用户满意互动服务评价研究，然而均未能从用户交互的角度评价数字图书馆的服务绩效。在服务评价的组织上，缺乏用户深层参与。在研究方法上，也缺乏运用新的定性和定量相结合的方法来验证适合中国数字图书馆的交互服务评价模型。在研究内容上，需要进一步拓展研究范畴，不仅关注用户感知和满意交互，而且更要从数字图书馆建设中涉及的多元因素(如环境、资金投入产出以及制度等)对用户感知和满意度的影响，全面揭示以用户为中心的数字图书馆交互服务的内外发展机制。从目前的研究上看，数字图书馆评价模型的构建方法和通用指标的提出可以为本项目研究所借鉴。在这一起点上，本课题研究交互评价模型和以用户为中心的数字图书馆服务指标体系构建，通过实际应用完善研究成果。

---

① 谢春枝，燕今伟.图书馆联盟绩效评价的研究实践及思考[J].图书情报知识，2007(3)：96－99.

② 全国哲学社会科学规划办公室.历年资助项目[EB/OL].[2010－01－05]. http://www.npopss-cn.gov.cn/planning/yearxm.html.

2　基于用户交互的数字图书馆服务评价的理论基础

基于 Web2.0 技术在数字图书馆的应用，以及以计算机网络和数字化资源为基础的数字图书馆使人们进入一个虚拟的世界。用户作为需求行为的主体，一方面拥有更大的资源选择性，另一方面随着深层信息需求的加剧以及用户自助服务意识的增强，使得数字图书馆信息服务具有动态性和交互性。因此技术的发展以及用户需求的多元化推动了交互式信息服务的蓬勃发展。

2.1　数字图书馆交互式信息服务的含义

数字图书馆的互动式信息服务是一种动态服务模式，它以网络为载体，运用科学的信息搜集、整合方法，通过与用户双向沟通和交流，来调整资源整合内容及服务形式，提高服务质量。

2.1.1　数字图书馆含义

对于数字图书馆的研究已经有 20 多年，信息技术的进步和各国政府对信息基础设施投资的增加导致数字图书馆的发展形成全球性的热潮。但我们在研究中发现，人们对数字图书馆的定义还未形成统一的认识。

数字图书馆发展多年，人们从不同的视角来研究其定义。其中有代表性的是 1997 年 M.E.莱斯克(M.E. Lesk)[数字图书馆先导研究计划(DLI)的子计划负责人]在其著作 *Practical Digital Libraries: Books, Bytes, and Bucks* 中的表述最接近定义：数字图书馆是经过组织的数字化信息集合,将图书馆与档案馆通常开展的信息构建和搜集工作与通过计算机所实现的数字化描述融为一体。康乃尔大学教授、D-Lib 杂志主编威廉・Y.阿姆斯(William Y.Arms)定义数字图书馆是具有服务功能的、整理过的信息收藏,其中信息以数字化格式存储并可通过网络存取。该定义的关键在于信息是整理过的①。中国科学院国家科学图书馆的孙坦博士从社会需求和技术条件角度进行分析,认为数字图书馆的核心和本质是利用现代信息技术,以计算机网络为基础平台,构建一个有利于产生影响新知识的资源、工具和合作环境。这种作为环境的数字图书馆不仅仅局限于网络数字信息资源的开放利用,更是一个促进信息获取、传递、交流的知识网络。② 其中影响最大的是美国研究图书馆协会归纳出的 20 世纪 90 年代前期流行的数字图书馆的各种定义中具有共性的五个一般性要素:数字图书馆不是一个实体;数字图书馆需要技术连接许多图书馆的资源;数字图书馆与信息资源的联系对用户是透明的;普遍存取数字图书馆是最终目标;数字图书馆馆藏不限于文献替代品,还包括没有相应印本的数字制品。其他有代表性的机构对数字图书馆定义的还包括美国数字图书馆联盟、大英图书馆、中国国家图书馆等,如表 2-1 表述。

表 2-1 权威机构对数字图书馆的定义

机构名称	对数字图书馆的定义
美国研究图书馆协会	美国研究图书馆协会于 1995 年归纳了 20 世纪 90 年代前期流行的数字图书馆的各种定义中具有共性的五个要素: (1) 数字图书馆不是一个单一实体 (2) 数字图书馆需要链接许多信息资源的技术 (3) 多个数字图书馆及信息机构之间的链接对最终用户透明 (4) 全球范围存取数字图书馆与信息服务是一个目标 (5) 数字图书馆的收藏并不局限于文献的数字化替代品,还扩展到不能以印刷形式表示或传播的数字化人造品

① ARMS W Y. Digital libraries[M]. Cambridge, MA: MIT Press, 2000.

② 孙坦.数字图书馆理论与发展模式[D].北京:中国科学院文献情报中心,2000:19.

（续表）

机构名称	对数字图书馆的定义
美国数字图书馆联盟	美国数字图书馆联盟于 1998 年定义数字图书馆是一个拥有专业人员等相关资源的组织 该组织对数字式资源进行挑选、组织、提供智能化存取、翻译、传播、保持其完整性和永存性等工作，从而使得这些数字式资源能够快速且经济地被特定的用户或群体所利用
大英图书馆	利用数字技术获取、存储、存取、发布信息的图书馆
中国国家图书馆	数字图书馆为国家信息基础设施提供关键性信息管理技术，同时提供其主要的信息库和资源库。换句话说，数字图书馆是国家信息基础设施的核心

因此，数字图书馆、检索、传输和利用的全过程。数字图书馆实质上是一种多媒体制作的分布式信息系统，高度依赖数字化资源，为用户提供超越时空的分布式资源存取。通俗地说，数字图书馆就是虚拟的、没有围墙的图书馆，是基于网络环境下共建共享的可扩展的知识网络系统，实现跨越区域、面向对象的网络查询和传播服务，其特点是超大规模的、分布式的、没有时空限制的、可以实现跨库无缝链接与智能检索的知识服务中心。

2.1.2 交互式信息服务的含义和内容

1. 交互式信息服务的含义

数字图书馆的服务经历了面向信息源—面向信息交流过程—面向信息用户的发展轨迹。面向信息源是以数字化信息资源建设为中心，面向信息交流过程是借助网络通信设备传递和利用信息资源的过程，面向信息用户则是以主动、适时地为用户提供满意的信息服务为中心。“在正确的时间向正确的用户提供正确的信息”已经成为信息职业人员的座右铭①。面向用

① 胡昌平，李阳晖.面向用户的交互式信息服务组织分析[J].图书馆论坛，2006(6)：188－193.

户是数字图书馆信息服务赖以生存的土壤,只有通过与用户的交互,才能了解不同时期、不同用户的不同需求,继而应用先进的计算机技术和网络通信技术,充分利用信息资源共享的成果,为用户提供及时满意的服务。因此,面向用户的交互式信息服务是数字图书馆的发展方向。从语义学的角度来看,《现代汉语词典(第5版)》从三个角度来解释交互的含义:① 互相;② 替换着;③ 相互联系交流。① 因此交互是一种使对象之间相互作用而导致彼此发生积极改变的过程。交互性也被看作互联网交互行为在哲学意义上的抽象,同时交互性是人的一个最基本的特性。在以网络化和数字化为主要特征的现代信息环境下,交互性服务指不同元素之间通过某种机制相互作用、相互影响,呈现出泛在性、便捷性和动态性的特征;交互服务活动是以论坛、维基、博客等为代表的 Web2.0 工具为图书馆服务者与用户之间、用户与用户之间、服务者与服务者之间的一系列交互过程的集合;用户不仅与服务者(系统和服务人员)两个整体要素之间存在交互,而且在用户的认知、情感和情景层次上以及不同层次之间也存在交互;环境对用户的信息需求、信息查寻与使用行为也存在影响,其已成为服务者为用户提供信息服务时不可忽视的要素;用户在信息查询与使用过程中的交流和合作为服务者开展信息服务提供了一个新的视角,即服务者应注重创造有利于用户协作的服务环境②。

总而言之,面向用户的交互式信息服务包含两层含义:① 交互式服务是以用户为中心,通过与用户之间的交互行为,了解用户在不同时期的不同信息需求,根据用户的需要对资源动态地聚合和优化重构,将分布资源和分散服务按照一定的知识管理规则和服务目的有机地链接成一个整体,从而向用户提供一体化的个性化信息服务;② 利用信息技术构建互动交互平台,强调以用户为中心的信息组织构建,从用户的观点来考察信息构建的内

① 中国社会科学院语言研究所词典编辑室.现代汉语词典[M].5版.北京:商务印书馆,2005:680.

② 胡磊.论信息服务交互的用户信息行为理论基础[J].情报理论与实践,2010(3):46-49.

容组织和界面设计，让用户参与其中，即重视用户在使用信息中的真实体验，注重用户认知和情感的交流，满足用户与系统以及用户与用户之间交流和互动，一起分享知识、科研成果以及用户获取文献的体验等。① 数字图书馆的交互服务不仅关注用户的满意度，更关注用户的真实感知和情感满足，并为用户提供深层次的个性化服务。

2. 交互式信息服务的内容

交互式信息服务是一种动态服务模式，它通过与用户双向沟通和交流，来调整资源整合内容及服务形式，提高以用户为中心的服务质量。数字图书馆的互动式服务有实时互动、延时互动和合作互动三种主要类型，包括数字参考咨询、网上信息传递、定题服务、网上文献购置申请、网上馆际互借等多种服务形式。

随着网络技术的发展及其在信息服务领域的广泛应用，用户与数字图书馆之间的交互过程变得越来越便捷，面向用户的交互式信息服务的雏形已经初步形成，主要表现在以下几个方面。

1）基于用户体验的信息构建

数字图书馆为了满足用户的信息需求，提高信息服务的质量，必须充分考虑用户在利用信息产品与信息服务时的体验与感受。由于信息提供者和用户在认识方面存在偏差，所以信息提供者只有通过与用户的交互，了解用户在使用个性化服务中的体验与感受，才能提供更加切合用户实际的和更加高效的个性化服务。信息构建强调信息表达和展示，其目的在于提供给用户清晰和易于理解的信息，这就要求在构建中应考虑信息资源、信息空间和用户三者的关系，为用户提供合理科学的资源空间，以利于用户获得所需信息和服务。② 基于用户体验的信息构建强调以用户为中心，从用户的观点来考察信息构建的内容组织和界面设计，让用户参与其中，这就要求在信

① 梁孟华.面向用户的数字图书馆信息交互服务综合评价实证研究[J].图书情报知识，2012(2)：55－60,66.

② 胡昌平，邓胜利，基于用户体验的信息资源整合分析[J].情报学报，2006(2)：231－235.

息资源组织体系的构建中，不仅强调所需先进的技术和硬件设备，还应强调以用户为中心的系统设计，即重视用户在使用信息中的真实体验，尽量帮助普通用户，为用户提供尽可能多的信息，通过比较推荐等功能的设计，突出用户至上原则，将以人为本的思想渗透在系统设计的每个环节。上海图书馆开设了一个新技术用户体验中心，这是一个帮助用户了解新技术、体验新产品、享受新服务的平台空间。主要的服务内容包括电子阅读终端的外借和体验、单篇文献借阅服务（U 盘外借）、计算机软件的自学与试用、数字文献检索与参考咨询、读者培训、信息共享空间等。其中，计算机软件的自学与试用包括计算机自助式网络视频学习系统、丰富的正版软件操作平台以及一系列的优秀软件学习教材和参考工具书等。信息共享空间是图书馆为用户提供学术交流信息互助的一个空间，通常在空间中配置有一些计算机、网络、投影仪等基础设施。工作人员能根据不同的活动主题，为用户提供研究、教育和学习等活动所需的不同载体信息资源的一站式服务。

2）基于用户友好的交互智能检索

为了方便大量的普通用户使用数字图书馆的各种数据库资源，数字图书馆检索系统大多采用了用户友好智能的检索界面，用户根据自身的需求确定相关的查询输入，而信息检索系统则根据用户的输入，查询相关数据库，返回查询结果。在整个检索过程中，可以实现智能化的交互查询，不需要用户反复输入关键词或其他信息，通过文档阅读与评价，启动机器学习（ID3、CLCC 算法或 SVM 学习机）程序，建立该用户的查询支持知识库系统，再进行文档重新倒排序，将被判定为有价值的项目排在前面，或者按照评价等级重新倒排序项目文档。交互式信息检索是信息机构向用户提供的一种基于人机交互的交互式信息服务，用对话的方式，使系统显得更加简单、易于操作且检索结果更接近用户需求。例如，DialogSelect 根据不同水平的用户需要，把检索界面分为特别为专业人员推出的 Web 界面（http://www.dialogclassic.com），以及为非专业检索人员服务的 Web 界面（http://www.dialogselect.com），该页面有很多帮助信息及功能按钮，用户界面非常友好，初学者、最终信息用户和不愿学习 Dialog 检索指令的人可使用其傻瓜界面，智能地完成数据库选择、检索、结果浏览等全部过程。DialogSelect 联机检索系统从只为专业人员提供检索界面，发展到为普通用户提供简单便捷的互动服务，说明信息服务机构已经意识到与用户交互对用户准确获取信息的重要性，并努力发展交互式信息服务，提高用户对信息资源的利用效率。

3）基于个性化定制的集成信息服务

个性化定制服务是一种典型的交互式信息服务，通过与用户的直接或间接沟通，了解和推测用户的信息需求，从而为用户提供满足其个性化需求的信息服务。

在定制化过程中，用户可以积极地参与信息服务，如用户定制界面时，用户可以根据喜好来定制界面外观和内容，定制化更注重用户与信息机构的交互，用户主动参与信息定制过程，个性化定制中的交互服务更利于用户获取所需要的信息产品与服务。① 面向用户的集成服务是运用于跨库检索、联邦检索、多数据库检索，借助单一的检索接口，利用统一的检索方法，实现对分布式、异构信息资源的检索，信息资源经集成检索系统发现、获取、整合、包装处理后，形成统一的检索结果，并按用户定制的方式呈现出来。② 将集成技术和集成服务理念应用于个性化定制服务中，可以实现向用户提供交互式的信息集成服务，一方面可以提高服务机构的信息管理效率，另一方面引导开发用户的隐性需求，提升用户对个性化服务的满意度。上海图书馆利用集成技术开发的统一检索平台（http：//www.library.sh.cn/skjs/szzy.htm）提供查找期刊、学位论文、电子图书、专利、标准以及特色文献，文献提供中心根据用户的特殊要求利用集成检索平台为用户提供定制化服务。美国西肯塔基大学和北卡罗那州立大学图书馆制作的信息门户，把图书馆、非图书馆的，有偿的、无偿的信息资源集成在一个万维网界面，并加上

① 郭家义.数字图书馆个性化定制服务相关问题研究[J].图书情报工作，2003(11)：90－93.

② FENG Z, YANG S B, LONG S J, etc. Research on integrating service in grid portal. In：M. Li et al.(Eds.)[J]. Springer-Verlag, 2003(12)：821－824.

有地方特色的信息资源,使之成为有图书馆特色的信息门户模式,基于用户定制为用户提供局部和远程的数据、信息和知识服务,根据用户需求提供个性化信息服务。①

4) 交互式的可视化信息服务

可视化是将数据信息和知识转化为一种视觉表达形式,是充分利用人们对可视模式快速识别的自然能力。可视化将人脑和现代计算机这两个最强大的信息处理系统联系在一起。有效的可视界面使得我们能够浏览、研究大规模数据,并与之交互体验,从而可以极其有效地发现隐藏在信息内部的特征和规律。② 信息可视化是科学可视化的应用领域之一,科学可视化指空间数据场的可视化,信息可视化是指非空间数据场的可视化。信息可视化涉及统计学、数据挖掘、心理学、人机交互、知识发现等多方面专业知识的运用。它不仅用图像来显示多维的非空间数据,使得用户加深对数据含义的理解,而且用形象直观的图像来指引检索过程加快了检索速度。

可视化信息服务实际上是一种更为友好的交互式信息服务。在可视化的信息服务中,信息可以用图像、曲线、二维图形、三维立体和动画来显示,并可对其模式和相互关系进行可视化分析,使得用户在与系统的交互过程中可以比较容易理解信息与信息系统的真实状况,以便准确地获取所需信息。③

可视化信息交互检索过程中,一般包括操作方法的可视化与操作过程的可视化。操作方法的可视化就是采用可视化图标操作,用户只需点击按钮、选择菜单项就可以进行复杂的检索运算。操作过程的可视化使用户可以跟踪查询操作的各个步骤,实时观察检索运算的过程,并能在其中与信息

---

① 邓胜利.面向用户的文献信息服务集成探索[J].图书情报工作,2006(1):109-111,143.

② BOLDI P, SANTINI M, VIGNA S. PageRank as a function of the damping factor [C]// International conference on world wide web, 2005, May 10-14, 2005, Chiba, Japan: 557-566.

③ 周宁,杨峰,刘玮.数字图书馆可视化接口方法探讨[J].中国图书馆学报,2004(4):62-66.

系统进行人机交互。在交互过程中，用户利用可视化工具可以不断调整检索策略、准确表达检索课题、得到满意的检索结果。

因此，信息服务已经从以前提供静态信息的单一形式发展到提供动态、交互式的信息业务方式，尽管交互式信息服务取得了可喜的进步，但目前对于交互式信息服务评价的研究还是较少，对用户使用交互式信息服务的体验模式和服务评价关注很少。

2.1.3 基于用户交互的服务模型

数字图书馆的交互服务主要是指用户与用户之间的交互、用户与信息系统之间的交互以及用户与交互服务内容(资源、环境)之间的交互。基于用户交互的服务应该是以用户为导向的理念在信息服务中的推进发展，面向不同时期、不同用户的不同需求，运用先进的信息技术和网络技术，不仅为用户提供集成化的个性化服务，满足用户的信息需求，而且关注用户在信息获取过程中情感上的需求和精神上的慰藉，基于用户交互超越了过去对人与系统关系的局限性认知，向关怀和满足人的情感和心理需求方向发展，使人更容易地获取信息服务，并从中获得最大的满足。因此，基于用户交互的服务模型由参与交互服务的用户、交互系统、交互内容和交互评价系统四个模块组成，如图 2－1 所示。

1. 模块的组成和功能

1) 交互用户模块

交互用户模块主要反映参与数字图书馆交互服务的用户类型和用户需求。根据“交互设计之父”艾伦·库珀(Alan Cooper)的观点，可以把参与交互服务的用户分为新手——浏览者，中间用户——参与者和专家——探索者等。[①] 高校数字图书馆的服务对象是具有相当信息素质和掌握一定信息技术的在校的教师和学生，信息用户的类型多为熟练者和专家型。而公共

① 库珀.交互设计之路[M].Chris Ding，译.北京：电子工业出版社，2006：3.

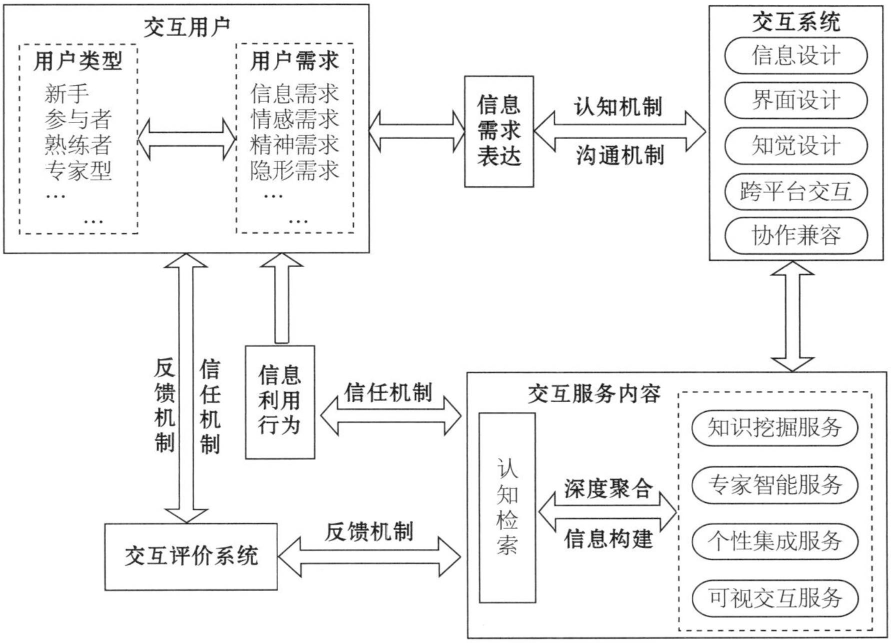

图 2-1 基于用户交互的服务模型图

图书馆的服务对象是整个社会公众,除了熟练者和专家型外,还包括新手和一般的参与者。

基于用户交互的数字图书馆服务,用户获取信息的需求呈现出多层次性,不仅表现为信息需求外,还表现为满足获取信息服务的情感需求以及个人获取信息过程的行为满足等精神需求以及用户潜在的隐性需求。用户表现信息行为表达的需求主要为以下几种:① 获取信息的需求。数字图书馆为用户提供各种原始信息和各种信息线索的检索,从需求客体对象上看,主要包括各种形式的文献、图像、数据、事实信息等数字化信息资源,也包括对存储、揭示与检索这些信息的网络工具和系统工具的需求。② 发布信息的需求。发布信息的需求是指用户向其他用户发布、传递相关信息的需求,包括对外发表学术成果、科研数据、实时评论到生活感悟等。这种用户与用户之间的交互是数字图书馆交互服务的补充,它不仅拓展了用户获取信息的渠道,而且用户在信息的发布和交流中获得情感满足和精神满足。③ 信息交流的需求。与信息发布需求不同,用户的信息交流需求是一种双向的信息沟通需求,即用户与图书馆系统或与其他用户进行相互之间信息沟通与交流的需求。数字图书馆的开放环境已经改变了米哈依洛夫(Mihailov)曾构造的社会交流体系,属于非正式交流过程的用户之间的"个人接触"和与数字图书馆之间的交流通过在线等形式实现。

因此,参与交互服务的用户模块清楚地表现出参与服务的各个用户层次以及用户在交互服务中所呈现的各种需求。

2) 交互系统模块

用户与系统之间的交互设计理论依据来源于美国著名的信息管理专家内森·谢卓夫(Nathan Shedroff)在《信息交互设计: 设计的统一理论》①一文中指出信息交互系统设计是信息设计、交互设计以及知觉设计领域的结合,其中信息设计主要指数字图书馆数据库所要表达的信息,主要侧重于数据的组织和显示,以便为用户提供尽可能清晰、易于理解和有用的信息。因此,信息设计必须了解学科领域的知识,积极参与增强信息理解和信息表达的研究等问题。交互设计是指基于用户交互的服务模型转化为界面设计主要是针对用户信息需求的响应和回应,它是成功的交互式服务的重要组成部分。界面设计意味着不仅使数字图书馆网站优美,而且界面设计更能满足用户的需要, Web 页面构成、布局、图像、字体、效果、颜色和屏幕等方面要求符合清晰表达信息的目标。知觉设计是从审美心理学角度进行设计,满足用户的各种感官的需求,包括写作、可视化设计、声音设计、嗅觉设计、触觉设计等。随着数字图书馆跨平台集成服务的发展,跨平台交互设计应充分考虑各个层次用户的需求,特别是在信息技术日新月异的今天,跨平台交互要求用户能够以其他的工具浏览网站,包括移动电话、个人数字助理(PDA)、屏幕阅读器等。利用智能技术的发展不仅满足用户基本需求,更要

① SHEDROFF N. Information interaction design: a unified field theory of design.[EB/OL].[2006 - 04 - 05].http://www.nathan.com/thoughts/unified/.

关心情感上和精神上的需求。协作兼容设计主要是利用协同技术实现数字图书馆与科研机构或其他各种机构实现跨领域、跨资源共享服务，同时实现为远程科学研讨、远程科学实验、工作汇报、网络会议、学术报告等服务，加强用户之间的密切合作和交流，扩大知识获取和交流空间，方便不同机构用户通过网络协同工作。

3）交互服务模块

交互服务模块主要是用户与数字图书馆资源服务之间的交互，这种互动通过图书馆专业人员的帮助，实现对资源的查找、分析、利用与评价。系统根据用户的需求，负责信息的分类和标引，同时对信息进行逻辑分组，并确定各组之间的关系；标识系统负责信息内容的表述，为内容确定名称、标签或描述，完成信息的有序化管理。图书馆专业人员利用自身专业知识和智能软件平台为用户提供知识挖掘、个性化集成服务、专家智能服务以及可视化交互服务等。智能系统按照物以类聚、人以群分的原理，根据信息用户的需求，有选择地聚合各种服务的信息，从而使信息用户能从多种服务模式中获取有价值信息。以用户需求为导向的信息构建和信息聚合技术，为用户提供了一种更为方便、高效的互联网信息的发布和共享方式。当信息在服务器数据库中更新后，快速聚合到图书馆服务人员阅读器中，极大地提高了信息的时效性和价值。随着信息的步步聚合，信息价值递增，实现信息聚合的马太效应。智能导航系统负责信息的浏览和在信息之间移动，通过各种标志和路径的显示，让用户清晰地知道自己浏览到的信息位置并进一步获得有价值的信息；智能化检索系统帮用户信息行为分析用户信息需求，并按照一定的检索算法对网站内容进行搜索，并提交用户搜索结果。可视化交互服务通过可视化设计来增强用户对所呈现的网上信息的理解。交互服务的信息构建师和视觉设计者共同通过信息设计来构建积极的用户交互体验。

4）交互评价系统模块

交互评价模块是本书研究的重点，涉及交互服务评价理论、评价模型构建和验证、评价实施措施以及实证检验等内容。本书将在后文中全面论述，这里不再重复。

2. 模型的运行机制

基于用户交互的服务模型的良好运行，除了具有功能清晰的模块划分，还必须具有完善的运行机制保证服务的质量。

1) 认知机制

数字图书馆的用户面临海量信息量的选择，传统的服务模式显然难以适应用户的需求，基于用户交互的服务将用户信息认知问题作为研究重点。认知指个体对他人、群体(人际知觉)以及对自己(自我知觉)的知觉。认知科学主张把各种认知过程综合、整体地加以分析，了解人的认知过程、记忆知觉、思维等认知形象是怎样相互交织在一起的。认知科学的研究为用户信息认知行为的研究提供了条件，深入探讨用户认知行为特性。数字图书馆的交互式服务更多地表现在人机交互方面，用户利用各种媒介手段与系统用户界面进行交互，获取他们所关心的信息。同时，交互系统如何理解用户的信息行为，正确发现用户的信息需求。用户认知机制的构建应包括以下内容：① 用户认知心里分析。认知心理学也称“信息处理心理学”，其理论“信息处理模式”以人类为主动的信息处理者，探讨人类凭感官接受信息、贮存信息以及提取、运用信息等不同阶段所发生的事。基于用户交互的数字图书馆服务强调用户的参与与互动，一方面，用户的主体意识增强，不仅使用户个性化需求得到充分的满足，而且也使用户拥有了展示自我和参与服务的自由。另一方面，网络信息源日益趋向多元化，用户在多元化的比较鉴别中认知水平不断得到提高，对网络信息的选择功能也随之提高。由于知识和信息的积累，认知结构内各成分间互相不断地磨合，使用户产生了发布新知识或信息的要求，这种认知参与的需求便产生了。因此，数字图书馆的网页设计要遵循认知心理学的要求，才可以更好地促进用户与服务的双向互动。② 用户认知语境的理解。1986 年，美国语言学家斯佩贝尔(Sperber)和威尔逊(Wilson)提出了突破传统语境概念的认知语境，即将语境看成是一个心理结构体，也就是存在于听话者大脑中的一系列假设。用户对外界的认识与理解是以概念的形式储存于头脑中，这形成了用来处理新信息的认知语境。它是用户通过经验和思维,将具体语境内在化、认知化的结果①,能够客观地反映语言使用者的心理状态,更好地阐释语用推理的实际过程。用户认知语境知识中包容了用户认知体系中各方面的知识,包括用户的领域背景知识、交互知识、经验知识等。因此,只有正确理解用户认知语境才能满足用户的各种需求。

2) 沟通机制

信息技术革命给信息沟通带来了前所未有的发展机遇,如同步信息的交换、多主体交流与信息资源共享、突破时空限制的信息交流、信息的快速与高效传递,新的信息沟通方式可以集成地用声音、文字、图像等多种信息媒体形式,通过人的多种感觉器官向人们提供立体多维信息。这样既能加速和改善人们对信息的理解,又能提高人们对接受信息的兴趣和注意力。数字图书馆利用多媒体信息技术,压缩信息传递路径的方法,提高人们传递和接受信息的质量。畅通信息沟通渠道是数字图书馆提升信息服务水平的重要举措。基于网络环境中的信息沟通机制的构建包括:① 网络沟通渠道和传统沟通渠道有效地互补。信息技术给信息服务带来沟通渠道的创新,形成多元的沟通文化,大力倡导以信息技术为主体的网络沟通同时,也应该借助其他传统沟通渠道的有效性。传统沟通渠道仍然是信息服务机构获取信息的重要渠道,针对不同情况采取相应的沟通技巧或途径,这是沟通的关键所在。只有将创新的沟通渠道和传统的沟通渠道有效地结合起来,灵活地运用,优势互补,发挥各自的特色,才能充分发挥沟通在互动中的重要作用。沟通机制构建的意义在于建立一种长效机制,鼓励创新的沟通文化,鼓励用户以创新的方式思考和处理问题,在制度的基础上,尊重个性,用户也能借此得到新的理解或学习,并不断地把创新注入沟通文化建设中。② 沟通互动平台的构建。构建一个信息沟通互动平台,可以从技术上保证信息沟通机制的完善。信息沟通平台应该具有信息发布功能,以电子邮件、

① 张玉峰,李敏,金燕.基于用户认知语境的个性化导航研究[J].情报科学,2005(5):655-657.

BBS、微博等交互方式解答用户疑问。用户进入这个平台可以了解最新信息,反馈意见、提出建议、要求等,他们还可以通过网络与其他用户沟通交流或者直接和服务人员进行同步交流,交换信息。搭建高效、务实的网络沟通平台,使用户不仅获取所需求的信息,同时实现与服务机构或服务人员快捷、畅顺的交流,更进一步实现用户精神层面的分享与互动,彼此之间建立起和谐、愉悦的信息服务环境。

3) 信任机制

学术界对信任定义为"一种个人或者集体所持有的期望,认为他人或者其他团体的词语、承诺、文法或者写下的申明"。相互信任就是尽管一方有能力监控或控制另一方,但它却愿意放弃能力而相信另一方会自觉地做出对己方有利的事情。以用户为中心的数字图书馆交互服务的信任机制以知识集聚为基础,以高新技术知识为纽带,是提升图书馆服务质量的催化剂,是降低风险的有力保障。它是认知信任、能力信任和契约信任的结合体。就数字图书馆信息服务而言,信任事实上由两部分组成,一部分是用户与数字图书馆服务机构的相互信任,一部分是对维持信任机制的信任。具体表现为用户对信息服务机构的信任、用户对服务系统环境的信任和信息服务机构对用户的信任。交互式信息服务的信任机制的构建借鉴坦(Tan)和萨瑟兰(Sutherland)研究的适合网络商业信任的多维模型①,构建交互式信息服务三维结构:① 个人信任倾向(用户维度),包括用户自身影响其信任倾向的个人特征及行为特征。② 人际信任(信息服务机构维度),这是用户对信息服务机构可信度的一个评估。该维度包括数字图书馆提供信息内容的特点、显示方式和服务方式,它是用户获取信息服务经历的环节,也是用户完成信息服务的完整过程。因此,数字图书馆服务本身就是一个人际交互的过程,用户在信息服务过程中处于劣势地位,只有充分了解信息机构的服务内容、服务水平以及竞争力等信息,以及基于前期的服务满意度,才能做

① TAN F B, SUTHERLAND P. Online consumer trust: a multi-dimensional model [J]. Journal of electronic commerce in organizations, 2004,2(3),40-59.

出能否信任信息服务机构的判断,从而决定是否选择该信息服务机构。③ 制度信任(互联网环境维度),即指对整个互联网环境的信任,由于数字图书馆环境的开放性所带来的安全风险,使得制度信任变得尤为重要。如果用户由于使用了数字图书馆而担心自己的隐私无法得到保护,以及自身需求无法得到满足,那么他们就不会借助于网络进行信息获取或发布活动;如果用户前期的网络信息服务经历曾遭遇安全性挑战,那么他们也不会再选择网络信息服务方式。因此,数字图书馆要加强信息技术和制度保障,以保证信任机制的顺利运行。

4) 反馈机制

反馈机制指生态系统种群以及群落与环境之间存在着多种多样的联系。主要通过正、负反馈相互交替,相辅相成,自行调节,使系统维持着稳态。用户的信息反馈不仅是数字图书馆服务机构抓住用户需求及需求目标、内容、形式变化的关键,也是用户对服务水平、服务内容、服务模式等的客观评价,这是信息服务机构赖以生存和发展的基础。从用户的角度而言,服务的反馈方式有直接反馈和间接反馈。直接反馈是用户把利用信息服务的实际情况、意见和建议,通过电话、信件或电子邮件等方式,直接反映给服务机构。间接反馈是用户被动或无意识的为信息服务机构提供反馈信息,一方面表现在被动地填写反馈意见表,另一方面表现在利用信息过程中留下的各种访问、评价信息等①,数字图书馆服务机构借助系统的统计、分析来了解用户的需求偏好。在当前以用户需求为导向的网络信息服务时代,信息反馈有助于进一步促进信息服务机构改革,改善信息服务环境,提升信息服务水平。数字图书馆的信息反馈机制的构建包括以下内容:① 建立日常反馈与大型调查相结合的反馈平台。日常的反馈信息通常都是零散的,对于数字图书馆决策有一定的推动与帮助作用。但是对于较重要的专项问题的决策,需要定期举行大型的用户调查,进行有目标的问卷调研。定期开

① 王义翠,杨萍.公共图书馆读者需求反馈机制研究[J].图书情报论坛,2014(2):7-10.

展用户反馈信息的系统分析，并将分析报告提交决策层，同时建立图书馆工作人员了解用户的渠道，这样才能真正实现数字图书馆与用户之间双向、有效的沟通。② 建立针对不同用户的反馈模式。清华大学图书馆就针对网络环境下建立了八种反馈模式①：教师顾问与学生顾问模式，负责联系所在院系或几个院系的师生与图书馆之间的沟通，将图书馆的新服务与举措转告给相关院系；参考咨询模式，为读者提供四种咨询方式，包括表单咨询、实时咨询、当面咨询和电话咨询；读者信箱—馆长信箱模式，办公室专人三天之内必须给读者以满意的答复，并将答复抄送给主管馆长；馆长接待日模式，将每周二下午定为“馆长接待日”，馆长们轮流排班；BBS模式，水木清华站有一个专门的图书馆版，版主由图书馆的博主助理担任；留言簿模式，读者在留言簿上提出问题，相关馆员做出解答；用户调查模式，定期进行用户调查；专题活动模式，针对某一专题向全校读者全方位、多角度地推广图书馆的新资源、新服务，扩大图书馆在各层次读者中的认知力与影响力。在网络环境下，构建一个正常、灵活而又长效的读者反馈机制，将有效地提高工作效率，节省人力，让用户真正体会到获取数字图书馆服务的快乐，获得各种层次的满足。

总之，交互式服务的核心是向用户提供个性化的平台服务。这是因为交互式信息服务有以下特点：将以用户为中心的原则作为其出发点和归宿，强调服务的交互性和动态性，服务方式基于用户控制的灵活、多样、智能性、纵深化、专业化以迎合用户信息需求层次。就其本质来说，网络环境下的交互式信息服务的本质并未改变，仍然是服务提供方与用户之间的交互，但是这种交互方式和手段的变化却足以引发一系列变化：服务范围扩大、服务时间延长、服务效率提高、服务质量更易于控制和统一、服务人员的职责扩充②。

---

① 何玉，向阳，庄玫，焦阳.网络环境下高校图书馆读者调查与反馈机制的建构——以清华大学图书馆为例[J].图书馆论坛，2009(6)：131－133.

② 林鑫，胡昌平.交互式信息服务中的微内容重组分析[J].情报杂志，2008(9)：69－71,85.

2.2　数字图书馆交互服务评价的阐释

评价问题是人类有史以来就存在的问题，任何社会或组织机构都力求以最小的投入获得最大的产出，人类社会的历史就是不断提高劳动生产力和不断提高经济效益和社会效益的历史①。对交互服务评价内涵的理解与界定是考察与研究数字图书馆交互服务综合评价体系的逻辑起点②。数字图书馆交互服务评价就是以数字图书馆交互服务作为研究对象，通过对交互服务活动的客观评价，科学测评其效果和影响的价值判断。

2.2.1　服务评价的内涵

对于服务评价内涵的界定与理解是考察和研究交互服务评价体系与管理机制的起点。从语义学的角度来看，《现代汉语词典(第 5 版)》将评价解释为“评定价值高低”③。简言之，评价就是主体对客体运动的效果和影响的价值判断；从静态上说，就是评定的价值。所谓的评价，是指为了达到一定的目的，采取特定的方法，运用特定的指标，比照特点的标准，对事物做出价值判断的一种认识活动。因此，评价就是通过比较分析做出全面判断的过程。服务评价在不同的时期和不同类型的组织中有不同的内涵解释。本书认为服务评价应该从服务过程和服务绩效的角度来评价。具体包括：① 服务过程是对服务流程效益的考评。20 世纪 70 年代后期，欧美等发达国家图书馆界开始重视面向服务的流程的评价。80 年代以后，欧美等发达国家图书馆界更加重视图书馆服务的业务流程的成效评价。国外权威学术团体或组织一直致力于图书馆服务评价指标的制定与规范统一工作，这一

① 赵保卿.绩效审计理论与实务[M].上海：复旦大学出版社，2007：1.

② 范柏乃.政府绩效评估与管理[M].上海：复旦大学出版社，2007：1.

③ 中国社会科学院语言研究所词典编辑室.现代汉语词典[M].5 版.北京：商务印书馆，2005：1055.

时期关注的重点就是基于流程评价，包括图书馆的馆藏资源、技术资源、服务管理和服务投入产出比等服务流程评价。因此服务流程的评价包括涉及数字图书馆业务流程的各个环节的评价，包括服务的技术资源、馆藏和人力资源等基础设备，服务方式和管理流程、服务成本等因素。② 服务绩效评价。绩效是从管理学的角度看，是组织期望的结果，是组织为实现其目标而展现在不同层面上的有效输出①。因此服务绩效评价，即运用数量统计和运筹学方法，从社会效益和经济效益角度，利用一定的指标体系，参照规范的评价标准，通过定量、定性分析，对服务主体在一定的期间内做出的效益和成绩，所做出的公正、准确和客观的概括评判。

2.2.2 交互服务评价的含义

数字图书馆的交互服务评价是为实现数字图书馆交互服务的目标，基于对数字图书馆交互服务客观存在以及运动规律的科学发现，对交互服务特定内容、运动过程和服务绩效进行全面综合客观描述，依照一定的评价准则和指标体系，进行多种类型的价值判断以及和客观评量，努力探索其发展途径过程。因此，交互服务评价包含几层含义：① 交互服务目标通过一系列服务机制有效支持用户交互以获取信息来学习和创造知识，这是数字图书馆交互服务评价的根本依据，科学合理地定位交互服务是进行科学评价的基础；② 科学发现交互服务的运动规律和保障机制，才有可能建立合理的评价指标体现；③ 客观描述是科学评价的基础，一方面评价主体坚持客观公正的态度，另一方面坚持实事求是；④ 价值判断是交互服务评价的核心内容，交互式服务的价值在于利用各种先进设备实现与用户的交互，最大限度地了解用户的各种需求，利用有限的资源满足用户的个性化需求。因此，数字图书馆评价的目的是衡量数字图书馆在何种程度上能满足其目标

① 绩效[EB/OL].[2014 - 08 - 26]. http://baike.baidu.com/view/122994.htm?fr=aladdin.

并提供改进建议①。

2.2.3 交互服务评价的意义

科学技术的日新月异和用户需求的多变发展使数字图书馆面临激烈的竞争,数字图书馆亟须提高服务质量,提高用户的满意度,逐步建设成为满足现代社会需求的全能型图书馆。“评价”作为科学管理制度的重要组成部分,对改变传统的经验管理有着重要的作用。因此,建立一套规范化、系统化、制度化、科学化的评价体系对于数字图书馆可持续发展具有重要意义。

1. 提升数字图书馆交互服务的价值

科学合理的评价也在于通过科学的评价方法制定合理的评价体系,无论是定性评价中的同行评议法,还是定量评价中的科学计量学、文献计量学方法,其核心都在于通过恰当的形式确认交互服务活动中的创新点及其价值,准确认识和评价交互服务的价值。交互服务评价指标体系不但能在时间、空间刻度上刻画、反映出交互服务体系的动态变化特点,体现出交互服务的发展趋势,而且在外界环境发生变化时,通过对战略导航的调整、管理执行的落实、技术的开发与应用,及时调控交互服务体系的建设,引导信息保障体系建设沿着预定的目标发展,为用户提供针对性和高效性的信息服务,为数字图书馆营造开放、灵活和竞争的学术环境,提升交互服务的价值保驾护航。

2. 推动数字图书馆交互服务的规范化管理

互联网的广泛应用和服务功能与业务的拓展,为用户的网络信息交流和发布提供了新的渠道和空间,以用户为中心强调服务的交互性和动态性的交互服务随之产生。其实,数字图书馆交互式信息服务的本质并未改变,但是这种交互方式和手段的变化引起服务范围扩大、服务内容更新、服务时

① CHOWDHURY G G, CHOWDHURY S. Introduction to digital libraries[M]. London: Facet Publisher, 2003.

间延长、服务效率提高、服务人员的职责扩充。因此，科学合理的评价体系不仅是数字图书馆交互服务机构所必须遵循的共同准则，减少主观和人为因素的影响，而且能反映交互服务评价中应以质量优先的基本原则，从而促使服务人员勇于创新，坚持以服务质量为中心的原则。因此科学合理的评价体系对交互服务具有规范和强烈的导向性作用。

3. 完善数字图书馆交互服务资源的合理配置

在科学合理的评价指标中引入投入产出分析，引入成本和产出指标进行公平、公正、公开的评价，促使数字图书馆资源的优化配置，实现效益最大化。在市场机制中，数字图书馆引入竞争机制均衡有限的资源，实现不同数字图书馆之间的资源共享，优化人力、物力、财力和资源，是按效益优先的原则进行投入。科学合理的指标评价体系可衍生出具有直接指导意义的决策依据，使数字图书馆管理者十分直观地看到自己的长处，更能帮助其找出短板、薄弱点、关键点，找到问题产生原因，采取改进措施，有针对性地集中人、财、物优先进行攻关与建设，使其在市场机制中提高管理能力和管理水平。

4. 激发用户参与服务的主动性和积极性

面向用户的交互服务评价的开展是以用户为中心，利用现代信息技术实现用户实时评价，通过网站互动平台，email、QQ或微信等互动平台反映用户感受和评价，使用户能参与到整个交互服务之中，积极的用户体验会对交互服务产生很大的正面影响，刺激用户的积极参与性；而消极的用户体验则会破坏服务在用户心中的形象，减弱用户的积极参与性。因此，一方面，通过用户参与的交互服务评价，并公开评价结果，有利于扩大用户的知情权，接受用户的有效监督，增强用户主人翁意识。另一方面，通过用户参与的交互服务评价，及时了解用户对于数字图书馆服务的真实感受和需求，根据用户的建议对其工作的经济性、效率性和效果性等问题进行分析，及时调整和优化管理流程和整合服务资源，有利于提升用户的“纳税人”意识，真正激发用户的主动性和积极性。

总之，建立科学健全的数字图书馆交互服务评价体系是提升数字图书馆交互服务价值、提高服务质量、规范服务管理、优化资源配置和激发用户主人翁意识的保障。科学公正的评价实施将有助于促进数字图书馆事业的健康发展,全面提升面向用户服务的质量。

2.3 数字图书馆交互式服务的价值运行

数字图书馆交互服务是随着 Web2.0 的发展和演进,用户需求变化、信息资源载体演化、组织机制变革、社会信息资源共享、信息技术集成等诸多信息环境因素共同作用的结果。① 因此,交互服务的价值应体现在关注用户行为和用户心理研究的基础上,不断满足用户交互需求的增长,为用户创造有效的信息服务空间,通过互联网为用户提供高质量的数字信息服务和信息保障,帮助用户形成核心价值形成和保持核心竞争力。

2.3.1 以用户为中心的交互服务的核心价值

2.3.1.1 核心价值的内涵

核心价值本是一个舶来品,出自 1994 年柯林斯(Collins)和波拉斯(Porras)发表的专著《基业长青》。作者力求寻找那些"理想"的企业的过人之处——例如沃尔特·迪斯尼、沃尔玛等。一般认为公司能够出类拔萃,业绩能够优良持久应该归功于铁腕 CEO 们和他们伟大的构想,但柯林斯与波拉斯经过研究发现:比拥有一位充满领袖魅力的领导者更为重要的是,公司拥有一群随机应变的聪慧的人,他们能够无畏地面对各种挑战和尝试新事物,让公司顺利。换言之,追求卓越不是一种理想宏图,而是对于核心理念的追求,这是最重要的。② 作者提出了"愿景型企业"的概念,并认为保持核心价值和核心使命不变,同时又使经营目标、战略与行动适应变化的环境

① 邓胜利,张敏.交互式信息服务环境及其影响因素分析[J].情报科学,2008(3):443-447.

② 《福布斯》20 本最具影响力的商业书籍[EB/OL].[2009-09-28]. http://www.sinobook.com.cn/book/newsdetail.cfm? iCntno=491.

是企业不断自我革新并取得长期优秀业绩的原因，而构建与贯彻有效的企业愿景则是成功的关键。”作者认为，“核心价值和核心使命用以规定企业的基本观念和存在的原因，是企业长久不变的东西。核心价值是指一个组织的最基本和持久的信念，具有内在性，被组织内的成员所看重，独立于环境、竞争要求和管理时尚，一般有3～5条。”①范并思教授认为：“任何社会都有自己的核心价值，核心价值是社会意识的整体体现，决定着社会意识的性质和方向。核心价值为人们提供了一整套观察世界、判断事物的基本标准。在核心价值的指导下，取得社会、行业或组织内部的广泛而深刻的价值认同，可以使人们超越各种个体的认识差异，消除彼此之间的分歧和隔阂，增强社会、行业或组织内部成员的归属感和向心力，促进社会共同体的团结和稳定。就是说，只有建立了核心价值，才能使社会、行业或组织的成员尊重差异，包容多样，最大限度地形成思想共识。”②

从以上的分析可以看出，核心价值就是组织拥有的区别于其他组织的、不可替代的、难以模仿、有价值的、最基本最持久的那部分组织特质，是组织赖以生存和发展的根本原因，是一个组织DNA中最核心的部分。因此，核心价值对企业来说是非常重要的。只有当核心价值明确的时候，企业才可能在许多方面去寻找、培育实现核心价值所需要的能力，即核心能力。从核心能力的定义中不难看出，企业能力的根源在于知识，普拉哈拉德(Prahalad)和哈默尔(Hamel)在1990年发表的文章中，就已经明确指出：“核心竞争力是组织的积累性的学识，特别是关于如何协调不同的生产技能和集成的多种技术流派的学识。”其中生产技能、技术流派、积累性学识等关键性的字眼中都不难看出它们都是“知识”的一种，核心能力是组织发展独特技术、开发独特产品和创造独特营销手段的能力，它能给用户带来巨大的价值，能够支撑多种核心产品而且是竞争者难以模仿。③ 如在战略管理、品

① VOYNICH S S. The profession's core values: connecting our past to our future[J]. Research in accounting regulation, 2005(18): 303－320.

② 范并思.核心价值：图书馆学的挑战[J].图书与情报，2007(3)：2－5.

③ 杨锡怀，冷克平，王江.企业战略管理理论与案例[M].北京：高等教育出版社，2005：93.

牌定位、人力资源管理、流程再造管理、特别是组织在资源、人力、物力等方面的自我调控和协调的能力等①,如果没有核心价值来引导,组织在面临环境的不确定和竞争对手的激烈竞争时将无法形成和保持核心能力,最终走向衰弱或消失。

2.3.1.2 以用户为中心的数字图书馆交互服务的核心价值定位

国际图书馆协会联合会的核心价值是为用户提供高质量的图书馆和信息服务。② Web2.0带来数字图书馆全新的服务模式和服务理念,图书馆馆员不是单纯地适应技术的发展,更为关键的是要理解其服务理念的精髓,再以其服务理念为标准,指导一系列的行动,不断调整自身,与变化中的技术和环境共同发展,构建数字图书馆交互服务的核心价值体系。Web2.0提倡以人为本,实现用户资源共享。这一理念的提出及相应技术的产生,可以使用户自由地获取知识。它强调用户都有信息自由与表达自由,都享有使用信息资源的权利。因此,数字图书馆面向用户的交互服务的核心价值体现为维护信息公平,保障知识自由平等获取。关注用户行为和用户心理研究的基础上,不断满足用户多元的交互需求,为用户创造有效的信息服务空间,通过互联网为用户提供个性化服务平台,保证高质量的数字信息服务和信息保障,帮助用户形成核心价值和保持核心竞争力。具体来说包括两层含义。

一是维护信息公平,保障知识自由平等获取。现代社会的信息公平问题主要源自信息鸿沟,即世界上不同国家或地区之间以及一国内部不同区域之间,由于信息技术和网络技术的发展程度、应用水平不同所造成的区域悬殊状态,其实质在于它揭示了信息时代的社会公正问题。图书馆不仅是信息传播地,更是人类文化的集散地、传播和发展先进文化的前沿阵地,学

① SCHMEICHEL B J, VOHS K D. Self-affirmation and self-control: affirming core values counteracts ego depletion[J]. Journal of personality and social psychology, 2009(8)v96: 770-782.

② IFLA Core Values.[EB/OL].[2009-09-28]. http://archive.ifla.org/III/intro00.htm#CoreValues.

校教育辅助机构和社会教育的重要场所。在信息传播与文化发展等方面起着积极而重要的作用。利用信息资源共享性最大限度地满足每一位用户对信息和知识的需求,是图书馆义不容辞的责任。图书馆有责任和义务将国家的资金投资、现代的管理理念、先进的技术手段、丰富的文献资源和人力资源整合起来,以发挥最大的社会效益和经济效益,主动承担起消除信息鸿沟、缓解社会矛盾、维护信息公平、保障公民权利、消除信息歧视、维护信息公平的职能。平等、自由地获取文献信息资源是公众应享有的文化权利。社会有权利也有义务通过图书馆来满足和实现公众的权利要求,因此,图书馆是政府为全体公民提供的信息知识的共享平台,是为保障全体公民知识自由提供的公共性制度产品,具有保障每一位社会成员平等、自由获取知识机会的职责。①

二是数字图书馆的交互服务提倡以人为本,借助交互平台满足用户多变的个性化需求,同时通过双向交互使服务人员第一时间了解用户需求变化,满足实时的信息需求,为用户带来竞争优势,是用户所拥有的能够提供竞争优势的知识体系,使用户在创造价值和降低成本等方面做得比竞争对手更加优秀。例如,美国国家科学基金会正在开发一座大型网上数字图书馆,这座被称为 NSDL 的图书馆内容涵盖技术、工程和数学等诸多方面。据美国亚利桑那大学近日发布的新闻公报称,正在建设中的这家网上图书馆的首要目的是提供最好的信息帮助普通人学习。与普通的网上图书馆相比,这座图书馆不需要用户使用费时而且经常失败的搜索引擎,就能够直接进入权威性的科学和技术网络资源;NSDL 图书馆提供的信息将接受复查,以保证准确,避免像一些已有网络资源一样提供可能误导用户的信息甚至错误的信息;整个图书馆的运行将保持稳定,用户可以全天 24 小时不间断使用。除了传统图书馆拥有的服务外,NSDL 图书馆还将提供包括交互式虚拟试验在内的新功能,而且提供链接,能够让

① 申传斌.Web2.0 环境下图书馆核心价值解读[J].人民论坛:中旬刊,2010(10):134 - 135.

用户访问其他有关提供准确信息的网址。① 交互服务的实质是通过个性化双向交互，为用户提供有针对性的知识再造，充分挖掘用户潜在的能力，能实现和创造用户所看重的价值，给用户带来长期的、实质性的利益和效用，因而具有独特的价值。用户核心竞争力终极目标是用户创造价值最大化。

从数字图书馆交互服务用户层面看，核心价值的体现应包括三个层次。首先，交互服务的核心价值首先体现为全社会所做的贡献，即数字图书馆最大限度地利用有限的各种数字资源满足社会经济发展、人民物质文化需要。② 为社会各界提供各种咨询服务，改善人民生活质量，为全社会成员提供优质高效的服务；为政府提供知识信息支持，降低物耗，节约能源，发展环保产品，造福人类。其次，数字图书馆交互服务的核心价值体现在增加信息的积累，更好地为高校教学科研提供优质高效的服务，为科研机构提供学科前沿发展动态，促进科技进步。这将直接促进高校科研机构提高整体科研实力，加大交互服务的产出量，例如提高科研论文的质量和数量、发明专利申请授权量的增加等。最后，数字图书馆交互服务的核心价值还体现为企业提供改进生产流程的技术支持，以便改进质量、增加品种、节约劳力、提高产值。另外，借助 Web2.0 技术，建立双向沟通平台，服务人员可以及时分析用户需求、了解用户的需求偏好以及需求变化，及时调整产品设计以及功能，既能帮助企业满足用户的大众化需求，又能满足用户的个性化需求；更进一步来说，交互服务通过发现企业核心竞争力和市场绩效之间存在因果关系，及时了解企业核心产品的市场满足度以及未满足度，帮助企业推出创新产品扩大市场占有率，实现企业效益最大化。

因此，数字图书馆交互服务的核心价值体现在为社会公民提供高质量的服务，提高全民素质，推动社会经济发展；为高校提供优质高效的服务，促进高校科研机构提高整体科研实力与教学水平；为企业经营决策者提供创

① 张军.提供交互服务，美国开发大型网上数字图书馆[J].大学图书馆学报，2002(2)：57.

② 胡昌平，黄晓梅，贾君枝.信息服务管理[M].北京：科学出版社，2003：97－108.

新知识，提高经营决策的管理水平。

2.3.2 面向用户的交互服务核心价值构成要素

交互式信息服务是由于信息技术所带来的交互环境变化、用户需求变化以及信息资源载体演化、组织机制变革、社会信息资源共享等诸多信息环境因素共同促动的结果。因此，交互环境、交互主体以及交互内容将直接影响交互服务的质量，成为数字图书馆交互服务的核心价值的构成要素。

2.3.2.1 交互环境

交互环境是影响交互式信息服务质量的重要因素之一。在20世纪90年代，互联网的出现及其对商业化应用的开放从根本上改变了交互环境。随着Web2.0技术的发展，诸如媒体网站、技术社区、博客、RSS等获取信息的渠道的出现，对用户生活方式产生了根本性影响。借助交互平台用户易于自主发布信息，帮助用户汇集信息，同时具备很好的关联机制、自动评价和推广体系，交互平台作为技术工具中介可以全面支持用户与交互环境中的信息资源和用户互动。交互平台作为媒体可以承载和传输各种内容资源，提高了信息资源的丰富性、交互性、灵活性和开放性，让不同用户都能享受到交互式信息服务。

交互环境从以下几个方面影响用户获取知识和信息，促使其核心价值的形成。

(1) 柔性自控的环境。面向用户的交互服务支持用户的直接操作，便于用户直接发布信息和准确表达需求，尽可能减少用户学习和适应的过程，使用户能够交互地获取各类信息和信息工具，获取有价值的信息和知识，同时通过交互帮助用户产生新的信息需求以及新的创新点，帮助其核心价值的形成。

(2) 可视化技术支撑。在信息交互过程中，信息环境能够对任务进行可视化展示。换句话说，信息环境要让用户直接参与整个交互过程，对自身交互过程有一个清晰的认识，用户能够感知到相关对象的存在，直接参与与对象的交互,根据交互对象提供的服务及时调整需求的满足情况。

(3) 交互的多样性。交互的多样性包括内容、方式和对象的多样性。交互者之间可以通过文字、图像、声音、视频等进行交互,实现了交互内容的多样性;网络中各种各样的交互工具实现同步交互、异步交互等多种交互方式成为现实,实现了交互方式的多样性。

(4) 交互工具的集成化。当前,信息环境提供了许多满足基本交互需求的工具,包括信息的查询,穿行于信息空间的启发式导航,信息的组织与创作。这些交互工具具有简单、易用的特点,使用户在信息搜寻和分析中,能够具有更强的适应性。①

2.3.2.2 交互主体

交互主体是交互过程中实际进行信息交流的参与者。数字图书馆交互服务中的交互主体主要是指用户和图书馆服务人员,交互的形式包括社会性交互和学术性交互。交互性主体借助数字图书馆提供的交互平台实现用户与用户之间的交互、用户与资源之间的交互和用户和服务人员之间的交互。通过反馈持续的交互,交互主体之间信息水平相互影响、相互吸收,从而达到各方对事物本质的理解。

新一代用户在信息发现方面独立性更强,具有独立的判断能力和思维能力,随着用户获取与利用图书馆信息资源的能力不断提升,越来越多的用户希望主动地参与到服务过程中。而随着用户参与服务运作的程度不断加深,用户已经深入渗透到服务环境建设、交互平台交互设计、资源组织、服务人员交流、用户互动等各项环节,用户通过与服务平台、服务人员的交互充分表达信息需求与服务习惯,获得个性化服务。新技术的运用以及新兴服务方式的开展,对于用户的适应能力提出一定的挑战。不同层次的用户和信息素质不同的用户对于交互服务的接受程度和参与深度不同,也决定了用户是否会合理使用资源,因此,数字图书馆交互服务中用户群体的有效管

① 邓胜利.交互式信息服务的构成要素与定位分析[J].情报理论与实践,2009(1):18-21.

理和知识宣传显得尤为重要,越来越多的图书馆开通了实时咨询平台、微博、微信等及时互动平台,以了解用户信息行为和及时需求。图书馆与用户间的交流互动日益频繁,逐渐形成以信息交流、知识共享、研究合作为目的的参与互动,极大地帮助了用户扩展视野。因此,用户群体管理帮助用户提高整体信息素质,凭借敏锐的嗅觉和熟练的信息搜集技术迅速获取更多更客观的信息,帮助用户获取有价值的知识和情报。

在这一交互服务中,图书馆馆员这一交互主体在整个服务中起到引导和推广的作用。新兴服务方式使馆员的服务范畴不断拓宽,服务内容日趋复杂,需要根据参考咨询、在线帮助等服务帮助用户获取个性化服务的过程中,服务馆员的服务态度、专业水平、知识能力和整体素质直接影响整体服务质量。馆员必须根据用户需求与服务环境变化进行角色转变与服务能力提升。Web2.0 技术为用户与馆员间的即时交流提供了便捷、多元的交流渠道,使馆员角色发生很大变化,从服务系统中信息资源的采集者、管理者转变为随时能响应用户交互需求、为用户提供参考咨询的“知识顾问”。面对交互服务这一新型的服务模式,不仅要求馆员需要快速掌握相应的服务技能,而且要承担引导和教育用户的责任,充分利用微博、微信等社会化媒体向用户提供最新动态、资源更新情况,帮助用户掌握利用移动通信技术和移动设备获取数字图书馆服务的方法和技巧,为推动数字图书馆移动服务的发展做出积极贡献。因此,注重服务人员的专业知识、服务技能培训,不断提高信息素养和服务能力,为用户提供良好的交互体验①,这是形成交互服务核心价值的重要因素。

2.3.2.3 交互内容

数字图书馆交互式服务是一种动态的服务方式,通过与用户双向或多向沟通和交流来调整资源整合内容及服务形式,用户与信息资源的交互构成了交互过程的重要内容,用户通过与信息资源的交互,联系自身需求形成对当前信息的理解,同时,当前的新信息又可能导致原有知识的重组或调整。用户可以利用交互平台发布知识的重组和调整,形成新一轮的信息交

① 赵杨.数字图书馆移动服务交互质量控制机制研究[J].情报杂志,2014(4):184-189.

互和共享。交互服务的核心是为用户提供个性化服务交互平台，提供有针对性的服务，提高服务质量和效益。因此，交互内容是构成交互服务核心价值的重要因素。

开放的互联网为用户提供了更方便、更快捷和更广泛的信息获取渠道，从交互内容来看，借助交互技术，数字图书馆交互服务已经出现很多新兴服务内容和方式。如基于内容门户的信息导航、推荐服务，内容门户就可以在信息重组基础上通过提供导航和推荐服务来帮助用户筛选和查找信息，其导航服务可以让用户按照主题、最新内容等途径来方便、快捷地获取所需信息，而推荐服务可以让用户在不明确自己的信息需求时借助浏览功能来显化自己的隐性需求，同时也对信息的质量起到了一定的鉴别作用；信息的集成化动态发布服务和推送服务，它在动态搜索的基础上，将最及时的信息发布在页面上显示或通过相关软件从数据库直接推送到客户端，用户利用移动设备可以第一时间满足信息需求。集成发布和推送服务符合了信息只有经过聚合之后才能发挥巨大作用的特性，利用采集工具对新发布信息进行搜索，对其进行分类和筛选后，让微内容的价值得以实现。信息的动态实时发布和推送则可以不断将最新的信息聚合进来，一方面可以实现原有信息的增值，另一方面根据用户的信息行为按需求进行推送，新信息的价值得以实现。

交互服务相对于传统的信息服务的价值凸显在个性化内容和界面定制服务，从信息重组的角度看，个性化定制就是通过系统与用户的交互沟通，了解用户的特定信息需求和信息行为，然后将重新整合和组织的信息按需求展示、提供给用户，从而满足用户的个性化信息需求。① 个性化内容定制就是用户可以根据自己的兴趣和需求定制信息内容，其实现是在与用户沟通了解其信息需求的基础上，在人工参与下或者利用 RSS 等聚合软件对信息内容重组、整合后以一定形式提供给用户。在个性化界面定制服务中，用

① YU C C. A value-based strategic management process for e-government strategy planning and performance control [A]. Proceedings of the 1st international conference on theory and practice of electronic governance, December10 - 13,2007, Macao: 169 - 178.

户可以通过与系统交互而自主地选择界面所显示的信息和栏目，以及各栏目的显示位置等，其本质上就是网站对本身拥有的信息进行重组后根据用户的定制信息加以显示。①

2.3.3 面向用户的交互服务的价值运行和实现

面向用户的交互服务的价值运行是在 Web2.0 环境支撑下，参与服务的多元主体利用交互环境实现自我柔性控制，用户可以自由平等地获取和发布信息，图书馆馆员利用即时通讯（Instant Messaging, IM）、博客、维基或微信（Wechat）满足用户的个性化需求。数字图书馆的交互服务在国家宏观调控和市场机制作用下实现社会效益和经济效益，通过科学评价机制完善服务，促使 Web2.0 时代数字图书馆核心价值的实现，进一步提高核心竞争力，提高服务质量。具体运行如图 2-2 所示，Web2.0 时代数字图书馆价值运行分为三个阶段。

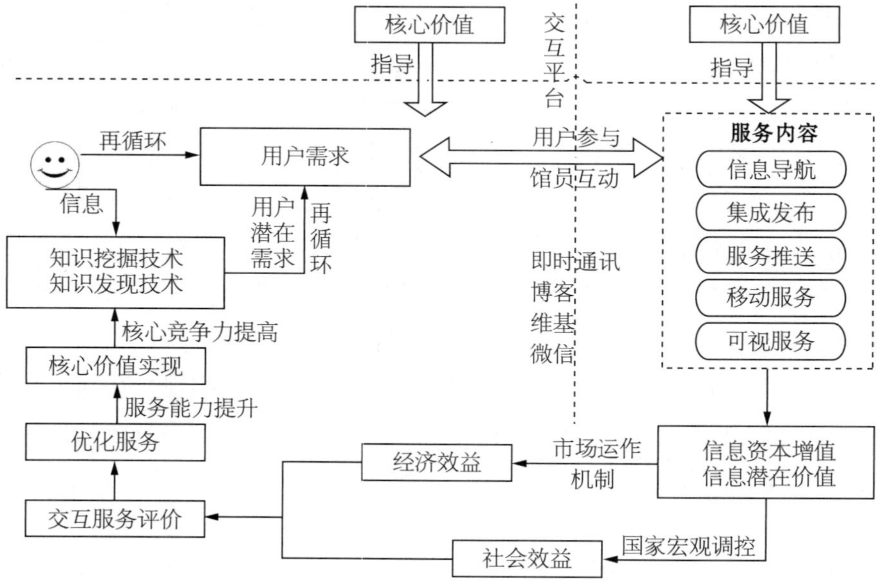

图 2-2 Web2.0 时代数字图书馆价值运行模型

① 林鑫，胡昌平.交互式信息服务中的微内容重组分析[J].情报杂志，2008(9)：81-85.

(1) 用户需求阶段。在 Web2.0 环境下数字图书馆价值运行的实现是图书馆核心价值观为指导,以用户的需求为导向,Web2.0 技术交互环境和交互服务内容为支撑,主动为用户服务的过程。Web2.0 环境下的图书馆核心价值观是一个以主动观为主导,提倡以人为本,实现用户资源共享,可以使用户自由地获取知识,维护信息公平,保障知识自由平等获取。为用户创建方便快捷的渠道,不断满足用户多元的个性化交互需求,保证高质量的数字信息服务和信息保障的图书馆核心价值观体系。

用户需求包括用户明确提出的需求和潜在需求。潜在需求是指消费者虽然有明确意识的欲望,但由于种种原因还没有明确显示出来的需求。一旦条件成熟,潜在需求就转化为显现需求,图书馆馆员应该根据用户的信息行为、以往的历史记录分析用户的潜在需求,需要通过数据挖掘和知识发现等信息技术进行挖掘、识别,引导用户将潜在需求转变为可识别的需求。

(2) 价值形成阶段。用户通过 Web2.0 技术支撑的交互环境实现用户与馆员、用户与用户的多元互动,促使数字图书馆价值运行和核心价值的实现。常见的形式有:① 维基。维基技术作为 Web2.0 的一个代表性应用,充分体现了 Web2.0 大家参与、利用集体智慧的特性。数字图书馆利用其开放性,使参与咨询突破馆员与用户的两点模式,演变为用户提出问题,馆员与其他了解情况的用户都可以予以回答的模式。这样就无形中调动了用户参与的积极性,达到利用大家的智慧为大家服务的目的,既提高了用户满意度,又减轻了馆员的工作量。另外,利用维基的自组织特性,系统内多个内容重复的页面可以被汇聚于其中的某个页面,相应的链接结构也会随之改变,这样可以迅速准确地发现已有信息,减少重复劳动,提高工作效率。② 博客。博客是一种特殊的网络出版和发表文章的方式。数字图书馆可以利用博客实现信息导航和集成发布。博客的参考咨询员可根据学校用户特征和学科建设创建相应的信息库,将相关信息进行重新组织,以主题树的形式呈现给用户。这样相关信息和学科信息资源的分布情况,能指引用户更方便、快捷地查询到所需信息。利用博客还可以集成发布用户感兴趣的动态信息,可将与用户密切相关的各种通知、消息集中发布在博客网站上,如新书通知、购书意向调查、预约到书通知、各种培训信息等，这样不仅起到通知用户的作用，同时还能收到用户的信息反馈。③ 即时通讯。国外已有越来越多的图书馆采用即时通讯软件向用户提供实时在线的咨询服务，也有的利用专业咨询软件和即时通讯软件向用户提供实时在线的咨询服务。如上海图书馆利用 live800 软件开展实时咨询服务，同时利用 QQ 等即时通讯方式提供咨询服务。武汉大学图书馆也利用 QQ 开展在线咨询服务。利用即时通讯软件开展虚拟参考咨询具有很大的潜力，尤其一些无法使用虚拟参考系统提供实时咨询的中小图书馆，完全可以使用即时通讯软件实现相关服务，填补实时咨询服务的空白，从而实现图书馆的核心价值。④ 微信。微信是一个为智能终端提供即时通讯服务的免费应用程序，微信支持跨通信运营商、跨操作系统平台通过网络快速发送语音短信、视频、图片和文字。数字图书馆利用微信提供公众平台、朋友圈、消息推送等功能，用户可以通过“摇一摇”、“搜索号码”、扫二维码方式添加图书馆为好友和关注公众平台，这样用户利用移动终端第一时间享受图书馆推送的动态信息。移动服务这种全新的方式通过及时互动为用户提供图书馆信息服务，让用户参与到图书馆的信息服务中，提高图书馆信息服务的质量与效率，提高图书馆的整体水平，促使图书馆社会效益和经济效益的提升。

(3) 价值实现阶段。用户参与和馆员互动的多维交互使用户和图书馆的信息资本由于信息交流和共享得到增值，同时，信息的潜在价值在进一步的交流中得到挖掘。目前，国家公共信息服务机构特别是事业型信息服务机构如高校图书馆或公共图书馆，其信息服务成本中主要投入来源是政府拨款，因此社会效益是高校图书馆和公共图书馆的主要考核点。随着国家市场经济的进一步发展，数字图书馆的运行体制也会逐步发生变化。强调国家宏观管理下的市场运行机制，即在数字图书馆实现双轨制运行，强调图书馆公益性的同时，寻找经济增长点，开拓市场化的服务业务，在价值规律作用下保证一定的经济效益，形成信息服务可持续发展的基础，在科学评价体系的保证下形成图书馆交互服务发展的良性循环。可以预见，随着我国市场经济运行机制的不断完善和数字图书馆服务机构改革的不断深入，图书馆等信息服务机构价值运行将在国家宏观管理下进行信息服务机构改革的深入和完善，逐步将数字图书馆服务机构推入市场，尊重价值规律的作用。市场机制的导入可以实现公共资源效用最大化提升，如1977年美国联机计算机图书馆中心(OCLC)在管理结构上做出了更改，允许俄亥俄州以外的图书馆成为其成员并可以参加董事会的选举，此处还把俄亥俄大学图书馆中心改制成公司进行运作，形成了良好的自我发展机制，而且通过持续的服务创新，不断在全球拓展其数字化信息服务。宁波市数字图书馆针对地方产业特点，建设面向产业的、自建的特色数据库，提升服务地方经济社会的能力，使其成为国内专业领域的特色内容，坚持生态效益、经济效益与社会效益的统一。① 数字图书馆科学评价机制以数字图书馆为用户服务所产生的投入和产出(即成本—效益)为评价核心，而逐步淡化政府投入(即政府拨款)。面向用户的交互服务评价发展趋势应以用户需求为导向，市场为晴雨表，其价值运行的社会效益和经济效益为评价对象。另外，对知识信息服务机构的评价发展趋势仍然依赖评价专家的主观判断，例如信息服务机构逐步累加得到的资本化率开始于由市场决定的安全系数、风险、非变现性以及其他的可能因素等。② 总之，在国家宏观管理和市场机制下获得信息服务的社会效益和经济效益，增强图书馆可持续发展的动力，提高其核心竞争力。

2.4 本章小结

随着Web2.0技术的发展，数字图书馆以用户为中心的交互式服务得到迅速发展，通过与用户之间的交互行为，从用户的观点来考察信息构建的内容组织和界面设计，让用户参与其中，满足用户与系统以及用户与用户之

① 豆洪青.面向产业的区域数字图书馆可持续发展研究[J].图书馆杂志，2010(1)，38-41.

② 梁孟华，李枫林.创新型国家的知识信息服务体系评价研究[J].图书情报知识，2009(2)：27-32.

间的交流和互动，一起分享知识、科研成果以及用户获取文献的体验，数字图书馆的交互服务不仅关注用户的满意度，更关注用户的真实感知和情感满足，并为用户提供深层次的个性化服务。

交互式信息服务是一种动态服务模式，它通过与用户双向沟通和交流来调整资源整合内容及服务形式，提高以用户为中心的服务质量。其交互内容主要包括基于用户体验的信息构建、基于用户友好的交互智能检索、基于个性化定制的集成信息服务和交互式的可视化信息服务等。基于用户交互的服务模型由参与交互服务的用户、交互系统、交互内容和交互评价系统四个模块组成，并且在认知机制、沟通机制、信任机制和反馈机制的保障下得以运行。

交互服务评价一直是学科前沿研究热点，对于服务评价内涵的界定与理解是考察和研究交互服务评价体系与管理机制的起点，该部分从服务过程和服务绩效的角度来阐述服务评价的含义，从交互服务目标、科学发现、客观描述和价值判断四个方面来定义交互服务评价的内涵和核心内容，从交互服务的价值、规范化管理、资源配置和用户参与四个方面来分析建立一套规范化、系统化、制度化、科学化的评价体系对于数字图书馆可持续发展具有的重要意义。

交互服务的价值运行的分析有利于认清 Web2.0 形态下数字图书馆构建核心价值的意义，从交互环境、交互主体和交互内容分析核心价值构成要素。构建 Web2.0 时代数字图书馆价值运行模型，从用户明确提出的需求和潜在需求分析用户需求阶段；举实例分析利用维基技术、博客、即时通讯和微信等 Web2.0 技术实现用户与馆员、用户与用户的多元互动，促使数字图书馆交互服务价值形成。

在国家宏观管理和市场机制下获得信息服务的社会效益和经济效益，增强图书馆可持续发展的动力，提高其核心竞争力。Web2.0 时代数字图书馆价值运行模型揭示了交互服务的价值链，分析了价值链的构成和影响因素，为正确认识交互服务的价值形成和展开交互服务评价工作奠定理论基础。

3 面向用户的交互服务评价的相关理论依据

数字图书馆服务评价等相关研究领域的理论为面向用户的交互服务评价的全方位研究和实践提供了理论上的准备,丰富了服务评价的内涵。针对面向用户交互的数字图书馆服务的特殊性和复杂性,以下的基础理论能为建设科学合理的基于用户交互的数字图书馆评价模型和指标体系提供理论指导。

3.1 用户嵌入理论

"嵌入性"(embeddedness)概念最初是由人类学家波兰尼(Polanyi)于1944年在《伟大的转折》一书中提出来的,他认为个人的经济动机嵌入在社会关系中,经济行动属于社会活动的一部分。①

1985年,美国新经济社会学学者格兰诺维特(Granovetter)在《美国社会学刊》上发表了《经济行动与社会结构:嵌入性问题》一文,标志着学术界正式提出了嵌入性理论。② 格兰诺维特将其外延和内涵进一步扩展,指出"经济的社会嵌入包括经济活动在社会网络、文化、政治和宗教中的嵌入,对经济问题的研究除了交易成本以外,还要考虑人际互动和信任等社

---

① POLANYI K, BLOCK F. Karl Polanyi and the writing of "the great transformation"[J]. Theory and society, 2003,32(3): 275-306.

② GRANOVETTER M S. Economic action and social structure: the problem of embeddedness[J]. The American journal of sociology, 1985,91(3): 481-510.

会情境对经济行动的影响”。① 随着对嵌入性理论研究的深入，它已经突破了社会经济学领域，被应用到产业区域、市场渠道、组织适应等多种社会活动中。② 近年来，嵌入性理论逐步得到图书馆学、情报学界的关注，被用于分析和解释信息服务与情报研究、图书馆社会网络等方面的问题③，最早是南斯(Nance)及其合作者在 1972 年对消息传播结构进行分析，利用可获取性和灵活性对信息网络进行分析④。马扎特(Matzat)对 26 个虚拟社区进行调查，分析了由于社区成员间缺乏信任引起的知识共享障碍问题，从社会网络角度提出如何通过整合线上线下的互动沟通来减少网络社区的社交问题，促进在线知识共享的解决方案。⑤ 阿伦·拉伊(Arun Rai)等从社会嵌入性视角指出组织管理和人际关系、不同国家间的文化差异是影响信息系统离岸外包项目成功的关键因素，通过信息交流、合作者之间基于信任而共同解决问题等方式可降低超支风险和提高客户满意度。⑥ 国内学者包昌火、谢新洲和申宁提出利用社会网络分析方法分析了自我中心网络。⑦ 苏娜、张志强用社会网络分析的方法和指标对专业文献中的高频关键词的共

---

① GRANOVETTER M S. The impact of social sturcture on economic out-comes[J]. Journal of ecnonomic prespectives, 2005,19(1): 33 - 50.

② 刘颖.嵌入式学科服务创新模式研究——基于嵌入性理论的思考[J].图书情报工作，2012(1): 18 - 22,59.

③ 秦铁辉.嵌入性理论对情报学研究的启示[J].图书情报工作,2009(24): 5 - 6,20.

④ NANCE R E, KORFHAGE R R, BHAT U N. Information net-works: definitions and message transfer models[R/OL].[2009 - 7 - 23]. http://www.eric.ed.gov/ERICDocs/data/ericdocs2sql/content_storage_01/0000019b/80/37/67/54.pdf.

⑤ MATZAT U. Reducing problems of sociability in online communities: integrating online communication with offline interaction[J]. American behavioral scientist, 2010,53(8): 1170 - 1193.

⑥ RAI A, MARUPING L M, VENKATESH V. Offshore information systems project success: the role of social embeddednesss and cultural characteristics[J]. MIS Quarterly, 2009,33(3): 617 - 641.

⑦ 包昌火，谢新洲，申宁.人际网络分析[J].情报学报,2003(3): 365 - 374.

词网络以及共引网络进行分析，预测学科研究发展趋势。① 秦铁辉教授也从嵌入性理论的角度，分析了图书情报机构应该为员工创造和谐、顺意的工作环境等黏性要素，以便减少人才流失。② 在信息资源建设和管理方面，嵌入性理论主要应用于企业的知识管理领域，用于指导企业的知识创新与共享、知识网络的构建等。

3.1.1 用户嵌入理论的提出

20 世纪 70 年代，世界著名未来学家托夫勒(Toffler)所著的《未来的冲击》一书中首次提到"体验经济"的概念③，随后他在《第三次浪潮》中认为"服务经济将被体验经济所取代，商家将靠提供这种体验服务取胜"④，从而宣告了"体验经济"这一全新经济模式的到来。

数字图书馆提供以用户为核心的服务，其服务理念和流程都越来越注重用户体验。用户体验是指用户在操作或使用一件产品或一项服务时所做、所想、所感，涉及通过产品和服务提供给用户的理性价值和感性体验。⑤ 它包括用户对品牌特征、信息可用性、功能性、内容性等方面的体验⑥，积极的用户体验能够给服务带来信誉和盈利能力，增强用户的回访意愿、购买意愿、满意度和产品的口碑；消极的用户体验则带来不利的影响，降低用户的回访意愿、购买意愿、满意度和产品的口碑⑦。随着体验经

① 苏娜，张志强.社会网络分析在学科研究趋势分析中的实证研究——以数字图书馆领域为例[J].情报理论与实践，2009(9)：79－83.

② 秦铁辉.嵌入性理论对情报学研究的启示[J].图书情报工作，2009(24)：5－6，20.

③ 托夫勒.未来的冲击[M].孟广均，等译.北京：新华出版社，1996：20.

④ 托夫勒.第三次浪潮[M].朱志焱，等译.北京：三联书店出版社，1984：120.

⑤ LUCAS D. Understanding user experience[J]. Web techniques, 2000(8)：42－43.

⑥ 邓胜利，张敏.用户体验——信息服务研究的新视角[J].图书与情报，2008(4)：18－23.

⑦ The importance of user experience-the poster[EB/OL].[2013－04－10].http：//www.demystifyingusability.com/2006/09/the_importance_.html.

济时代的到来，图书馆用户至上的意识也不断增强，图书馆以用户为中心进行服务范式的转移，提供嵌入用户的服务也是时代发展的必然。

刘颖博士认为嵌入式服务一方面须从用户使用的角度嵌入用户个人信息环境，提供物理空间的嵌入和数字空间的嵌入；另一方面则可以从社会网络的角度嵌入用户和组织的联结，开展社会关系的嵌入和组织结构的嵌入。① 用户嵌入服务可以通过优化图书馆服务空间，引入更多用户融入科研、教学、学习过程的服务项目实现物理空间的嵌入；数字空间的嵌入则是将服务嵌入到用户的个人计算机或移动设备中，或利用 RSS 等工具将信息推送到用户的数字空间，使用户以最为便捷的方式就能获取图书馆所提供的数字服务；社会关系和组织结构的嵌入分别从用户个人关系与情感、组织结构与工作制度两个方面与用户建立稳定的合作关系，增强用户对图书馆的亲切感和依赖感。

因此，用户嵌入理论是嵌入性理论和以用户为中心的服务体验的完美结合，是对图书馆传统服务理论的进一步完善；主张以用户为中心、建立一切为了用户的服务目标；建立视用户为最重要资源的核心价值观的协同互助服务；强调在数字图书馆的服务理念和服务流程中嵌入用户的感知和体验。用户嵌入理论在图书馆服务中的具体应用体现在用户嵌入式体验服务。

3.1.2 用户嵌入理论在数字图书馆服务评价中应用的可行性和意义

数字图书馆作为人类信息交流体系及社会网络的节点，在网络社会中应通过与社会网络的互动融合，主动为互联网上的用户服务。因此，数字图书馆内外环境和服务中存在的人际网络也是一种社会网络，用户嵌入理论

① 刘颖.嵌入式学科服务创新模式研究——基于嵌入性理论的思考[J].图书情报工作，2012(1)：18－22,59.

在以“用户为中心”的数字图书馆服务评价中得以应用不仅可行，而且具有重要意义。

3.1.2.1　**用户嵌入理论在数字图书馆服务评价中应用的可行性**

由嵌入性理论发展而来的用户嵌入理论，其“以用户为中心”的服务理念与核心价值观，为其在数字图书馆服务评价中的应用加强了可行性。

1. 体现以人为本的服务理念

黄宗忠教授认为：图书馆的目的是服务，离开了服务就失去了存在价值和发展动力，只能成为摆设，所以服务是图书馆永恒的主题。① 数字图书馆与用户之间依靠服务联结，以主体与客体的关系存在。数字图书馆服务的对象是用户，数字图书馆应该以用户为中心开展工作和服务。现代图书馆的中心从原先的以文献资源为中心（过分注重馆藏数量）、以图书馆馆员为中心（过分强调图书馆员的主导地位）向以用户为中心转变。对于图书馆服务而言，过去认为只要一个图书馆文献资源丰富、馆员知识渊博，就能给用户提供优质服务。但现在，用户参与服务的意愿增强，用户又同时具有图书馆服务的直接感受者和评判者的双重属性，这些因素都在很大程度上影响着数字图书馆的服务质量和效果。所以，用户因素必然是数字图书馆服务评价及其模型和指标体系建立和设计时需要考虑的一个重要方面。将用户的感受与体验嵌入到评价模型和指标中，体现了现代图书馆以人为本、服务至上的理念。

2. 适应体验经济时代的要求

《哈佛商业评论》认为：“继产品经济和服务经济之后，体验经济时代已经来临。”②约瑟夫·派恩（Joseph Pine）与詹姆斯·吉尔摩（James Gilmore）在《体验经济》一书中指出“体验就是企业以服务为舞台、以商品为道具、以

① 黄宗忠.服务是图书馆的永恒主题——兼评国外图书馆服务的新理念、新方法[J].图书馆论坛，2005(6)：22－29.

② 佚名.体验的《爆米花报告》[EB/OL].[2013－04－20].http://www.cnw.com.cn/weekly/htm2004/20041208_33058.shtml.

用户为中心，创造能使用户参与、值得回忆的活动”①。各行各业注重的不仅是自己拥有多少资源，还有如何以独特的体验提高用户忠诚度。随着时代发展，用户积极地参与到服务中来，希望通过自己的信息需求表达，在和图书馆服务人员的交互过程中能够获得良好的体验，感受到自我价值实现带来的愉悦体验。同样，在体验经济时代，在进行数字图书馆服务评价工作中自然也必须考虑用户的体验，在评价模型、评价指标、评价标准中都需要体现用户的感知和体验，甚至在整个评价工作开展的过程中都需要用户参与。用户嵌入理论在数字图书馆服务评价中的应用更适应体验经济时代的要求，即抓住用户在使用信息服务时的体验和感受。

3. 拓宽服务评价的研究视野

用户嵌入理论建立在嵌入性理论的基础上，采用的研究方法不是对研究对象的单一属性分析，而是分析研究对象之间的关系结构。关系嵌入理论将人际关系分为强连带和弱连带。强连带有利于建立基于信任的合作关系，这有助于研究数字图书馆如何与用户之间形成双向信任机制，从而使用户与图书馆的关系更为密切，促使用户积极参与服务评价。用户嵌入理论的视角以用户为出发点，提供多面多层次的嵌入式服务，包括物理空间、虚拟空间、社会关系和组织结构的嵌入。用户嵌入理论通过多种方式的嵌入将用户与服务编织成一张网，以用户为中心，服务紧紧围绕在用户周围，各种嵌入式服务之间相辅相成，缺一不可。用户嵌入理论为数字图书馆服务评价提供了多种角度，拓宽了服务的内涵。用户嵌入理论强调用户与图书馆之间需要改变以往完全以图书馆员为主导的服务模式，两者之间形成一种双向的、互动的服务关系，为服务评价模型的着眼点提供了新的思路，开拓了新的评价视野，从交互服务的角度评价图书馆服务。②

3.1.2.2 用户嵌入理论在数字图书馆服务评价中应用的意义

用户嵌入理论强调以用户为中心，建立用户至上的服务目标，是对传统

① 派恩，吉尔摩.体验经济[M].波士顿：哈佛商学院出版社，1999：43.

② 梁孟华.基于用户交互的数字图书馆服务评价模型构建与实证检验[J].图书情报工作，2012(1)：73－77.

服务理论的完善和升华，在服务评价中具有重要借鉴意义。

1. 提升服务评价工作的目的和价值

评价是一个价值判断的过程，其本身不仅仅是为了评价。数字图书馆服务评价的目的是希望从评价结果中了解图书馆目前的服务水平和状况，并根据存在的问题改善服务过程中存在的不足，最终为用户提供更好的服务。成功的数字图书馆需要具备一定的硬件条件和技术条件，但更重要的是体现在能为用户提供优质的服务。美国霍普金斯大学图书馆张甲教授也认为“数字图书馆的核心价值应体现在为用户服务的水平上，满足用户需求是数字图书馆的最高评价标准”①。用户是数字图书馆服务的出发点和归属，而体现服务水平的数字图书馆服务评价工作的出发点和目的也应该根据服务的这一特点来展开。因此，在进行数字图书馆服务评价时考虑用户体验和感受是非常有必要的。

2. 转变数字图书馆服务评价的理念

首先，在传统的评价理念中，评价模型建立的维度往往更关注馆藏资源数量、办馆条件、投入与成本等客观角度，对用户和用户感知与体验的关注不够。虽然图书馆领域的学者已渐渐开始关注用户满意度，但对用户满意度的研究更多地停留在满足信息需求这一层面，较少考虑在服务过程中用户的情感需求是否得到满足。用户在体验图书馆的服务时，由于其自身能力和需求的不同，所感受的服务的质量也是存在差异的。用户嵌入理论的引入则带来了新的思路，数字图书馆进行服务评价需要同时着眼于用户与服务两个方面。其次，在传统的评价理念中，评价主体都是第三方独立机构或行政部门，用户处于一个被动的位置。而用户嵌入理论注重用户的参与互动，认为用户也应该构成评价主体，与数字图书馆、上级行政部门等共同

① 满足用户需求是数字图书馆的最高评价标准——访美国霍普金斯大学图书馆张甲教授[EB/OL].[2013-02-10]. http://www.caigou.com.cn/news/detail/109011.shtml.

构成数字图书馆服务评价的主体,形成一个多维的服务评价格局①。

3. 实现数字图书馆服务评价工作的可持续发展

建立一切为了用户的服务目标,这是用户嵌入理论在数字图书馆服务中的体现,同时也是数字图书馆可持续发展的必要条件。因此,以用户需求为导向的组织结构设计一方面考虑信息服务深度以及服务内容,另一方面更应该坚持以人为本,尽量满足用户的多元需求。嵌入式服务强调与用户的双向嵌入以保持密切的合作关系。学科馆员制度就是组织机构用户化的一种模式,通过对对口学科用户或团队的主动嵌入,帮助用户团队开展日常研究工作,获得用户的充分信任,邀请用户参与评价工作,用户乐于对服务和服务评价提出中肯建议。图书馆通过组织结构和工作机制与用户的双向嵌入,数字图书馆服务与用户的紧密程度逐渐增强,评价工作更容易得到用户的参与和认同。评价工作需要保持与数字图书馆服务的与时俱进,才能保持可持续发展。

3.1.3　基于用户嵌入理论的数字图书馆服务评价模式

嵌入性理论强调经济行为不是孤立存在于经济领域,而是嵌入社会网络,并受到所处的社会网络制约。用户嵌入理论强调在数字图书馆的服务理念和服务流程中嵌入用户的感知和体验。因此,本书提出的基于用户嵌入理论的数字图书馆服务评价模式是以格兰诺维特的关系嵌入性和结构嵌入性框架为依据②,以用户为中心的社会关系嵌入和数字图书馆组织结构嵌入相结合(如图 3 - 1 所示)。社会关系嵌入的研究视角是基于互惠预期而发生的双向关系,以用户为研究中心,研究其网络关系的特征;组织结构嵌入的研究视角是数字图书馆有机组成之间的联系性和相关协作性。

① 吕元智.基于软系统方法论的数字图书馆服务评价策略研究[J].情报理论与实践,2012(6):92 - 95.

② GRANOVETTER M S. Economic action and social structure: the problem of embeddedness[J]. The American journal of sociology. 1985,91(3):481 - 510.

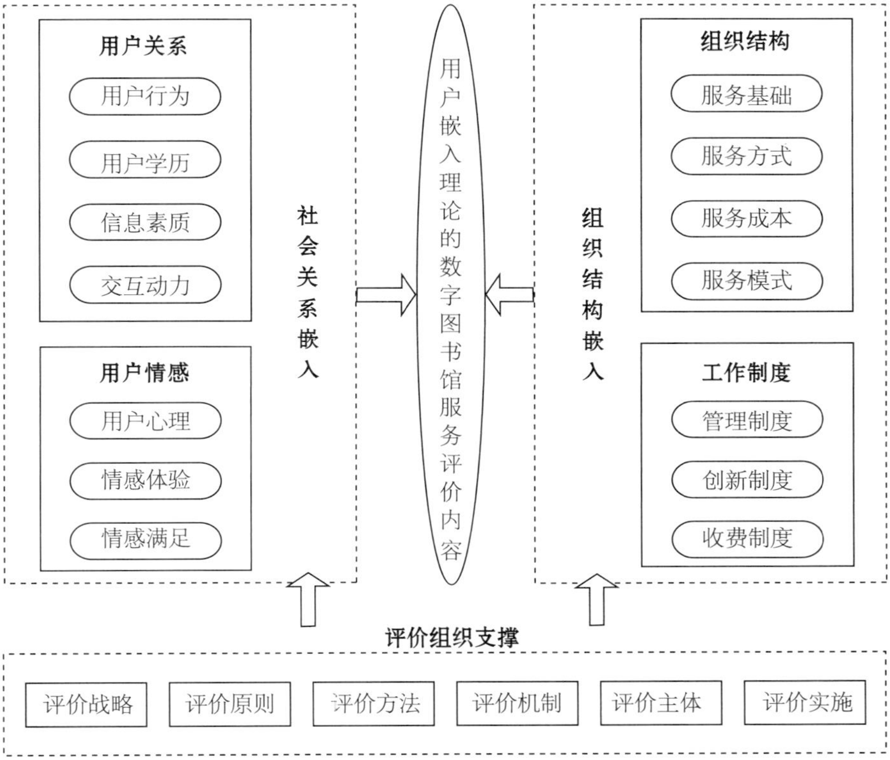

图 3－1　基于用户嵌入理论的数字图书馆服务评价模式

基于用户嵌入理论的数字图书馆服务评价模式以社会关系嵌入模块、组织结构嵌入模块以及评价组织支撑模块组成。

1. 社会关系嵌入模块

用户是数字图书馆一切工作的中心，更好地满足用户的信息需求是服务的根本目的与原动力，用户因素在很大程度上影响着数字图书馆服务的过程、质量与效果。因此，用户因素必然是数字图书馆服务评价及其指标体系设立时需要认真考虑的一个重要方面。社会关系嵌入模块又分为用户关系和用户情感两个子模块，其中用户关系包含影响数字图书馆服务评价效益的用户行为、用户学历、信息素质以及交互需求的动力。用户行为是用户需求与心理活动的外在表现形式，用户行为在很大程度上受用户长期形成的思维定势与行为习惯等因素的影响，用户行为的恰当性、清晰性、彻底性在相当程度上影响着服务的准确性。用户学历和信息素质是用户能力的表现，也是用户为实现某项需求而必须具备的相关知识与技能。交互动力是用户需求的具体表现，也是产生信息服务的基础。用户情感模块包括用户心理、情感体验和情感满足。用户心理是指用户围绕信息需求的形成、提出、满足等系列过程而产生的心理与思维活动，包括信息需求的动机、对信息需求满足的期望、对信息需求服务提供方的认知、对信息需求满足过程与结果的感受等等①。情感体验和情感满足数字图书馆在提供信息服务中，在注重服务内容和质量的同时，更应该注重用户情感的愉悦和满足，主动为用户提供参与到信息服务之中链接，用户越来越希望和信息服务机构一起，按照用户需求获取满意的服务，通过创造性消费来体现他们独特的个性，使他们获取自我实现的新途径，从而获得更大的成就感和满足感②。

2. 组织结构嵌入模块

组织结构的构成要素提供了描述组织内部特征的标尺或参数，数字图书馆的组织结构合理性和工作制度的严谨性直接影响数字图书馆的服务质量和效益。数字图书馆作为信息服务机构，其组织结构是保障正常运转的根本，与服务基础、服务方式、服务成本与管理制度、创新制度、收费制度等相互影响、相互制约。组织结构嵌入模块又分为组织结构和工作制度两个子模块。组织结构模块包含数字图书馆的服务基础、服务方式、服务成本和服务模式。服务基础主要是指维持数字图书馆正常运转的软硬件基础、数字资源以及服务人员；服务方式指数字图书馆的具体服务类型与运作形式，包括移动服务、文献传递服务、参考咨询服务；服务成本指提供本次服务所付出的人力、物力、财力等费用；服务模式是图书馆开展服务的参照性指导，

① 陆宝益，郑建明，陈雅.图书馆数字化参考咨询评价中的用户因素研究[J].图书情报知识，2006(6)：61－64.

② 胡昌平，胡吉明，邓胜利.基于社会化群体作用的信息聚合服务[J].中国图书馆学报，2010(5)：51－56.

是图书馆满足图书馆用户需求的系统，这个系统是在服务实践中反复得到验证从而抽象出来的一整套服务理念、服务方式、服务结构等的总和。工作制度模块包含数字图书馆的管理制度、创新制度和收费制度。管理制度是指为了对图书馆进行规范化、合理化、标准化的管理而制定的一系列制度，内容包括图书馆的工作管理、馆藏、设备等购置管理、人员管理(工作人员和读者管理)、维护管理、安全管理等。创新制度是指导有关数字图书馆拓展新的服务途经、开创新的服务市场、增加新的服务内容等创新服务活动的相关制度。收费制度是指使用图书馆服务的读者或用户，依照国家法律法规和数字图书馆制定的收费标准，交纳一定费用(手续费、服务费等)的制度。数字图书馆的收费制度应体现其合理性，用户能够接受并能承担经常使用图书馆的服务而产生的费用。在数字图书馆组织结构评价内容的构建过程中，一定要综合考虑数字图书馆外部与内部各种对组织结构产生影响的要素，进而客观地评价数字图书馆组织结构与其他要素之间的匹配性。

3. 评价组织支撑模块

基于用户嵌入理论的数字图书馆服务评价模型，除了包含以社会关系和组织结构两个角度为切入点展开的服务评价内容外，还必须有评价组织支撑模块。评价组织支撑模块由评价战略、评价原则、评价方法、评价机制、评价主体和评价实施六个子模块组成。评价战略是指为了使数字图书馆服务评价工作顺利进行和实施，对服务评价工作做出全局的、可持续发展的统筹规划，评价原则的制定、评价方法的选用、评价实施的开展都根据评价战略为基础进行开展。评价原则是数字图书馆服务评价开展所依据的准则、法则与标准，评价模型的建立和评价指标的设立都应该遵循评价原则。评价方法是指在数字图书馆服务评价实践中可以实际操作的过程、步骤、手段等，以利于数字图书馆服务评价工作顺利开展。目前主要的数字图书馆评价方法①包括专家评价法、用户评价法、信息测度评价法、综合评价法等。评价方法来源于数字图书馆服务评价实践，又应用于服务评价实践，并在实

① 吴建华.数字图书馆评价方法[M].北京：科学出版社，2009.

践中反复检验并得以完善。评价机制揭示了服务评价系统内部组织结构和运行变化规律,保障了服务评价工作灵活运行。评价主体是指基于一定目的主动实施评价行为的实体①,评价主体的构成已趋向于多元化。评价活动是评价主体采用评价方法对评价客体进行测量的过程。评价模型是评价主体对评价客体的一种抽象,是评价客体的一种价值承载体和虚拟表达,它是基于评价主体对评价客体的认识而抽象出的一套测度方法和价值判断体系②。评价实施是指评价主体对评价客体开展测度和衡量而执行的一系列活动。

3.1.4　基于用户嵌入理论的数字图书馆服务评价支撑机制

数字图书馆的服务评价支撑机制是指为了有效地对数字图书馆的服务状况和水平进行评估而采取的工作机制,包括评估理念、评估指标与评估机制等。从实证研究可以看出,用户嵌入服务的评价策略有助于改善传统服务评价工作中的不足,从而促进评价工作的有效进行,最终改善图书馆服务质量和水平。

3.1.4.1　评价组织中注重用户参与

数字图书馆评价工作是一个复杂的工程,除了专业人士参与之外,用户参与评价组织也具有积极意义。专业人士更多关心数字图书馆的成本、维护、社会影响等。用户作为数字图书馆服务的直接感受者,更注重图书馆的服务给自己带来的帮助和影响。用户参与评价组织一方面弥补了传统评价方式的不足,另一方面又反过来促进用户忠诚度的提高。

1. 评价主体多元化

2010 年 3 月,全国数字图书馆建设与服务联席会议制定的《数字图书馆服务政策指南》明确指出:“开展全方位、多角度的评估活动,主要包括以

① 刘炜,楼向英,张春景.数字图书馆评估研究[J].图书情报工作,2007(5):21-24,69.

② 马宁宁,李春明,周晨.基于不同立场的公共数字图书馆服务评价研究[J].情报理论与实践,2013(7):63-66.

下几个方面：自我评价、投资方评价、成员单位评价、最终用户评价、第三方评价等。”①但在实际的数字图书馆服务评价实践中，评价主体往往是第三方，用户虽然参与评价但不构成主体。实际上，数字图书馆服务评价工作本身就是一项广泛参与的工作，评价主体单一并不能使服务评价工作进行得更顺利、更完善，因此应当积极建立用户参评机制，使评级主体多元化。

评价主体多元化分为两种情况。一种是用户直接成为评价主体。如美国研究图书馆协会提出的 LibQUAL+™项目，鼓励用户参与网络调查，以用户评价为主要方法进行图书馆服务质量评价②。另一种是整个用户群体不直接构成评价主体，但在评价人才队伍中聘请具有较高知识水平的用户（其他领域的专家学者）组成一个用户评估组。

评价主体多元化需要用户参与服务评价过程的各个环节，包括设计评价方案、选择和制定评价标准等。评价方案的设计和选择需要和用户群体多次讨论交流，听取用户意见，不断改进评价方案。在评价具体数字图书馆时，需要根据实际选择最为适合的标准，标准的选择应该和用户商讨，汲取用户意见与想法，在此基础上进行评价标准的再设计。方案确定后，评价工作的实施阶段、报告阶段都应该受到用户的监督。在具体实行对某一数字图书馆进行服务评价时，根据具体情况采用的评价指标和方法的改变也应该告知用户，与用户之间尽量实现零栈交流。

2. 评价结果反馈机制

数字图书馆服务评价实施过程需要用户参与，同时也需要将评价结果及时反馈给用户。开展服务评价要注重连续性、全面性和合理性，反馈作为服务评价的重要环节之一，需要建立合理的反馈机制。反馈渠道应呈现多元化，如武汉大学图书馆文献传递小组就将《高校馆际互借工作用户调查表》常年链接在主页上，并通过 email 等多种方式得到反馈信息。反馈机制

① 数字图书馆服务政策指南[EB/OL].[2013-02-08]. http://wenku.baidu.com/view/4c1c211dfad6195f312ba6e9.html.

② 曾照云.LibQUAL+™——图书馆服务质量评价研究综述[J].情报杂志，2009(12)：95-98.

的建立一是将评价结果及时反馈给用户，用户从情感上感受到图书馆的重视，从而认同图书馆的工作、积极参与服务评价工作。二是将评价结果显示出的不足呈献给用户，用户会将这些不足与图书馆日后所做出的努力对比，用户的期望将促使图书馆把改善服务质量和效果提上议事日程。

3.1.4.2 服务评价模型中嵌入用户维度

服务评价模型是一种抽象的、能够普遍应用的、用以分析和判断数字图书馆服务水平和状况的科学方法。它基于服务评价主体对数字图书馆服务的主观认识，经过优化和验证，具有较好的可行性和操作性，评价主体可以直接参照模型进行数字图书馆服务评价。建立基于用户角度的评价模型是开展评价工作的基础。

1. 用户感知和体验是数字图书馆整体服务流程的核心

数字图书馆的服务是一个用户体验的过程，用户体验是用户与数字图书馆之间由于服务互动而产生的反映。数字图书馆服务过程可以看作是用户与数字图书馆交互的过程，分为两个层次：一是系统与用户之间的交互；二是用户与服务者在情境、认知及情感等方面存在交互行为①。用户的感知与体验贯穿于图书馆服务的整体流程。在与系统交互的过程中，用户希望图书馆系统的信息设计能有效地传递信息、满足用户的功能体验需求；交互界面设计能满足用户的美学体验需求；跨平台交互技术的实现能够满足用户的技术体验需求。在与服务馆员交互的过程中，用户更注重情感的满足。体验经济时代，用户更在乎过程，是否满足信息需求不是衡量服务好坏的唯一标准，服务馆员的服务态度、与用户之间的互动气氛和人际关系，也成为用户的评判标准。

2. 用户分类管理是提高服务评价精准度的关键

用户嵌入理论的重心在于将服务与用户融为一体，但用户群体本身是存在差异的，这些差异在很大程度上影响用户对图书馆的评价。用户的学历、信息素养、信息能力、使用经历、交互动力等因素的不同，都会直接影响

① 沈旺.数字图书馆用户激励研究[D].吉林：吉林大学，2011：59－60.

用户对服务质量的感受。一般情况下,用户的学历越高,其信息素质也相对较高,对信息也越敏感,交互动力也会较高,此类用户对服务质量和范围的要求也就越高。另外感受过优秀数字图书馆服务的用户与从未或较少使用过图书馆的用户相比,两者对图书馆的服务要求是不同的,感受到的服务质量也不同。在用户能力和信息素养参差不齐的情况下,直接让用户参与评价,用户对图书馆的评价可信度会呈现良莠不齐的状况。将用户分类、进行用户分类管理才能真正反映图书馆的真实服务状况,有助于提高评价准确度。

3.1.4.3　建立基于信任的服务评价协作机制

数字图书馆服务评价在社会网络中进行,其运行和实施受到社会网络的约束。本书所指的服务评价协作机制围绕用户与图书馆的服务关系进行讨论,完善图书馆自我评价与用户评价之间的互通。这种互通建立在用户与图书馆之间具有共同利益、相互信任的基础上。

1. 共同利益是开展协作评价的前提

开展图书馆服务评价的目的在于了解图书馆服务水平的真实状况,从而改善服务质量。用户作为数字图书馆的服务对象,希望图书馆能够提供更优质高效的服务。数字图书馆作为服务方,其服务目标是提供更好的服务以满足用户的信息需求,图书馆通过用户满意度来获得自我肯定。无论是图书馆自我评价还是用户评价,两者具有共同的目的,即共同利益:① 更科学准确地开展服务评价工作。② 通过评价结果,改善服务质量,这也是评价工作的最终目的。在用户与图书馆之间具有共同利益的基础上,一方面通过加强合作双方文化交流、信任、人际互动与互助理念等社会情境下的协作规范;另一方面通过决策协调、利益分配、激励约束等制定协作运行规则①,从而建立起评价协作机制。因此,共同利益是开展数字图书馆评价协作机制的前提,信任和互助是数字图书馆评价协作机

① 梁孟华.图书馆知识信息服务综合评估研究[M].上海:上海世界图书出版公司,2012:162.

制的生命力。

2. 双向信任保障促进评价协作的长久持续发展

信任是一种情感上的依赖关系。数字图书馆应主动拉近与用户的距离，借用服务营销理念，开展基于社交网络的图书馆小组等活动提高利用率；利用各种工具对用户信息进行收集和整理，支持用户关系管理并建立用户档案库，了解用户动态、针对性地向用户提供服务，为提供用户忠诚度奠定了基础；支持知识管理，分层次增强用户黏度：① 对于重点用户，建立智能聚类和关联查找功能，挖掘用户的使用模式和兴趣、爱好模式，抽象出用户的显性、隐性和个性化需求，主动跟踪数据库中与用户需求相关的资源，将信息推送给用户，从而满足用户的显性需求、激发用户的隐性需求。② 对潜在用户群体进行细分，根据不同特征细致地分析每一类用户使用图书馆的障碍，从而消除这些障碍，吸引用户使用图书馆。用户嵌入式服务是一种协同互动的服务模式。实现嵌入式服务必须引入信任协同机制。只有通过协同互动，嵌入式服务才能更好地融入用户教学、科研和学习生活过程中①，促使用户自愿参与图书馆发动的活动。同时，通过工作制度上的渗透建立更深层次合作关系的做法更是加深了图书馆与用户之间的双向信任。基于强烈的信任感，有利于协调评价双方的关系，更科学地开展评价工作。

随着科学技术日新月异的快速发展，科学发展的融合性不断增强，数字图书馆的用户更需要获取跨学科的资源，进行教学、科研跨机构的合作。这对于数字图书馆提供高质量的服务和科学客观的服务评价提出了严峻挑战。未来的数字图书馆的服务更有可能从嵌入用户发展为融入用户，真正实现泛在式服务。同时，大数据和云技术等先进的信息技术不仅为用户获取信息提供便捷，更为数字图书馆无缝的服务提供支撑，甚至在用户毫无察觉的情况下感知其需求，及时提供个性化服务。因此，以用户为中心的融合服务评价是数字图书馆服务评价的发展方向。

---

① 司莉，邢文明.我国高校图书馆嵌入式服务的策略选择[J].图书情报知识，2012(4)：46－51,63.

3.2　软系统方法论

软系统方法论自问世以来,就引起社会各界的关注,它在处理复杂社会问题方面具有良好的科学性和灵活性,目前已被广泛应用。在介绍软系统方法论的基础上,分析软系统方法论应用于数字图书馆服务评价领域的缘由和意义,并根据软系统方法论的六步骤——感知和表述数字图书馆服务评价的问题情景、进行根定义、建立概念模型、将概念模型与现实进行比较、确立期望与可行方案、采取行动改善问题情景的策略对数字图书馆服务评价这一活动进行探讨。

3.2.1　软系统方法论

自20世纪40年代奥地利生物学家贝塔朗菲(Bertalanffy)提出“系统论”以来,系统方法论就受到社会各界的广泛关注,并在工程科学领域获得了巨大成功。然而,当人们将这些曾在工程科学领域获得成功的方法论(一般称之为“硬系统方法论”)应用到社会科学领域时,就发现这些方法论并不是有效的。为了解决这一问题,1981年英国兰切斯特大学P.切克兰德(P. Checkland)教授在大量实践的基础上提出了“软系统方法论”(Soft System Methodology, SSM)。这一理论是系统理论的一次较大的更新和转折,它为解决社会系统(软系统)问题提供了一种新的概念和模式。软系统问题与硬系统问题是相对而言的,硬系统问题是指那些结构清晰且能够通过寻找最优路径达到具体目标的结构化问题,而软系统问题则指那些无法归之为硬系统的非结构化问题。软系统问题的目标不够明确,目标是否达到往往涉及人的主观因素,只要人们感到涉及的问题已经解决,或有改善,或对问题有了进一步的理解就可以认为已经达到了目标。① 在软系统

① 邵瑞银,刘又礼.软系统方法论在战略性培训中的应用[J].郑州航空工业管理学院学报(管理科学版),2004(3): 76-78.

方法论中,切克兰德教授认为,在人类活动系统中大多是那些边界模糊、难于定义、结构不良的"软问题",由于人的"维特沙"(类似于世界观但更强调价值观的概念)的普遍存在,对这些问题的处理,需要采用新的方法论,即软系统方法论。该方法论由 7 个步骤构成(见图 3-2)①。

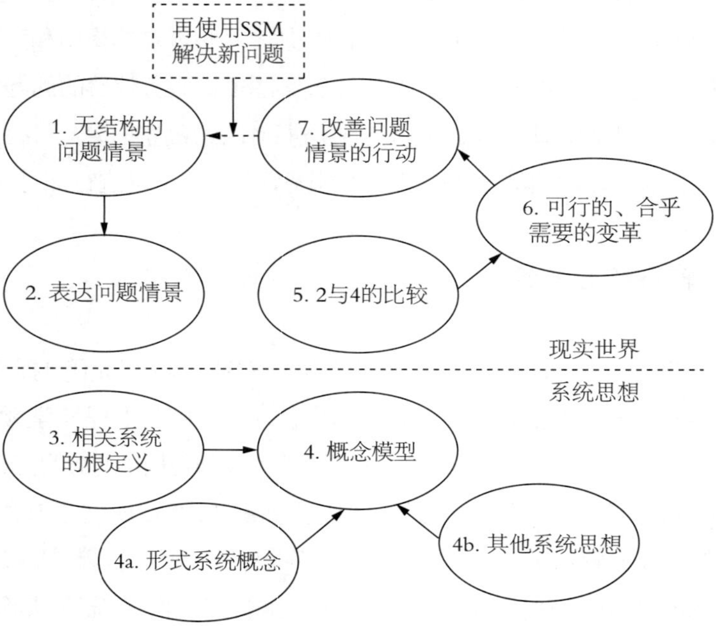

图 3-2　软系统方法论的七步骤

步骤 1、2、5、6、7 是现实世界活动,步骤 3、4 是系统思考活动。其中,步骤 1、2 主要是为研究的问题情景建立一个尽可能丰富多彩的图像,明确问题情景的结构变量、过程变量以及两者之间的关系;步骤 3 是在了解和掌握问题情景的基础上,进行根定义。根定义是根据分析者的观点形成的相关系统的概念,它主要是回答相关系统是什么的问题,它包含"CATWOE"6 个要素,即顾客(customer)、行动者(actors)、转换(transformation process)、维特沙

① CHECKLAND P B. Systems thinking, systems practice[OL]. [2011-06-28]. http://www.citeulike.org/group/2050/article/1282764.

(weltanschuung)、拥有者(owner)、环境约束(environmental constrains)。步骤4是建立相关概念模型,完成"根定义"中所定义的转换功能,并用人类活动系统的形式系统模型等进行检验。步骤5将概念模型与现实进行比较,发现差距和不同。步骤6根据可行性和需要性,确定对现实系统改进的方案。步骤7将确定的方案付诸行动以改善问题情景,并根据行动后的变化,再次使用软系统方法论解决新问题情景。①②③

软系统方法论是一个以"感知—判断—比较—决策"为一体的学习系统,它不直接导致问题的解决,而是导致问题情景的改善与新的学习④,它在处理复杂社会问题时具有很好的科学性和灵活性,目前已被广泛应用,并取得了良好的效果。

3.2.2 软系统方法论在数字图书馆服务评价中应用缘由与意义

3.2.2.1 缘由——数字图书馆服务评价是一个"软问题"

相对投入与产出边界清晰的组织或活动而言,数字图书馆服务工作绩效要复杂得多,并具有较大的模糊性,其评价工作不是一个简单的结构问题,而一个复杂的"软问题"。

第一,评价的对象——数字图书馆服务绩效具有模糊性。这种模糊性主要体现在以下几个方面⑤:其一,数字图书馆服务产出的确定与精确度量十分困难。众所周知,数字图书馆是现代信息技术与图书馆的结合,这种结

① 孟溦,李强,刘文斌.基于3E理论构建科研机构评价指标体系[J].科学学研究,2007(5):908-914.

② 王丁,杨建梅,陈建煊.用软系统方法论对广东R&D资源配置问题的研究[J].科学管理研究,1999(2):34-38.

③ 蔡建东.软系统方法论及其对教育行动研究的启示[J].电化教育研究,2006(4):16-19.

④ 杨建梅.切克兰德软系统方法论[J].系统辩证学报,1994(3):86-91.

⑤ 彭国甫.地方政府公共事业的管理评价与治理对策研究[D].长沙:湖南大学,2004:65-66.

合可能使图书馆的信息服务能力得到极大的提升，最终将创建一种全新的图书馆形态。① 不管是传统的图书馆，还是现代的数字图书馆，服务是其永恒的主题。② 但是，由于用户"弹性"心理③、服务产出非市场性等因素的影响，数字图书馆的服务产出，尤其是作为社会效益的产出时，是难以进行确定与精确度量的。其二，数字图书馆服务绩效往往交织在一起，很难对某一特定指标的绩效进行单独衡量。例如，在考察数字图书馆服务绩效时，就难以用准确的数量指标区分哪些是过程绩效、哪些是产出绩效。其三，数字图书馆服务绩效边界较为模糊，有时难以精确判定。如反映数字图书馆服务绩效之一的用户满意度指标，虽然它的提升与数字图书馆服务部门努力有很大的相关性，但事实上并不完全由这些部门的努力所决定，而是多种因素如信息技术的发展等综合作用的结果。

第二，数字图书馆服务评价工作是一项主观见之于客观的工作，不可避免地会受到人的主观因素的影响，不是一项简单的量化评价工作。评价是指评价者按照授权和规定的程序通过收集、分析、评价相关证据，运用科学的标准、方法和程序，对个体或组织的绩效做尽可能准确的评价，发现问题，找出产生问题的根源，并提出改进建议的检查、监督和评价活动。④ 在数字图书馆服务评价中，由于评价主体知识和经验的差异、评价数据的有限性以及评价方法的局限性等因素的存在，其评价只能是"尽可能"准确的评价。这一思路与"软系统方法论"的不直接导致问题解决而是导致问题情景改善的思维是一致的。另外，数字图书馆服务绩效的高低在很大程度上是由用户的体验和感知来体现的，然而这种体验和感知也会因主体不同而不同，很难有一个"结构化"的结果。

---

① 范并思.理论图书馆学视野中的数字图书馆研究[J].中国图书馆学报，2002(1)：25－27.

② 姚晓霞，朱强.《数字图书馆服务政策指南》解读[J].中国图书馆学报，2011(1)：32－37.

③ GUPTA M P, JANA D. E-government evaluation: a framework and case study[J]. Government information quarterly, 2003(4): 365－387.

④ 陈宋生.政府绩效审计研究[M].北京：经济管理出版社，2006：9.

总而言之,数字图书馆服务评价工作是一项复杂的社会工作,是一个“软问题”,它需要科学、灵活的软系统方法论为其提供指导。

3.2.2.2 意义

软系统方法论坚持以问题情景改善为目标的基本思路模式,在处理复杂社会问题方面具有强大的生命力,将其应用于数字图书馆服务评价工作具有十分重要的现实意义。

第一,将软系统方法论应用于数字图书馆服务评价工作,将有助于破解数字图书馆服务绩效难以界定的问题,促进评价工作顺利进行。软系统方法论通过建立根定义和概念模型以及与现实进行比较,并做出决策的思路,有效地解决了数字图书馆服务效益尤其是社会效益难以度量的难题,降低了评价工作难度,有利于评价工作顺利进行。

第二,将软系统方法论应用于数字图书馆服务评价工作,将有助于提升评价结果的社会认同度,最终实现评价工作的价值。数字图书馆服务评价是基于用户体验的评价,其服务绩效的高低最终是由用户价值的实现来决定的。软系统方法论充分考虑“维特沙”,将其应用于数字图书馆服务评价,有助于从人性化的角度思考这一问题,促使评价工作得出的结论更加符合社会心理要求,提升社会对评价结果的认同,帮助数字图书馆发现问题,不断改进工作,最终为社会提供更好的信息服务。

第三,将软系统方法论应用于数字图书馆服务评价工作,将有助于促进评价工作的可持续性发展。软系统方法论以其循环式的工作思路模式,通过不断发现问题、解决问题、再发现新问题的方式,有利于实现数字图书馆服务评价工作的科学化和常态化,实现可持续性发展。

3.2.3 基于软系统方法论的数字图书馆服务评价策略

根据软系统方法论的逻辑步骤,结合当前我国数字图书馆服务评价工作实际,其服务评价工作可以按照下列策略进行。

3.2.3.1 感知和表述数字图书馆服务评价的问题情景

感知和表述问题情景是软系统方法论应用的首要步骤。此阶段主要任务是寻找数字图书馆服务评价问题情景的结构与过程元素以及它们之间的关系。这一任务要通过调查和描述两个阶段完成。① 在调查阶段,首先要明确数字图书馆服务评价及其调查的目的。数字图书馆服务评价与其宗旨以及发展战略相联系,对数字图书馆是否能实现可持续性发展具有决定性的影响。其评价工作主要是从成本效益的角度对数字图书馆服务工作做出尽可能准确的评估,帮助数字图书馆发现问题,找出产生问题的根源,并提出改进的建议,最终提高数字图书馆服务绩效。其次要科学地规划调查内容。一般而言,其调查范围主要涉及现有服务评价组织体系、评价水平、其他同类服务工作评价现状等内容。在描述阶段,其任务就是对调查进行总结。

在具体描述方面,数字图书馆服务评价问题情景可以概括以下几个方面:

(1) 数字图书馆服务评价工作发展水平。它包括当前评价格局、评价技术能力、评价规模、社会影响力等内容。

(2) 数字图书馆服务评价工作中存在的障碍。该方面主要是考察该评价工作能否正常进行。

(3) 数字图书馆、主管部门、社会公众对数字图书馆服务评价的认识以及存在的冲突等。

3.2.3.2 进行数字图书馆服务评价系统的根定义

经过现状描述以后,在对数字图书馆服务评价工作有了全面和较为准确的认识基础上,可以建立相关根定义。根据切克兰德软系统方法论的思想,根定义是回答有关系统是什么的问题,在形式上由“CATWOE”6 个要素来表示。结合数字图书馆服务评价工作性质,其根定义的 6 个要素可以

① 汪超,王俊丽.基于软系统方法论的城市现代物流系统规划方法探讨[J].交通运输系统工程与信息,2004(1):62－67.

表述为:

C: 顾客——服务评价活动的受益者,即具有信息服务需要的普通公众和社会组织以及数字图书馆自身。

A: 行动者——执行数字图书馆服务评价的组织(如政府主管部门、第三方独立评估机构等)和评估者。

T: 转换——通过评价促进数字图书馆服务部门不断改进工作,提升服务绩效,为社会提供更好的信息服务。

W: 维特沙——信息资源是社会资源的重要组成部分,是信息时代重要的生产要素,其服务评价工作是一项检查、监督的工作,帮助发现问题、改进问题的工作。

O: 拥有者——在这里,可以将其理解为数字图书馆服务评价活动的控制者。

E: 环境约束——数字图书馆服务工作环境,包括各种服务设施、设备、服务工作队伍、服务内容资源体系、社会信息意识、服务工作信息化程度以及公共信息服务市场的竞争概况等。

这些要素组合在起来,其根定义即为数字图书馆服务评价活动控制者(O)在环境约束(E)下,根据维特沙(W)的指导,由评价活动执行者(A)通过评价活动(T)将数字图书馆服务工作的投入(人、财、物、时间等)转换为输出,为顾客(C)服务,即帮助数字图书馆发现问题,改进工作,为社会提供更好的信息服务,并促进数字图书馆自身健康发展。

3.2.3.3 建立数字图书馆服务评价的概念模型

建立概念模型主要是完成根定义中所定义的转换功能,即回答"数字图书馆服务评价是干什么"的问题。结合数字图书馆的性质及其评价工作要求①,其概念模型可以界定为: 数字图书馆服务评价是一种建立在以检验和监督数字图书馆是否有效地履行受托经济责任这一本质为逻辑起点,基于

① 上海审计网.亚审组织第五次研究项目——绩效审计指南[EB/OL].[2011-07-06]. http://sjj.sh.gov.cn/node2/node9/node32/ula7057.html.

绩效责任假设、绩效可认定假设、评估人员独立与胜任能力假设、绩效认同一贯性假设基础之上的，以经济性、效率性、效果性、公平性、时效性、可持续性为目标的，并借助相关评价证据、标准、控制手段与方式帮助其发现问题、分析问题、提出改进对策的科学控制活动。①

3.2.3.4　将概念模型与数字图书馆服务评价现实进行比较

通过概念模型与问题现状的比较，确定数字图书馆服务评价系统的差距。通过比较，我们发现当前我国数字图书馆服务评价工作处于起步阶段，评价工作系统不完善。这种不完善主要表现在以下几个方面。②

(1) 评价主体不够独立。目前数字图书馆服务领域的评价模式基本上属行政评价模式，具有较浓厚的内部监督色彩。

(2) 相关法制不健全。目前我国数字图书馆服务领域评价工作基本上是靠行政命令来推行的，相关的法规甚少，并且针对性不强，缺乏相关的具体制度安排。

(3) 评价理论研究滞后、评价技术不成熟。目前我国数字图书馆服务领域还没有形成系统的评价理论体系，在方法上也基本上采取较为简单的量化比较法，难以对其评价工作提供有效指导。

(4) 在相当程度上仍存在服务评价观念较落后、评价人才不足等问题。另外，与其他领域(如公共管理领域)评价工作相比，数字图书馆服务评价工作相对较为落后，社会影响力较弱。

3.2.3.5　确立数字图书馆服务评价的期望与可行的方案

根据现状调查、根定义和概念模型以及概念模型与问题状态的比较，就可以确定数字图书馆服务评价工作方案。由于数字图书馆服务评价工作是一项广泛参与的工作，其方案确定需要同数字图书馆、主管机构、社会公众代表多次协商、讨论以期求取得一致意见。在具体数字图书馆服务评价方案设计方面，首先要分析其服务评价需求。这种需求主要集中在以下三个

① 吕元智.政府信息资源管理绩效评估研究[D].武汉：武汉大学，2009：52.

② 王新才，吕元智.我国政府信息资源管理绩效审计中存在的问题与对策[J].情报科学，2009(5)：647－650.

方面。

(1) 政府主管机构、投资主体等对数字图书馆服务评价的需求。该方面的需求可以归结为对具体数字图书馆运行情况的了解,以便其做出科学合理的战略规划,并通过评价进行监管。

(2) 数字图书馆自身对评价的需求,即是希望通过评价帮助其发现问题,寻找产生问题的根源,为其提供改进工作的对策等。

(3) 信息用户对评价的需求。信息用户的需求主要集中体现在对数字图书馆服务评价的期望,即希望通过评价,发现问题,改进数字图书馆的服务工作,为其提供更好的服务。

其次,明确数字图书馆服务评价的期望和可行变化。这些期望和变化必须是可行的且是必需的。综合目前各方面情况来看,这种期望和可行变化具体可以归结为以下几个方面:

(1) 从形式上来看,构建一个由上级主管机构、数字图书馆自身以及社会第三方机构组成的多维的数字图书馆服务评价格局体系。

(2) 从内容上来看,建立一个内容较为全面、操作简便的数字图书馆服务评价指标与方法体系。

(3) 从程序上来看,建立一个由准备阶段、实施阶段、报告阶段和后续监督阶段构成的循环发展路径。

3.2.3.6 行动以改善数字图书馆服务评价的问题情景

针对上述分析,在我国数字图书馆服务评价工作领域需要采取下列行动以改进当前问题情景。

(1) 加强理论研究。通过研究数字图书馆服务评价的本质、假设、目标、规范、控制[①]等内容,为评价工作奠定基本的理论框架;通过研究数字图书馆服务评价工作模式、流程、评价指标体系等内容,为其构建基本的方法体系。

(2) 加快法制建设。通过法制建设,规范数字图书馆服务评价工作,减

① 蔡春.审计理论结构新探[J].会计之友,2000(4):42-45.

少主观随意性的行为，并做好数字图书馆服务评价工作的具体制度安排，如有计划地安排定期评价或不定期评价等，实现数字图书馆服务评价工作法制化和常态化。

(3) 加快人才队伍建设。针对目前评价人才短缺的情况，可以通过建立人才动态管理机制、实行资格证制度等措施，提升现有评价人员的业务素养，构建数字图书馆服务评价人才保障体系。

(4) 积极开展评价实践。数字图书馆服务评价是一个新事物，其工作处于起步阶段，积极开展实践是该工作科学发展的必由之路。在当前，一方面，要积极借鉴其他领域服务评价工作经验，积极开展试验，总结经验，为大规模的评价工作奠定基础；另一方面，要通过实践验证和修正现有的数字图书馆服务评价理论研究成果，扩大社会影响，提升信息服务绩效意识，为数字图书馆服务评价创建良好的社会氛围。

软系统方法论作为一种处理广义的社会问题的方法论，它在自然科学哲学与社会科学哲学中有相当重要的地位①，将其应用于数字图书馆服务评价工作具有十分重要的现实意义。但是，在具体的数字图书馆服务评价工作中，还要注意到硬系统方法论的应用。事实上，软系统方法论的应用并不排斥硬系统方法论，正如切克兰德教授指出的那样，“软的路径并不抛弃19世纪50年代的‘硬’思想，它作为一个特殊场合包含于这个更广泛的路径中”②。

3.3 绩效三棱镜理论

数字图书馆服务绩效构成复杂且涉及的利益相关者较多，对其进行准确测评是一件不易实现的事情。为此，本节采用绩效三棱镜模型来研究数字图书馆服务评价模式问题，以期为数字图书馆服务评价工作提供科学的

① 张华夏.软系统方法论与软科学哲学[J].系统科学学报，2011(1)：9－16.

② CHECKLAND P. Soft systems methodology: a 30-year retrospective[M]. John Wiley & Sons Ltd, 1999: 10.

范式和思路，促进我国数字图书馆服务绩效评价工作健康发展。

3.3.1 绩效三棱镜理论

绩效三棱镜是 2002 年英国克兰费尔德大学管理学院的安迪 · 尼利(Andy Neely)等教授和安德森咨询公司在对平衡计分卡评价体系长期研究的基础上提出的一种新的企业评价体系。其基本思想是企业的经营管理经过绩效三棱镜的"折射"，可以反映出各利益相关者的需求及企业对各利益相关者的关注和满足程度，企业可据此改善其经营管理，实现其价值最大化。① 绩效三棱镜是一个三维棱柱模型，其五个面分别代表公司业绩评价的五个方面——利益相关者的满意、利益相关者的贡献、战略、流程和能力。其中，利益相关者的满意和利益相关者的贡献分别代表绩效三棱镜的上底面和下底面，战略、流程和能力分别代表棱镜的三个侧面②③，如图 3 - 3 所示。

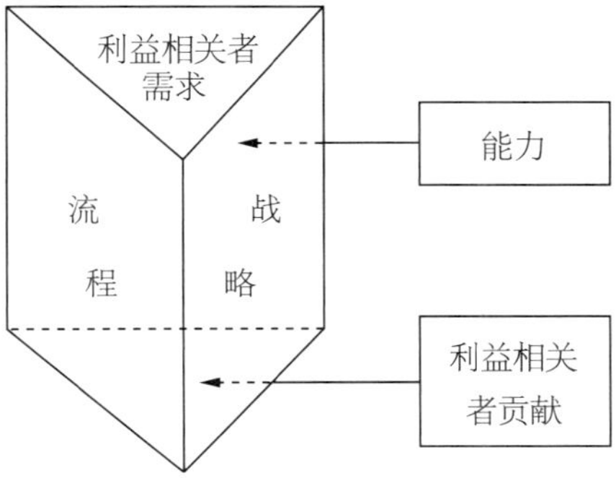

图 3 - 3　绩效三棱镜模型图

① NEELY A, ADAMS C, CROWE P. The performance prism in practice[J]. Measuring business excellence, 2001(2): 6 - 12.

② 尼利，亚当斯，肯尼尔利.战略绩效管理——超越平衡计分卡[M].李剑锋，等译.北京：电子工业出版社，2004：46.

③ 黄浩岚.绩效三棱镜在商品流通企业评价中的应用研究[D].南京：南京理工大学，2008：42.

该模型认为，一个企业如果想要实现其既定目标并实现可持续发展，首先，必须弄清楚与之相关的利益相关者是谁，哪些是核心利益相关者，这些利益相关者想要得到什么；其次，根据利益相关的需求制定企业的战略，并将企业所创造的价值分享给各利益相关者，以激励他们在下一期投入更多、更好的专用性资源；再次，为了保证企业战略的顺利实施，企业必须建立能有效发出和执行命令的流程，并且具备保证流程顺利实现的相应能力；最后，企业通过为各利益相关者创造、分享价值，满足他们的需要，进而建立企业与其利益相关者之间的良性互动关系，获取利益相关者对企业的贡献。① 绩效三棱镜把利益相关者的需求、贡献同企业战略、企业能力、企业流程联系在一起，共同来分析和评价企业绩效②，从本质上讲，它是一种基于利益相关者理论的评价体系。在这一评价体系中，既重评价结果，也重过程和能力的评价③，是一个全面的、多角度的绩效衡量和绩效管理结构。④ 绩效三棱镜自提出以后，它就受到国外很多企业如 Ciba 专业化学品公司、DHL 公司、欧洲联合通讯公司等的推崇。目前它不仅应用于企业绩效管理领域，还积极向非营利组织的评价领域转移，并越来越受到非营利性组织的重视。

3.3.2 绩效三棱镜理论在数字图书馆服务评价工作中应用的意义

数字图书馆是一项复杂的社会系统工作，相对投入与产出边界清晰的组织或活动而言，其服务工作绩效要复杂得多，并且具有较大的模糊性，其

① 纪建悦，王翠.绩效三棱镜在我国商业银行评价中的应用研究[J].农村金融研究，2009(10)：38－41.

② 王普查.一种基于利益相关者价值取向的战略业绩评价方法——绩效棱柱法[J].企业管理，2005，(2)：54－55.

③ NEELY A. The search for meaning for measures[J]. Management services. 2007(9)：14－18.

④ 颜志刚.业绩三棱镜：一种以利益相关者为中心的业绩评价体系[J].企业经济，2004(6)：32－33.

评价工作不是一个简单的结构问题，而是一个涉及众多利益相关者的“软问题”。① 绩效三棱镜以利益相关者的价值取向为基础，从利益相关者的需求与贡献、战略、流程和能力这五个层面评价组织绩效，是一个较为全面的评价体系，将其应用于数字图书馆服务评价工作具有十分重要的现实意义。

3.3.2.1　绩效三棱镜为数字图书馆服务评价提供了分析框架

绩效三棱镜为数字图书馆服务评价提供一个较为理想的分析框架，有利于形成统一的认识，为评价工作扫清思想上的障碍。众所周知，数字图书馆工程(商业性的数字图书馆项目除外)是一项以社会效益为主的文化工程，对其绩效理解不能照搬营利性机构评价模式，因为以利润为导向的评价体系不能对组织承担社会责任的绩效进行公正的评价，尤其是像自然垄断企业、公用事业、公共事业。② 绩效三棱镜评价体系站在组织使命和愿景的高度上，通过对不同利益相关者的分析，从需求、贡献、战略、流程、能力等五个方面全面地评价组织绩效，为数字图书馆服务评价提供了多元化的视角，有利于更加全面地理解和掌握什么是数字图书馆服务绩效，并且还有利于在评价时，综合考虑各利益相关者的看法，对数字图书馆服务绩效及其评价形成统一认识，而这一统一认识正是进行该领域评价的基础和前提。另外，绩效三棱镜将利益相关者需求与贡献紧密地结合起来，不仅强调组织对于利益相关者需求的满足程度，而且还对利益相关者的贡献进行评价，找到了组织竞争力的真正来源——利益相关者贡献，③有利于数字图书馆服务评价工作理解和把握什么是其应关注的重点，让评价工作更加科学合理。

3.3.2.2　绩效三棱镜为数字图书馆服务评价提供了可操作的执行框架

绩效三棱镜为数字图书馆服务评价提供了可操作的执行框架，有利于

① 吕元智.基于软系统方法论的数字图书馆服务评价策略研究[J].情报理论与实践，2012(6)：92－95.

② 刘亚莉.自然垄断企业利益相关者导向的综合评价研究[J].管理评论，2003(12)：31－36.

③ 范丽娟.基于绩效三棱镜的图书馆评价体系研究——从利益相关者的视角出发[J].图书馆建设，2011(12)：90－93.

全面考察评价内容,设计出更加科学合理的评价指标体系,让评价结果更容易被接受,从而达到评价的目的。由于不同利益相关主体,其利益要求不同,对同一评价对象会有不同的关注焦点,进而产生不同的判断结论。① 数字图书馆这一涉及利益相关者较多的服务评价工作要想得出科学的评价结论,就必须综合考虑,确定具体的评价内容,并进行综合的绩效指标设计。绩效三棱镜评价体系从利益相关者的需求、贡献、组织战略、流程、能力五个方面提取评价内容,为数字图书馆服务评价工作确定了具体操作方向,有利于在具体指标设计方面能较全面地体现各利益相关者的意见和看法,让评价内容更加具有针对性,让得出的评价结论更加容易接受。另外,绩效三棱镜评价体系既注重对结果的评价,又注重对战略、流程和能力的评价,是一个较为全面的评价体系,它将数字图书馆服务的当前绩效和长远绩效有机地结合起来,有利于帮助数字图书馆服务工作发现各种潜在的问题,不断改进工作,为用户提供更好的服务,最终实现评价的目的。

3.3.3 数字图书馆服务绩效三棱镜评价模式的提出

模式就是解决某一类问题的方法论,即把解决某类问题的方法总结归纳到理论高度。② 对数字图书馆服务评价工作来讲,其评价模式就是指进行评价的总思路,即用来指明评价的主要方向、重点和大的评价范围,其体现的是评价的战略或全局思维。③ 结合绩效三棱镜评价流程④,我们提出如图3-4所示的数字图书馆服务评价模式。

① 吴建南,李贵宁.基于利益相关主体及作业活动分析的政府绩效指标设计方法研究[M]//郭济.绩效政府:理论与实践创新.北京:清华大学出版社,2005:101-121.

② 查有梁.什么是模式论[J].社会科学研究,1994(2):89-92.

③ 施青军.中国特色的绩效审计探索[M].北京:中国财政经济出版社,2007:222.

④ NEELY A, ADAMS C, KENNERLEY M. The performance prism: the scorecard for measuring and managing business success[M]. NJ: Pearson Education, 2002: 238.

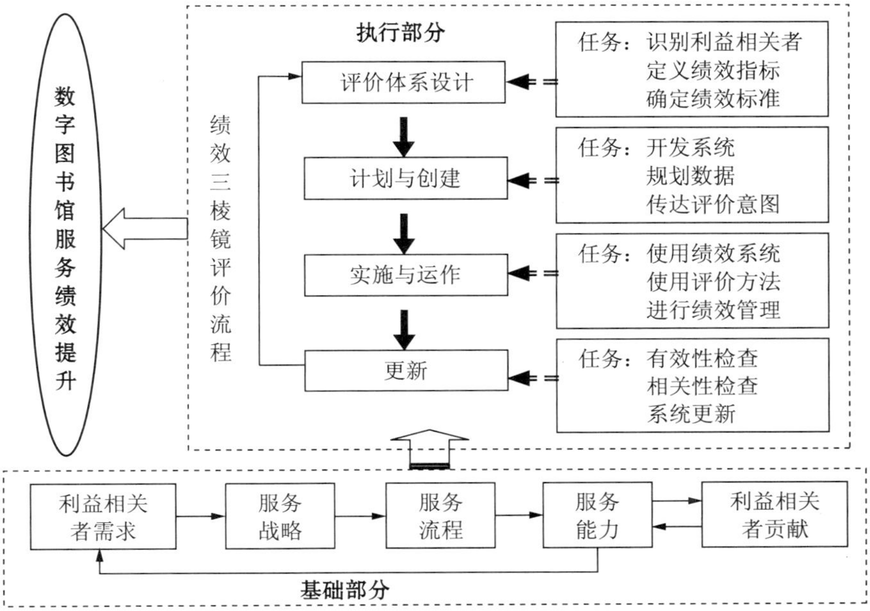

图 3-4　数字图书馆服务绩效三棱镜评价模式结构

从图 3-4 中可以看出，数字图书馆服务绩效三棱镜评价模式是一个体系，它由基础部分和执行部分构成。其中，基础部分由数字图书馆的利益相关者需求、利益相关者贡献、数字图书馆服务战略、流程和能力等要素构成。这五个要素构成数字图书馆服务绩效衡量和绩效管理结构。数字图书馆根据其利益相关者的需求，确立服务战略，进而根据服务战略设计服务流程，并提供保障服务流程执行的能力，为各利益相关者创造、分享价值，满足利益相关者的需求，进而获取利益相关者的贡献，实现数字图书馆服务工作良性发展。该部分为执行部分提供评价全局视角和具体操作维度，是数字图书馆服务评价的基石。执行部分建立在基础部分之上，它由评价体系设计、计划与创建、实施与运作、更新等四个基本评价环节构成。评价体系设计环节是数字图书馆服务评价工作的起点，涉及数字图书馆服务评价范围、衡量标准的确定等内容，直接关系到数字图书馆服务评价的价值取向和战略思维。此环节的主要任务是识别数字图书馆的利益相关者及其需求、定义其绩效指标、确定其评价标准；计划与创建环节根据评价体系设计环节的要求，开发出具体的数字图书馆服务评价系统、规划具体评价数据、传达评价意图等，即为实施数字图书馆服务评价工作做好准备。在这一环节，数字图书馆服务评价工作一方面要做好评价文化、价值的宣传与数据准备规划工作，另一方面要从制度、人员等方面建立起数字图书馆服务评价保障体系，让下一步的具体评价操作工作有制度、人员及数据上的保障。此环节是数字图书馆服务评价操作的基础，直接关系到评价结果是否准确与全面；实施与运作环节根据计划与创建环节确定的计划和创建的数据，运用评价方法与工具开展数字图书馆服务评价工作，得出相关评价结论，并根据评价结论检查数字图书馆服务工作，不断提高服务质量，促进数字图书馆服务绩效的提升；更新环节是数字图书馆服务评价体系不断优化的保障，它主要是根据利益相关者的需求、数字图书馆服务工作环境等的变化，对上述各环节的工作进行检查并及时调整，确保评价体系与数字图书馆利益相关者的需求、贡献等相一致，实现数字图书馆服务工作绩效的持续性改进与提升。

数字图书馆服务绩效三棱镜评价模式以数字图书馆的使命和价值取向为起点，从利益相关者的视角出发，通过对过程和结果的综合评价方式来综合考察数字图书馆服务绩效，在理论上具有扎实的理论基础，在具体操作上也是切实可行的，将其应用于实践将会产生积极的现实意义。

3.3.4 数字图书馆服务绩效三棱镜评价模式的构建

数字图书馆服务绩效三棱镜评价模式是建立在利益相关者理论基础之上的综合评价体系，它的构建是一个系统工程，需要从核心利益相关者界定、评价内容体系构建与评价方法选择等几个关键方面采取有效措施。

3.3.4.1 数字图书馆的核心利益相关者的界定

利益相关者的界定是数字图书馆服务绩效三棱镜评价模式构建的核心内容。至于什么是利益相关者，其观点有数十种之多。如 R.E.弗里曼(R.E.

Freeman)认为,利益相关者是指“那些因公司活动受益或受损,其权利也因公司活动而受到尊重或侵犯的人”①;又如,在公共政策评价领域,瑞典学者E.韦唐(E. Vedung)认为,其利益相关者包括公民、决策者、不同政见者、主管官员、中介机构、用户、学者以及大环境中的相关利益者等。② 事实上,利益相关者是一个模糊的概念,在实际操作中,不可能一一界定,需要弄清楚的是其核心利益相关者。那么,谁是数字图书馆的核心利益相关者呢?这些核心利益相关者对数字图书馆有什么需求,他们又在数字图书馆中起什么作用呢?在借鉴国内外相关研究成果的基础上,数字图书馆的利益相关者是指影响数字图书馆服务工作以及受到数字图书馆服务影响的个人和组织,其核心利益相关者主要包括投资者、员工、用户、资源支持者、监管者和联盟伙伴等。③

(1) 投资者。投资者为数字图书馆建设和运行提供资金支持,是数字图书馆最直接的核心利益相关者。从目前数字图书馆建设投资情况来看,数字图书馆的投资者有企业、个人、事业单位、政府部门等。这些投资者无论是以赢利为目的,还是以服务社会为目的,他们的投资都遵循成本效益原则,希望以最小的投入获得最大的收益。这种效益既包括经济效益,也包括社会效益。

(2) 员工。员工是数字图书馆服务工作开展的主体,他们的工作直接决定数字图书馆服务的质量和效果。他们希望通过自己的付出为用户和社会提供更多、更好的服务,同时也希望通过自己的付出获得令自己满意的工作回报,如令人满意的薪酬、良好的工作环境以及个人的发展空间等。

---

① FREEMAN R E. Strategic management: a stakeholder approach[M]. Boston: Pitman, 1984: 58.

② CLARKSON M. A risk based model of stakeholder theory[M]. Toronto: Center for Corporate Social Performance & Ethic, 1994: 36-38.

③ 徐海波,林艳晶.利益相关者评价模式探析——基于绩效三棱镜与平衡计分卡的比较[J].财会通讯,2010(12): 37-39.

(3) 用户。用户是数字图书馆服务的对象，他们是数字图书馆存在的价值所在。用户通过接收数字图书馆的快捷、便利服务，获取自己所需要的信息或知识资源，解决学习、工作、生活中的问题，同时，将利用效果反馈给数字图书馆，促进数字图书馆不断改进工作，完成数字图书馆的使命——为用户提供更优质的服务。

(4) 资源支持者。资源支持者是数字图书馆运行和内容更新的来源。资源支持者包括信息资源提供者如出版公司、期刊杂志社、网站、个人等以及软、硬件提供者如系统运行维护商、信息安全服务商、软件开发公司等，他们是数字图书馆不断优化的力量，为数字图书馆运行提供信息资源和软、硬件的支持。当然，在提供这些支持的同时，他们也希望从中获取自己的收益如资金、个人学术影响力等。

(5) 监管者。监管者是数字图书馆发展的护航者，他们为数字图书馆发展提供政策、法规等方面的支持，确保数字图书馆健康发展。他们主要包括上级主管部门、图书馆协会组织、社会监督力量等。

(6) 联盟伙伴。联盟伙伴是数字图书馆获取协同效应的重要利益相关者，他们希望通过共享的方式，扩大资源服务范围，提升服务能力。联盟伙伴包括其他数字图书馆、数字档案馆、数字博物馆、电子政务系统、数据库提供商等。

以上六类核心利益相关者是数字图书馆建设与发展不可或缺的力量，他们一方面影响数字图书馆的绩效，另一方面也受数字图书馆服务绩效的影响，其需求和贡献如表 3-1 所示。

表 3-1　数字图书馆的核心利益相关者及其需求与贡献

核心利益相关者	利益相关者的需求	利益相关者的贡献
投资者	以最小的投入获得最大的收益	为数字图书馆建设和运行提供资金支持
员工	令人满意的薪酬、良好的工作环境以及个人的发展空间等	为用户和社会提供更多、更好的服务

（续表）

核心利益相关者	利益相关者的需求	利益相关者的贡献
用户	快捷、便利服务，获取自己所需要的信息或知识资源，解决学习、工作、生活中的问题	他们是数字图书馆存在的价值所在，为数字图书馆服务提供反馈，促进工作改进
资源支持者	获取自己的收益如资金、个人学术影响力等	提供信息资源、软件和各类硬件的支持
监管者	促进数字图书馆健康、有序发展	为数字图书馆发展提供政策、法规等方面的支持
联盟伙伴	希望通过共享的方式，扩大资源服务范围，提升自身的服务能力	通过共享的方式，扩大资源服务范围，提升数字图书馆的服务能力

3.3.4.2 数字图书馆服务评价内容的确立

评价内容是数字图书馆服务评价工作具体考察的对象，是绩效测量的参考点。选择什么样的评价内容，就会得出什么样的评价结论。对数字图书馆服务评价工作而言，选择合适的评价内容至关重要。在实际操作中，数字图书馆服务绩效三棱镜评价工作需要把握好以下几个原则：

第一，评价内容要反映数字图书馆服务的本质，评价内容选择要围绕数字图书馆服务宗旨、战略等核心内容展开。

第二，评价内容要体现核心利益相关者的需求与贡献，因为利益相关者的贡献是数字图书馆服务绩效提升的最主要动力来源。

第三，评价内容要具有可操作性和可接受性。一方面，所选择的评价内容能方便地获取评价所需的各种数据，节省评价数据采集成本，降低数据采集难度，便于评价操作完成；另一方面，所选择的评价内容要有普遍性，能被各利益相关者、社会公众等普遍接受。

第四，评价内容要具有代表性。事实上，在数字图书馆服务绩效三棱镜评价模式中，每个维度可选择的评价内容是很多的，但在实际评价工作中，由于条件的限制，只能选择一些关键内容作为代表点进行测评。基于以上要求，从绩效三棱镜的利益相关者的需求、贡献与数字图书馆的战略、流程、能力等五个维度出发，根据利益相关者的类型，可以确定如表 3－2① 所示的数字图书馆服务绩效具体评价内容。

表 3－2　数字图书馆服务绩效三棱镜评价内容

评价内容	利益相关者					
	投资者	员工	用户	资源支持者	监管者	联盟伙伴
利益相关者需求	投入产出比是否高、具体收益是否满意等	对现有工作条件是否满意、工作认同感是否高等	服务是否有用、方便，获取服务的成本是否可接受等	是否能获取自己的希望的收益、是否满意这些收益等	是否促进了服务的发展、在多大程度上促进了服务的发展	是否扩大了资源服务范围，是否提升服务能力等
战略	战略认同度、战略性投资比重、对创新的支持等	人力资源建设规划是否合理、员工是否认同这些规划等	用户市场细分是否合理、服务宗旨是否科学、用户培养等	资源支持者的数量与质量是否充足、资源支持者的稳定度等	是否与社会需求一致、是否有利于数字图书馆可持性发展等	联盟战略的认知度、战略互补性程度与长期规划等
流程	业务管理效率高低等	员工绩效管理是否科学、员工培养的投入是否合理等	流程是否方便用户、用户反馈渠道是否科学合理等	沟通的方式是否合理、获取资源支持的渠道是否通畅等	业务制度是否完整、服务规则是否完善等	联盟伙伴的数量是否合理、业务协调程度是否高等
能力	管理水平是否适应服务需求，经费、设施等利用是否合理等	员工服务效率的高低、员工职业道德水准、员工知识结构等	服务响应速度是否快、服务的稳定性、服务的可得性等	与资源支持者资源谈判的能力、与资源支持者的协作能力等	社会热点事务服务能力、服务的可预见能力、持续发展能力等	资源与技术的整合能力、共享成功率等
利益相关者贡献	提供多少资金支持、投入是否满足数字图书馆需求等	员工流动情况、员工的工作热情、社会对员工的评价等	用户的忠诚度、用户再利用情况、用户对服务的评价等	是否能提供充足的信息资源、软件和硬件的支持等	提供政策、法规等方面的支持是否科学合理等	是否扩大了资源范围，提升了服务能力，是否拥有更多用户等

① 温素彬，黄浩岚.利益相关者价值取向的企业评价——绩效三棱镜的应用案例[J].会计研究，2009(4)：62－69.

数字图书馆服务绩效三棱镜评价内容设计是否科学合理直接决定了其评价的最终效果。为此,数字图书馆服务评价工作在构建绩效三棱镜评价体系时,必须从自身的实际出发,深入了解各利益相关者的需求及贡献,选择合适的内容作为评价考察重点。同时,在具体评价操作中,还需要根据指标选取的一般原则与方法①②将这些评价内容转化为具体的评价指标,并对这些指标赋予相应的权重,形成系统的评价指标体系,为实际评价工作提供操作框架。

3.3.4.3　数字图书馆服务评价方法的选择

评价方法是指评价者为了达到评价的目标,在进行评价时收集和分析证据所采用的手段与措施,它决定评价工作能否有效地取得预期的效果。目前世界各国在评价工作中形成了一系列值得借鉴的方法,如观察、档案检查、访谈、调查、比较和分析、问卷、对业绩进行计量和评价等。③ 一般而言,在评价活动中需要运用到的评价方法是多重的,这些方法共同构成评价方法体系,在这个体系中每种方法各有其不同的适用范围,共同完成评价任务。在数字图书馆服务绩效三棱镜评价模式中,选择哪些评价方法构成评价方法体系也是关系到该模式能否成功运行的关键。在这一模式中,数字图书馆服务评价方法的选择要注意考虑两个方面的内容:一方面,要汲取其他领域评价工作经验,采用社会公认的方法作为数字图书馆服务评价的评价方法如德尔菲法、调查问卷法等,以提升数字图书馆服务评价的社会公信力;另一方面,要加强数字图书馆服务评价的特殊性研究,注意吸纳各利益相关者的建议和看法,保持数字图书馆服务评价方法体系的相对独立性。在此,结合数字图书馆服务绩效的实际情况和绩效三棱镜评价体系的要求,在数字图书馆服务绩效三棱镜评价模式中,建议从证据收集和证据分析④两个层次来选择合适的评价方法。一是数字图书馆服务绩效证据收集方法的选择。收集评价证据是任何评价工作均需要完成的事项。在这方面,其

① 吕元智.政府信息资源绩效评估研究[M].上海:上海世界图书出版公司,2012:51-54.

② 徐斌.绩效管理流程与实务[M].北京:人民邮电出版社,2006:67.

③ 李三喜.经济效益审计精要与案例分析[M].北京:中国市场出版社,2006:42.

④ 孙国平.我国政府绩效审计问题研究[D].哈尔滨:东北林业大学,2006:28.

方法一般都是通用的，作为数字图书馆服务评价工作来讲，收集具体评价指标证据的方法不外乎访谈法、观察法、审阅法、调查法等。在这里，需要注意的一点是，这些方法的运用是非常灵活的，要根据不同评价指标的特性来选择，其基本的选择要求就是要能为数字图书馆服务评价工作收集到所需要的数据和材料。二是数字图书馆服务绩效证据分析方法的选择。数字图书馆服务绩效是一个相当复杂的体系，对其分析应是多维、多层的。在绩效证据分析方面，单项内容的分析可以采取前后对比法、目标群体评定法、专家评估法等进行；在综合分析方面，还应注意结合一些专门的数据处理方法，如层次分析法、数据包络分析法、聚类分析法①等。通过选择这些合适的技术和方法，对数字图书馆服务绩效进行量化处理，以便得出的评价结论可验证，从而更加有说服力。

从本质上来讲，数字图书馆服务评价是对其投入与产出比的评价，其目的在于测评、发现和提升数字图书馆的价值。然而，社会对数字图书馆服务价值的理解是多维的，不同利益相关者会得出不同的结论，单一的评价模式或基于少数利益相关者视角的评价模式肯定是难以适应现在多元化社会发展需求的。本书结合数字图书馆服务实际，根据绩效三棱镜评价体系，构建了数字图书馆服务绩效三棱镜评价模式，以期为数字图书馆服务评价提供思路。当然，数字图书馆服务绩效三棱镜模式的构建和运行是一项复杂的社会系统工作，除了本书所提及的利益相关者界定、评价内容确定与评价方法选择之外，还有诸多内容如评价主体选择、评价结果应用等需要作进一步深入研究。

3.4 投入产出理论

随着数字图书馆交互服务的蓬勃兴起，数字图书馆不仅拓展了用户获取信息的范围，而且从根本上改变了用户获取信息的方式和手段。数字图

① 胡勤华，韩用明.效益审计技术与方法[M].北京：中国财政经济出版社，2006：55.

书馆相对于传统图书馆服务方式和服务内容都发生了根本变化,开始自制和购买数字化信息资源库作为交互的服务基础。从本质上说,数字图书馆是传统图书馆整合数字化信息资源和服务方式的过程,数据库信息量庞大且功能多元化,但售价高昂,而图书馆现今普遍面临经费紧张与数字资源出版量惊人的矛盾,因此有必要充分认识成本投入与产出效益的关系,这一问题贯穿了数字图书馆工作的各个环节,对图书馆的可持续发展意义至关重要,值得进一步研究。

3.4.1 投入产出方法的引入

投入产出理论,是由俄罗斯裔美国经济学家、哈佛大学教授瓦西里·列昂惕夫(Wassily Leontief)创立的。他于 1936 年发表了关于投入产出的第一篇论文《美国经济制度中投入产出的数量关系》;并于 1941 年出版了《美国经济的结构(1919—1929)》一书,详细地介绍了投入产出分析的基本内容;到 1953 年又出版了《美国经济结构研究》一书,进一步阐述了投入产出分析的基本原理和发展。1966 年出版了论文汇编集《投入产出经济学》。由于投入产出法在经济分析中得到了广泛应用,列昂惕夫于 1973 年获得诺贝尔经济学奖。

投入产出技术是一种经济数量分析方法。它以棋盘式平衡表的方式反映、研究一个经济系统各个部门之间表现为投入与产出的相互依存关系,运用线性数学知识建立数学模型,通过各种系数矩阵来描述部门之间的各种联系,帮助人们认识问题、发现问题,从而找出规律。投入产出技术将深刻复杂的经济内涵与简洁明了的数学表达形式完美结合,是经济系统分析不可替代的工具,在经济、环境、事件影响等方面被广泛地应用。后来,随着研究的深入,开发了动态投入产出模型,投入产出技术由静态扩展到动态。①近期,随着投入产出技术与数量经济方法等经济分析方法日益融合,投入产

① 向蓉美.投入产出法[M].成都:西南财经大学出版社,2007:8-10.

出分析应用领域不断扩大。

投入产出表或投入产出模型是投入产出理论的表现形式与具体运用的基础。目前世界上编制投入产出表主要使用三种方法：调查法、非调查法和 HYBRID 技术(局部调查法)。米勒(Miller)提出通过行业获取地区购买明细调查表,可以得到地区系数参数的理想估计。① 这种方法准确度高但需要大量的协调工作,且成本高。调查法的优点是编表精确度高、数据可靠,主要缺点是需要耗费大量的人力、物力,编表周期长,我国过去所有投入产出表基本上都是利用调查法编制的。非调查法的优缺点与调查法正好相反。

为了给宏观经济控制提供决策依据,投入产出分析通过建立投入产出分析模型,研究经济效益和各种经济结构(投资结构、产品结构、产业结构等),分析社会再生产各领域之间、地区间以及国民经济各产业间的经济技术联系和比例关系。投入产出模型是由投入产出表所计算出的投入产出系数、根据线性代数方法建立的方程组以及通过投入产出表反映的平衡关系或经济内容组成。②

3.4.2 投入产出法在数字图书馆服务评价中应用的可行性

3.4.2.1 数字图书馆是涉及多部门合作的网络服务系统

国外数字图书馆的建设与运行模式基本上包括以下几种：① 国家经营,基本免费,主要关注数字图书馆的公益性;② 完全由企业经营,主要关注数字图书馆带来的利润;③ 国家经营,适当收费,公益性与商业利益兼顾;④ 国家经营与企业经营并存,相互补充。

我国数字图书馆的建设开始于 20 世纪 90 年代,虽然最初由国家投入

① REY S J, JANIKAS M V, WEST G R, et al. Uncertainty in integrated regional models[J]. Economic systems research, 2004,16(3): 261.

② 张一清.能源优化配置机制的博弈与投入产出分析[D].北京：首都经济贸易大学,2011: 87.

资金,但实际上形成了自负盈亏的运作的模式。如中国数字图书馆工程的代表就是中国数字图书馆有限公司,其控股方为国家图书馆;北京万方数据股份有限公司亦是如此,科技部中国科技信息研究所是主要发起人。也有事业单位与企业合作,建立数字图书馆系统,如清华大学与清华同方合作成立 CNKI 工程集团,中国知网的学术期刊电子杂志社(CNKI)的一种运行模式是中国学术期刊电子杂志社制作数字资源,向各高校图书馆提供授权并收取相应费用。而网络供应由宽带网络供应商完成,高校图书馆只是提供最后的服务。国有部门或事业单位的资金无疑来自于纳税人,国有部门或事业单位与企业一起成立或者自己单独成立数字图书馆公司,为纳税人提供信息服务,纳税人的身份变为用户,要交纳费用,主要是版权费用、资源转化费用等,最后的利润被企业和国有部门或事业单位分割。多部门合作的数字图书馆运作模式必然需要考虑各部门成本投入与产出的利润分配。

3.4.2.2 数字图书馆服务具有半公共物品或准公共物品性质

从网络技术上讲,数字图书馆提供的服务可以实现收费服务,用户必须交费才能获取账号享受服务。但是它也具备一定的非竞争性,数字图书馆提供服务的方式是将电子资源通过服务器和网络向用户提供,一旦服务网络建立,那么额外增加一个用户的边际成本几乎为零。因此,额外增加一个消费者边际成本为零的交易具有非竞争性。

数字图书馆提供的服务具备一定的非排他性。非排他性是指很难排除不愿付费的人,数字图书馆不能完全排除不愿付费的人。从技术上讲,如果网络带宽允许的话,任何一位用户对数字图书馆的使用都不会影响其他用户的使用。另外,数字图书馆服务提供者很难对已经下载资源的不公开传播进行限制。因此,数字图书馆的服务属于半公共物品或准公共物品的性质。

3.4.2.3 均衡数字图书馆服务公益性与服务商利润最大化的矛盾

数字图书馆提供的服务具备一定的正外部性或者说公益性。外部性是指某一产品的生产和消费对其他人的影响。无疑,一位用户通过数字图书馆阅读了某些文章、书籍,不仅仅对他自己产生影响,也可以影响周围的人。

这一点类似于教育服务，一个受过教育的人会影响自己的家庭和子女[①]。因此，一方面，由于数字图书馆服务具备一定的公共物品属性，只要服务商收费，市场就比想象的要小，必然导致价格高、服务量低；另一方面，服务上追求利润最大化，在寡头垄断的市场背景下就一定会导致价格高于边际成本，市场没有效率。因此，数字图书馆服务商应该遵循投入产出原则，追求边际收益与边际成本相等以获取利润最大化。因此，投入产出理论的应用帮助数字图书馆认清运行总成本、可变成本以及平均成本。数字图书馆市场运行的规模经济特征，也就是平均成本在下降，那么服务量越大越好。服务量越大，平均成本越低，用户就可以享受更低的价格。

3.4.3 数字图书馆投入产出评价模式构建

1. 投入产出模型

投入产出法在被运用于数字图书馆服务评价的时候，存在一个科学使用的问题，那就是如何最大限度、最大可能地体现数字图书馆服务评价在评价目的、评价对象、评价范围、评价使用等方面的特指性，并且最大限度、最大可能地将这些具有特指性的概念性指标进行可采集的度量化。投入产出法使用的关键是正确确立评价数字图书馆服务的投入指标和产出指标。因此，投入产出法在具体使用中既要注意指标体系对数字图书馆服务的整体反映，也要注意量化指标在现实评价过程中的可采集性。

2. 投入产出内容

虽然图书馆的财政预算是由国家拨款，但在当前市场经济条件下，提高图书馆知识信息服务的投入产出效益比是推动图书馆事业可持续发展的关键。图书馆应该有投入产出的效益观，追求以尽量小的成本获得尽量多的社会效益和经济效益，因此，投入产出理论要求图书馆必须明确投入和产出的关系，合理分配资源和资金。

① 程红莉.数字图书馆收费问题的研究[J].图书馆杂志，2002(6)：23－26.

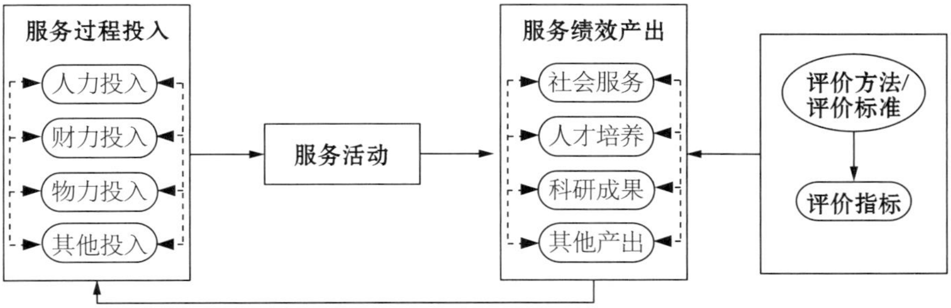

图 3-5 数字图书馆服务投入产出评价模式

1）数字图书馆投入分析

数字图书馆可以看作是一个特殊的投入产出系统，因为它不同于典型投入产出的生产系统，生产系统是通过原材料及人力投入等一定投入后，得到一些实物的产品产出。而图书馆的投入则是与社会服务、教学成果、科学研究等职能相匹配的人力、财力和物力投入。图书馆产出的主要形式是知识、人才以及部分经济收益或社会效益。对图书馆投入的形式是多种多样的，也具有特殊性，这里将性质不同的各种投入资源归类为人、财、物三方面。下面从人力、财力、物力三方面具体分析图书馆的投入资源。

（1）数字图书馆的人力资源投入中，按照人员的作用来分，可划分为专业技术人员、科研人员以及行政管理及后勤保障人员等三部分。当然，个别人员的职能有时候是重叠的，也就是有的人员承担了以上多种职能，比如有的专业技术人员既为用户授课，也进行科学研究，同时还可能担任一定的行政职务。要全面衡量数字图书馆人力投入情况，就要根据承担不同职能人员的数量进行分析。教职工人数是图书馆人力投入资源的总量，是衡量图书馆人力投入的重要体现。人力资源投入成本主要指由学校支付教职工的工资数和提高员工素质和技能的各种培训成本。

（2）数字图书馆财力投入包括图书馆软、硬件建设以及数字化馆藏资源建设以及为提高服务效益而进行的用户培训投入、资源协调建设成本、为了提高资源利用率的补贴成本、服务模式更新的成本等，这是图书馆生存与发展的重要基础，对人力投入及物力投入的水平都有影响。人力投入中的技术人员和管理人员的工资、日常经费等包含在事业经费投入里，而基础建设费用则体现了图书馆对物力方面的投入。图书馆的财力投入主要包括事业费投入、基建经费投入、科研经费投入和其他经费投入等。

(3) 数字图书馆物力投入是图书馆建设的基本投入，主要反映了数字图书馆的硬件设施水平，包括服务器、网络建设、电脑配备、数字化资源建设情况。功能强大的服务器犹如工作站一样为网络上的计算机提供数字化信息资源。网络建设和电脑配备直接关系到用户获取信息的便捷度和满足度。数字化资源是文献信息的表现形式之一，是将计算机技术、通信技术及多媒体技术相互融合而形成的以数字形式发布、存取、利用的信息资源总和。图书馆的数字化资源包括商业化的数据库、图书馆自建的特色数据库、各种网络免费资源等，数字化资源是衡量数字图书馆服务能力的重要指标。因此，物力投入包含了图书馆所有的物资情况，直接关系到高校的科研、教学水平以及数字图书馆的社会服务水平。

2) 数字图书馆产出分析

在一个系统中，一定量的投入会带来一定量的产出，对于图书馆系统来讲，在人力、财力、物力投入后也会带来相应产出，由于图书馆是一个特殊的生产系统，其产品也有特殊性，它主要表现为无形资产的增值，即得出的社会效益和人才培养，但这种无形资产也可以转化为有形的价值，例如图书馆可以通过为企业提供信息支撑获得企业的资金支持等。从传统的研究上来看，为科研成果与人才培养的教学成果提供知识信息支持是图书馆的两大职责，随着科学技术在社会发展中的应用，图书馆作为社会进步的重要信息保障越来越融入社会生活中，图书馆的社会责任也愈加受到人们的重视。所以，本书从科研成果、教学成果、社会服务这三方面分析数字图书馆的产出。

(1) 科研成果产出是图书馆为支持高等学校科学研究提供知识信息，为高校的科研人员提供知识信息支撑而发表的高质量论文、学术专著以及发明专利等；同时也体现在数字图书馆研究人员发表的专著或论文和进行的学术交流方面。科研成果不仅体现在这些产出的数量上，更体现在质量上,例如发表论文的数量是评价科研水平的重要指标,但同时要考虑发表论文的刊物级别。

(2) 教学成果产出主要体现在人才培养方面,也就是数字图书馆为学校教学提供知识信息支持,为在校学生和教师提供教学参考资料,为社会用户提供相应的学习资料。特别是为跨专业、跨学科、跨学校的学生提供相应的教参资料,为社会培养多学科人才做贡献;图书馆的人才培养方面还体现在为各类用户提供各种培训,使他们尽快掌握各类电子资源的查找和使用,提高电子资源的利用率。

(3) 社会服务产出主要体现在数字图书馆服务社会的职能,发挥图书馆知识文化优势,引领社会文化发展,积极为社会用户提供多样化、高层次继续教育,广泛开展科学普及工作,普遍提高社会公众科学素养和人文素养。此外,社会服务还体现在为企业和社会组织提供决策咨询,发挥智囊团作用。这些效益集中体现在图书馆为社会公众、政府、企业、高校等所创造的社会效益和经济效益。目前图书馆在社会服务方面的产出水平参差不齐,对现在资源的利用也不够充分,随着图书馆社会服务形式的不断增多、过程的不断成熟,社会服务将逐渐成为图书馆产出的重要组成。

3.4.4　基于投入产出论的数字图书馆服务评价策略

投入产出法在数字图书馆服务评价的运用时候,存在一个科学使用的问题,那就是如何最大限度、最大可能地体现数字图书馆评价在评价目的、评价对象、评价范围、评价方法等方面的特指性,并且最大限度、最大可能地将这些具有特指性的概念性指标进行度量化。投入产出法使用的关键是确立表达数字图书馆绩效的投入指标和产出指标。

3.4.4.1　投入指标和产出指标的设定要反映交互服务的整体特性

投入产出指标体系要全面反映数字图书馆交互服务活动的输入和输出两方面的活动特性。高校图书馆和公共图书馆作为非营利组织,其输入与输出都不可以用单一的资金或统一化为资金来计算。就输入而言,需要把资金输入转化为人才投入、软硬件设备投入、基础设施建设以及创新服务补贴等一系列中间输入,整合之后才能抵达输出终端。就输出而言,包括科学研究成果、经济效益以及社会服务活动等多种形式,也都不是可以直接用资金的方式来计算的。

3.4.4.2 注重投入和产出的时差问题

对于数字图书馆交互服务的评价不同于以往的图书馆绩效评估,由于用户参与的互动性和复杂性。仅运用经典的绩效评估方法如投入—产出评估、效果评估等都难以直接而准确地衡量交互服务的绩效。交互服务评价最大的难题是投入和产出的时差,具体来讲,它表现为数字图书馆投入的建设项目往往要经过一段时间才能有所产出。特别是用户参与的多变性以及不同用户的不同感知,更增加了服务评价工作难度、复杂度,而且,随着交互服务理念的深入服务活动的宣传普及,到终端用户的普遍认可和利用参与,数字图书馆交互服务的效益才逐渐显现出来。而通常在对数字图书馆交互服务进行验收评价时,即交互服务产生的成果,比如涵盖了多少资源、资源种类和数量等,但是这些项目的利用效果和实际效益的状况只能在长期的利用中才会显现出来。因此,运用投入产出法进行数字图书馆交互服务评价应该注重投入和产出的时差问题,寻找合理的方法,客观反映交互服务的特点和效率。

3.5 本 章 小 结

用户嵌入理论是嵌入性理论和以用户为中心的服务理念的完美结合。将用户嵌入理论融入数字图书馆服务评价中,进一步体现了数字图书馆以人为本的服务理念,适应体验经济时代的要求,同时也拓宽服务评价的研究视角,这是对于传统评价理论的创新。书中提出的基于用户嵌入理论的数字图书馆服务评价模型,不仅关注数字图书馆有机组成之间的联系性和相关协作性的组织结构,更以用户为研究中心、以社会关系结构为研究重点,研究基于互惠预期而发生的双向关系,也为项目用户交互性的实证研究提供了理论研究基础。

软系统方法论对于解决数字图书馆交互服务复杂性有很大帮助，特别有助于破解数字图书馆交互服务绩效具有模糊性、难以精确判定的问题；数字图书馆交互服务产出的确定与精确度量十分困难，交互服务绩效往往交织在一起，很难对某一特定指标的绩效进行单独衡量。因此，软系统方法论应用于数字图书馆交互服务评价具有重要的指导意义，将有助于提升评价结果的社会认同度，最终实现评价工作的价值，促进评价工作的可持续性发展。该小节最后提出感知和表述数字图书馆服务评价的问题情景等六项有建设意义的评价策略。

数字图书馆交互服务构成复杂且涉及的利益相关者较多，绩效三棱镜为数字图书馆交互服务评价提供了一个较为理想的分析框架，通过对不同利益相关者的分析，从需求、贡献、战略、流程、能力等五个方面全面地评价组织绩效，为数字图书馆服务评价提供了多元化的视角。绩效三棱镜评价体系既注重对结果的评价，又注重对战略、流程和能力的评价，是一个较为全面的评价体系。数字图书馆服务绩效三棱镜评价模式以数字图书馆的使命和价值取向为起点，从利益相关者的视角出发，通过对过程和结果的综合评价来考察数字图书馆服务绩效，在理论上具有扎实的理论基础，在具体操作上也是切实可行的，将其应用于实践将会产生积极的现实意义。

投入产出理论作为一种经济数量分析方法运用在数字图书馆交互服务绩效评价中是十分必要的。数字图书馆相对于传统图书馆，其服务方式和服务内容都发生了根本变化，开始自制和购买数字化信息资源库，数据库信息量庞大而且价格高昂，所以图书馆现今普遍面临经费紧张与数字资源出版量惊人的矛盾。再加上国外数字图书馆的建设与运行模式都是多部门合作，数字图书馆服务具有半公共物品或准公共物品性质以及均衡数字图书馆服务公益性与服务商利润最大化的矛盾等。投入产出理论运用于数字图书馆交互服务评价，构建评价内容和评价策略，可以为项目后期的全面评价工作提供理论基础。

4 面向用户的数字图书馆交互服务评价体系的构建

4.1 数字图书馆交互服务评价的基本要素分析

数字图书馆交互服务评价是为实现数字图书馆交互服务的目标,依照一定的评价准则和指标体系对数字图书馆交互服务情况以及运动规律的判断和评量,努力促进其科学发展的一项专门性的社会活动,它由评价目标、原则、主体、对象、标准、方法、流程等要素按照一定结构组合而成。

4.1.1 评价目标与原则

4.1.1.1 评价目标

评价目标是数字图书馆交互服务评价的行动指南。有什么样的评价目标就会有什么样的具体评价行为。一般而言,数字图书馆交互服务评价目标应服从和服务于数字图书馆服务工作的整体目标,而数字图书馆服务工作的整体目标又取决于数字图书馆的核心职能。众所周知,数字图书馆是利用计算机技术和网络通信技术将分布在不同地理位置的信息资源加工、存储、检索、传输和利用的全过程。在本质上,它是一种基于多媒体制作的分布式信息系统,高度依赖数字化资源,为用户提供超越时空的分布式资源存取。因此,基于用户交互的数字图书馆服务评价可以理解为一种以满足用户需求为中心并由用户参与的综合评价。为此,根据评价的一般要求,结合数字图书馆交互服务评价的需要,本书将其评价的目标概括为以下五个方面：经济性、效率性、效果性、公平性、时效性①②。

(1) 经济性。经济性目标主要用来测度数字图书馆交互服务活动在关注保证其质量的前提下能否将其资源消耗降低到最低水平，它体现的是数字图书馆交互服务工作是否做到最“经济”。如数字图书馆工作部门是否以最低的成本为用户提供符合质量要求的信息服务等。

(2) 效率性。效率性目标主要反映数字图书馆交互服务活动中其产出与消耗资源之间的关系，也即是以一定的投入能否实现最大的产出，它体现的是数字图书馆交互服务工作资源利用是否达到效率最大化。如在不增加数字图书馆服务费用和保证质量的前提下，是否可以更多、更加方便地为用户提供信息服务等。

(3) 效果性。效果性目标主要衡量数字图书馆交互服务工作既定目标的实现程度，以及数字图书馆交互服务活动的实际效果与预期效果的关系。如数字图书馆服务工作是否为用户带来了明显的好处，是否改善了用户体验效果等。

(4) 公平性。公平性目标主要指数字图书馆所提供的信息服务与服务分配是否公平、公正，即用户是否有平等的机会获取和利用这些信息资源与信息服务等。如数字图书馆是否为弱势群体(如残疾人等)提供公平、公正的接入服务等。

(5) 时效性。时效性目标主要指数字图书馆交互服务工作是否为用户及时提供有效信息，让信息及时发挥效用等。这一目标是信息时效性特征的基本反映。

另外，在具体评价工作中，根据交互评价工作的重心与具体目的，还可以将数字图书馆交互服务评价的目标分为以下三个层次：一是检查交互服

① 吕元智.政府信息资源管理绩效评估研究[D].武汉：武汉大学，2009：47.

② 数字图书馆交互评价是一种基于数字图书馆服务职能的履行与用户体验感知的综合评价，其关注重心在于为用户创造了多少价值、用户是否满意等，因此，为了达到交互评价的这些目的，本书在此借鉴“3E”绩效评价的目标划分规则，并结合信息服务的特点，将数字图书馆交互服务评价的目标概括为这五个方面。

务实施情况。这是最初级的评价目标,它主要是对数字图书馆交互服务实际上取得的实际成效进行检查,更多的是一种成效评价。二是监督交互服务工作有序开展。它是中级层次的评价目标,其目的在于督促数字图书馆服务工作部门按照既定的职能而开展工作,防止偏离数字图书馆服务目标。三是改进交互服务工作,为用户创造更多的价值。这是数字图书馆服务评价的最终目标。评价不是为了评价而评价,它主要是为了帮助数字图书馆服务部门发现问题,改进工作,从而为用户创造更多、更大的价值①。

4.1.1.2 评价原则

评价是一项主观性较强的工作,它需要有一套合理的规则来限制评价主体的人为主观随意性。数字图书馆交互服务评价应遵循下列原则。

1. 科学性原则

科学性原则表现在评价过程的科学合理性和评价标准的科学规范性、原始评价数据采集的科学严密性、评价信息处理过程的科学严谨性,以及评价结果的科学解读和运用。评价过程的科学性指评价都应该按照科学性原则,形成符合自身实际的具体评价过程。评价标准的科学性指指标的选择要具有科学性,结合数字图书馆发展规律、反映数字图书馆状况的客观真实,各指标的含义要明确清晰,单位要统一并能通过科学的计算方法进行无量纲化,以确保指标的准确性。各指标的数据选择时要注意口径的一致性,原始数据是否真实合理,这些都关系到评价结果是否真实有效和能够获得认可,是体现评价的科学性原则的关键一步。

2. 可操作性原则

评价必须具有可操作性才能实施,才能获得评价结果,实现评价目标。评价指标的数据应该具有可操作性,科学严密的评价指标体系要得到实际

① 在具体评价工作中,因评价的要求和对象不同,数字图书馆交互服务评价还应有相应的具体评价目标。具体的评价目标是指评价人员在具体评价实践中所要达到的评价目的,它是评价总目标在具体评价实践中的应用。数字图书馆交互服务评价的具体目标需结合被评价的对象及其评价要求具体制定。(赵保卿.绩效审计理论与实务[M].上海:复旦大学出版社,2007:32.)

运用，是实际可获得的，抽象的概念要具体化为可测度的简单变量才能得到评价数据。指标的实用性还包括指标体系对于研究对象来讲是可行的。因此，在指标的选取中要考虑可操作性，评价方案和指标体系不能过于复杂，对指标进行整合。坚持可行性原则的关键是要抓住主要矛盾、关键矛盾，不可过于求全。根据评价对象的特征来选取有一定共性的指标。

3. 系统性原则

数字图书馆是一个复杂的信息系统，要实现对它的科学评价，必须坚持系统性原则。系统性原则首先体现全面认识数字图书馆，整体了解数字图书馆和各系统之间的协作。数字图书馆是多个学科交叉融合的产物，参与者众多，简单几个指标也不能反映全部问题。在数字图书馆服务评价中，各个指标之间的关系是错综复杂的，这就要对指标进行合理的选取并进行科学验证。因此，评价数字图书馆，不同的角度形成不同的数字图书馆观，使用的评价标准也不同，要从不同角度全面系统评价。

4. 目的性原则

数字图书馆的评价有多种多样的目的，或为了选择图书馆系统进行的技术水平、功能、性能评价，或为了提高数字图书馆对用户需求满足率而开展的资源质量评价，为提高数字图书馆的经济效益和社会效益进行评价，或者为了促进数字图书馆的发展而进行的比较评价等等。具体评价时遵循目的性原则，就是要设计符合评价目的的评价方案，获取可靠的评价数据，从而产生适合评价目的的评价结果。因此，对数字图书馆交互服务进行评价时，就需要设立比较全面的指标体系，从各个方面客观地反映评价对象的特点。

5. 定量和定性相结合原则

定量评价以采集的数据为基础，充分运用数学工具和统计软件对数据进行分析处理，具有科学严密的特点，力图客观真实地反映评价对象状况。数字图书馆建立在计算机和网络系统上，可以采集到大量客观数据，同时可以通过问卷调查、访谈、专题讨论等形式收集评价信息，从而可以充分保证运用定量评价方法进行评价。定量评价增强了评价的科学合理性，但是数字图书馆评价也离不开定性分析法。人在数字图书馆中扮演重要的角色，依靠预测人员的丰富实践经验以及主观的判断和分析能力，推断出事物的性质和发展趋势的分析方法，属于预测分析的一种基本方法。因此，本着定量与定性相结合的原则，灵活运用两种方法，发挥各自的优势，为实现评价目标服务。

6. 动态发展原则

动态发展原则是指评价标准要随着数字图书馆的日新月异的发展和用户需求的多元变化而变化。数字图书馆短短十几年的历史，经历了技术主导、内容主导、服务主导三个发展阶段。现在，数字图书馆服务模式也从可见系统变成隐蔽嵌入式服务，成为用户身边随时随地的数字图书馆。伴随着数字图书馆自身的发展变化，用户在不同阶段会有不同需求。使用固定不变的标准去评价变化的事物显然是不合适的，评价标准任何时候都要体现评价目的和价值主体的需求，这一个基本点是不变的。用户是数字图书馆最大的价值主体，他们的需求要在评价标准中得到充分的体现。①

4.1.2 评价主体

数字图书馆交互服务评价主体指的是开展数字图书馆交互服务评价工作的组织和人员。数字图书馆交互服务评价的内容涉及信息技术、图书管理、公共服务、财务管理等多个方面，因此要求其评价主体的构成应多元化。评价主体的多元化是保证数字图书馆交互服务评价有效性的一个基本原则。结合国内外数字图书馆交互服务评价理论研究和实践经验，本书认为，数字图书馆交互服务评价至少应包括三方主体，即数字图书馆管理者自身、用户以及第三方机构。

“任何一个业已确定的评估主体都有自身特定的评估角度，有不可替代

① 吴建华.数字图书馆评价方法[M].北京：科学出版社，2009：78.

的比较优势,同时,具有特定身份的评估主体亦有自身难以克服的评估局限。"[①]比如,选择数字图书馆管理者作为评价主体具有不可替代的优势。数字图书馆管理者熟悉数字图书馆业务,熟悉部属,了解数字图书服务的运作情况,能够切身体察服务素质的优劣、工作质量的高低、用户对服务的满意程度。同时,管理者自身评价还可以作为一种平衡艺术,把一些在其他评价指标中难以精确反映的工作绩效相对体现出来,以某种定性方式弥补现行定量评价的缺陷,并能够以内部管理层的行政权力保障服务评价得到有力的推行,但缺点是数字图书馆管理者对于数字图书馆的服务评价属于一种"自我评价",潜在地隐藏着主观随意性和走过场的可能性,甚至为了自身利益而出现护短行为。

选择用户作为服务评价主体的好处是用户作为社会公众具有广泛的代表性,可以按照社会公众的主观需求、愿望、价值观,并根据社会公众对数字图书馆交互服务效果的满意度来进行评价,以充分考察数字图书馆交互服务对用户需求的满足程度和用户对服务的满意度,体现了对用户负责的责任机制,蕴含着以用户需求为导向的服务管理理念,缺点是评价者的有限性和身份难以确定以及普通用户评价技能的缺乏,使之又难以独自承担这项任务。

由第三方机构的民间组织对数字图书馆交互服务进行评价,在国际上是比较通行的做法。目前,第三方评价的发展比较成熟,具有明显的智力优势,有很强的专业性、独立性,它们参与到对数字图书馆交互服务的评价时,相对而言就比数字图书馆管理者自身的评价要客观得多。但是,纯粹的第三方机构评价缺乏强大的权力支撑,使之在数字图书馆交互服务评价运行中缺少必需的力量,甚至有很多涉及图书馆内部的指标,第三方机构难以客观地获取信息。

因此,数字图书馆交互服务评价主体的选择一定是多元化的。如果

① 张锐昕,吴江,杨国栋.电子政务绩效评估制度建设的目标和重点[J].中国行政管理,2006(4):26-30.

从评价的主导者和实施者来看,数字图书馆交互服务评价可以由数字图书馆管理者以及第三方机构来主导、实施;如果从评价的参与者的角度来看,数字图书馆管理者、第三方机构以及用户都是其重要的参与者。总的看来,数字图书馆交互服务评价主体应该是趋于相互合作与渗透,而不是割裂。对于不同层次的数字图书馆交互服务评价来说,评价主体在评价中的地位是不同的,有主导者和参与者之分。数字图书馆管理者可以主导、参与任何形式的数字图书馆交互服务评价,当前,我国关于数字图书馆内部运行的服务评价系统以及数字图书馆建设项目的绩效评价等都需要由数字图书馆管理者来主导和实施,因为这类服务评价需要数字图书馆内部的广泛支持。第三方机构可以成为各种形式评价的参与者。用户一般主要扮演评价参与者的角色,但是这种参与对于任何形式的数字图书馆交互服务评价都是必要的。对于数字图书馆交互服务评价实施过程来说,应该在保持有效领导和协调的同时,充分发挥不同评价主体的作用,争取更多评价主体的参与。特别是第三方机构在数字图书馆交互服务评价中所发挥的作用应该重点加强,需要探索评价体系中数字图书馆管理者与第三方机构之间的新型合作模式,这也是我国数字图书馆交互服务评价体系建设的重点之一。①

4.1.3 评价对象

数字图书馆交互服务评价是一项极其复杂的工作,要使这项工作规范、有序地运行,就必须根据数字图书馆建设内容的不同来对数字图书馆交互服务评价的对象进行梳理,确定明晰的评价对象范围,以便评价工作有的放矢地进行。目前,国际上关于数字服务评价的模式众多,尤其是在政府的电子政务绩效评价方面拥有非常成熟的评价体系,数字图书馆交

① 数字图书馆交互评价的主体必定是多元的,在具体评价主体选择方面可以根据利益相关者理论知识来选择,选择最主要的利益相关者作为评价主体来执行具体评价工作。

互服务评价工作可以从这些绩效评价实践中得到一些借鉴和启示。如美国联邦政府绩效评价对象主要集中在三个层次[①]：第一，项目绩效评价。它主要通过项目等级评价工具对联邦项目进行比较评价，从而为项目管理和项目预算提供决策依据。第二，部门绩效评价。它是联邦各部门在每个财政年度末期对部门绩效状况进行评价，并把评价结果作为绩效与责任报告予以公布。第三，跨部门绩效评价。它主要通过三色等级评分卡对联邦各部门执行总统管理日志中五项改革计划的进展情况进行比较评价，督促联邦各部门执行总统改革计划，从而有效地保证总统改革计划的成功执行。这三种绩效评价对象范围形成了自下而上的层级评价体系，它们都是在《政府绩效与结果法》所确立的法律框架下进行的。可以看出，美国联邦政府绩效评价将评价对象划分为项目绩效、部门绩效和跨部门绩效等三个层次。

我国数字图书馆建设是在各级公共图书馆基础上进行的，一般也是以信息化项目的形式进行，又以各个数字图书馆应用系统的形式来运行，这些项目或应用系统又通过各种方式联系在一起，构成一个全国性数字图书馆建设的整体架构。为此，借鉴美国联邦政府绩效评价体系，数字图书馆交互服务评价对象也可以分为三个层次：一是全国性数字图书馆跨库交互服务评价，是以统筹全国数字图书馆为评价对象，设计一个统一的评价标准，并以实现全国各数字图书馆交互服务跨库无缝链接为目标；二是单独数字图书馆交互服务评价，是以某个级别（省、市、县等）的地区公共图书馆所建设的数字图书馆或其他机构所创立的数字图书馆的整体交互服务为评价对象；三是数字图书馆项目评价，即以一个数字图书馆中的服务项目为评价对象，如图书馆网站、智能检索系统、电子刊物阅读系统等项目的服务评价。这三个层次是三个不同级别的对象，分别对应宏观、中观、微观等三个层次。这三个层次的评价模式都是有所区别的。目前，

① 张强，韩莹莹.当代美国联邦政府绩效评估的层级体系分析[J].理论参考，2006(7)：58－62.

许多数字图书馆交互服务评价方面的研究文献笼统地谈数字图书馆交互服务评价，把不同层次的东西放在一起用一个指标体系来评价，这是不够科学的。这三个层次的数字图书馆交互服务评价所针对的是不同的评价对象，不同的评价对象具有其各自的特点，所以，要相应地建立三种不同的数字图书馆交互服务评价对象体系。

一是全国性数字图书馆跨库交互服务评价体系。它是以一个建设全国统一数字图书馆知识共享中心的大目标为评价对象；评价主体包括数字图书馆管理者、第三方机构、用户，其中，第三方机构要特别发挥重要的作用；评价内容涉及文献数字化水平、智能检索效率、跨库交互服务水平以及宏观的经济、社会影响等多个方面。

二是对于各地区公共图书馆或其他机构所建立的一个单独数字图书馆的整体交互服务的评价体系。对一个单独的数字图书馆交互服务评价的对象是某数字图书馆的整体交互服务建设情况，即针对某个具体的独立数字图书馆，对其交互服务进行评价。每个单独的数字图书馆代表了一个地区或一个机构的数字图书馆建设情况。一个单独的数字图书馆会涉及到多个交互服务项目，而一个大的交互服务项目可能覆盖到若干个数字图书馆，因此，对数字图书馆交互服务评价要注意划清评价对象的界限，这一层次重点考察某一个单独数字图书馆的建设。基于当前数字图书馆建设的现实需要，本书研究将以地方公共图书馆所建设的数字图书馆为评价对象。

三是数字图书馆交互服务项目评价体系。数字图书馆工程建设项目，简称数字图书馆项目，主要是指统一数字图书馆网站、智能检索系统、电子文献信息库、数字图书馆网络与信息安全保障体系相关基础设施、数字图书馆标准化体系和其他相关支撑体系等建设项目。数字图书馆交互服务项目评价根据项目周期进行划分，可分为项目投资前期评价、项目建设中期评价和项目建成后评价，项目所处阶段不同，其评价的内容及评估方法也有所差别。按照建设内容可区分为基础设施类项目、服务应用类项目和综合类项目，当前应当以服务应用类项目评价为主。

4.1.4 评价标准与方法

4.1.4.1 评价标准

数字图书馆的复杂性决定了其评价的难度。系统的复杂性、馆藏、技术、使用和用户群体的多样性使数字图书评价面临着更多挑战。交互式信息服务的评价标准的选择和确定是开展交互式服务评价的关键。目前交互式服务的评价还没有形成统一的国际标准。但是针对交互式服务中的参考服务,国外某些组织机构以及学者提出了若干评价标准和指南。VRD(Virtual Reference Desk,网络虚拟参考咨询平台项目)于2003年6月提出《虚拟参考咨询服务的质量层面(第5版)》,这是帮助有关组织建立和维护虚拟参考服务的一套标准。其中用户交互层面的标准值得借鉴,如交互性、可获取性、及时响应、内容指导性。就交互性而言,交互式信息服务要尽可能多地向用户提供交互的机会,以便用户通过交互获取信息的同时,更多地了解专业信息的获取途径和方法。及时响应要求系统或信息服务人员能够针对用户操作或提问尽快给予响应和答复。内容指导性要求交互式信息服务不仅要提供一般信息和专门技能等浅层信息,而且要向用户提供深层次的信息和获取信息的方法和技能指导。①

交互式服务评价标准的确立是一个渐进的过程,需要在实践中不断改进。能否合理运用交互式技术和方法以及能否较好地满足用户需求,是交互服务评价需要考虑的重要因素。另外,在交互服务过程中,信息提供与展示对交互过程起着重要作用。在交互界面和交互系统的设计中,要通过确定适当的交互技术,选择合理的交互组织方式、利用多种信息反馈等方法保证信息的交互性。

根据交互服务的目标和定位,本书认为交互服务的评价标准应从三方

① 邓胜利.基于用户体验的交互式信息服务[D].武汉:武汉大学,2007:129-130.

面来确定：首先，从用户的角度来考虑，正如谢宏(Hong Xie)所说，为用户服务是数字图书馆的最终目标，数字图书馆必须始终将用户放在首位，才能做到提供用户之所需。① 因此，用户纬度是数字图书馆用户交互服务评价的首要标准。其次，服务过程直接决定了服务绩效和用户的感受，交互服务应利用尽可能的技术优势为用户提供尽量多的交互机会，内容的指导和培训帮助用户快速有效地获取所需求的信息和知识，服务人员和系统的及时响应和快速解答会使用户的满意度感知度提高。另外，服务基础和设备馆藏等直接影响服务质量。最后，交互服务绩效是服务机构和用户共同关心的，也是评价交互服务的重要标准。交互服务绩效主要体现在社会效益和经济效益两方面，因为公共图书馆和高校图书馆都是公益性质，其社会效益尤为重要，社会效益主要表现在服务人数、服务业务量、服务满足率等；经济效益主要是由服务机构的经济创收所决定；创新效益主要表现在为创新活动提供的信息支持。

数字图书馆交互服务本质就是一种交互关系。交互渗透于信息服务过程的各个环节，其最终目的就是要满足用户需求。是否满足用户既定的需求是衡量交互活动优劣的直接标准。

4.1.4.2 评价方法

评价方法是指评价者为了达到预定的评价目标，在评价活动中所采用的措施和手段。目前国内外诸多专家学者和实践部门在各类评价活动如审计、政府绩效评估等工作中构建了一系列科学有效的评价方法。② 如在美国的政府绩效审计活动中，评价人员将其评价方法分为资料收集方法和数据分析方法。其中，资料收集方法包括采访、观察、调查和查阅档案等。数据分析方法主要包括对信息进行比较分析、成本收益分析、统计的定性和定量分析、回归分析等。在瑞典，评价人员常采用的方法主要有访谈、举办研

① XIE H. Evaluation of digital libraries: criteria and problems from user's perspectives [J]. Library and information science research, 2006(28): 433－452.

② 孙国平.我国政府绩效审计问题研究[D].哈尔滨：东北林业大学，2006：28.

讨会、利用专家的工作、观察、审阅、案例研究、问卷调查和数据的整理与预测等。[①] 在我国,20 世纪 90 年代以来很多学者对评价方法也进行了研究。如李敦嘉从审计的角度出发,认为评价方法应该包括四类:第一类是核实的方法,如审阅法;第二类是对比的方法,如将实绩与计划标准进行对比;第三类是分析的方法,如因素分析法等;第四类是评价的方法,如现值法等。[②] 索传军在数字馆藏评价项目研究中,将数字馆藏质量评价方法分为用户评价法、第三方评价法和网络计量法等。[③] 徐革将大学图书馆电子资源绩效评价的方法分为经典评价法(一般系统评价法、标准分析评价法)、特定评价方法(用户满意度评价法等)。[④] 纵观国内外评价工作,可以发现国内外在评价方法体系的构成倾向上不尽相同。国外主要是将实践中的方法进行罗列,未能从总体上、层次分明地把握各种方法及其运用,而我国倾向于在理论上构建评价方法体系,但往往有些适得其反,所构建的评价方法体系显得有些冗余。[⑤⑥] 为此,本书根据数字图书馆交互服务评价工作实际操作需要,将具体评价活动中所需要运用的方法分为证据收集方法和证据分析方法两大类。其中,证据收集的方法主要有访谈、观察、审阅、调查等方法。这些方法主要帮助数字图书馆交互服务评价者直接或间接收集到最真实的数据和信息。它们往往是数字图书馆交互服务评价活动第一阶段所采取的主要方法。证据分析方法主要包括定性分析法和定量分析法。定性分析法是将某种事物或现象分为简单或基本的组成部分,用文字直观地对这些组织部分分别加以研究,找出各个组成部分的本质属性以及彼此之间联系的方法。在评价工作中,常用的定性分析方法有内容分析

---

① 李三喜,等.经济效益审计精要与案例分析[M].北京:中国市场出版社,2006:42.

② 李嘉敦.效益审计的理论结构[M].北京:中国审计出版社,1996:105.

③ 索传军.数字馆藏评价与绩效分析[M].北京:北京图书馆出版社,2007:288-290.

④ 徐革.大学图书馆电子资源绩效评价研究[M].成都:西南交通大学出版社,2008:62-64.

⑤ 孙国平.我国政府绩效审计问题研究[D].哈尔滨:东北林业大学,2006:30.

⑥ 吕元智.政府信息资源管理绩效评估研究[M].上海:上海世界图书出版公司,2012:92-93.

法、程序分析法等。① 定量分析法又称为数据分析法，是指运用现代数学方法对有关的数据资料进行加工处理，据以建立能够反映有关变量之间规律性联系的各类预测模型的方法体系。这些定量的分析方法通常来自于经济学、管理学、统计学等相关学科。如经济学中的成本效益分析、价值分析等，管理学中的净现值法、投资回收期法等，统计学中的离散趋势分析、相关关系分析、回归分析等。②

事实上，以上这些评价方法均有其优势、不足和适应范围。因此，在具体评价工作中不可能也没有必要一一应用到这些评价方法。在各具体评价活动中，各评价工作宜根据其评价的目的和对象选择恰当的评价方法，不必求全。

4.1.5 评价流程

根据服务评价的一般思路，以各级公共图书馆主导建设的数字图书馆为例，数字图书馆交互服务评价过程大致可分为计划、实施、报告和后续四个阶段，其关系如图 4-1③ 所示。

(1) 计划阶段。制定计划是数字图书馆交互服务评价工作开展的首要阶段。此阶段的任务主要是明确评价的目的、获取相关评价授权、组建评价小组，并开展初步调查和协商工作，制定出具体评价操作方案等。其中，评价目的要与数字图书馆交互服务的本质相符，围绕如何有效促进交互服务工作发展而制定。在获取样评价授权方面，可以根据不同的评价目的来采取措施。一般而言，从评价的需求角度来讲，数字图书馆交互服

① 《公共支出绩效审计研究》课题组.公共支出绩效审计研究[M].北京：中国时代经济出版社，2007：194-195.

② 王新才，等.政府信息资源管理[M].北京：科学出版社，2011：200-202.

③ POLLITT C, GIRRE X, LONSDATE J, et al. Performance or compliance? — performance audit and public management in five countries[M]. Oxford University Press, 1999: 8.

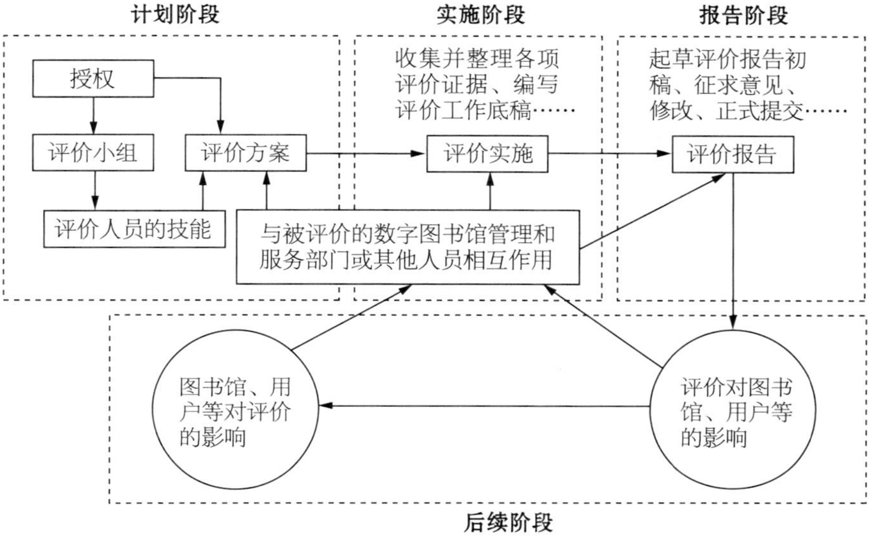

图 4-1 数字图书馆交互服务评价过程示意图

务评价分为自我评价和外在评价两种形式,在自我评价时,只需要数字图书馆自身管理部门认可并同意就可以开展,而外在评价更多是上级或投资主体等需求,其评价申请往往由外部力量如主管机构、用户代表等提出,它需要提出申请,并获得相应的授权才可以开展相关评价工作。在评价小组构建方面,由于数字图书馆涉及的利益相关者较多,其评价小组的构成来源宜多元化,既要有上级主管机构及委托的专业参与,同时也需要有数字图书馆自身工作人员及服务的对象——用户代表参加。另外,数字图书馆交互服务评价是一项复杂的社会工作,它还需要做初步的调查研究工作。通过调查工作,大致了解被评价对象的政策和目标、主要服务活动、主要资源、影响服务效果的主要风险等,借以确定评价目标、范围、方法、程序等。在这一过程中,评价人员要与被评价对象进行协商,听取被评价对象的意见或建议,最后根据上述调查情况,制定出详细的可操作的评价执行方案,如评价范围、重点、步骤、方法、标准、人员配备、时间进度安排等内容。

(2) 实施阶段。此阶段评价人员根据评价执行方案,对被评价的数字图书馆交互服务的经济性、效率性、效果性、公平性、时效性等目标及相关测量点进行评价,并形成初步评价意见。具体工作内容包括两个方面①:一是收集并整理各项评价证据。评价工作人员通过采用相应的证据收集方法从各个观测点获取数字图书馆交互服务评价所需要的各项证据,并对这些证据进行鉴定与整理。二是编写并审核评价工作底稿。评价人员在收集证据后,如果发现被评价单位存在服务效率低下的行为以及对评价结论有重要影响的评价事项,应当编制评价工作底稿。这种工作底稿主要以发现的问题进行分析、研究和评价为主。评价工作底稿编好后,一般由评价小组组长或其委托有资格的评价人员进行复核,确保评价发现的事实清晰、评价证据充分、分析客观等,为评价报告撰写奠定基础。

(3) 报告阶段②③。此阶段的重点任务是做出评价结论并形成完整的评价报告。首先,由评价小组在评价证据及评价工作底稿的基础上,经过讨论撰写出客观公正、简明扼要、有理有据的数字图书馆交互服务评价报告初稿。其次,与被评价的数字图书馆管理和服务部门交流沟通,充分征求被评价方及委托单位的意见。听取被评价单位的意见非常重要,因为这些意见不仅能给评价人员判断评价结论和评价建议的客观性、准确性和可操作性提供重要的参考,而且也是争取被评价单位理解与支持的重要途径。再次,修改评价报告,定稿并提交评价报告。根据反馈的意见或建议,修改和完善评价报告,并向委托方提交报告定稿。

(4) 后续阶段。后续阶段也叫后续监督。这一阶段的工作主要是促进数字图书馆根据评价报告改进工作,为用户提供更好的服务,并对评价工作自身进行总结。具体内容主要体现在两个方面:一是检查被评价的数字图

① 《公共支出绩效审计研究》课题组.公共支出绩效审计研究[M].北京:中国时代经济出版社,2007:179-181.

② 彭华彰.政府效益审计论[M].北京:中国时代经济出版社,2006:116.

③ 《公共支出绩效审计研究》课题组.公共支出绩效审计研究[M].北京:中国时代经济出版社,2007:182.

书馆是否针对评价报告的意见和建议及时采取有效措施，并对实施效果进行追踪评价；二是对数字图书馆交互服务评价活动进行总结和评价，以便将来进一步做好该方面的工作。

4.2 基于用户交互的数字图书馆服务评价模型的建立

4.2.1 面向用户的数字图书馆服务评价模型分析

20 世纪 90 年代以来，图书馆界开始更多地关注用户的感知和需求。[①]数字图书馆服务评价模型的构建开始关注用户维度的设计，通过让用户参与网上调研，及时了解用户需求和满意度是最常见的，用户逐步参与部分评价工作。其中较成熟的常见模型有以下几种。

1. 数字图书馆服务质量模型 DigiQUAL

2003 年，美国研究图书馆协会建立了数字图书馆服务质量评价项目——国家科学基金会数字图书馆(NSDL)的 DigiQUAL 项目。该项目包括六项目标：① 从用户角度对数字图书馆服务质量进行界定；② 开发一个可在 NSDL 环境下对用户感知和期望进行测评的数字图书馆服务质量评价体系/工具；③ 确定可以在各种开发运行平台上一般化的数字图书馆“最佳实践”；④ 通过有效地管理用户对数字图书馆服务的感知和期望来改善和提高学生的学习；⑤ 建立一个数字图书馆服务评价项目以此来作为美国研究图书馆协会图书馆服务质量评价的组成部分；⑥建立制度化的持续的产品建设和过程评价，并能对评价结果进行积极和及时的管理。[②] 这六个目标明确地表现出了 DigiQUAL 项目在数字图书馆服务评价中对用户感知、期望与满意度的重视。

---

① 梁孟华.图书馆知识信息服务综合评价研究[M].上海：上海世界图书出版公司，2012：26.

② DigiQUAL Goals[EB/OL].[2014－06－28].http://www.digiqual.org/about/goals.

DigiQUAL ＋计划经过一系列的实验与调查研究，经过多次反复修改，最后确定了评价数字图书馆服务质量的三个维度，即信息控制、数字图书馆环境和服务感知，以及 12 个服务质量的主题，即可获得性、导航性、互操作性、馆藏建设、资源使用、馆藏评价、数字图书馆用户社区、数字图书馆开发者社区、数字图书馆评论者社区、著作权或版权、在数字图书馆联盟中的作用、数字图书馆可持续性。① 林肯(Lincoln)根据专题讨论，提出了数字图书馆环境模型，指出数字图书馆的环境由人机交互和技术组合两个部分组成，并设计了 250 个问题。到 2005 年项目实施时问题已删减到 183 个。在这 183 个问题项中，其所包含的具体内容如表 4－1 所示。

表 4－1　DigiQUAL 模型中涉及的问题项范畴及中文译名

Qualitative Review Category	定性评价范畴
Evaluation	评价
Problems	问题
Library as Community	作为社区的图书馆
Use of Digital Libraries	数字图书馆的使用
Issues in Libraries	图书馆中的问题
LibQUAL＋™ Modified Items	LibQUAL＋™修正的项目
Faculty, Libraries and Librarians	教职员、图书馆和图书馆员
Role of Libraries in New Teaching and Learning Roles	在新的教学和学习过程中图书馆的作用
Technical Aspects of Sites	网站技术方面

① 资料来源：http://www.digiqual.org/about/themes.

（续表）

Qualitative Review Category	定性评价范畴
Web Attractiveness/Design	网站吸引力/设计
Role of Federation	数字图书馆联盟的作用
Sustainability of Digital Libraries	数字图书馆可持续性
Role of Meta-Data	元数据的作用
Accessibility/navigability	可获得性/导航性
Collection Building	馆藏建设

从表 4－1 中可以看出，DigiQUAL 模型主要进行定型评价，共有 15 个类别。DigiQUAL 模型自提出以来就被国内外学者用来进行数字图书馆服务评价。

DigiQUAL 模型是一种适用于评价数字图书馆服务的模型，其目标和理念突出对用户感知与满意度的重视，是一种从用户角度进行测评数字图书馆服务的有效工具。它着重把数字图书馆作为提供用户所需内容开展的服务，强调用户对这类服务质量的感知，目的是开发一个使数字图书馆开发者能够更好地管理用户感知的工具①。尽管 DigiQUAL 是一种定性与定量评价相结合的方法，但从模型的评价指标体系中不难看出，大部分的问题涉及的主要还是一些定性的评价指标，定量的评价指标运用少。

2. 美国用户满意度指数模型（ACSI）

瑞典于 1989 年率先实施全国性的用户满意度测评指数②，随后大

① 吴建华.数字图书馆评价方法[M].北京：科学出版社，2009：111－112.

② 吴建华.数字图书馆评价方法[M].北京：科学出版社，2009：99.

批欧美国家和地区相继建立了全国或地区性的用户满意度指标模型①。20 世纪 90 年代，美国质量协会和密歇根大学商学院国家质量研究中心合作，开发了关于用户满意度的计量经济学的逻辑模型——美国用户满意度指数模型(American Customer Satisfaction Index, ACSI)，也叫 Fornell 模型。ACSI 提出的用户满意度模型共有 6 个变量，包括用户期望、用户对质量的感知及用户对价值的感知 3 个前提变量以及用户满意度、用户抱怨及用户忠诚度 3 个结果变量。6 个变量之间的关系如图 4－2 所示。

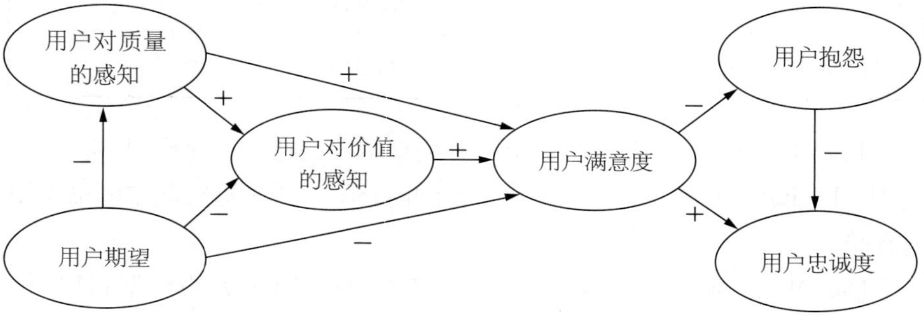

图 4－2 ACSI 模型

学者们将用户满意度模型引入到图书馆领域，并将其应用在图书馆评价中。随着信息技术和网络的迅速发展，学者也渐渐开始通过用户满意度来进行数字图书馆服务评价。

与其他的用户满意度测量方法相比，ACSI 模型测量的是用户对服务的总体的满意度，并且用户满意是借助模型建立变量之间的关系间接测量，ACSI 模型在公共服务领域已经得到了广泛的应用。ACSI 模型本身不是一个数字图书馆服务评价模型，它可以运用在数字图书馆服务评价领域中，且其在图书馆领域的应用日趋成熟。ACSI 模型在数字图书馆服务评价中应

① 用户满意度评价分析方法[EB/OL].[2013－03－08]. http: // labs. chinamobile. com/mblog/382108_68503.

用是灵活的,可以根据具体的环境把影响用户满意度的要素用结构变量表达出来,并建立各要素之间相应的因果关系,构造方程组,通过问卷调查获得数据,整理分析数据最后求解方程。ACSI 模型在我国数字图书馆服务评价中应用的时间不长,但国内对 ACSI 模型在数字图书馆服务评价中应用的研究比较多。不少国内学者依据 ACSI 模型,提出了适合我国的数字图书馆服务评价模型,对评价工作的开展具有一定指导意义。但目前我国以 ACSI 模型为理论基础开展的数字图书馆服务评价也存在明显的问题。测评中所获取和积累的数据较少,不利于之后的数据比较和数据检验,测评过程还没有标准化和常规化。再者,ACSI 采用的调查问卷一般设计为 10 级标度,其用意是为了通过使用尽可能多的分区降低统计误差,但我国学者在具体评价实践中,并没有采用 10 级标度,而是采用 7 级或 5 级量表进行用户满意度的调查,容易导致统计误差。

3. 数字图书馆质量评价模型(5SQUAL)

2004 年,弗吉尼亚州立大学福克斯(Fox)和贡柯维斯(Goncalves)教授提出了一个基于 5 个基本抽象要素的数字图书馆概念模型(简称 5S 模型)。① 5 个基本抽象要素包括数据流、结构、空间、情景和社会。5S 模型是目前最为成熟的数字图书馆形式化概念模型。2007 年,贡柯维斯和福克斯等人提出了一个基于 5S 模型的数字图书馆质量评价模型。该模型将评价内容分为数字对象、元数据描述、藏品、目录、仓储和服务 6 个维度,整套指标体系共包含 21 个量化指标。② 该模型对 21 个指标都以 5S 模型为基础进行了定义,如可访问性、可扩展性、可靠性等。该质量模型不仅建立了一套完整的量化指标,还对可行性进行了充分考虑和相关验证,并对具体的数字图书馆进行了实证研究。该模型的优点是适合对数字图书馆进行微观层面

① GONCALVES M A, FOX E A, WATSON L T, et al. Streams, structures, spaces, scenarios, societies(5S): a formal model for digital libraries[J]. ACM Transactions on information systems, 2004, 22(2): 270 - 312.

② GONCALVES M. "What is a good digital library?"— a quality model for digital libraries[J]. Information processing & management, 2007(43): 1416 - 1437.

的评价，主要是从技术层面为出发点，测评数字图书馆的质量。该模型的缺点是它的评价结果能为数字图书馆以后的开发提供参考和借鉴，但当图书馆员选择数字图书馆使用时，它的适用性就有待考证。有些学者和图书馆员质疑该模型的实用性，认为该模型缺乏对参考咨询服务的评价，同时也缺乏用户满意度与评价指标之间的关联研究。因此，莫里拉(Moreira)与贡柯维斯等人以5S质量模型为基础，对原来的模型进行修改，最终形成了一个简化的数字图书馆质量评价模型5SQUAL，针对数字图书馆的数字对象、元数据、服务的基本属性进行评价。该模型具体的评价对象和评价内容以及相关注释如表4-2所示。

表4-2　数字图书馆质量评价简化模型5SQUAL的评价对象和内容①

评价对象	评价内容(属性)	注释
数字对象	可访问性	数字对象中允许参与者访问的流动的比例
	重要性	根据访问量、引用量、下载量等测度
	相似性	通过共引测度，测量两个数字对象之间的相关性
	时效性	数字对象的更新情况，比较创建时间与当前时间
元数据	完备性	与标准相比，有多少属性赋值了
	规范性	遵守标准的属性所占的比例
服务	效率	服务的响应时间
	可靠性	一个服务所执行的操作中成功操作的比例

之后莫里拉等人运用5S质量模型进一步对数字图书馆进行自动评价。他们对弗吉尼亚理工学院博硕士学位论文数字图书馆(VT-ETD)、巴西计

① NICHOLSON S. The basis for bibliomining: frameworks for bringing together usage-based date mining and bibliomertrics through data warehousing in digital library services[J]. Information processing & management, 2006,62(2): 293-326.

算数字图书馆(BDBcomp)、美国计算机协会数字图书馆(ACM)三个数字图书馆进行评价,对每个评价对象的每一个属性生成直观的评价图表。[①] 同时邀请三名研究数字图书馆可用性的专家对自动评价工具的界面进行评价。模型的体系结构由应用层、处理层和界面层组成。应用层生成日志文件,处理层通过 Web 或本地文件获得评价信息,收集包括数字图书馆服务行为、元数据等信息的日志文件,然后运用内部或外部的解码器抽取日志中的数据,转化为 5S 质量模型的标准格式,界面层则根据用户的选择生成 XML 报告和图表。[②]

贡柯维斯的数字图书馆质量模型的 21 个指标属于量化指标,每一个都设置了严格的定义和计算方法,大部分的指标都可以计算出来。修正后的数字图书馆简化模型 5SQUAL 更为完善,该模型所有的指标都可以通过计算获得。5SQUAL 模型建立在 5S 理论基础上,因此,信息质量和服务质量是该模型主要测评的对象。该模型没有对数字图书馆的支持技术部分以及数字图书馆系统进行评价,但服务的效率指标和服务的可靠性指标的测量结果同样也能够体现数字图书馆系统的技术状况与水平。该模型在数字图书馆服务评价应用中有很高的认可度,但是其使用范围适合于小型的、单体数字图书馆,对大型数字图书馆或数字图书馆联盟的适用性低。另外,其评测结果是从技术层面对数字图书馆服务进行定量评价,评价结果通过数据计算获得,缺乏定性评价,也缺乏从用户的角度去评测数字图书馆的服务。

4. 英国绩效评价模型(eVALUEd)

英国绩效评价模型 eVALUEd 模型的名称是“an evaluation model for electronic library developments”的首字母缩写。该项目从 2001 年 12 月开

---

① 吴建华,何汶.2005—2009 年国内外数字图书馆评价研究实践回顾与展望[J].数字图书馆论坛,2010(3):45-61.

② NICHOLSON S. The basis for bibliomining: frameworks for bringing together usage-based date mining and bibliomertrics through data warehousing in digital library services[J]. Information processing & management, 2006,62(2):293-326.

始至2004年4月历时30个月。① 该项目得到英国高等教育经费委员会资助，是一个基于服务维度的数字图书馆绩效评价模型项目。该项目将电子信息服务评价作为一个主题，划分为用户经历、规划、管理、影响4个评价主题。每个主题下面又包含子主题，子主题下又细分详细内容，以这样的形式构建数字图书馆电子信息服务评价的指标框架。通过4次大型反复的实践调查，eVALUEd项目在英国范围内的学术图书馆得到了广泛的应用与实践，并建立了电子信息服务评价程序与评价工具集。根据eVALUEd项目的网站上的整理，评价主题和评价内容如表4-3所示。eVALUEd网站上还提供服务的评价工具集，评价工具集由4个部分组成：如何评价EIS、EIS评价主题、评价工具、定制工具。进行具体服务评价活动时，可以根据评价的对象等实际情况选择需要的评价工具，如有需要，可以对评价工具做小范围的适当修改。

表4-3　eVALUEd评价主题、评价内容和说明②

评价主题	评价内容	评价内容说明
用户经历	访问性	使远程用户也能无缝接入网络使用图书馆服务
	用户支持	能满足用户需求的新手段：电子邮件、在线教程、知识库、FAQ常见问题解答、服务帮助台等
	推广营销	图书馆网页、打印指南、海报、手册、媒体宣传(广播和视频)等
	感知	年龄、性别，以及对传统印刷资源和电子资源感知的差异
规划	结果评价	评价总目标持续改进，对评价过程的定位
	协调与整合	图书馆学术部门与外部机构、图书馆工作人员与学术人员等合作(区域一体化、不同国家、全球范围内)

① 吴建华.数字图书馆评价方法[M].北京：科学出版社，2009：117.

② Evaluatuin themes[EB/OL].[2014-07-01].http://www.evalued.bcu.ac.uk/evaluating/index.htm.

（续表）

评价主题	评价内容	评价内容说明
管理	使用	时间、方式、谁、用户组差异、不同的资源使用模式、频率
	人员	人才测评工具(资源管理能力、学术沟通、协同工作、用户支持等)
	预算	做好预算规划、支持用户与员工参与购买决策
	当前提供	保证数量充足、质量有效、多样化的资源
	未来提供	灵活性,充满变化
	技术性能	评价 EIS 的互操作性和访问性能(硬件、软件、系统、人员、交互)
影响	对教与学(内部)的影响	支持不同的教学方法和学习风格,图书馆与学术人员沟通的有效性,EIS 资源对员工的学生需求的满足度
	对研究生技能的影响	信息素养、信息和通信技术、团队合作、解决问题的能力、统计和分析能力
	对研究的影响	收集资料(对图书馆工作人员的访谈和焦点小组研究、研究者访谈和焦点小组研究),对学术作品制作的影响

eVALUEd 项目在英国的应用实践非常多。2003 年,西英格兰大学使用 eVALUEd 模型对该校图书馆电子资源服务进行评价。2003 年 12 月至 2004 年 2 月,英国北安普顿大学使用 eVALUEd 模型对 599 名用户进行调查,对图书馆电子信息服务进行评价。① 21 世纪以来,英国伯明翰大学也使用 eVALUEd 模型对大学图书馆进行用户满意度评价和可用性评价。② 2005 年,澳大利亚莫纳什大学健康服务研究机构也运用 eVALUEd 网站进

① UNC case study[EB/OL].[2014 - 06 - 29]. http://www.evalued.bcu.ac.uk/resources/docs/UCN/UCN.htm.

② User satisfaction surveys at Birmingham University[EB/OL].[2014 - 06 - 29]. http://www.evalued.bcu.ac.uk/resources/docs/birmingham/birmingham.htm.

行服务评价。① eVALUEd模型在我国国内研究和运用比较少，只有吴建华在《数字图书馆评价方法》一书中对其进行了比较详尽的介绍。其余的研究仅是国内学者的几篇相关的数字图书馆评价研究综述中提到eVALUEd模型的一些普通介绍，篇幅仅有几百字。

eVALUEd模型具有许多优点。该项目的目标是旨在寻找一种有效模式来评价高校图书馆的电子服务。eVALUEd项目经过4次大型反复的实践调查，已在英国范围内的大学图书馆和学院图书馆内形成共识，具有很强的实践性和可操作性，评价内容也越来越关注用户的需求和行为，符合现代图书馆用户至上的服务主题。该项目建立了完整的电子信息服务评价程序流程，确定了评价的9个阶段：阶段1，确定评价的目的；阶段2，识别利益相关者；阶段3，确定要评价什么；阶段4，选择数据采集的方法（问卷调查、焦点小组、访谈、统计、文献分析）；阶段5，收集数据；阶段6，数据分析；阶段7，目前的研究成果；阶段8，研究成果的运用；阶段9，审核评价过程并确定未来的行动。每一个阶段下都用表格的形式详细列出了该阶段如何进行，整个评价步骤的框架和思路非常清晰。该模型的不足是适用范围比较小，从之前的介绍可以看出所采取的实践活动范围基本在英国范围内，对其他国家的图书馆服务评价的适合度还有待考证。

5. 图书馆电子资源服务评价模型MINES for Library®

图书馆电子资源服务评价模型MINES for Library®的全称是Measuring Impact of Networked Electronic Services for Library™，人们将其简称为MINES。MINES是在LibQUAL+™和DigiQUAL的发展中产生的一种新的基于用户对电子资源使用情况的在线调查统计工具/模型。MINES模型的起源始于20世纪80年代，由康涅狄格大学西蒙斯研究生学院图书馆和信息科学中心副院长、技术总监在Mount Holyoke项目中开发，被用来当作是一个基于事务的网络在线调查，用作进行图书馆成本分析

① PARKHILL A. Monash institute of health services research presentation[EB/OL]. [2014-06-30]. http://www.evalued.bcu.ac.uk/resources/docs/monash/anne.htm.

研究。2003 年 5 月，MINES 作为美国研究图书馆协会新的评价项目的一部分，现在是 ARL 的图书馆评价工具 StatsQUAL®系列之一。①

MINES 模型的目标有 6 个，包括：① 测量数字内容的价值和影响；② 基于人口统计学原理和使用目的分析，确定特殊的用户群体如何将数字内容应用到他们的工作中；③ 在网络环境和定制服务下，识别用户使用资源的来源；④ 把数字馆藏集中起来，使用数据来证明用于数字内容建设的资金增加，做出明智的馆藏发展的规划和决定；⑤ 赋予学术图书馆网络服务成本的货币值，以支持资助的研究、授课、病人护理、公共服务和其他活动；⑥ 评价网络电子资源和服务在教学和研究中的影响。②

MINES 是基于用户使用基础上的网络化服务评价工具，可以将其视为一种简短的调查问卷，用户需要回答 3～5 个问题，采取的是定量研究方法。主要的评价方法是抽样计划的制定，选取的调查时间为一年，在此期间，通过网络每天每隔两个小时收集用户问卷数据，并根据用户的 IP 地址进行数据分析。③ 其基本原理是人口统计学，通过网络随机问卷调查，得出图书馆用户对图书馆电子资源的使用数据，以及数字资源是否支持学术研究、教育或对其他主要的学术研究发挥作用。④ 在具体的评价实践活动中，具体的调查内容和问题的设置可以随着图书馆或机构的具体需要而适当变化。DigiQUAL 与 MINES 有许多共同点，比如 DigiQUAL 的评价对象是使用图书馆数字资源的用户，而 MINES 的评价对象是使用过图书馆网页服务的用户，两者的评价对象都是在网络环境下的图书馆用户。MINES 的评价内容包括 4 个方面，涉及用户的身份(学历身份)、用户的专业、用户使用虚

---

① Origins of MINES for Libraries®? [EB/OL]. [2014 - 07 - 01]. http: // www.minesforlibraries.org/about/origins.

② MINES for Libraries® aims [EB/OL]. [2014 - 07 - 01]. http: // www.minesforlibraries.org/about/aims.

③ 刘盈盈.基于网络的图书馆服务质量评价工具——LibQUAL、DigiQUAL 和 MINES [J].图书情报工作，2006，50(9)：124 - 126.

④ 索传军，吴启琳.MINES for Libraries™的功能分析[J].国家图书馆学刊，2007(4)：12 - 15.

拟图书馆电子资源的位置、用户使用的目的。MINES 具体的评价内容和说明如表 4-4 所示。

表 4-4 MINES 的评价内容

评价内容	说明
用户的身份	本科生、硕士生、博士生、教职员工或其他用户
用户的专业	医学、法律学、人文学科等
用户使用虚拟图书馆的位置	图书馆内、学校内图书馆或学校外
用户使用的目的	研究需要、授课教育、公共社区服务或其他

从 2003 年以来,已有超过 50 个北美图书馆和超过 10 万个使用网络在线服务的用户使用过 MINES 工具。① 2003—2005 年,MINES for Library 被利用于加拿大安大略区大学图书馆委员会(OCUL)18 个成员馆的 2 万多用户和美国的 14 个大学图书馆 5 万人次的电子资源调查,积累了大量的调查数据和使用经验。② 2010 年,安大略大学图书馆协会第一次运用 MINES 模型来进行电子资源服务的影响测评,2012 年安大略大学图书馆协会运用 MINES 模型进行第二次测评。③ 我国使用 MINES 模型的理论研究很少,笔者于 2014 年 7 月 1 日在中国知网数据库使用关键词检索途径,检索式为"MINES"并含"图书馆",共检索出相关结果 3 条,分别是刘盈盈于 2006 年发表的论文《基于网络的图书馆服务质量评价工具——LibQUAL、DigiQUAL 和 MINES》,2007 年索传军和吴启琳发表的论文《MINES for Libraries™的功能分析》,以及 2010 年朱良杰发表的《StatsQUAL 主要评

① Origins of MINES for Libraries®? [EB/OL]. [2014-07-01]. http://www.minesforlibraries.org/about/origins.

② 朱良杰.StatsQUAL 主要评价工具对海南省高校图书馆评价的启示[J].现代情报,2010,30(2):145-148.

③ Publications[EB/OL]. [2014-07-01]. http://www.minesforlibraries.org/publications.

价工具对海南省高校图书馆评价的启示》。在我国，目前还没有基于MINES模型的数字图书馆服务评价的实证研究。

MINES for Library 评价模型的优势和实践应用价值主要表现在[①]，通过MINES对电子资源使用情况进行定量调查，评价电子资源服务的服务质量和服务效果，同时它能对电子资源进行成本效益分析，在此基础上对现行的数字资源馆藏采购策略进行优化与调整，对促进合理的图书馆电子资源馆藏结构建设有着积极意义，起到优化经费使用的作用，为图书馆节约开支。与DigiQUAL的复杂问卷相比，MINES的问卷非常简单，仅有3～5个问题。每个问题下有若干个选项，用户可以从中选择自己的答案。因此，MINES评价模型的缺点也显而易见。其评价内容和范围小，只是针对使用数字资源的用户的相关使用情况的简单统计和分析，没有详细而完善的指标体系。

4.2.2 基于用户交互的数字图书馆服务评价模型的构建

4.2.2.1 现有数字图书馆服务评价模型对比

数字图书馆服务质量模型DigiQUAL，美国用户满意度指数模型(ACSI)，数字图书馆质量评价模型(5SQUAL)，英国绩效评价模型(eVALUEd)和图书馆电子资源服务评价模型MINES for Library都是面向用户的数字图书馆服务评价模型，虽然视角不同，但是围绕面向用户的数字图书馆服务质量提升问题，进行了服务满意度调查和面向用户的图书馆服务综合评价研究。在这些模型的运用中，可以看到评价主体由图书馆机构转变为图书馆用户，使评价主体呈现多元化的趋势；评价内容由关注图书馆机构的组织运作转变为注重用户感知和用户满意度；评价方式也是借助互联网等技术实现在线调查。然而，通过研究发现这些评价模型有一定的

① FRANKLIN B, PLUM T. Assessing the value and impact of digital content[J]. Journal of library administration, 2008, 48 (1): 41-47.

局限性,如 DigiQUAL 模型和 ACSI 模型强调用户对这类服务质量的感知和服务的总体的满意度,采集的数据来自图书馆用户的主观感受,但这些主观感受并非是客观层面上的评价,它受用户素养与心理差异等各方面因素的影响。此外,模型忽略了服务成本、客观的投入产出绩效评价等客观指标,不能全面地进行图书馆服务质量的评测。如 5SQUAL 模型以信息质量和服务质量为主要测评对象。其评测结果通过数据计算获得,缺乏定性评价,也缺乏从用户的角度去评测数字图书馆的服务。面向用户的数字图书馆服务评价模型对比如表 4-5 所示。

表 4-5　面向用户的数字图书馆服务评价模型对比

项目	DigiQUAL	ACSI	5SQUAL	eVALUEd	MINES for Library
优势	从用户角度对数字图书馆服务质量进行评价,突出对用户感知与满意度的重视	突出用户满意度,并且用户满意是借助模型建立变量之间的关系间接测量	从用户的角度测评信息质量和服务质量,注重服务的绩效测量	关注用户经历,特别注意不同经历用户的需求和行为的不同	简单的定量研究方法,考虑用户身份和专业不同对服务感知的区别
不足	大部分的问题涉及的主要还是一些定性的评价指标,定量评价指标运用较少	测评过程还没有标准化和常规化,采用的调查问卷过于复杂,没有考虑成本绩效等综合因素	缺乏用户参与,缺少定性评价,适合于小型的、单体数字图书馆,实用范围窄	适用范围比较小,只在英国范围内实用。绩效范围只考虑到学校层面,没有考虑到社会层面	其评价内容和范围小,只是针对使用数字资源的用户的相关使用情况的简单统计和分析,没有详细而完善的指标体系

以上模型设计中的积极方面可以为本项目设计基于用户交互的数字图书馆服务评价模型所借鉴。然而,从对比中也可以看到,目前的评价模型未能从用户交互的角度评价数字图书馆的服务绩效。在服务评价的组织上缺乏用户参与。在评价方法上很难借助定性和定量的结合。

4.2.2.2 基于用户交互的数字图书馆服务评价模型构建

交互式信息服务是用户需求变化、信息资源载体演化、组织机制变革、社会信息资源共享、信息技术集成等诸多信息环境因素共同促进的结果。基于用户交互的数字图书馆服务评价模型的构建思路：从用户体验和服务绩效出发，着眼于用户参与与服务互动，采用基于用户、服务过程和服务绩效的三维建模方式构建服务评价模型，实现动态环境下的交互服务评价。因此，交互式信息服务评价应该围绕用户交互需求、交互服务绩效、交互服务过程展开，基于用户交互的数字图书馆服务评价模型分为用户交互需求维度、交互服务过程维度和交互服务绩效维度（如图4－3所示）。

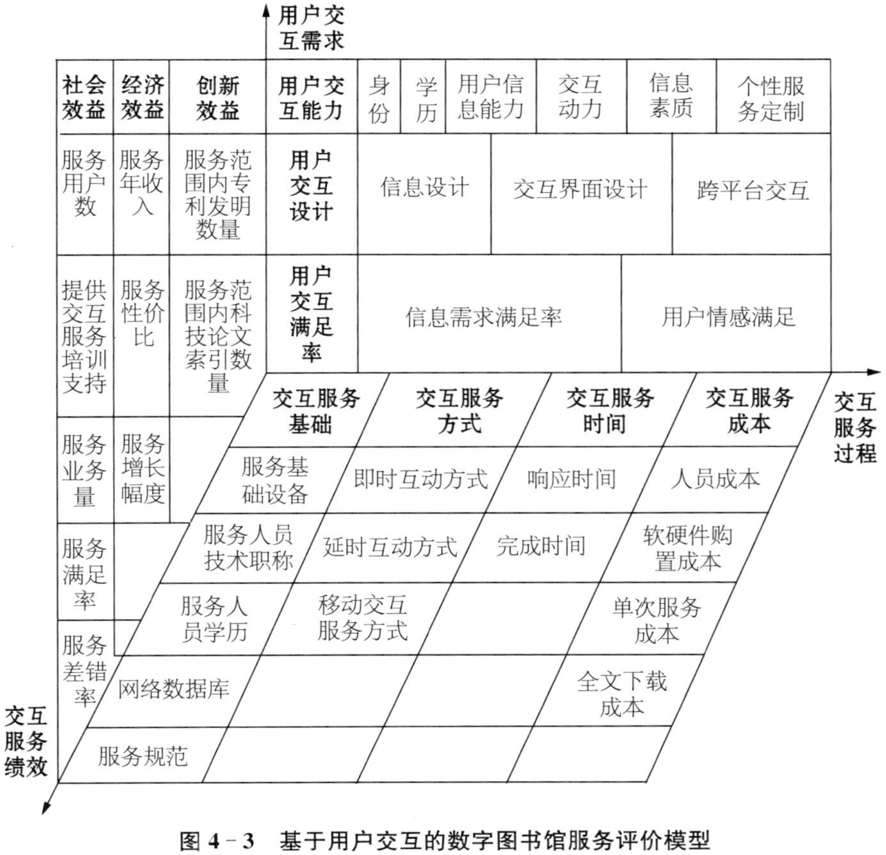

图4－3 基于用户交互的数字图书馆服务评价模型

(1) 用户交互需求维度。在数字图书馆服务领域,以用户需求为导向的服务模式决定了其信息服务具有开放性、互动性,因此数字图书馆交互式服务中的用户因素具有决定作用。数字图书馆逐步成为用户获取信息与知识的重要渠道,这必将改变未来世界信息媒介和知识创造模式。用户环境是社会环境下用户信息需求、信息心理和信息行为交互作用的结果。探索网络环境下用户交互需求的影响因素包括以下几方面。

① 用户交互能力。数字图书馆中交互式信息服务方式多种多样,用户体验也各异,用户的认知、心理和行为都会对交互式信息服务的用户体验产生影响,也决定了用户交互能力。① 因此,用户交互能力主要指用户的类型、用户信息需求与信息行为的变化规律,以及用户信息素质等②,具体来说用户的身份、学历、信息素质、交互动力等都是用户维度中需要考察的因素。

② 用户交互设计。交互式信息服务中的交互体验指用户与用户或用户与系统之间的交互。交互体验发生在一定的环境中,且被各种内在的、心理的、个人动机、气质和各种隐含因素所决定的。数字图书馆信息服务的提供者不可能真正地去设计用户对系统或服务的体验,但可以通过设计系统或服务的交互机制如交互界面的友好、跨平台交互的便捷和信息设计等来增进用户对它的体验。因此,用户交互设计包括指信息设计、交互界面设计、跨平台交互等因素③。

③ 用户交互满足率。秉承以上模型关注用户感知和满意度,体现用户至上的现代服务理念。基于用户交互的数字图书馆服务评价模型用户交互需求维度将用户的信息需求满足率和用户情感满足作为测评信息服务的指标。④

---

① WILSON T D. Models in information behavior research[J]. Journal of documentation, 1999,55(3): 249 - 270.

② STERN P C. Information, incentives, and proenvironmental consumer behavior[J]. Journal of consumer policy, 1999(22)4: 461 - 478.

③ CHEN D M. Interactive dynamic force analysis using constraint-based approach[J]. International journal on interactive design and manufacturing, 2011,5(4): 20 - 28.

④ MILFONT T L, DUCKITT J. The structure of environmental attitudes: a first — and second-order confirmatory factor analysis [J]. Journal of environmental psychology, 2004,24(3): 289 - 303.

用户交互能力和用户交互设计是用户交互需求满足的基础,用户交互满足率是用户交互需求结果。

(2) 交互服务过程维度。交互服务过程是涉及数字图书馆的服务流程和服务管理要素,从组织层面关注交互服务系统组织形式和运作方式对其绩效带来的影响,是对交互服务系统正常运作和产出绩效正确评价并及时调节的关键。数字图书馆的交互服务目标就是要建立一个能最大限度地满足用户需求的信息资源交互平台和资源保障体系。数字图书馆资源保障能力是数字图书馆交互服务评价的核心。以下数字图书馆服务过程微观层面中涉及的各类因素,是测评数字图书馆的服务质量的重要因素,也是数字图书馆资源保障的根本。

① 交互服务基础。首先要考察数字图书馆系统的基础资源保障程度,直接体现在服务基础设备、服务人员的职称学历和职称、服务中所拥有的数字资源等要素。[①] 在数量上的直接表现为通过统计各类网络数据库的数量、种类、更新的频次、网络数据库所包含内容状况,甚至通过间接比率测算分析其基础资源保障程度如基本资源覆盖率、核心资源覆盖率等[②]。其次是考察数字图书馆交互服务所拥有的电脑、打印机、扫描仪等软硬件设施,以及服务人员的素质等因素。

② 交互服务方式。交互服务方式上除了传统的即时互动方式和延时互动方式外,移动交互服务方式是随着数字图书馆移动服务的兴起而产生。[③] 用户可以通过手中的便携数字图书阅读设备(如手机、MP3/MP4、PDA 等手持阅读器以及笔记本电脑等)来方便灵活地进行数字图书馆信息

① 梁孟华.图书馆知识信息服务综合评价指标体系的构建及其校验研究[J].图书情报工作,2012(1): 73-77.

② 张晓林,刘细文,孙坦,等.国家科技图书文献中心的效用形式及其评价[J].图书情报工作,2008(3): 62-65.

③ JEVICS M. Big science, nano science? mixed method approach to mapping the evolution and structure of nano technology[J]. Information research, 2007,12(4): 152-159.

的查询、浏览和与图书馆系统的交互。① 因此,移动交互服务方式的开展是方便用户、提高服务效率的表现,也是评价数字图书馆交互服务的重要因素。

③ 交互服务时间。交互服务时间除了服务完成交互任务的时间,还应该包括响应时间。数字图书馆系统或工作人员对用户请求的反应快慢,直接影响用户对服务的满意度和情感满足,用户永远希望自己的请求在尽量短的时间内得到响应,哪怕一时没有得到信息满足,也要得到情感的满足。因此,响应时间和服务完成时间是反映服务效率的因素。

④ 交互服务成本。数字图书馆要确保健康发展,就必须合理使用经费,使得投入能产出最大的效益,投入资金包括有形的支出,如资源购置费、硬件购置费和设备安装调试费、系统及电子资源装载运行过程中的人工费等,也包括了系统无形的耗损,如系统所耗费的管理成本、成员在参与各种信息资源共享活动中投入的人力和时间成本。因此,交互服务评价离不开投入成本要素的测评,否则难以全面客观地反映服务效率。交互服务成本包括人员、软硬件以及服务成本等要素。②

(3) 交互服务绩效维度。交互服务绩效是指交互服务所带来的成绩和成效③。其中成绩为"工作或学习的收获"④,成效为功效、效果⑤。因此,绩效包含有成绩与效益的意思⑥。目前数字图书馆的运作模式呈现多元化,

① 孙丽霞.3G技术下移动数字图书馆的服务方式探究[J].情报科学,2010(10):1485-1486.

② 梁孟华.图书馆知识信息服务综合评价指标体系的构建及其校验研究[J].图书情报工作,2012(1):73-77.

③ 《现代汉语词典(第5版)》将绩效理解为"成绩,成效"。(中国社会科学院语言研究所词典编辑室.现代汉语词典[M].5版.北京:商务印书馆,2005:649.)

④ 中国社会科学院语言研究所词典编辑室.现代汉语词典[M].5版.北京:商务印书馆,2005:172.

⑤ 中国社会科学院语言研究所词典编辑室.现代汉语词典[M].5版.北京:商务印书馆,2005:173.

⑥ 张旭霞.公共部门绩效评估[M].北京:对外经济贸易大学出版社,2007:8.

强调图书馆社会效益的同时，寻找经济增长点，开拓市场化的服务业务，在价值规律作用下保证数字图书馆一定的利润，形成知识信息服务可持续发展的基础。因此，社会效益和经济效益是交互服务绩效维度考核的主要内容。创新效益是数字图书馆为适应国家创新的发展，为创新科研服务产生的效益。专门将创新效益区别出来，也是为了避免考核指标过多，不利于进行定量计算评价。

① 社会效益：是指最大限度地利用有限的资源满足用户日益增长的物质文化需求，是数字图书馆在社会上的声誉、威信和信任程度①，主要包括服务用户数、为用户提供各类电子资源使用培训、服务业务量、服务满足率以及服务差错率等。

② 经济效益：是通过商品和劳动的对外交换所取得的社会劳动节约，即以尽量少的劳动耗费取得尽量多的成果。经济效益是资金占用、成本支出与有用生产成果之间的比较。② 具体来说应该包括服务年收入、服务性价比和服务增长幅度等。

③ 创新效益：主要是为创新成果服务的体现，包括服务范围内科技论文索引数量和服务范围内专利发明数量。③

本书在借鉴国内外面向用户的数字图书馆服务质量评价模型，采取文献分析法，从用户交互、服务过程和服务绩效的三维角度构建基于用户交互的数字图书馆服务评价模型。后续研究将对该模型采取应用模糊数学法进一步优化，利用结构方程进行评价模型的实证检验，验证模型的科学性和合理性，并利用该模型以实证研究单位进行实证研究。第 5 章将进行基于用户交互的数字图书馆服务评价模型的优化和验证实施，第 7 章将利用模型

① 社会效益[EB/OL].[2014-08-14]. http://baike.baidu.com/view/570574.htm? fr=aladdin.

② 经济效益[EB/OL].[2014-08-14]. http://baike.baidu.com/view/188272.htm? fr=aladdin.

③ 梁孟华.图书馆知识信息服务综合评价指标体系的构建及其校验研究[J].图书情报工作，2012(1)：73-77.

进一步进行实证检验修正。

4.3 面向用户的交互服务评价指标体系构建

4.3.1 评价指标含义

评价指标是评价者对被评价对象进行考察的基本观测点，是评价证据收集的主要“源泉”。对于什么是评价指标，一般而言有广义和狭义两个层面的理解。狭义的评价指标更多指的是一种量的评价证据，如统计数据、指数等①，广义的评价指标往往是针对社会复杂问题而设计的，它们既可能是一种量化的手段，表现为一种可数值化的东西，也可能是通过一定的定性方法来确定，反映事物的一种价值②。本书所研究的数字图书馆交互服务评价是一种较为复杂的社会活动，其评价指标是一种广义上的指标，它既包括量化的指标，又包括定性的指标。

在评价活动中，评价指标质量高低直接关系到评价结果准确与否。一个符合要求的指标必须由三个要素——考评要素、考评标志和考评标度③组成，并且每一个要素的设计均科学合理。考评要素是指考评对象的基本单位，根据被考评对象在工作中的各项要求来设定，一般按照等级依次设定为一级指标、二级指标、三级指标等。考评标志是用来揭示考评要素的关键性可辨特征的，是评估指标中用于区分各个级别的特征规定。根据表示形式，考评标志可分为评语短句式、设问提示式和方向指示式三种。评语短句式即对考评要素做出优劣、好坏、是非、大小、高低等判断与评论的句子。设问提示式即以问题形式提示评价者来把握考评要素的特征。方向指示式只规定从哪些方面去考评，而没有具体规定考评的标志和标度，让评价主体酌

① 邓国胜.非营利组织评估[M].北京：社会科学文献出版社，2001：13.

② 卓越.政府绩效评估的模式建构[J].政治学研究，2005(2)：88－95.

③ 陈芳.绩效管理[M].海口：海天出版社，2002：138－139.

情把握。考评标度是考评要素或要素标志的程度差异与状态的顺序和刻度，分为量词式标度（多、较多、少等）、等级式标度（优、良、中、及格等）、数量式标度（5 分、4 分、3 分、2 分、1 分等）①②等。在评价实践工作中，评价指标作为评价工作的具体手段，其形式是多种多样的。按照不同的角度，可以将其划分为不同类型③。

（1）按照指标规范性与实证性可以将其分为主观指标与客观指标。主观指标俗称“软指标”，反映人们对评价对象的意见、看法、期望值和满意度，是心理量值的体现。由于对同样的事实现象，人们的心理需求、价值尺度、满意程度会有很大差异，因此，完全使用主观指标构建指标体系是不适宜的。客观指标又称“硬指标”，反映客观事实，有确定的数量属性，只要事实清楚，原始数据真实完整，指标统计结果就具有客观上的确定性，不同对象之间就具有明确的可比性。但是，在实际评价中不可能完全使用客观指标，因为有些内容是无法用数据来说明的。

（2）按指标是否反映数量关系可以将其分为定量指标与定性指标。定量指标也被称为数值分析指标，定量指标比较具体、直观，评价时有明确的实际数值和可供参考的标准值。但是，由于实际操作中，许多状态在很多情况下不能直接用定量指标来测量。当有些指标无法用具体数据来表达，无法进行定量考核时，只能采用基本概念、属性特征、通行惯例等对被评价对象进行语言描述和分析判断，从而说明指标情况，这种指标称为定性指标。定性指标的优点是能将无法计量的却能反映某方面状况的潜在因素纳入评价范围，通过分析判断、验证指标、评价结果，最后得出综合评价结论。但定性指标外延宽、内涵广，难以具体化，实际操作中存在随意性和受主观意识

① 胡税根.公共部门绩效管理：迎接效能革命的挑战[M].浙江：浙江大学出版社，2005：124.

② 吕元智.政府信息资源管理绩效评价研究[M].上海：上海世界图书出版公司，2012：74.

③ 杨道玲.服务导向的政府部门电子政务绩效评估研究[D].武汉：武汉大学，2007：84－85.

影响大等问题，从而影响了评价的客观性和公正性。定量指标和定性指标各有其优缺点，因此在具体评价操作中要结合使用，根据不同的情况确定它们各自的比重，以便全面有效地反映实际情况。

(3) 按照指标与评价结果的正负相关性可以将其分为肯定性指标与否定性指标。肯定性指标又称“正指标”，用于反映成绩和进步。肯定性指标数量越高，表明某方面的情况越好；否定性指标又称“逆指标”，反映问题和消极面，否定性指标数越多，表明某方面的情况越不好。在实际操作中，要注意在肯定正面效果的同时，也要适当运用一些否定指标，因为否定指标更容易发现工作中存在的问题。

这些指标按一定逻辑和结构组合在一起就构成了评价指标体系。评价指标及其构成体系是进行任何评价活动的前提和基础，其质量决定了评价结果的科学性与准确性。

4.3.2 评价指标体系构建要求

评价指标是数字图书馆交互服务评价细化的单元，其数量多少，层次关系等将影响到综合评价效果。数字图书馆交互服务评价是一个复杂领域，选取的评价指标集既要能保证服从评价目标、达到评价目的，又要有助于简化评价程序、降低评价成本。因此本书在设计指标时对指标的体系规模、综合化、可操作性、延展性等方面做出了如下要求。

(1) 指标体系规模适度。从理论上来讲，评价指标体系越完备，评价的广度和深度就越好，但在实际操作过程中，要注意到指标体系规模的适度问题，因为指标体系的规模大小直接影响评价工作开展的难易程度以及评价结果的合理性。从目前国内外的评价工作实践经验来看，指标体系的层级数一般不宜过多，以三四级为宜，每个准则或子准则下的指标数最好不超过 9 个①。数字图书馆交互服务评价的指标体系宜根据国内外评价工作实践经验，结合评

① 胡勤华，韩用明.效益审计技术与方法[M].北京：中国财政经济出版社，2006：59.

价目的和要求，确立适度的评价指标体系以保证评价工作顺利进行。

(2) 指标的综合化。一是定量指标与定性指标相结合。数字图书馆交互服务是个综合体，其效果有些是可以量化的，如响应时间、服务业务量等，但有相当一部分是难以量化的，如服务规范、社会效益等。这就要求在构建评价指标体系时，一方面要对可以定量描述的内容，通过从多角度、多层次的方向选择合适的指标进行量化评价，以求评价结果更直观，更具有可比性，从而有效降低评价风险；另一方面要对只能进行定性评价的内容，需要通过替代指标，采用一些特殊的方法进行处理，如层次分析法、数据包络分析法、德尔菲法等，提高定性评价的科学性。二是肯定性指标与否定性指标相结合。在数字图书馆交互服务评价中，否定性指标有时更容易帮助评价工作发现问题，在评价体系中，适当安排一些负指标如用户投诉等可以更客观地体现评价结果。三是过程指标与结果指标相结合。在评价数字图书馆交互服务时，不仅要看到交互服务的最终效果，还要注意观察其发展过程，以期探讨其发展潜力，因此，构建评价指标体系要注意这两方面指标的结合。

(3) 方便操作。方便操作的要求主要表现为三个方面：一是指标的可比性，它又包括横向可比性和纵向可比性两个方面。横向可比性是指与同类机构或项目评价中所使用的评价指标具有一致性，得出的结论能够进行类比。纵向可比性是指在同等条件下，与被评价对象过去所应用的评价标准一致，便于对得出的结论进行对比。二是可操作性。可操作性是指这些评价指标在设计时概念清晰，表达方式简单易懂，数据来源易于采集。三是认同度高。也即是，选择的指标与构建的指标体系能够得到社会的认同，具有良好的社会公信力。这就要求在具体指标体系选择与构建时，要注意社会习惯、约定俗成等细节，选择符合社会和评价者心理认同度较高的指标作为评价指标。

(4) 具有延展性。从实践层面上来看，数字图书馆的组织结构和业务流程体系仍不断在优化中，在这一领域仍存在诸多的不确定因素。因此，其指标体系构建要充分考虑到数字图书馆建设过程中存在的多种不确定因素以及交互服务不断优化的发展过程。在构建指标体系时，除选择反映传统、现实的数字图书馆交互服务水平的指标外,数字图书馆交互评价工作还应选择一些能反映未来数字图书馆交互发展趋势的指标如创新效益(服务范围内科技论文索引数量、服务性价比)等,以保证指标体系在使用上具有可持续性①。

4.3.3 评价指标体系构建过程

根据上述评价指标体系构建要求,在 4.2 节构建的数字图书馆交互服务评价模型基础上,本书将评价指标体系构建分三个阶段进行:确立指标体系框架→选择评价指标→优化指标体系。

1. 确立指标体系框架

根据 4.2 节形成的评价模型,将其三个维度——用户交互需求、交互服务过程、交互服务绩效作为一级指标,交互服务能力、用户交互设计、交互服务满足率、交互服务基础、交互服务方式、交互服务时间、交互服务成本、社会效益、经济效益、创新效益等作为二级指标,其他作为三级指标,构成一个三层次三维度的数字图书馆交互服务评价指标体系框架,如图 4-4 所示。

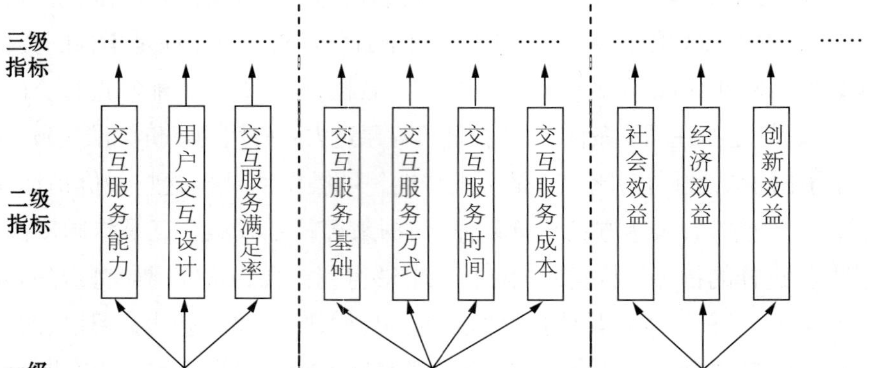

图 4-4 数字图书馆交互服务评价指标体系框架

① 杨道玲.服务导向的政府部门电子政务绩效评估研究[D].武汉:武汉大学,2007:93.

2. 选择评价指标

评价需要投入大量的人力、物力和时间，指标体系是否合理直接关系到评价成本的高低以及评价结果是否准确等核心内容。鉴于数字图书馆交互服务评价实践还处于探索之中，并考虑到评价的可操作性以及评价成本等因素，本书从代表性、可测性两个维度来选择合适的评价指标①。在具体操作中，可以建立如图 4－5 所示的指标选择框架作为指标选取的工具。首先，数字图书馆交互服务评价工作需要将可能需要用到的、能被罗列出来的初选指标一一进行分类，归入图 4－5 所示的四个象限之中，然后优先选取第Ⅲ象限的指标（即那些容易测试且具有较高代表性的指标）作为数字图书馆交互服务评价所需求的指标。

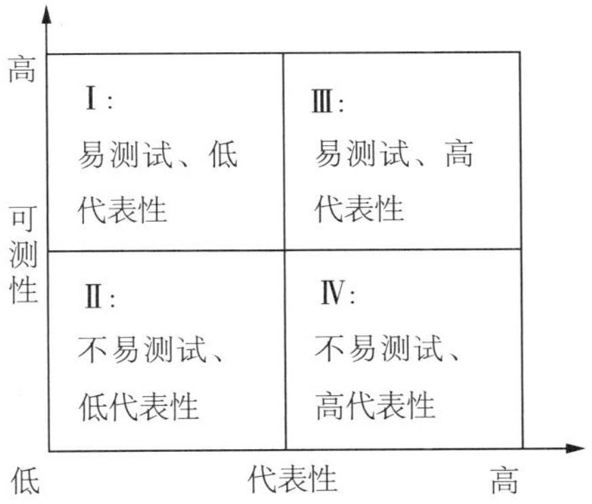

图 4－5　评价指标的选择框架

本书根据评价目标以及评价对象、指标选取原则的指标，依据选择框架，选取了 35 个三级指标，具体说明如表 4－6 所示。

① 所有的评价指标都可以在两个维度上排序：一是指标的代表性，即典型性；二是指标的可测性，即数据的获取难易程度，包括考虑指标获取的成本及工作量等。这两个维度其实对应了评价指标的两个重要属性：效度与信度。指标的代表性越高，就越能体现评价对象的特征范畴和评价目的，越能反映评价对象的真实情况，则其效度越高；指标的可测性越强，在观测中测量结果的可靠性程度就越大，则其信度越高。

表 4－6　数字图书馆服务评价三级指标(初选)及说明

三级指标名称	指标说明
身份 C1	主要考察用户的知识层面,如学生、教师、研究人员等基本情况
学历 C2	主要考察用户的学习知识背景,如本科、硕士、博士或其他
用户信息能力 C3	侧重用户的信息检索、分类、分析、整合和利用能力
交互动力 C4	用户对获取数字图书馆交互服务的欲望和期望,对于服务的渴求程度
信息素质 C5	主要考察用户的信息需求、信息意识、信息知识、信息道德、信息能力方面的基本素质
个性服务定制 C6	侧重考察用户介入交互服务过程,表达个性化的需求和要求,并获得满足个人需求匹配的信息产品和服务
信息需求满足率 C7	主要考察满足信息需求的比率,信息消费始于信息需求,信息需求是引发信息消费的原动力
用户情感满足 C8	主要考察用户对交互服务是否满足自己的信息需求而产生的态度体验
信息设计 C9	主要考察数字图书馆系统对信息进行处理的技巧和实践,通过信息设计可以提高用户应用信息的效能
交互界面设计 C10	主要考察人和计算机进行信息交换的通道,用户通过交互界面向计算机输入信息、进行操作,计算机则通过交互界面向用户提供信息,以供阅读、分析和判断
跨平台交互 C11	考察跨平台交互设计的使用性和识别性,跨系统平台的数据之间相互交互实时性、数据量、数据操作复杂性
服务基础设备 C12	考察为交互服务提供基本的软硬件物质保障,如网络设备、计算机、服务器、打印机、复印机、扫描仪等
服务人员技术职称 C13	考察交互服务人员的技术素养,技术职称在一定程度上反映服务人员的技术能力,包括研究馆员、副研究馆员、馆员等
服务人员学历 C14	考察交互服务人员的知识和技术背景,学历在一定程度上反映服务人员的知识背景,同时也反映一定的技术技能
网络数据库 C15	考察网络数据库是将计算机技术、通信技术及多媒体技术相互融合而形成的以数字形式发布、存取、利用的信息资源总和,包括各种商业数据库和自建数据库以及网络资源

（续表）

三级指标名称	指标说明
服务规范 C16	考察交互服务规定服务应满足用户的需求以确保其适用性的标准规范等
即时互动方式 C17	考察交互服务人员收到用户请求后马上反应的方式，包括 email、QQ、微信、在线咨询等形式
延时互动方式 C18	考察交互服务人员收到用户请求后，经过一段时间的准备以 email、QQ、在线咨询等形式响应用户
移动交互服务方式 C19	考察用户通过手中的便携数字图书阅读设备（如手机、MP3 / MP4、PDA 等手持阅读器以及笔记本电脑等）获取移动服务的情况
响应时间 C20	考察交互服务人员在获得用户请求后，给予用户响应的时间长短
完成时间 C21	考察交互服务人员通过一定的信息检索和信息分析为用户提供信息满足的时间长短
人员成本 C22	考察服务人员的成本，一般以一个地区的某职称的基本工资为标准进行核算，统计人员成本
软硬件购置成本 C23	考察交互服务中购买网络设备、服务器、电脑、打印机、复印机扫描仪等设备的成本支出
单次服务成本 C24	考察交互服务平均每次的服务成本
全文下载成本 C25	考察交互服务平均每篇全文下载的费用
服务用户数 C26	考察每年交互服务的用户数
服务业务量 C27	考察每年交互服务的业务数量
提供交互服务培训支持 C28	考察为交互服务用户提供熟悉交互环境，掌握数据库基本检索原理和规律，熟悉网络资源的查找方法等培训次数和培训人次
服务满足率 C29	考察衡量交互服务质量的主要指标，是指用户申请的文献总数中能满足用户的文献比例，是交互服务对用户需求的有效性和实用性程度的重要指标
服务差错率 C30	考察衡量交互服务质量的主要指标，是指用户申请的文献总数中未能满足用户的文献比例

（续表）

三级指标名称	指标说明
服务范围内科技论文索引数量 C31	考察服务范围内所带来的科研效益，SCIE、SSCI、AHCI、EI、ISTP、ISSHP 收录国际论文总数为主要指标
服务范围内专利发明数量 C32	考察服务范围内所带来的科研效益，发明专利、实用新型专利和外观设计专利等总数为主要指标
服务年收入 C33	考察交互服务的经济效益的主要指标，包括一年交互服务的经济收入
服务性价比 C34	考察交互服务的经济效益的主要指标，是指一个交互服务性能与价格之间的比例关系
服务增长幅度 C35	指交互服务与历史同期相比的增长幅度

表 4 - 6 罗列了数字图书馆服务评价三级指标（初选）和说明，初选指标尚未验证其合理性和科学性，因此本书第 5 章将进行指标修正，广泛征求专家以及被评价方的意见与建议，对相关指标进行调整与修正，确保指标体系的客观、科学与可操作性。

4.4 本章小结

数字图书馆交互服务评价是一个系统工程，它需要有一套科学的评价理论与方法体系来支撑。本章主要探讨数字图书馆交互服务评价的基本要素：从经济性、效率性、效果性、公平性、时效性五个方面分析评价目标；从科学性、可操作性、系统性、目的性、定量和定性相结合、动态发展六方面来论述评价原则；从数字图书馆管理者自身、图书馆用户以及第三方机构等多元角度论述数字图书馆交互服务的评价主体；从全国性数字图书馆跨库交互服务评价、单独数字图书馆交互服务评价和数字图书馆项目评价等宏观、中观、微观三个层次来分析数字图书馆评价对象；数字图书馆交互服务复杂性决定了其评价标准确立的难度，从交互式服务的目标和服务对象来看，应该从用户的角度、服务过程和交互服务绩效三维度来确立评价标准；采取定性和定量相结合,坚持理论联系实证的方法;采取较为完善的管理评价流程,对计划阶段、实施阶段、报告阶段和后续阶段进行规划。

本章在论述数字图书馆交互服务的基本要素的基础上,比较分析常见的面向用户的数字图书馆服务评价模型,从用户体验和服务绩效出发,着眼于用户参与与服务互动,采用基于用户、服务过程和服务绩效的三维建模方式构建服务评价模型,实现动态环境下的交互服务评价。基于用户交互的数字图书馆服务评价模型的提出,改变了传统的过程评价、绩效评价和综合评价结构,体现了数字图书馆服务与用户交互的关系。交互式评价模型的构建和评价方法的扩展应用,可以从用户参与的角度实现交互服务过程评价与绩效评价的结合。评价指标的选取按照规模适度、综合化、方便操作和延展性的要求,坚持易测试和高代表性的原则,依据评价模型构建了 35 个数字图书馆交互服务初始评价指标。

5 基于用户交互的数字图书馆服务评价的验证实施

本章针对第4章构建的基于用户交互的数字图书馆服务评价模型(图4-3)和初选指标体系(表4-6)进行实证验证。通过调研数据,利用模糊数学法和结构方程进行定量分析,优化指标体系,验证评价模型的科学性。图5-1为优化的基于用户交互的数字图书馆服务评价模型。

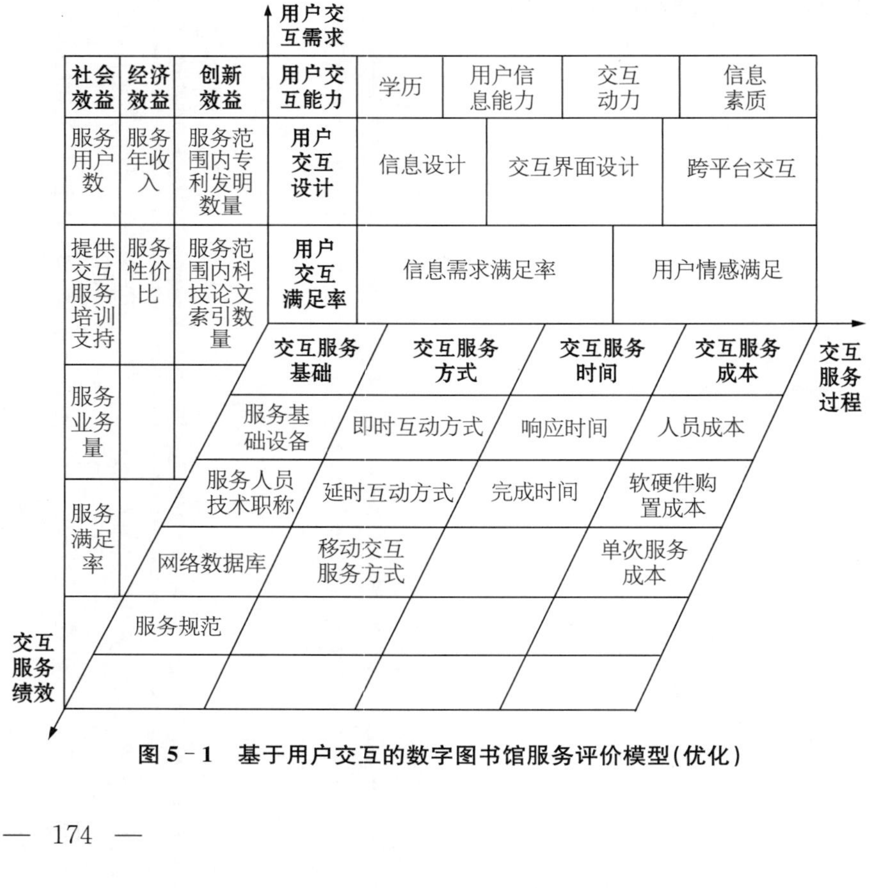

图5-1 基于用户交互的数字图书馆服务评价模型(优化)

5.1 专家调查设计与实施

专家调查设计的核心问题是调查问卷的设计,采用李克特(Likert)五分量表,设置五个评分等级供调查对象选择。广泛的选取调查对象并详细地分析调查对象的基本特征,明确调查与统计方法。

5.1.1 问卷调查法

问卷调查法也称"书面调查法",或称"填表法"。用书面形式间接搜集研究材料的一种调查手段。通过向调查者发出简明扼要的征询表,请示填写对有关问题的意见和建议来间接获得材料和信息的一种方法。这一方法是在对研究问题建立了初步理论的基础上,通过问卷调查,并进行严密的逻辑推理,从而对所建立的研究假设进行的验证性研究。调查法的前提是相关变量已经明确,且是可测量的。① 本书所进行的交互服务的验证评价主要分两部分调查。其一是选取 14 位有丰富经验的图书馆学专家,图书馆研究馆员进行初选指标重要性的调查,调查涉及范围很广,包括高校图书馆和研究所、公共图书馆的专家和知识信息服务机构管理人员,调查知识信息服务专家对综合初始评估指标体系中各项指标的重要程度的认知,具有可测性,满足调查法的前提;其二是通过问卷星和问道网等专业问卷调查平台、email 以及纸质问卷相结合的形式进行图书馆工作者、相关理论研究专家、教师、研究生、本科生、社会广泛数字图书馆用户的随机调查。通过大量数据的回收,利用 Amos17.0 软件采取结构方程模型进行模型的整体合理性验证,并进一步利用数据进行指标之间相关度的验证。这一方法能够根据调查所得情况,凭借诸多图书馆专家的专业知识、经验,直接或经过相应的推算,对研究对象进行综合分析研究,对各选择指标的相对重要程度以及合理程度做出评价,寻求其

① 西宝,马永驰,王洋,等.管理科学研究方法[M].北京: 高等教育出版社,2008: 190.

特性和发展规律，以及指标之间的关联程度，依据相关统计分析方法优选出符合要求的指标，并验证评估模型的合理性和科学性。

5.1.2 调查的方法和目的

问卷调查有当面发放问卷、邮寄问卷、通过 email 或网络发放问卷等方式，其中，email 或网络问卷调查具有及时、方便、成本低等优点。由于被调查的数据图书馆专家、工作人员、学生分布广泛，涵盖了东北、华北、华东、华南、华中、西北、西南等地，调查经费有限以及对调查周期的要求等，所以项目组选择以网络调查和 email 方式为主。但在前期的调查中项目组发现网络调查的回收率很低。于是项目组改变调查策略，通过网站查找从事数字图书馆服务的相关负责人，再通过 email 发送调查表到相关负责人的电子邮箱中，请求他们协助调查。同时又以上海图书馆和武汉大学图书馆作为重点调研对象，工作人员通过现场发放问卷的方式来调查，这一方式使回收率大大提高。

本次调查的主要目的：

(1) 广泛了解各类高校数字图书馆、公共数字图书馆的面向用户的交互服务开展情况。如目前交互服务的服务方式、用户体验服务的部门设置、交互服务资源利用情况、面向用户服务的收费情况、用户参与程度以及用户满意情况、以用户为中心的数字图书馆交互服务管理创新等。

(2) 调查用户参与的数字图书馆交互服务开展的障碍以及广泛推广存在的问题。了解用户在服务中的感知以及情感满足和信息满足程度；了解影响用户评价数字图书馆服务的各类因素以及因素之间的关联。为确定科学合理的指标体系和评价模型奠定基础。

5.1.3 调查问卷的设计

调查问卷的设计将采用李克特五分量表，设置五个评分等级供调查对象选择,相关内容可参见附录 3 评价指标对数字图书馆服务水平影响和重要程度调查表。在重要性判断方面,“5”代表非常重要,“1”代表很不重要,数字越小,表明重要程度越低;适用性判断方面,“5”代表非常适用,“1”代表很不适用,数字越小,表明实践中应用的难度越大。整章调查问卷分两部分。

第一部分:了解调查对象的基本资料,包括调查对象所在的区域以及身份、职称。

第二部分:考察调查对象对本书提出的基于用户交互的数字图书馆评价指标选择标准重要性以及各个指标之间的影响程度。

5.2　基于应用模糊数学法的指标优选

根据表 4 - 6 数字图书馆服务评价三级指标(初选)及说明,本节在广泛征求专家以及被评价方的意见与建议的基础上,利用模糊数学法,对 35 个指标进行调整与修正。

5.2.1　模糊数学理论

在现实生活当中,对于很多事物的认知或评价不是十分确定的,不是非此即彼的,比如评价一个人是高还是矮,当这个人的身高为 1.9 米或者 1.5 米,他的身高可以说是矮的或者高的,而当一个人身高为 1.7 米时,估计有些人认为是高的,有些人认为是比较高的,但不算很高,因此,这种评价具有不确定性,准确地说,是具有模糊性。针对这种评价具有模糊性的现象或问题,模糊数学理论具有很好的处理效果。

1965 年,美国加利福尼亚大学扎德(Zadeh)教授发表了论文《模糊集合论》,标志着模糊数学这门学科的诞生。在模糊集合中,给定范围内元素对它的隶属关系不一定只有“是”或“否”两种情况,而是用介于 0 和 1 之间的实数来表示隶属程度,还存在中间过渡状态,而“隶属函数”这个概念描述了现象差异中的中间过渡状态。

还是以身高为例，通过构造适当的隶属函数，可以计算得到 1.5 米的身高从属于“高”的隶属度是 0，从属于“矮”的隶属度是 1；1.9 米的身高从属于“高”的隶属度是 1，从属于“矮”的隶属度是 0；1.7 米的身高从属于“高”的隶属度是 0.5，从属于“矮”的隶属度是 0.5。

在构建数字图书馆服务评价指标体系的过程中，为了尽量将重要的指标纳入指标体系，项目组特地征求了数字图书馆服务方面的专家学者对于指标重要性程度的意见。重要性程度采用 5 点式量表的形式，1 表示不重要，5 表示很重要。虽然专家对于每个指标的重要性判断是量化的值，然而量化的值也存在模糊性，比如 2 和 4 就具有模糊性。

本书将数字图书馆服务评价指标的重要性程度设为高、中、低三类，构造出各个等级的隶属度函数，计算决策系数，各个指标的决策向量由三类的决策系数$\{\eta_1, \eta_2, \eta_3\}$构成。决策向量中决策系数的最大值决定了指标所属类型。本书只选取重要性程度为“高”类的指标。

5.2.2 调研样本分析

在验证模型之前，项目组征求了数字图书馆服务方面的 14 位专家学者对于表 4－6 中 35 个三级指标（观测变量）（指标体系初选请见第 4 章）的重要性程度给予打分，其中 5 分为最重要，其次 4 分至 1 分表示重要性程度依次减弱。为确保专家团的评价具有较高的可信度，本书对收集到的数据进行了信度检验，结果表 5－1 所示。

表 5－1　专家团对于指标重要程度评价数据信度检验

克隆巴赫系数	项数
0.986	35

从表 5－1 可以看出，克隆巴赫系数为 0.986，远远大于 0.7，说明专家团的评价数据具有很好的信度。

专家团对于每个指标给出不同重要性程度评价的专家数量比例情况统计如表 5 - 2 所示。

表 5 - 2　专家团对于指标重要性程度评价专家数量比例一览表

观测变量	分值对应的专家数占比/%				
	5	4	3	2	1
身份 C1	21.43	35.71	42.86	0.00	0.00
学历 C2	50.00	28.57	21.43	0.00	0.00
用户信息能力 C3	57.14	28.57	7.14	7.14	0.00
交互动力 C4	21.43	64.29	14.29	0.00	0.00
信息素质 C5	28.57	50.00	7.14	14.29	0.00
个性服务定制 C6	0.00	14.29	64.29	21.43	0.00
信息需求满足率 C7	71.43	28.57	0.00	0.00	0.00
用户情感满足 C8	42.86	50.00	7.14	0.00	0.00
信息设计 C9	42.86	42.86	14.29	0.00	0.00
交互界面设计 C10	64.29	21.43	14.29	0.00	0.00
跨平台交互 C11	35.71	50.00	0.00	14.29	0.00
服务基础设备 C12	85.71	0.00	14.29	0.00	0.00
服务人员技术职称 C13	21.43	64.29	14.29	0.00	0.00
服务人员学历 C14	0.00	42.86	35.71	21.43	0.00
网络数据库 C15	85.71	0.00	14.29	0.00	0.00
服务规范 C16	21.43	64.29	14.29	0.00	0.00
即时互动方式 C17	71.43	14.29	14.29	0.00	0.00
延时互动方式 C18	21.43	64.29	14.29	0.00	0.00
移动交互服务方式 C19	35.71	50.00	14.29	0.00	0.00
响应时间 C20	71.43	14.29	14.29	0.00	0.00

（续表）

观测变量	分值对应的专家数占比/%				
	5	4	3	2	1
完成时间 C21	85.71	0.00	14.29	0.00	0.00
人员成本 C22	78.57	7.14	14.29	0.00	0.00
软硬件购置成本 C23	78.57	7.14	14.29	0.00	0.00
单次服务成本 C24	64.29	21.43	14.29	0.00	0.00
全文下载成本 C25	0.00	28.57	42.86	28.57	0.00
服务用户数 C26	50.00	50.00	0.00	0.00	0.00
服务业务量 C27	78.57	21.43	0.00	0.00	0.00
提供交互服务培训支持 C28	42.86	28.57	28.57	0.00	0.00
服务满足率 C29	85.71	14.29	0.00	0.00	0.00
服务差错率 C30	0.00	64.29	21.43	14.29	0.00
服务范围内科技论文索引数量 C31	64.29	21.43	14.29	0.00	0.00
服务范围内专利发明数量 C32	64.29	21.43	14.29	0.00	0.00
服务年收入 C33	21.43	64.29	14.29	0.00	0.00
服务性价比 C34	21.43	64.29	0.00	14.29	0.00
服务增长幅度 C35	0.00	0.00	57.14	42.86	0.00

5.2.3 指标优选的方法与步骤

1. 构造隶属度函数

本书将数字图书馆服务评价的影响因素的重要性程度设为高、中、低三类，构造出各个等级的隶属度函数如图 5 - 2 所示。

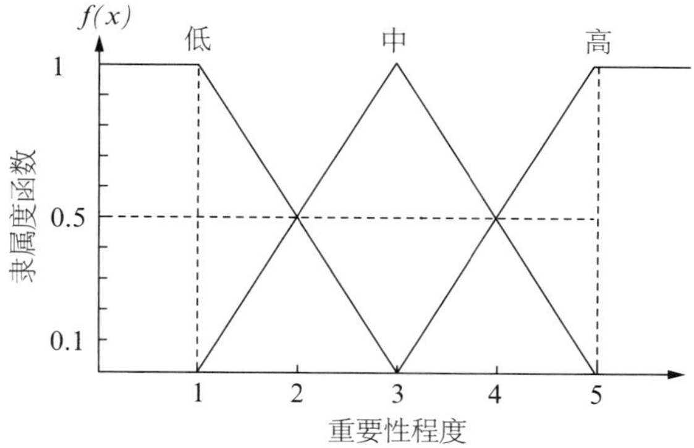

图 5-2　影响因素重要性程度隶属度函数

设 $f_K(ij)$为第 j 个影响因素其重要性程度为 i 的隶属度函数值,K 为模糊类数,$K=1,2,3$,d_{ij} 为第 j 个影响因素其重要性程度为 i 的分值,$f_K(ij)$ 的计算公式为(1)、(2)、(3),$i=1,2,\cdots,5$,$j=1,2,\cdots,35$。

第一类为“高”,$K=1$,其隶属度函数为:

$$f_1(ij)=\begin{cases}1 & d_{ij}=5\\ \dfrac{d_{ij}-3}{5-3} & 3<d_{ij}<5\\ 0 & d_{ij}\leqslant 3\end{cases}\tag{1}$$

第二类为“中”,$K=2$,其隶属度函数为:

$$f_2(ij)=\begin{cases}\dfrac{5-d_{ij}}{5-3} & 3<d_{ij}\leqslant 5\\ 1 & d_{ij}=3\\ \dfrac{d_{ij}-1}{3-1} & 1\leqslant d_{ij}<3\end{cases}\tag{2}$$

第三类为“低”,$K=3$,其隶属度函数为:

$$f_3(ij)=\begin{cases}0 & d_{ij}\geqslant 3\\ \dfrac{3-d_{ij}}{3-1} & 1<d_{ij}<3\\ 1 & d_{ij}=1\end{cases}\tag{3}$$

2. 计算模糊决策系数

模糊决策系数的计算依据专家团对于每个观测变量给出不同重要性程度评价的比例情况(如表 5－2 所示)。

根据公式(4)计算决策系数 $\eta_K(j)$:

$$\eta_K(j) = \sum r(ij) f_K(ij) \tag{4}$$

其中: $\eta_K(j)$为第 j 个指标属于第 K 类的决策系数;

$f_K(ij)$第 j 个影响因素其重要性程度为 i 的隶属函数值;

$r(ij)$为评价第 j 个指标的重要性程度为 i 的专家数量的比例。

3. 确定决策向量

每个指标的决策向量均由$\{\eta_3(j), \eta_2(j), \eta_1(j)\}$三个决策系数构成,即$\{\eta_{低}(j), \eta_{中}(j), \eta_{高}(j)\}$。通过公式(1)至公式(4)的计算,本研究中各个指标的决策向量和相关数据如表 5－3 所示。

表 5－3 基于用户交互的数字图书馆服务评价指标重要程度筛选

观测变量	隶属度			结果	
	高	中	低	重要程度	是否选取
身份 C1	0.39	0.61	0.00	中	否
学历 C2	0.64	0.36	0.00	高	是
用户信息能力 C3	0.71	0.25	0.04	高	是
交互动力 C4	0.54	0.46	0.00	高	是
信息素质 C5	0.54	0.39	0.07	高	是
个性服务定制 C6	0.07	0.82	0.11	中	否
信息需求满足率 C7	0.86	0.14	0.00	高	是
用户情感满足 C8	0.68	0.32	0.00	高	是
信息设计 C9	0.64	0.36	0.00	高	是
交互界面设计 C10	0.75	0.25	0.00	高	是
跨平台交互 C11	0.61	0.32	0.07	高	是

（续表）

观测变量	隶属度			结果	
	高	中	低	重要程度	是否选取
服务基础设备 C12	0.86	0.14	0.00	高	是
服务人员技术职称 C13	0.54	0.46	0.00	高	是
服务人员学历 C14	0.21	0.68	0.11	中	否
网络数据库 C15	0.86	0.14	0.00	高	是
服务规范 C16	0.54	0.46	0.00	高	是
即时互动方式 C17	0.79	0.21	0.00	高	是
延时互动方式 C18	0.54	0.46	0.00	高	是
移动交互服务方式 C19	0.61	0.39	0.00	高	是
响应时间 C20	0.79	0.21	0.00	高	是
完成时间 C21	0.86	0.14	0.00	高	是
人员成本 C22	0.82	0.18	0.00	高	是
软硬件购置成本 C23	0.82	0.18	0.00	高	是
单次服务成本 C24	0.75	0.25	0.00	高	是
全文下载成本 C25	0.14	0.71	0.14	中	否
服务用户数 C26	0.75	0.25	0.00	高	是
服务业务量 C27	0.89	0.11	0.00	高	是
提供交互服务培训支持 C28	0.57	0.43	0.00	高	是
服务满足率 C29	0.93	0.07	0.00	高	是
服务差错率 C30	0.32	0.61	0.07	中	否
服务范围内科技论文索引数量 C31	0.75	0.25	0.00	高	是
服务范围内专利发明数量 C32	0.75	0.25	0.00	高	是
服务年收入 C33	0.54	0.46	0.00	高	是
服务性价比 C34	0.54	0.39	0.07	高	是
服务增长幅度 C35	0.00	0.79	0.21	中	否

5.2.4 优选结果分析

决策向量中决策系数的最大值决定了观测变量所属类型。本书只选取重要性程度为“高”类的观测变量。从表 5 - 3 中的决策向量和重要程度可以看出,专家团对于观测变量的重要性程度评价多数集中于“高”和“中”,说明本书通过理论分析筛选的观测变量已经具有了一定的代表性。其中 C1、C6、C14、C25、C30、C35 重要性程度仅为中,所以删除这 6 个指标。最后形成由 3 个二阶潜变量、10 个初阶潜变量、29 个观测变量形成的评价优化模型(如图 5 - 1 所示)。因此,评价模型形成的指标体系共分为三层,通过筛选三级指标之后,最终指标体系如表 5 - 4 所示。

表 5 - 4 基于用户交互的数字图书馆服务评价指标体系

用户交互需求	用户交互能力	学历 C2
		用户信息能力 C3
		交互动力 C4
		信息素质 C5
	用户交互满足率	信息需求满足率 C7
		用户情感满足 C8
	用户交互设计	信息设计 C9
		交互界面设计 C10
		跨平台交互 C11
交互服务过程	交互服务能力	服务基础设备 C12
		服务人员技术职称 C13
		网络数据库 C15
		服务规范 C16
	交互服务方式	即时互动方式 C17
		延时互动方式 C18
		移动交互服务方式 C19
	交互服务时间	响应时间 C20
		完成时间 C21

（续表）

交互服务过程	交互服务成本	人员成本 C22
		软硬件购置成本 C23
		单次服务成本 C24
交互服务绩效	社会效益	服务用户数 C26
		服务业务量 C27
		提供交互服务培训支持 C28
		服务满足率 C29
	创新效益	服务范围内科技论文索引数量 C31
		服务范围内专利发明数量 C32
	经济效益	服务年收入 C33
		服务性价比 C34

5.3　基于结构方程的数字图书馆交互服务评价模型的验证检验

5.2 节利用模糊数学和专家调查问卷的数据优化模型，本节将进一步利用结构方程检验模型整体的合理性和科学性。

5.3.1　结构方程模型简介

结构方程模型（Structure Equation Modeling，SEM）是现代应用统计学领域中比较流行的一种数据分析方法。它融合了传统多元统计分析方法中的因子分析、回归分析和路径分析等统计技术，可以对各种因果模型进行辨识、估计和验证①。它是一种实证分析模型方法，通过寻找变量间内在的结构关系验证某种结构关系或模型的假设是否合理、模型是否正确，并且如

① 吴明隆.结构方程模型——AMOS 的操作与应用[M].重庆：重庆大学出版社，2007：212 - 262.

果模型存在问题,可以指出如何加以修改。①

在结构方程模型所涉及的变量中,按照变量可否直接测量,分为显变量和隐变量两种,显变量是可测变量,而隐变量是不可直接测量的变量。按照变量之间的关系,又可分为外生变量和内生变量,内生变量是由隐变量决定的变量,外生变量是由显变量决定的变量。

一般来讲,结构方程模型由两类矩阵方程构成,一类称测量方程,用来描述隐变量和显变量之间的关系,另一类称作结构方程,用来描述隐变量之间的关系。测量方程可以写成如下通式:

$$x = \Lambda_x \xi + \delta \tag{1}$$

$$y = \Lambda_y \eta + \varepsilon \tag{2}$$

其中,x 表示外生显变量组成的矩阵;y 表示内生显变量组成的矩阵;ξ 表示外生隐变量组成的矩阵;η 表示内生隐变量组成的矩阵;Λ_x 表示外生显变量和外生隐变量之间的关系,是外生显变量在外生隐变量上的因子负荷矩阵;Λ_y 内生显变量和内生隐变量之间的关系,是内生显变量在内生隐变量上的因子负荷矩阵;δ、ε 分别表示测量方程(1)和(2)的残值差项,反映了方程中未能被解释的部分。

在结构方程中,模型的拟合度是 SEM 评价的一项重要内容,结构方程模型评价的核心就是模型的拟合性,模型对观测数据拟合情况的良好程度,决定了模型的有效性能否得到验证,概念模型是否合理和可行。②

应用的比较广泛的拟合指标和要求如下:③

(1) 卡方值(即 χ^2)和自由度(df):要求 $p > 0.05$,χ^2 不显著;若 $\chi^2/df < 2$ 则对 χ^2 不显著的要求可以忽略不计。

(2) 比较拟合指数(CFI):通过与独立模型相比较来评价拟合程度,即

① 何晓群.多元统计分析[M].北京:中国人民大学出版社,2004:287.

② 侯泰杰,等.结构方程及其应用[M].北京:教育科学出版社,2004:120-132.

③ 曾焱.公关目标下的政府形象评价体系——以公共危机为实证研究[D].杭州:浙江大学,2006:62-67.

使对小样本估计,模型拟合也能做得很好。要求 CFI>0.90,越接近 1,表明拟合程度越好。

(3) 标准拟合指数(NFI):它反映的是模型与独立模型改善的增量关系,一般要求 NFI>0.80,理想值 NFI>0.90。

(4) 拟合优度指数(GFI):是指衡量理论与观察共变结构中的变异量与共变量。一般要求 GFI≥0.85,理想值 GFI>0.90。

(5) 近似误差均方根(RMSEA):RMSEA<0.08 为较好拟合,若 RMSEA<0.05,表示非常好的拟合,低于 0.01 表示非常出色的拟合。

将以上的拟合度指标及其判别标准整理成表格,如表 5-5 所示。

表 5-5 结构方程模型主要拟合度指标及其判别标准

模型拟合统计值	判别标准
卡方自由度比(χ^2/df)	<2
显著性概率	>0.05
比较拟合优度指数(CFI)	>0.90
标准拟合指数(NFI)	>0.90
拟合优度指数(GFI)	>0.90
近似误差均方根(RMSEA)	<0.08

目前,用于结构方程模型建模的软件主要有 Lisrel 和 Amos,本书采用 Amos17.0 版本来进行模型构建和运算。

5.3.2 调研样本分析

基于用户交互的数字图书馆服务评价模型(图 5-1)的实证检验是采用李克特五级量表的形式设计调查问卷,项目组在 2011 年 11 月 1 日至 2011 年 12 月 30 日期间通过问卷星和问道网等专业问卷调查平台、email 以及纸质问卷相结合的形式进行图书馆工作者、相关理论研究专家、教师、研究生、本科生、社会广泛数字图书馆用户的随机调查，共回收有效问卷256份，其中电子问卷189份，占74%；纸质问卷67份，占26%。本次调研数据经过信度检验，其克隆巴赫系数为0.863，因此调查问卷具有较好的信度。

5.3.3 评价模型的验证性因子分析

本书研究的是基于用户交互的数字图书馆服务评价模型。在模型的构建过程中，通过一系列的三级指标（观测变量）提炼出了具有概括性和抽象性的二级指标（潜在变量）和一级指标（二阶潜在变量），其中，三级指标是可以直接测量的，而二级指标和一级指标是不能直接测量的，并最终通过该指标体系来评价数字图书馆交互服务的水平。

为确保模型构建的科学性、合理性和有效性，同时，为定量研究不可观测的指标与可观测指标之间的关系（主要是二级指标与三级指标之间的关系）、不可观测指标与不可观测指标之间的关系（主要是一级指标和二级指标间的关系），本书利用结构方程模型的验证性功能，对书中的模型进行验证，并根据模型拟合指标值对理论模式做出适当评价。

由于本书构建的指标体系共分为三级，如果将整个指标体系作为一个验证性模型，就需要进行三阶验证性因子分析，这样不但模型显得臃容，而且从参考大量的文献可知，三阶验证性因子分析模型的验证比较困难。因此，本书首先对每个一级指标进行二阶验证性因子分析，对三个一级指标均验证后，再对评价总模型进行二阶验证性因子分析。对各模型的验证过程，同时也是对各评价指标效度的验证过程。

5.3.3.1 *用户交互需求的二阶验证性因子分析*

一级指标（二阶潜在变量）用户交互需求下有3个二级指标（潜在变量）和9个三级指标（观测变量），通过在Amos17.0软件中建模、运行和修正之后，得到的模型如图5-3所示，其中，A图为原始模型，B图为根据Amos17.0软件输出的修正提示后形成的模型。

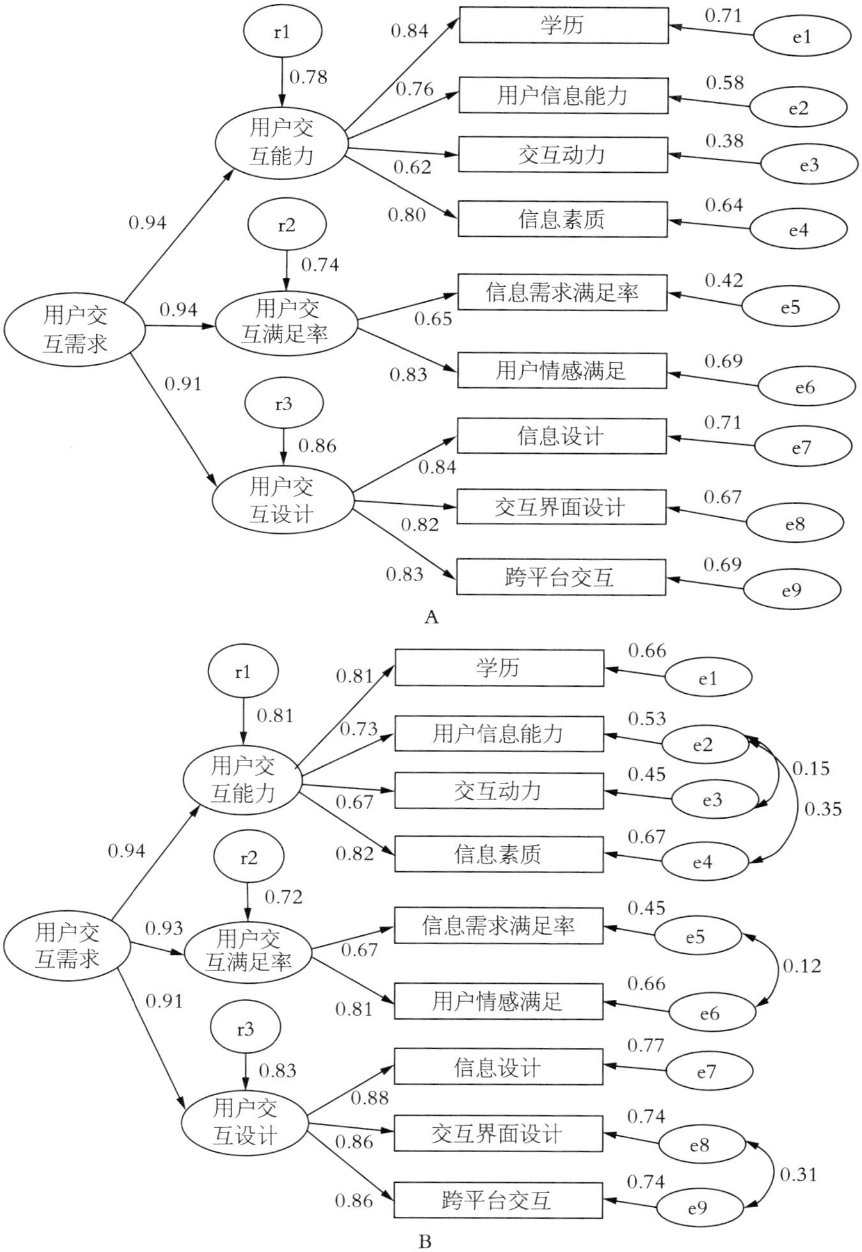

图 5-3　用户交互需求验证性因子分析模型图

图 5 - 3 中的回归系数均为标准化回归系数，也称作因子载荷量，它代表的是公共因子对观测变量的影响。以"用户交互能力→学历"为例，其标准化回归系数为 0.81，表示潜在因子"用户交互能力"对于观测变量"学历"的直接效果为 0.81，其预测力为 0.81×0.81=0.66。因子载荷量的数值也显示了观测变量相对于各潜在因子(潜在变量)的相对重要性，其介于 0.50 至 0.95 之间，表示模型的基本适配度良好，其值愈大，表示指标变量能被结构模型解释的变异愈大，指标变量能有效反映其要测量的结构特质。①

潜在变量的组合信度是模型内在质量的判别标准之一，其相当于探索性因子分析中的信度分析 α 系数，若是潜在变量的组合信度值大于 0.6，则表示模型的内在质量理想。根据标准化回归系数(因子载荷量)估计值可以计算潜在变量的组合信度②。计算公式为：

$$\rho_c = \frac{\left(\sum \lambda\right)^2}{\left(\sum \lambda\right)^2 + \sum(\theta)} \tag{3}$$

其中，ρ_c 为组合信度，λ 为标准化回归系数(因子载荷量)，θ 为观测变量的误差变异量($1-\lambda^2$)。

另一种与组合信度类似的指标为平均方差抽取量，它表示的是观测变量被潜在变量所解释的方差有多少是来自测量误差，它是一种收敛效度指标，其数值愈大，表示观测变量能有效反映其公共因素构造的潜在特质③。计算公式为：

$$\rho_v = \frac{\sum \lambda^2}{\sum \lambda^2 + \sum(\theta)} \tag{4}$$

通过公式(3)和公式(4)可以计算出各个潜在变量的组合信度和平均方差抽取量，如表 5 - 6 所示。

①②③　吴明隆.结构方程模型——AMOS 的操作与应用[M].重庆：重庆大学出版社，2007：212 - 262.

表 5-6 用户交互需求组合信度和平均方差抽取量一览表

观测变量和潜在变量	回归系数	信度系数	测量误差	组合信度	平均方程抽取量
学历	0.81	0.66	0.34	—	—
用户信息能力	0.73	0.53	0.47	—	—
交互动力	0.67	0.45	0.55	—	—
信息素质	0.82	0.67	0.33	—	—
用户交互能力	—	—	—	0.845	0.578
信息需求满足率	0.67	0.45	0.55	—	—
用户情感满足	0.81	0.66	0.34	—	—
用户交互满足率	—	—	—	0.710	0.553
信息设计	0.88	0.77	0.23	—	—
交互界面设计	0.86	0.74	0.26	—	—
跨平台交互	0.86	0.74	0.26	—	—
用户交互设计	—	—	—	0.901	0.751
用户交互能力	0.94	0.88	0.12	—	—
用户交互满足率	0.93	0.86	0.14	—	—
用户交互设计	0.91	0.83	0.17	—	—
用户交互需求	—	—	—	0.948	0.859

以表 5-6 中用户交互能力为例，该潜在变量下有 4 个观测变量，分别为学历、用户信息能力、交互动力和信息素质，其回归系数、信度系数和测量误差如表所示，因此潜在变量用户交互能力的组合信度计算如下：

$$\rho_c = \frac{(0.81+0.73+0.67+0.82)^2}{(0.81+0.73+0.67+0.82)^2+(0.34+0.47+0.55+0.33)} = 0.845$$

平均方差抽取量计算如下：

$$\rho_v = \frac{(0.81^2 + 0.73^2 + 0.67^2 + 0.82^2)}{(0.81^2 + 0.73^2 + 0.67^2 + 0.82^2) + (0.34 + 0.47 + 0.55 + 0.33)}$$

$$= 0.578$$

从表 5 - 7 可以看出，各个潜在变量的组合信度均大于 0.6，并且平均方程抽取量均大于 0.5，说明用户交互需求维度具有良好的可信度和收敛效度。

结构方程模型的各项拟合指标结果如表 5 - 7 所示。

表 5 - 7　用户交互需求验证性因子分析拟合度指标值

模型拟合统计值	判别标准	拟合指标结果（修正前）	拟合指标结果（修正后）
卡方自由度比(χ^2/df)	<2	2.5	1.8
显著性概率	>0.05	0.281	0.312
比较拟合优度指数(CFI)	>0.9	0.892	0.962
标准拟合指数(NFI)	>0.9	0.893	0.912
拟合优度指数(GFI)	>0.9	0.904	0.925
近似误差均方根(RMSEA)	<0.08	0.082	0.074

从表 5 - 7 可以看出，修正后的模型的所有拟合指标值都符合判别标准，再次说明用户交互需求维度具有较好的结构效度。另外，模型中每一条路径系数均呈显著性影响，说明模型具有良好的收敛效度。

5.3.3.2　交互服务过程的二阶验证性因子分析

一级指标（二阶潜在变量）交互服务过程下有 4 个二级指标（潜在变量）和 12 个三级指标（观测变量），通过在 Amos17.0 软件中建模、运行和修正之后，得到的模型如图 5 - 4 所示，其中，A 图为原始模型，B 图为根据 Amos17.0 软件输出的修正提示后形成的模型。

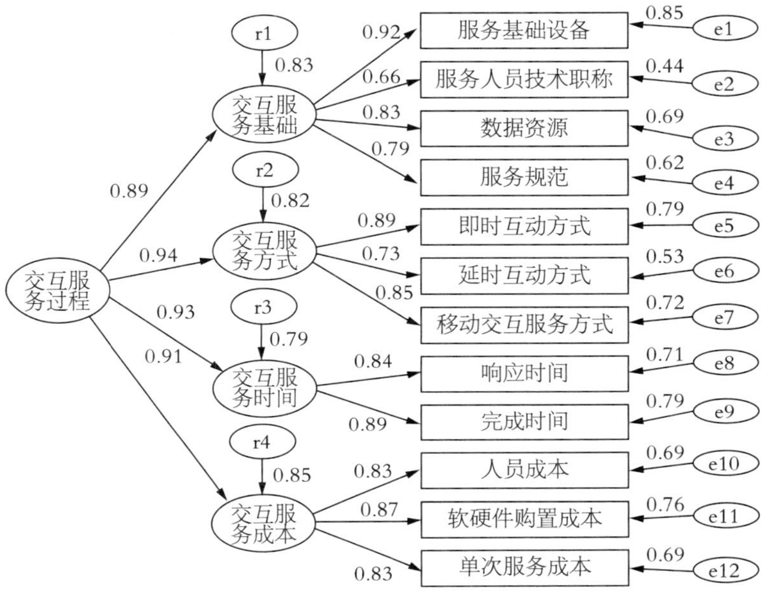

A

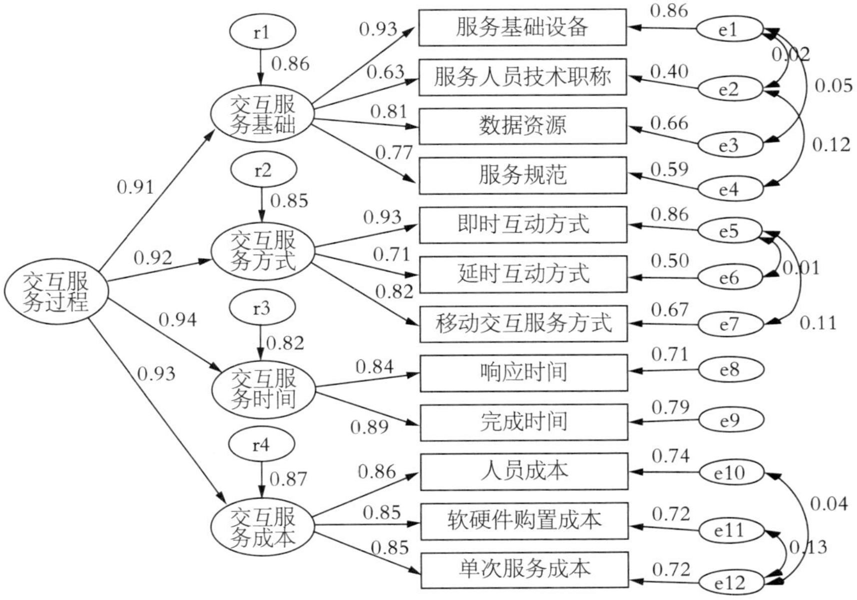

B

图 5－4　交互服务过程验证性因子分析模型图

同理,可以计算总体评价模型中交互服务过程维度的组合信度和平均方差抽取量,如表 5-8 所示。

表 5-8　交互服务过程组合信度和平均方差抽取量一览表

观测变量和潜在变量	回归系数	信度系数	测量误差	组合信度	平均方程抽取量
服务基础设备	0.93	0.86	0.14	—	—
服务人员技术职称	0.63	0.40	0.60	—	—
数字资源	0.81	0.66	0.34	—	—
服务规范	0.77	0.59	0.41	—	—
交互服务能力	—	—	—	0.869	0.628
即时互动方式	0.93	0.86	0.14	—	—
延时服务方式	0.71	0.50	0.50	—	—
移动交互服务方式	0.82	0.67	0.33	—	—
交互服务方式	—	—	—	0.863	0.680
响应时间	0.84	0.71	0.29	—	—
完成时间	0.89	0.79	0.21	—	—
交互服务时间	—	—	—	0.856	0.749
人员成本	0.86	0.74	0.26	—	—
软硬件购置成本	0.85	0.72	0.28	—	—
单次服务成本	0.85	0.72	0.28	—	—
交互服务成本	—	—	—	0.889	0.728
交互服务基础	0.91	0.83	0.17	—	—
交互服务方式	0.92	0.85	0.15	—	—
交互服务时间	0.94	0.88	0.12	—	—

（续表）

观测变量和潜在变量	回归系数	信度系数	测量误差	组合信度	平均方程抽取量
交互服务成本	0.93	0.86	0.14	—	—
交互服务过程	—	—	—	0.960	0.856

从表5-8可以看出，各个潜在变量的组合信度均大于0.6，并且平均方程抽取量均大于0.5，说明交互服务过程维度具有良好的可信度和收敛效度。

结构方程模型的各项拟合指标结果如表5-9所示。

表5-9 交互服务过程验证性因子分析拟合度指标值

模型拟合统计值	判别标准	拟合指标结果（修正前）	拟合指标结果（修正后）
卡方自由度比（χ^2/df）	<2	2.3	1.7
显著性概率	>0.05	0.461	0.486
比较拟合优度指数（CFI）	>0.9	0.883	0.913
标准拟合指数（NFI）	>0.9	0.877	0.903
拟合优度指数（GFI）	>0.9	0.891	0.915
近似误差均方根（RMSEA）	<0.08	0.085	0.068

从表5-9可以看出，所有拟合指标值都符合判别标准，再次证明交互服务过程维度具有较好的结构效度。另外，模型中每一条路径系数均呈显著性影响，说明模型具有良好的收敛效度。

5.3.3.3 交互服务绩效的二阶验证性因子分析

一级指标（二阶潜在变量）交互服务绩效下有3个二级指标（潜在变量）和8个三级指标（观测变量），通过在Amos17.0软件中建模、运行和修正之后，得到的模型如图5-5所示，其中，A图为原始模型，B图为根据Amos17.0软件输出的修正提示后形成的模型。

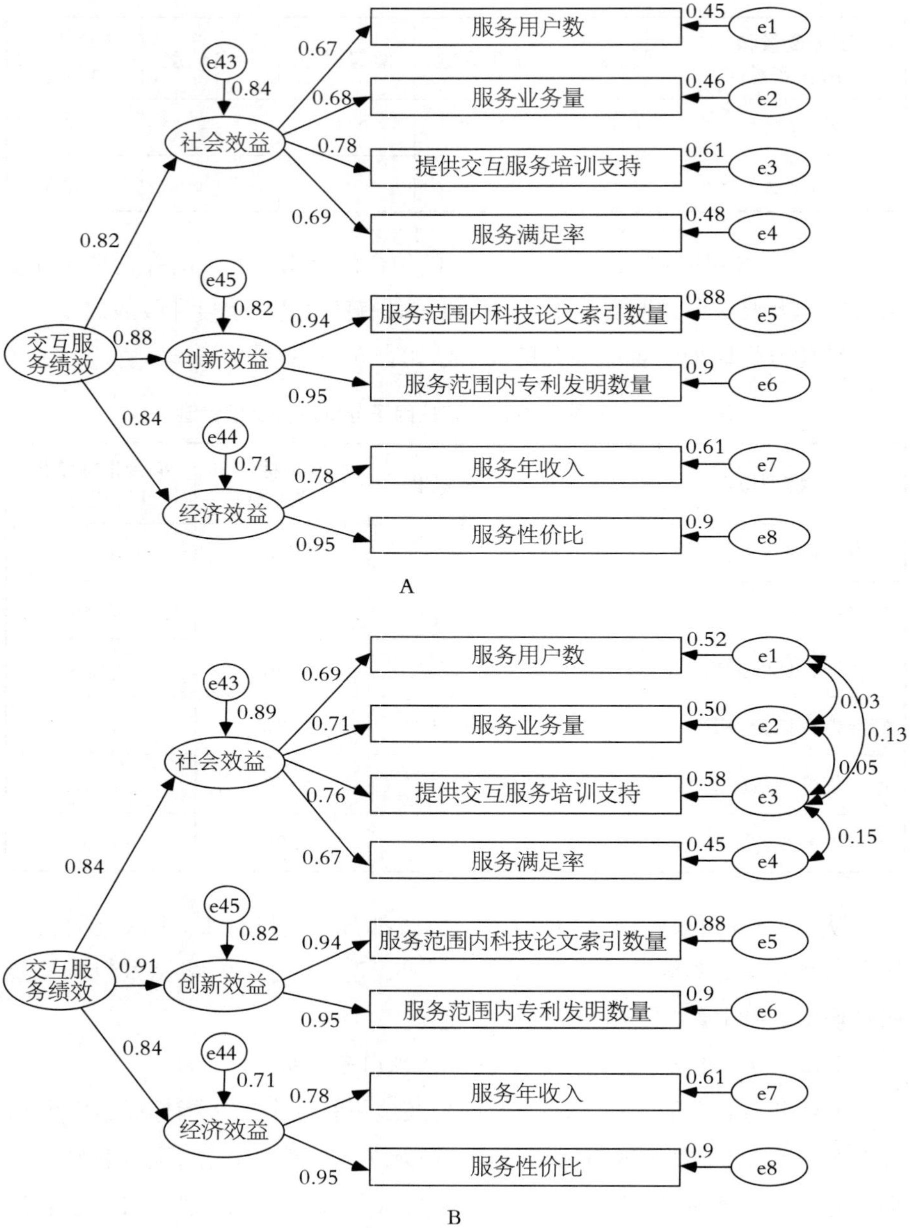

图 5-5　交互服务绩效验证性因子分析模型图

同理,可以计算总体评价模型中交互服务绩效维度的组合信度和平均方差抽取量,结果如表 5 - 10 所示。

表 5 - 10　交互服务绩效组合信度和平均方差抽取量一览表

观测变量和潜在变量	回归系数	信度系数	测量误差	组合信度	平均方程抽取量
服务用户数	0.69	0.48	0.52	—	—
服务业务量	0.71	0.50	0.50	—	—
提交交互服务培训支持	0.76	0.58	0.42	—	—
服务满足率	0.67	0.45	0.55	—	—
社会效益	—	—	—	0.801	0.502
科技论文索引数量	0.94	0.88	0.12	—	—
专利发明数量	0.95	0.90	0.10	—	—
创新效益	—	—	—	0.944	0.893
服务年收入	0.78	0.61	0.39	—	—
服务性价比	0.95	0.90	0.10	—	—
经济效益	—	—	—	0.860	0.755
社会效益	0.84	0.71	0.29	—	—
创新效益	0.91	0.83	0.17	—	—
经济效益	0.84	0.71	0.29	—	—
交互服务绩效	—	—	—	0.898	0.746

从表 5 - 10 可以看出,各个潜在变量的组合信度均大于 0.6,并且平均方程抽取量均大于 0.5,说明交互服务绩效维度具有良好的可信度和收敛效度。

结构方程模型的各项拟合指标结果如表 5 - 11 所示。

表 5 - 11 交互服务绩效验证性因子分析拟合度指标值

模型拟合统计值	判别标准	拟合指标结果（修正前）	拟合指标结果（修正后）
卡方自由度比(χ^2/df)	<2	2.3	1.9
显著性概率	>0.05	0.294	0.318
比较拟合优度指数(CFI)	>0.9	0.895	0.926
标准拟合指数(NFI)	>0.9	0.867	0.903
拟合优度指数(GFI)	>0.9	0.904	0.922
近似误差均方根(RMSEA)	<0.08	0.082	0.074

从表 5 - 11 可以看出，所有拟合指标值都符合判别标准，再次证明交互服务绩效维度具有较好的结构效度。另外，模型中每一条路径系数均呈显著性影响，说明模型具有良好的收敛效度。

5.3.3.4 *总评价模型的二阶验证性因子分析*

本小节将对整个评价模型进行二阶验证性因子分析，通过在 Amos17.0 软件中建模、运行和修正之后，得到的模型如图 5 - 6 所示。

同理，可以计算总体评价模型中二阶潜在变量的组合信度和平均方差抽取量，如表 5 - 12 所示。

表 5 - 12 总体评价模型中二阶潜在变量的组合信度和平均方差抽取量一览表

潜在变量	组合信度	平均方程抽取量
用户交互需求	0.945	0.853
用户服务过程	0.954	0.837
用户服务绩效	0.925	0.805

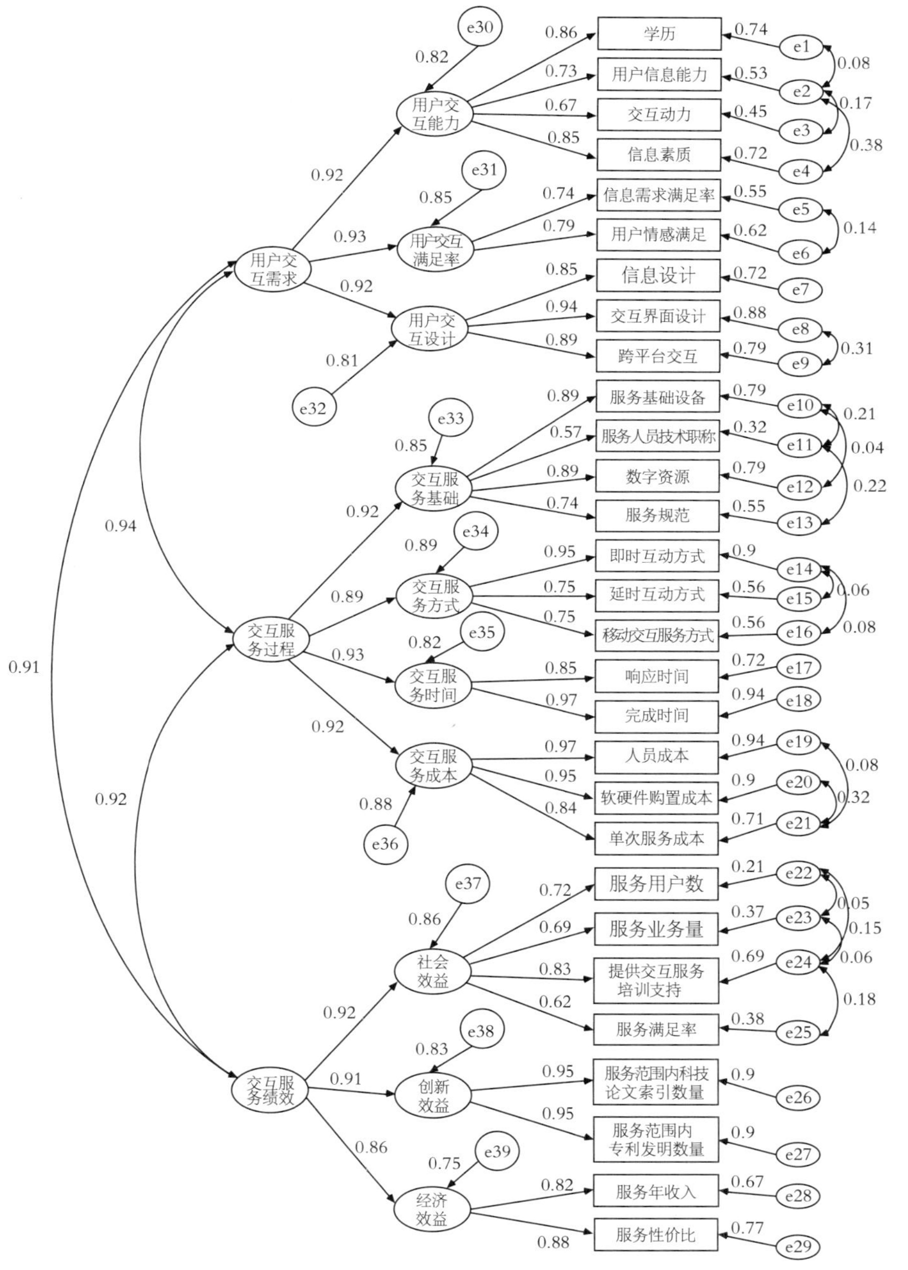

图 5-6 总体评价模型的验证性因子分析模型图(修正后)

从表 5-12 可以看出,各个二阶潜在变量的组合信度均大于 0.6,并且平均方程抽取量均大于 0.5,说明总体评价模型具有良好的可信度和收敛效度。

总体评价模型的各项拟合指标结果如表 5-13 所示。

表 5-13　总评价模型的验证性因子分析拟合值

模型拟合统计值	判别标准	拟合指标结果(修正前)	拟合指标结果(修正后)
卡方自由度比(χ^2/df)	<2	2.6	1.7
显著性概率	>0.05	0.494	0.514
比较拟合优度指数(CFI)	>0.9	0.882	0.911
标准拟合指数(NFI)	>0.9	0.861	0.903
拟合优度指数(GFI)	>0.9	0.892	0.912
近似误差均方根(RMSEA)	<0.08	0.082	0.078

从表 5-13 可以看出,所有拟合指标值都符合判别标准,故而总体评价模型具有较好的结构效度。另外,模型中每一条路径系数均呈显著性影响,说明模型具有良好的收敛效度。

5.3.4　实证检验结果分析

项目组针对具体现实问题,从用户体验和服务绩效出发,着眼于用户参与和服务互动,通过数据拟合,检验经过优化模型是否成立,并且利用验证性因子分析模型①。利用结构方程进行评价模型的实证检验,得到如下结论:① 二阶潜变量用户交互需求、交互服务过程、交互服务绩效的二阶验证

① 梁孟华.基于用户交互的数字图书馆服务评价模型构建与实证检验[J].图书情报工作,2012(7):72-78.

性因子分析显示，因子载荷量的数值均介于0.50至0.95之间，说明模型的基本适配度良好；各个观测变量的组合信度均大于0.6，并且各个潜在变量的平均方差抽取量均大于0.5，说明3个二阶潜变量具有良好的可信度和收敛效度；修正后的模型的所有拟合指标值都符合判别标准，说明3个二阶潜变量具有较好的结构效度。② 总评价模型的二阶验证性因子分析显示，3个二阶潜变量的组合信度数值分别都大于0.9，平均方差抽取量分别都大于0.8，说明总体评价模型具有良好的可信度和收敛效度；修正后总评价模型的验证性因子分析拟合值都符合判别标准，说明总体评价模型具有较好的结构效度。

总而言之，经过层层优化和验证的评价模型的科学性和合理性得以证明，本书将利用优化模型对我国高校数字图书馆和公共数字图书馆服务进行进一步的实证研究。

5.4　基于潜在变量路径分析的服务评价因素关联度实证检验

本书利用结构方程完成评价模型整体结构的合理性和科学性的验证，并没有研究潜在变量之间以及潜在变量与观测变量之间的相互影响关系，即对于影响数字图书馆服务水平的内在因素之间的关系缺乏全面深入的定量研究。本节在数字图书馆服务评价模型的基础之上，采用潜在变量路径分析方法，对每个二阶潜变量的观测变量之间的因果关系和整体评价模型中二阶潜变量之间的因果关系进行建模分析，验证和确定假设变量间相互作用的路径指向及其路径系数数值。

5.4.1　潜在变量路径分析简介

路径分析是结构方程模型的一个特例，属于狭义的结构方程模型。潜在变量路径图可以直观地了解变量之间的因果关系，路径用单箭头表示，箭尾起始处表示的是"因",即自变量,也称预测变量;箭头指向的是"果",即因变量。路径分析中存在直接效应和间接效应。潜在变量间与路径分析一样,有不可逆模型与可逆模型,不可逆模型又称为递归式模型,表示潜在变量间的关系箭号为单一关系;相对的,可逆模型又称为非递归式模型,表示潜在变量间的关系可以互为因果关系①。

本书采用 Amos17.0 版本来进行模型构建和运算。

5.4.2 调研内容及样本分析

基于用户交互的数字图书馆服务评价影响因素之间的关联度分析的实证检验是采用李克特五级量表的形式设计调查问卷,项目组采用与上节评价模型整体验证同样一组数据,项目组在 2011 年 11 月 1 日至 2011 年 12 月 30 日期间通过问卷星和问道网等专业问卷调查平台、email 以及纸质问卷相结合的形式进行图书馆工作者、相关理论研究专家、教师、研究生、本科生、社会广泛数字图书馆用户的随机调查,共回收有效问卷 256 份,其中电子问卷 189 份,占 74%;纸质问卷 67 份,占 26%。本次调研数据经过信度检验,其克隆巴赫系数为 0.863,因此调查问卷具有较好的信度。

5.4.3 二阶潜在变量路径分析

基于用户交互的数字图书馆服务评价模型由 3 个二阶潜变量、10 个初阶潜变量、29 个观测变量构成,下面分别对 3 个二阶潜变量,即用户交互需求、交互服务过程、交互服务绩效进行路径分析。

5.4.3.1 *用户交互需求潜在变量路径分析*

二阶潜变量用户交互需求下有 3 个初阶潜变量,分别为用户交互能力、

① 吴明隆.结构方程模型——AMOS 的操作与应用[M].重庆:重庆大学出版社,2007:306-370.

用户交互满足率和用户交互设计。用户交互能力越强，用户交互满足率应该越高；用户交互设计越好，用户交互满足率应该越高；用户交互设计越好，用户交互能力的发挥应该越强。

因此，可以作以下假设：

H1：用户交互能力对于用户交互满足率存在显著正向影响关系。

H2：用户交互设计对于用户交互满足率存在显著正向影响关系。

H3：用户交互设计对于用户交互能力存在显著正向影响关系。

通过在 Amos17.0 软件中建模、运行、修正之后，得到的修正模型如图 5－7 所示。

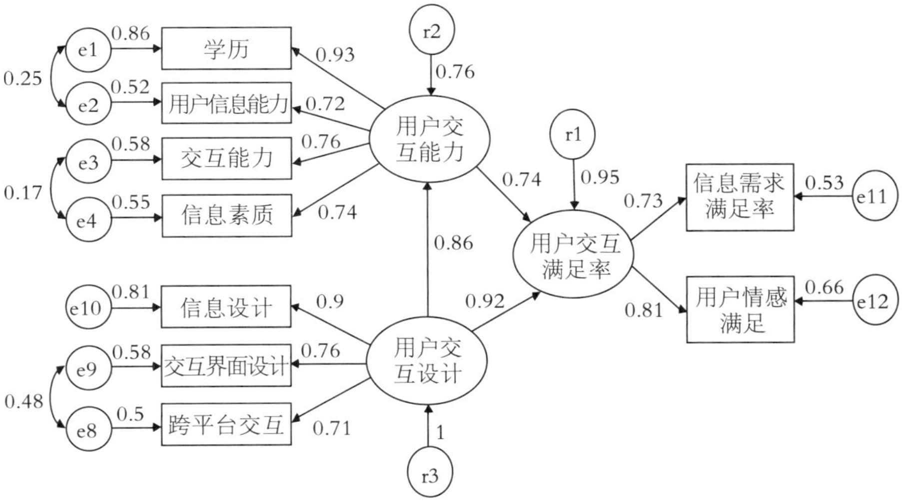

图 5－7　用户交互需求潜在变量路径模型

图 5－7 中各个变量间的路径系数均为标准化回归系数，潜在变量之间的标准化回归系数即潜在变量间的直接效果值或潜在变量间的路径系数；潜在变量对观测变量的标准化回归系数为因素负荷量。[①] 如用

① 吴明隆.结构方程模型——AMOS 的操作与应用[M].重庆：重庆大学出版社，2007：324.

户交互能力对用户交互满足率的直接效果值为0.74,软件显示显著性水平 $P<0.05$,则达到显著性水平,即潜在变量存在显著性影响关系。观测变量学历、用户信息能力在潜在变量用户交互能力的因素载荷量分别为0.93和0.72,表示观测变量学历、用户信息能力在用户交互能力的相对重要性。

组合信度和平均方差抽取量可以验证用户交互需求潜在变量路径模型的内在质量和可信度。潜在变量的组合信度可以作为检验潜在变量的信度指标,此信度检验值也称为建构信度,计算组合信度要利用标准化回归系数(因素载荷量)来估算。若是潜在变量的组合信度值大于0.6,则表示模型的内在质量理想①。计算公式为:

$$\rho_c=\frac{\left(\sum\lambda\right)^2}{\left(\sum\lambda\right)^2+\sum(\theta)} \tag{1}$$

其中,ρ_c为组合信度,λ为标准化回归系数(因素载荷量),θ为观测变量的误差变异量($1-\lambda^2$)。

平均方差抽取量表示的是观测变量被潜在变量所解释的方差有多少是来自测量误差,它是一种收敛效度指标,其数值愈大,表示观测变量被潜在变量概念解释的变异量百分比愈大,相对的测量误差就愈小,一般的判定标准是平均方差抽取量大于0.5。计算公式为:

$$\rho_v=\frac{\sum\lambda^2}{\sum\lambda^2+\sum(\theta)} \tag{2}$$

通过公式(1)和公式(2)可以计算出各个潜在变量的组合信度和平均方差抽取量,如表5-14所示。

① 吴明隆.结构方程模型——AMOS的操作与应用[M].重庆:重庆大学出版社,2007:336-337.

表 5－14 用户交互需求路径模型组合信度和平均方差抽取量一览表

观测变量	回归系数	信度系数	测量误差	组合信度	平均方差抽取量
学历	0.93	0.86	0.14	—	—
用户信息能力	0.72	0.52	0.48	—	—
交互动力	0.76	0.58	0.42	—	—
信息素质	0.74	0.55	0.45	—	—
用户交互能力	—	—	—	0.68	0.63
信息需求满足率	0.73	0.53	0.47	—	—
用户情感满足	0.81	0.66	0.34	—	—
用户交互满足率	—	—	—	0.66	0.60
信息设计	0.90	0.81	0.19	—	—
交互界面设计	0.76	0.58	0.42	—	—
跨平台交互	0.71	0.50	0.50	—	—
用户交互设计	—	—	—	0.68	0.63

以表 5－14 中用户交互能力为例，该潜在变量下有 4 个观测变量，分别为学历、用户信息能力、交互动力和信息素质，其回归系数、信度系数和测量误差如表所示，表中测量误差＝1－信度系数；信度系数＝回归系数的平方。

因此潜在变量用户交互能力的组合信度计算如下：

$$\rho_c = \frac{(0.93+0.72+0.76+0.74)^2}{(0.93+0.72+0.76+0.74)^2+(0.14+0.48+0.42+0.45)} = 0.68$$

平均方差抽取量计算如下：

$$\rho_v = \frac{(0.93^2+0.72^2+0.76^2+0.74^2)}{(0.93^2+0.72^2+0.76^2+0.74^2)+(0.14+0.48+0.42+0.45)} = 0.63$$

从表 5－14 可以看出,用户交互能力、用户交互满足率、用户交互设计 3 个潜在变量的组合信度分别为 0.68、0.66、0.68,均大于 0.6,表示用户交互需求路径模型内在质量佳;3 个潜在变量的平均方差抽取量分别为 0.63、0.60、0.63,均大于 0.5;说明用户交互需求路径模型具有良好的可信度和收敛效度。

结构方程模型的各项拟合指标结果如软件计算如下,如表 5－15 所示。

表 5－15　用户交互需求潜在变量路径分析拟合度指标值

模型拟合统计值	判别标准	拟合指标结果
卡方自由度比(χ^2/df)	＜2	1.9
显著性概率	＞0.05	0.478
比较拟合优度指数(CFI)	＞0.9	0.912
标准拟合指数(NFI)	＞0.9	0.902
拟合优度指数(GFI)	＞0.9	0.918
近似误差均方根(RMSEA)	＜0.08	0.064

表 5－15 中的拟合指标值都符合判别标准,说明用户交互需求维度的结构合理。

表 5－16 展示了用户交互需求潜在变量路径系数及其显著性。

表 5－16　用户交互需求潜在变量路径系数

自变量	因变量	系数	系数是否显著	假设是否成立
用户交互能力	用户交互满足率	0.74	是	是
用户交互设计	用户交互满足率	0.92	是	是
用户交互设计	用户交互能力	0.86	是	是

表 5－16 中的回归系数代表了潜在变量间的直接效果值,如用户交互能力对用户交互满足率的直接效果值为 0.74,表明潜在变量之间的直接影

响效果显著,假设成立;同理推出假设 H2、H3 都成立。

5.4.3.2　交互服务过程潜在变量路径分析

二阶潜变量交互服务过程下有 4 个初阶潜变量,分别为交互服务基础、交互服务方式、交互服务时间和交互服务成本。交互服务基础对于其他潜在变量均存在影响,并且交互服务基础越好,交互服务方式应该越好;交互服务基础越好,交互服务时间应该越短;交互服务基础越好,交互服务成本应该越高。另外,交互服务方式越好,交互服务时间应该越短;交互服务时间越长,交互服务成本应该越高。

因此,作以下假设:

H4:交互服务基础对于交互服务方式存在显著正向影响关系。

H5:交互服务基础对于交互服务时间存在显著负向影响关系。

H6:交互服务基础对于交互服务成本存在显著正向影响关系。

H7:交互服务方式对于交互服务时间存在显著负向影响关系。

H8:交互服务时间对于交互服务成本存在显著正向影响关系。

通过在 Amos17.0 软件中建模、运行、修正之后,得到的修正模型如图 5-8 所示。

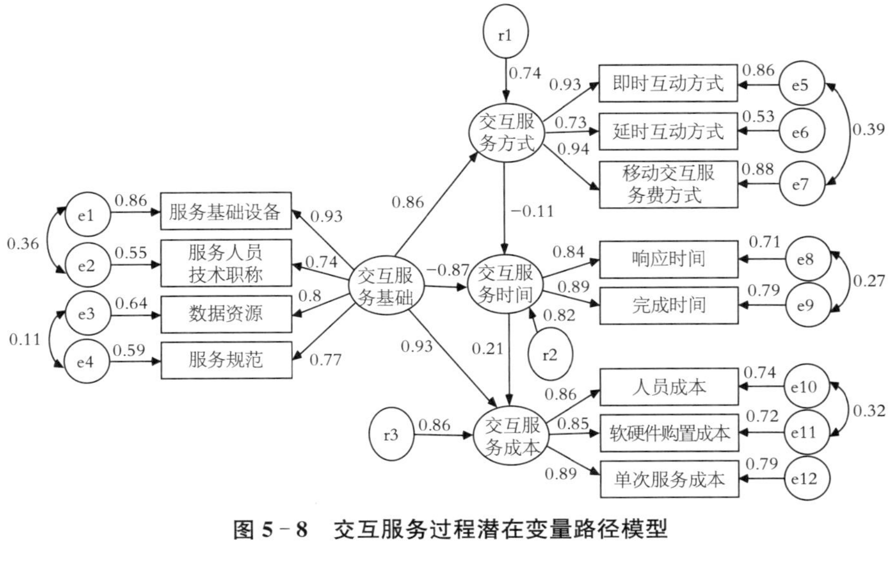

图 5-8　交互服务过程潜在变量路径模型

图 5 - 8 中各个变量间的路径系数均为标准化回归系数,潜在变量之间的路径系数代表了潜在变量间的直接效果值,如交互服务基础对交互服务方式的直接效果为 0.86,软件显示显著性水平 $P<0.05$,达到显著性水平,即潜在变量存在显著性影响关系。交互服务方式对交互服务时间的直接效果为-0.11,软件显示显著性水平 $P>0.05$,表明潜在变量之间的直接影响效果不显著。即交互服务方式越多,交互服务时间越短的假设不成立。潜在变量对观测变量的标准化回归系数为因素负荷量,如观测变量服务基础设备、服务人员技术职称、数据资源、服务规范在潜在变量交互服务基础的因素载荷量分别为 0.93、0.74、0.80、0.77,即表示观测变量服务基础设备、服务人员技术职称、数据资源、服务规范在潜在变量交互服务基础的相对重要性。

通过公式(1)和公式(2)可以计算出各个潜在变量的组合信度和平均方差抽取量,如表 5 - 17 所示。

表 5 - 17　交互服务过程组合信度和平均方差抽取量一览表

观测变量	回归系数	信度系数	测量误差	组合信度	平均方差抽取量
服务基础设备	0.93	0.86	0.14	—	—
服务人员技术职称	0.74	0.55	0.45	—	—
数字资源	0.80	0.64	0.36	—	—
服务规范	0.77	0.59	0.41	—	—
交互服务基础	—	—	—	0.70	0.66
即时互动方式	0.93	0.86	0.14	—	—
延时服务方式	0.73	0.53	0.47	—	—
移动交互服务方式	0.94	0.88	0.12	—	—
交互服务方式	—	—	—	0.78	0.76
响应时间	0.84	0.71	0.29	—	—

（续表）

观测变量	回归系数	信度系数	测量误差	组合信度	平均方差抽取量
完成时间	0.89	0.79	0.21	—	—
交互服务时间	—	—	—	0.86	0.75
人员成本	0.86	0.74	0.26	—	—
软硬件购置成本	0.85	0.72	0.28	—	—
单次服务成本	0.89	0.79	0.21	—	—
交互服务成本	—	—	—	0.90	0.75

从表 5－17 可以看出，各个潜在变量交互服务基础、交互服务方式、交互服务时间和交互服务时间的组合信度分别为 0.70、0.78、0.86、0.90，均大于 0.6，表示模型内在质量佳。4 个潜在变量的平均方差抽取量分别为 0.66、0.76、0.75、0.75 均大于 0.5，说明用户交互需求维度具有良好的可信度和收敛效度，模型内在质量良好。

结构方程模型的各项拟合指标结果如表 5－18 所示。

表 5－18　交互服务过程潜在变量路径分析拟合度指标值

模型拟合统计值	判别标准	拟合指标结果
卡方自由度比(χ^2/df)	＜2	1.7
显著性概率	＞0.05	0.513
比较拟合优度指数(CFI)	＞0.9	0.922
标准拟合指数(NFI)	＞0.9	0.914
拟合优度指数(GFI)	＞0.9	0.902
近似误差均方根(RMSEA)	＜0.08	0.076

表 5－18 中的拟合指标值都符合判别标准，说明交互服务过程维度的结构合理。

表 5－19 展示了交互服务过程潜在变量路径系数及其显著性。

表 5－19　交互服务过程潜在变量路径系数

自变量	因变量	系数	系数是否显著	假设是否成立
交互服务基础	交互服务方式	0.86	是	是
交互服务基础	交互服务时间	－0.87	是	是
交互服务基础	交互服务成本	0.93	是	是
交互服务方式	交互服务时间	－0.11	否	否
交互服务时间	交互服务成本	0.21	是	是

表 5－19 中的回归系数均为标准化回归系数，代表了潜在变量间的直接效果值，其中负数表示负向影响，显著说明系数足够大，有显著负向影响。如潜在变量交互服务基础对潜在变量交互服务方式的直接效果值为 0.86，表明潜在变量之间的直接影响效果显著，假设成立。交互服务基础对交互服务时间的直接效果为 0.87，表明潜在变量之间是负向影响，即交互服务基础越好，交互服务时间越短，其系数表明负向影响显著，假设成立。

而交互服务方式对交互服务时间的直接效果是－0.11(一般情况下，系数小于 0.15，P 值就会大于 0.05，影响不显著)，软件显示显著性水平 $P>0.05$，表明潜在变量之间的直接影响效果不显著。经验证，假设 H7 不成立，其他假设都成立。

5.4.3.3　交互服务绩效潜在变量路径分析

二阶潜变量交互服务绩效下有三个初阶潜变量，分别为社会效益、经济效益和创新效益。社会效益和经济效益之间应该相互影响，互为因果；经济效益和创新效益之间应该相互影响，互为因果；社会效益和创新效益之间应该相互影响，互为因果。

因此,作以下假设:

H9:社会效益对于经济效益存在显著正向影响关系。

H10:经济效益对于社会效益存在显著正向影响关系。

H11:经济效益对于创新效益存在显著正向影响关系。

H12:创新效益对于经济效益存在显著正向影响关系。

H13:社会效益对于创新效益存在显著正向影响关系。

H14:创新效益对于社会效益存在显著正向影响关系。

通过在 Amos17.0 软件中建模、运行、修正之后,得到的修正模型如图 5-9 所示。

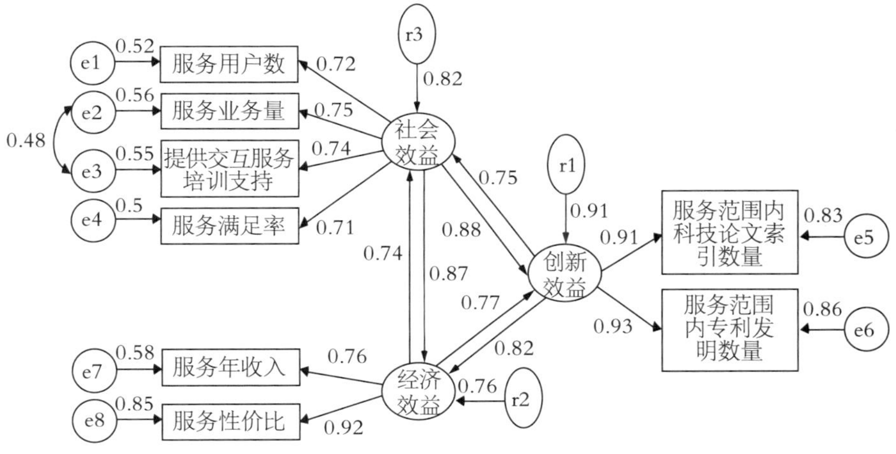

图 5-9　交互服务绩效潜在变量路径模型

图 5-9 中各个变量间的路径系数均为标准化回归系数,潜在变量之间的路径系数代表了潜在变量间的直接效果值,如潜在变量社会效益对潜在变量经济效益的直接效果值为 0.87,反之,经济效益对社会效益的直接效果为 0.74,表明这两个潜在变量相互具有为良好的关联程度。同理,经济效益对创新效益的直接效果为 0.82,反之,创新效益对经济效益的直接效果为 0.77;社会效益对创新效益的直接效果为 0.75,反之,创新效益对社会效益的直接效果为 0.88。经过验证,软件显示显著性水平 $P<0.05$,达到

显著性水平,即潜在变量存在显著性影响关系。这三个潜在变量之间具有双向的关联程度。观测变量服务年收入和服务性价比在潜在变量经济效益的因素负荷量分别是 0.76、0.92,表明了两个观测变量在潜在变量中的重要性。

通过公式(1)和公式(2)可以计算出各个潜在变量的组合信度和平均方差抽取量,如表 5-20 所示。

表 5-20　交互服务绩效组合信度和平均方差抽取量一览表

观测变量	回归系数	信度系数	测量误差	组合信度	平均方差抽取量
服务用户数	0.72	0.52	0.48	—	—
服务业务量	0.75	0.56	0.44	—	—
提交交互服务培训支持	0.74	0.55	0.45	—	—
服务满足率	0.71	0.50	0.50	—	—
社会效益	—	—	—	0.61	0.53
科技论文索引数量	0.91	0.83	0.17	—	—
专利发明数量	0.93	0.86	0.14	—	—
创新效益	—	—	—	0.86	0.85
服务年收入	0.76	0.58	0.42	—	—
服务性价比	0.92	0.85	0.15	—	—
经济效益	—	—	—	0.75	0.72

从表 5-20 可以看出,各个潜在变量社会效益、创新效益、经济效益的组合信度分别为 0.61、0.86、0.75,均大于 0.6,表示模型内在质量佳。3 个潜在变量的平均方差抽取量分别为 0.53、0.85、0.72 均大于 0.5;说明交互服务绩效维度具有良好的可信度和收敛效度,模型内在质量良好。

结构方程模型的各项拟合指标结果如表 5-21 所示。

表 5 - 21 交互服务绩效潜在变量路径分析拟合度指标值

模型拟合统计值	判别标准	拟合指标结果
卡方自由度比(χ^2/df)	<2	1.5
显著性概率	>0.05	0.689
比较拟合优度指数(CFI)	>0.90	0.946
标准拟合指数(NFI)	>0.90	0.921
拟合优度指数(GFI)	>0.90	0.918
近似误差均方根(RMSEA)	<0.08	0.057

表 5 - 21 中的拟合指标值都符合判别标准，说明交互服务绩效维度的结构合理。

表 5 - 22 展示了交互服务绩效潜在变量路径系数及其显著性。

表 5 - 22 交互服务绩效潜在变量路径系数

自变量	因变量	系数	系数是否显著	假设是否成立
社会效益	经济效益	0.87	是	是
经济效益	社会效益	0.74	是	是
经济效益	创新效益	0.82	是	是
创新效益	经济效益	0.77	是	是
社会效益	创新效益	0.75	是	是
创新效益	社会效益	0.88	是	是

表 5 - 22 中的回归系数均为标准化回归系数，代表了潜在变量间的直接效果值，如潜在变量社会效益对潜在变量经济效益的直接效果值为 0.87，经济效益对社会效益的直接效果为 0.74，表明潜在变量之间的直接影响效果显著，假设成立。

5.4.4 总评价模型的潜在变量路径分析

总评价模型二阶潜变量共有三个,分别为用户交互需求、交互服务过程和交互服务绩效。在做评价模型的潜在变量路径分析之前,对于评价模型的三个潜在变量的关系做如下分析。

面向用户的信息交互服务中用户交互需求推动交互服务绩效,用户交互需求的多元化会促进交互服务流程的改进和规章制度的完善,这将促进交互服务经济效益和社会效益以及创新效益的提高①;同时交互服务绩效的提高,将最大限度地满足用户的需求,必将会刺激新的需求产生,因此交互服务绩效也会反作用于用户交互需求。

用户对信息需求满足率以及用户情感满足率的追求必将促进服务部门完善交互服务过程②;同时,交互服务过程越完善,服务基础的雄厚、服务流程的合理、服务成本的降低、服务方式的多元化等都将提高用户的满足率,满足个性化需求以及进一步帮助用户了解交互界面,实现跨平台交互。

交互服务过程的完善、服务流程的高效、服务成本的控制将直接推动服务的社会效益、经济效益以及创新效益,因此交互服务过程对于交互服务绩效存在正向影响关系。交互服务绩效中的经济效益的提高、年收入的提高对完善服务资源和服务设备的提高有一定促进作用,而社会效益和创新效益的提高,将使用户服务数增加、用户培训量增加以及创新成果检索量增加,而这些工作量的增加是否会促进服务流程还难以确定,因此,这里暂假设交互服务绩效对于交互服务过程存在显著正向影响关系,待建模再验证假设。

---

① MOUROUZIS A, ANTONA M, BOUTSAKIS E, et al. A user-orientation evaluation framework: assessing accessibility throughout the user experience lifecycle [C]. Proceedings of the 10th International Conference on Computers Helping People with Special Needs, 2006: 421 - 428.

② CHEN D M. Interactive dynamic force analysis using constraint-based approach[J]. International journal on interactive design and manufacturing, 2011,5(4): 20 - 28.

通过以上分析，本书对二阶潜变量用户交互需求、交互服务过程和交互服务绩效作如下假设：

H15：用户交互需求对于交互服务绩效存在显著正向影响关系。

H16：交互服务绩效对于用户交互需求存在显著正向影响关系。

H17：用户交互需求对于交互服务过程存在显著正向影响关系。

H18：交互服务过程对于用户交互需求存在显著正向影响关系。

H19：交互服务过程对于交互服务绩效存在显著正向影响关系。

H20：交互服务绩效对于交互服务过程存在显著正向影响关系。

通过在 Amos17.0 软件中建模、运行、修正之后，得到的修正模型如图 5-10 所示。

根据总体评价模型潜在变量路径系数，通过公式(1)和公式(2)可以计算出各个潜在变量的组合信度和平均方差抽取量，如表 5-23 所示。

表 5-23　总体评价模型组合信度和平均方差抽取量一览表

观测变量	回归系数	信度系数	测量误差	组合信度	平均方差抽取量
用户交互能力	0.87	0.76	0.24	—	—
用户交互满足率	0.85	0.72	0.28	—	—
用户交互设计	0.89	0.79	0.21	—	—
用户交互需求	—	—	—	0.78	0.76
用户服务基础	0.84	0.71	0.29	—	—
交互服务方式	0.86	0.74	0.26	—	—
交互服务时间	0.90	0.81	0.19	—	—
用户交互成本	0.86	0.74	0.26	—	—
用户服务过程	—	—	—	0.78	0.75
经济效益	0.89	0.79	0.21	—	—
创新效益	0.84	0.71	0.29	—	—
社会效益	0.86	0.74	0.26	—	—
用户服务绩效	—	—	—	0.77	0.75

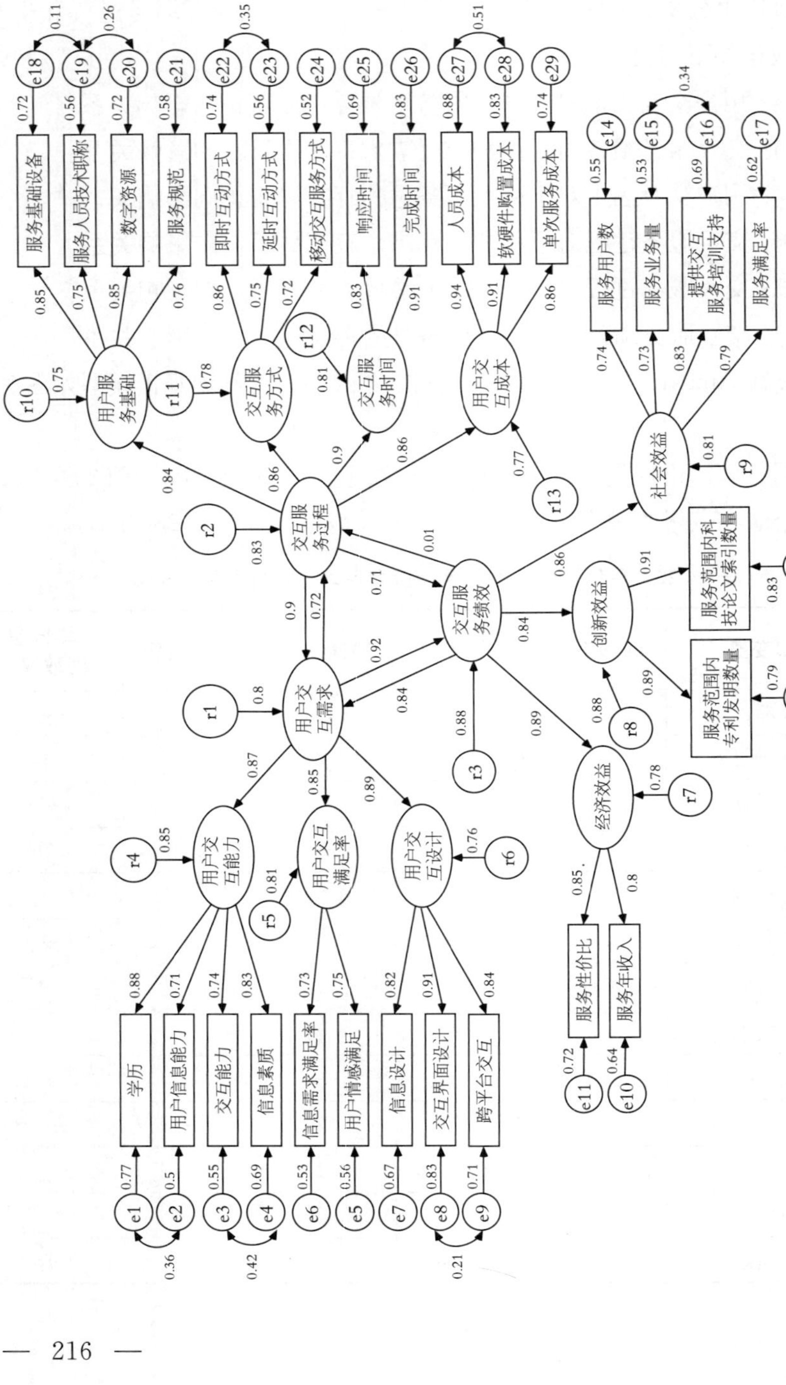

图5-10 总体评价模型潜在变量路径分析

从表 5－23 可以看出，各个潜在变量的组合信度均大于 0.6，并且平均方差抽取量均大于 0.5，说明总体评价模型具有良好的可信度和收敛效度，模型内在质量佳。

结构方程模型的各项拟合指标结果如表 5－24 所示。

表 5－24　总体评价模型二阶潜在变量路径分析拟合度指标值

模型拟合统计值	判别标准	拟合指标结果
卡方自由度比(χ^2/df)	<2	1.9
显著性概率	>0.05	0.325
比较拟合优度指数(CFI)	>0.90	0.925
标准拟合指数(NFI)	>0.90	0.910
拟合优度指数(GFI)	>0.90	0.903
近似误差均方根(RMSEA)	<0.08	0.077

表 5－24 中的拟合指标值都符合判别标准，说明总体评价模型潜在变量路径分析的结构合理。

表 5－25 展示了总体评价模型潜在变量路径系数及其显著性。

表 5－25　总体评价模型二阶潜在变量路径系数表

自变量	因变量	系数	系数是否显著	假设是否成立
用户交互需求	交互服务绩效	0.92	是	是
交互服务绩效	用户交互需求	0.84	是	是
用户交互需求	交互服务过程	0.72	是	是
交互服务过程	用户交互需求	0.90	是	是
交互服务过程	交互服务绩效	0.71	是	是
交互服务绩效	交互服务过程	0.01	否	否

表 5－25 中的回归系数代表了潜在变量间的直接效果值，如潜在变量用户交互需求对潜在变量交互服务绩效的直接效果值为 0.92，这表明潜在变量之间的直接影响效果显著，假设成立。而潜在变量交互服务绩效对潜在变量交互服务过程的直接效果为 0.01，$P>0.05$，表明潜在变量之间的直接影响效果不显著，假设不成立。

5.4.5 实证检验结果分析

本小节在用户交互的数字图书馆服务评价模型经过验证性因子分析，验证模型整体的科学性和合理性基础之上，采用潜在变量路径分析方法，对每个二阶潜变量的观测变量之间的因果关系和整体评价模型中二阶潜变量之间的因果关系进行建模分析，探讨数字图书馆评价模型中各因素间的相互作用机理，进一步研究这些关联变量的主要影响因素。同时，探析基于用户交互的数字图书馆服务评价模型的有效应用，也对结构方程模型在图书馆服务评价研究领域的应用进行尝试和拓展。

本书对评价模型潜变量分别进行路径分析结果如下：

(1) 二阶潜变量用户交互需求 3 条假设的实证研究，经过验证表明假设都成立：H1 用户交互能力对用户交互满足率存在显著正向影响；H2 用户交互设计对用户交互满足率存在显著正向影响；H3 用户交互设计对用户交互能力存在显著正向影响。

(2) 二阶潜变量交互服务过程 5 条假设的实证研究，经过验证表明 4 条假设成立：H4 交互服务基础对于交互服务方式存在显著正向影响；H5 交互服务基础对于交互服务时间存在显著负向影响；H6 交互服务基础对于交互服务成本存在显著正向影响；H8 交互服务时间对于交互服务成本存在显著正向影响。而 H7 交互服务方式对于交互服务时间不存在显著负向影响，该假设不成立。

(3) 二阶潜变量交互服务绩效 6 条假设的实证研究，经过验证表明假设成立：H9 社会效益对于经济效益存在显著正向影响；H10 经济效益对于社会效益存在显著正向影响;H11 经济效益对于创新效益存在显著正向影响;H12 创新效益对于经济效益存在显著正向影响;H13 社会效益对于创新效益存在显著正向影响;H14 创新效益对于社会效益存在显著正向影响。

(4) 总体评价模型潜在变量路径的 6 条假设的实证研究,经过验证表明 5 条假设成立:H15 用户交互需求对于交互服务绩效存在显著正向影响;H16 交互服务绩效对于用户交互需求存在显著正向影响;H17 用户交互需求对于交互服务过程存在显著正向影响;H18 交互服务过程对于用户交互需求存在显著正向影响;H19 交互服务过程对于交互服务绩效存在显著正向影响;而 H20 交互服务绩效对于交互服务过程不存在显著正向影响,假设不成立。

5.5 本 章 小 结

本章利用专家问卷法来调查图书馆学专家对于数字图书馆交互服务评价指标的优选,选取 14 位有丰富经验的图书馆学专家,图书馆研究馆员进行初选指标重要性的调查,利用模糊数学法筛选重要观测变量,对 35 个指标进行调整与修正,其中 C1、C6、C14、C25、C30、C35 重要性程度仅为中,所以删除这 6 个指标,最后形成由 3 个一级指标(二阶潜变量)、10 个二级指标(初阶潜变量)、29 个三级指标(观测变量)形成的优化指标体系(表5-4)和评价优化模型(图 5-1)。

本章进一步利用结构方程检验模型整体的合理性和科学性,采用李克特五级量表的形式设计调查问卷,本次调研数据经过信度检验,调查问卷具有较好的信度。利用结构方程和调研数据进行评价模型的分层检测和总体实证检验,二阶潜变量用户交互需求、交互服务过程、交互服务绩效的二阶验证性因子分析显示,说明模型的基本适配度良好;各个观测变量的组合信度和各个潜在变量的平均方差抽取量值检测,说明 3 个二阶潜变量具有良好的可信度、收敛效度和较好的结构效度;总评价模型的二阶验证性因子分析显示,说明总体评价模型具有良好的可信度和收敛效度;修正后总评价模型的验证性因子分析拟合值都符合判别标准，说明总体评价模型具有较好的结构效度。

本章利用调研数据进一步采用潜在变量路径分析交互服务评价因素之间的关联度，研究潜在变量之间以及潜在变量与观测变量之间的相互影响关系，探讨数字图书馆评价模型中各因素间的相互作用机理，从理论上验证影响数字图书馆服务水平的内在因素之间的关系，为分析影响数字图书馆服务的因素以及交互服务工作的改进提高具有促进意义。

6　基于用户交互的数字图书馆服务评价的组织实施

以用户为中心,紧紧围绕用户的信息需求来提供合适的服务方式是各种信息服务追求的目标。互联网技术的出现为信息交互服务提供了更广阔的发展空间,借助因特网这一信息平台,用户不仅可以通过人—机互动来查寻信息,而且还可以进行人—人(用户与用户之间)互动型的在线信息交流。随着用户个性化服务程度的提高,基于用户参与的交互服务是数字图书馆发展的方向。因此,基于用户交互的数字图书馆服务评价应以引导用户参与的管理理念和管理模式为基础,建立基于用户参与准则的数字图书馆服务评价制度,完善用户参与准则的服务评价的组织机制,探讨基于协同视角的数字图书馆交互服务融合评价机制的建立和完善策略。

6.1　引导用户参与的数字图书馆管理理念与管理模式

用户参与的管理理念服务模式就是一切以用户为中心,全方位地满足用户个性化的信息需求的基础上,强调用户参与服务的交互性,包括用户与资源、系统以及人的交互。

6.1.1　引导用户参与的管理理念的发展

以用户为中心的用户参与的管理理念和管理模式是数字图书馆交互服

务发展的核心思想，目的是为了进一步提高用户个性化服务的满意度以及用户对数字图书馆整体服务的了解、评价和监督，帮助数字图书馆提高面向用户的服务。

ISO9241－11《办公室环境下交互式计算机系统的人类工效学标准——可用性指南》国际标准对软件产品的可用性作了以下定义：特定产品在特定使用环境下为特定用户用于特定用途时所具有的有效性、效率和用户主观满意度。从这个定义可以看到：所谓以用户参与为中心的设计方法，就是强调产品用户与产品之间的交互质量。而这种质量是通过三个重要的质量特性，即有效性、效率和满意度来衡量的。有效性是指用户完成特定任务和达到特定目标时所具有的正确和完整程度。效率是指用户所完成任务的正确完整程度与所使用资源（如时间）之间的比率。满意度是一个主观指标，体现了用户在使用产品过程中具有的舒适满意程度。以用户参与为中心的设计方法的宗旨就是在软件开发过程中要紧紧围绕用户需求，在系统设计、开发和测试过程中，要有用户的参与，以便及时获得用户的反馈信息。①②

从 2000 年开始由美国国家科学基金（NSF）连续资助的美国国家科学数字图书馆（NSDL）项目就非常注意数字服务交互性，为了给用户创造一个有效的信息服务空间，NSDL 提供了不同的门户以适应用户的个性化需求。同时，为了方便用户之间及其和图书馆员间的交流，还设立了交流门户，支持用户进行个性化定制，对用户进行信息推送，为用户创造数字化的信息资源存储与服务、交流空间，表 6－1 反映了从 2001—2005 年美国国家科学基金资助的与交互有关的项目情况。

① KARAT J. The evolution of the human computer interaction field in industry[C]. In: Proceedings of the APCHI 2002 User Interaction Technology in the 21st Century, Beijing, 2002, 26－22.

② 周永红.以用户为中心的信息集成服务研究[D].武汉：武汉大学，2006：9.

表 6-1 美国国家科学基金资助的与交互有关的项目①

承担机构	项目名称及内容	起始年
密苏里州立大学、佛罗里达大学和加利福尼亚大学伯克利分校	**增强 NSDL 馆藏和服务的互操作性** 该合作项目旨在开发和实施信息技术手段增强 NSDL 馆藏和服务的互操作性，能够支持浏览联盟馆藏的要求，通过元数据框架建立联盟搜索服务。该项目已经于 2004 年完成，基本实现了预期目标	2001
科罗拉多州立大学	**为 NSDL 资源建立 Strand 地图，使之作为一种交互界面** 该项目旨在提供一个交互式的界面，通过 Strand 地图为 NSDL 资源以及相关资源建立联系，帮助用户找到实现学习目标的资源	2002
东密歇根大学和犹他州大学	**DLConnect：为无法利用 NSDL 的教师和学生提供 NSDL 学习资源和工具的连接** 该项目旨在研究如何帮助中学教师和图书馆专家将 NSDL 资源整合到中学课堂中。该项目已经对在这两所大学服务范围内的 250 所中学和大量中学教师产生了直接的影响	2004
McLean Media	**创建数字图书馆交互式教育活动模板** 该项目正在研究与数字图书馆有关的、基于 Flash 的模板系统的设计、可行性和应用，从而使教师能够方便地组织、分配和定制在线学习活动。研究内容主要集中在适合 3～5 年级学习的生命科学内容，项目涉及 3 个以计算机为基础的交互式环境，反映儿童的发展成长。该模板也与其他 NSDL 项目合作，以研究将基于 Flash 的模板系统整合到更广泛的 NSDL 工作中	2004
弗吉尼亚工学院和州立大学	**内容的个性化：通过课程网站为 NSDL 及其用户搭建沟通的桥梁** 该项目研究旨在调查和开发一种技术，使大学的课程网站成为学生和教师进入 NSDL 的活动中心，最终产品是灵活的个性化信息搜索界面，它能为教师和学生提供互动。进行用户研究，了解学生和老师对课程网站的需求及活动；评估语境相关服务的构成，确定用户需求的互动顺序及 NSDL 服务构成；开发一个集成的个性化框架，利用在各种设置中个性化互动的共性，在解析软件构建中反映这种共性	2005

① 邓胜利.基于用户体验的交互式信息服务研究[D].武汉：武汉大学：15.

美国国家科学基金主办的国家科学数字图书馆工作会议于 2004 年 2 月在德雷克塞尔大学召开，会议主题为数字图书馆间的参与互动，来自 NSDL 的 35 个代表和有经验的在线社区开发设计者展开积极探讨，希望找到一种创新方法使用户参与到数字图书馆中来。[①]

2005 年英国伍尔弗汉普顿大学和拉夫堡大学开始了一项由 JISC(Joint Information Systems Committee)数字知识库计划提供资助的研究项目“公共知识库的用户需求和潜在用户：整合分析”，通过调查英国国内选定的 5 个数字知识库和图书馆用户，分析用户结构和用户需求，构建用户的网络化信息需求分析模型，研究用户的需求表达和信息行为，以实现与用户的服务互动。[②]

在数字图书馆服务领域的发展过程中，理论研究越来越倾向于用户参与的交互服务理念的发展。P.W.达尔林普尔(P.W. Dalrymple)总结分析了自 20 世纪 80 年代以来图书情报领域内以用户为中心的研究状况。[③] 汤姆・康托杰安尼斯(Tom Kontogiannis)强调基于计算机程序的信息系统的建立应该邀请用户的参与，这样才能充分了解用户的真实需求，设计出以用户为中心的信息系统。[④] 保罗・F.马蒂(Paul F.Marty)指出提高现代博物馆的信息服务效率不仅要拥有丰富的数据库、制定信息服务策略，更要强调

---

① NSDL2004 Annual Report. Highlighting successful strategies for growth[EB/OL]. [2006 - 06 - 11]. http://nsdl.org/about/download/misc/NSDL_ANNUAL_REPORT_2004_1 - 15.pdf.

② ZUCCALA A. etc. User needs and potential users of public repositories: an integrated analysis [EB/OL]. [2006 - 06 - 11]. http://www.dlib.org/dlib/september05/09inbrief.html#GREEN.

③ DALRYMPLE P W. A quarter century of user-centered study: the impact of Zweizig and Dervin on LIS research[J]. Library and information science research, 2001, 23(2): 155 - 167.

④ KONTOGIANNIS T, EMBREY D. A user-centred design approach for introducing computer-based process information systems[J]. Applied ergonomics, 1997, Volume 28, Issue 2, April: 109 - 119.

通过用户参与评价服务满足用户的信息需求以获得用户的认可。① 胡昌平教授提出，信息服务系统理论模型的建立离不开以用户参与为中心的信息运动机制的研究。②

引导用户参与的服务理念不仅在理论上得到发展，在数字图书馆以及其他信息服务实践中也得到广泛发展。

6.1.2 引导用户参与的管理模式

引导用户参与的服务理念不仅强调以用户为中心，强调用户需求的获取以及定期了解用户的真实需求，更在了解用户真实需求的基础上强调用户参与数字图书馆的服务以及服务评价，建立基于与用户互动的数字图书馆评价机制和管理机制。

6.1.2.1 强调用户互动参与的管理理念

数字图书馆服务需要通过用户的互动参与来提高服务质量，实现服务对象知识信息的有效增值。从目前数字图书馆服务用户的互动方式来看，大体可以划分为两类：一是成立互动委员会，邀请一些用户作为委员会成员，参与数字图书馆信息服务相关决策或相关评价。这种方式不管在营利性还是非营利性数字图书馆服务机构中都比较流行。如宾夕法尼亚州立大学图书馆与工商管理学院协作成立数字信息服务发展策略小组，评价、分析提高数字信息服务质量以及数字资源选择标准的决策。③ 二是采用各种访谈、调查等方式获知用户对数字图书馆服务的满意度及具体意见。如联想集团就在公司官方网站建立了专门的互动链接，以了解用户对产品的反馈

---

① MARTY P F. Meeting user needs in the modern museum: profiles of the new museum information professional[J]. Library & information science research, 2006 (28): 128－144.

② 胡昌平.情报控制论基础[M].北京：书目文献出版社，1988：222.

③ WHITE G W. Collaborative collection building of electronic resources: a business faculty/librarian partnership[J]. Collection building, 2004, 23(4): 177－181.

信息、用户需要的技术支持及相关的帮助互动。① 美国俄亥俄州的阿克伦大学图书馆开发设计的“电子资源选评系统”，将系统整合至图书馆主页，收集教师、学生以及图书馆工作人员的意见一起选择订购数字资源。② 因此，通过有效互动可以大大提高服务质量已经是国内外学者的共识。

英国政府公共服务行业的政府网站(Customer Service Excellence — The Government Standard)就强调公共服务必须知道用户的服务要求和期望，用户的信息反馈和参与是提高服务质量最重要的工具。因此，优秀用户服务将带来专业和高水平的管理理念，即聚焦用户需求变化、将用户放在第一位、邀请用户注册参与评价等互动措施是优秀公共服务的有效管理工具。③ 美国亚利桑那州大学图书馆在选择电子产品和电子资源时，强调用户驱动在决策中的重要性。电子资源的选择标准首先考虑用户需求，其次考虑成本和产品质量。④

在我国数字图书馆发展的实践中也非常重视用户的参与。在各级公共图书馆和公共图书馆服务中非常强调用户的核心地位。公众参与的认知度和满意度是衡量数字图书馆服务质量的重要指标。随着 Web2.0 的发展，Ajax(Asynchronous Java Script and XML)技术的应用为用户参与的交互式服务提供技术保障。Ajax 能在不刷新整个页面的前提下维护数据，这使

---

① Contact Lenovo[EB/OL].[2010-01-09]. http://www.lenovo.com/contact/us/en/.

② LINBERGER P, FIELDING L J, BOVE F J. Developing a web-based evaluation tool for purchasing electronic resource: a librarian-faculty-student partnership[J/OL]. Electronic journal of academic and special librarianship, 2007, 8(3). http://southernlibrarianship.icaap.org/content/v08n03/linberger_p01.html.

③ UK Customer Service Excellence — The Government Standard[EB/OL].[2010-01-08]. http://www.cse.cabinetoffice.gov.uk/homeCSE.do.

④ University of Arizona Libraries. University of Arizona Libraries policy for selecting and acquiring electronic products[EB/OL]. (2000-05-30)[2010-01-08]. http://intranet.library.arizona.edu/xf/da/selecting_acquiring_elec_prod.doc.

得 Web 应用程序能更为迅捷地响应用户交互。① 一方面,数字图书馆服务系统通过与用户交互、收集用户信息行为、汇聚集体智慧以便提供更为个性化的服务。另一方面,用户主观综合素质的提高,个性化服务中的用户交互需求会更加强烈,用户不满足于被动地接受服务,而是希望表达自身需求得到交互式服务,进而获得更加精准的个性化服务。② 在交互式信息检索中,用户根据自身的信息需求确定关键检索词输入,而信息检索系统则根据用户的输入要求,查询相关数据库,并将查询结果返回。用户在与信息检索系统的人机交互过程中,可以实时动态地修改关键词输入,并对查询结果循环进行筛选,从而使查询结果更符合用户的信息要求。交互式信息检索是数字图书馆向用户提供的一种基于人机交互的交互式信息服务,与传统的信息检索相比,交互式信息检索的查询结果更接近于用户的要求。这种基于认知观点的信息检索交互服务,通过构造更理想的用户模型、系统模型和中介模型,在知识信息提供者和知识信息需求者之间架起沟通的桥梁。③

Web2.0 的各种工具和技术能够帮助用户以更为便捷、简单、互动的方式表达信息服务的体验和感受。如美国巴特勒大学建立了一个"Butler WikiFef wiki",信息用户可以以个人或团队的形式共同参与专业领域的资源选择或评论有关信息服务的效果,并将评论结果发布在合适的维基页面上。④ 在信息服务工作中引入 Web2.0 技术,有利于构筑信息服务机构与用户的双向交流平台,增强与用户的互动,强调用户信息服务的参与互动。

---

① GARRETT J J. Ajax: a new approach to web applications[EB/OL].[2010-01-09].http://www.adaptivepath.com/publications/essays/archives/000385.php.

② BOLD M. Use of Wikis in graduate course work[J]. Journal of interactive learning research, 2006(1): 5-14.

③ 陆伟,万维雅.基于认知观点的信息检索交互模型[J].中国图书馆学报,2005(2):54-57.

④ KLOBAS J. Wikis: tools for information work and collaboration[M]. Oxford: Chandos Publishing Limited, 2006: 84.

6.1.2.2 建立交互服务的用户激励机制

Web2.0技术的普及和发展使“以用户为中心、引导用户参与、关注用户体验”为核心的Web2.0理念的影响力并不再只限于交互服务本身，而是改变了互联网环境的各个层面。数字图书馆近年来也开始采用多种方式邀请用户参与到其馆藏资源建设和服务中来，但从各方的调研来看，用户参与积极性不高，参与深度和效果也都有待改善。因此，引导用户参与的激励机制的建立对于提高用户参与度，提高服务质量有重要意义。

“激励”是心理学的一个术语，它是指激发人的行为的心理过程。激励这个概念是指激发员工的工作动机，也就是说，用各种有效的方法去调动员工的积极性和创造性，使员工努力去完成组织的任务，实现组织的目标。①

激励机制是指在组织系统中，激励主体系统运用多种激励手段并使之规范化和相对固定化，并与激励客体相互作用、相互制约的结构、方式、关系及演变规律的总和。激励机制是企业将远大理想转化为具体事实的连接手段。数字图书馆用户激励应积极协调主动激励与被动激励的实施力度，原则上应采取主动激励为主，被动激励为辅的方针。用户激励方式主要包括感情激励、培训激励、奖励激励、公正激励等。具体包含以下几个方面的内容。

第一，基于积分的激励方式。

数字图书馆交互式平台的互动包括馆员来回答用户咨询的问题，用户之间、馆员之间、用户与馆员之间互为解答问题，因而应当充分调动各方面积极性，尤其是用户的积极性，比如百度“知道”采取双积分机制②，用于提升等级及头衔的经验值与用于消费的财富值相区分。经验值反映了用户对“知道”的忠诚度、利用情况和贡献程度，同时也决定着用户在“知道”的等级，用户可以通过每日登录、提交回答等方式来获取经验值。财富值则更加侧重反映用户对优质知识的贡献。此外，用户获得“知道之星”等荣誉以及

---

① 王鲜萍.试论图书馆激励机制的建设原则[J].图书馆学研究，2004(8)：19－20,27.

② 左美云，姜熙.中文知识问答分享平台激励机制比较分析——以百度知道、腾讯搜搜问问、新浪爱问知识人为例[J].中国信息界，2010(11)：25－30.

回答被“赞同”时,同样可以获得财富值。这种对贡献内容的用户进行奖励,有利于吸引“潜水者”参与,从而扩大用户范围。积分激励方式的价值体现在鼓励用户尽可能多地点击,随着用户的点击次数的提高,他们的积分会不断增长,形成一个简单易操作的量化标准。百度“知道”用户参与激励机制之所以取得比较大的成功与其对用户需求的深入把握有着非常密切的关系。美国心理学家马斯洛将人类的需求分为生理、安全、社交、尊重和自我实现 5 个层次①,百度“知道”用户参与激励机制较好地满足了用户多个层面的需求。在数字图书馆交互式服务中,当用户创造有价值的内容或回答其他用户问题时会获得积分,当用户需要寻求帮助时可以悬赏积分以求快速、满意的答案,满足用户的多方需求。用户积分制激励,用于对用户的管理,以积分来衡量用户的自我价值,全面反映和考核用户的综合表现,用户对数字图书馆服务提出合理化的建设进行加分,在图书馆的权限范围内对综合表现好的用户给予一定的图书馆特别服务或奖励,对负向积分高的则可限制其权利,从而激励用户积极参与到图书馆管理中来。② 用户的积分限度也需要加以控制,设置积分上限,防止少数用户为了获得更多积分而发布大量垃圾内容,也有助于培养用户养成循序渐进的良好习惯。

第二,基于用户黏度的激励机制。

增强用户对于数字图书馆的黏度就是用户对于数字图书馆的依附性和忠诚度。重视用户参与团队的建设是一条切实可行的方法。用户参与团队是以自愿参与的方式将用户聚集在一起,通过有效的沟通和协作,共同完成数字图书馆资源和服务中的某项任务增强彼此之间的黏合度。参与团队可以通过网络自由组团或者团队负责人招募组团,也可以线下组团。百度“知道”的一些做法是值得借鉴的。百度“知道”目前设有“知道团队”和“知道公社”,意在推动百度知识问答平台的互动环境,通过团队协作与社区化管理增强用户使用黏性,提升问题回答速度及有效性。结合数字图书馆的文化,

① 马斯洛.动机与人格[M].许金声,等译.北京:中国人民大学出版社,2007.

② 李卓卓,等.从“最佳用户”到用户积分制:试论高校图书馆用户激励创新[J].图书情报工作,2011(9):71-75.

可以采取团队评比、团队积分排名、团队荣誉、团队奖品、参与团队比赛等形式，借助于参与者集体荣誉感提升其主动性、参与深度、参与质量。这种参与度排名激励，是从用户心理层面进行激励的典型方式，在某一时期或参与的全过程，咨询团队对共享资源数量多、质量高、积分与等级提升快、用户关注度高、评价好的用户进行排名。另外，数字图书馆也可以采取一些传统激励方式，例如文明团队评选、举办免费讲座、标兵评比、用户俱乐部社团文化节等活动来加强用户与数字图书馆之间的黏合度。另外，图书馆可以建立相关 BBS 或者在已有 BBS 上设定相应板块，为参与用户或团队之间交流提供方便，以虚拟参与社区的形式增加用户对参与工作的黏度。

第三，激励用户组建共同兴趣小组。

图书馆为用户组建兴趣爱好共同的小组提供便利条件，通过网络进行有效的沟通和协作，共同完成数字图书馆资源和服务以及服务评价的相关任务。兴趣小组不同于一般的团队，主要是为了参与数字图书馆建设中涉及的一些专门的定向服务。数字图书馆为小组提供各种便利条件，鼓励小组成员利用自己的知识和技术参与数字图书馆的交互服务。数字图书馆可以借鉴百度"知道"利用"个人定制""已做事情历史记录"，将用户感兴趣、擅长做的工作进行自动推荐，以避免用户在排除不感兴趣工作或挑选自己感兴趣工作中浪费时间与精力。数字图书馆邀请用户通过线下方式参与的工作，则需要对用户兴趣、擅长内容、学科背景进行调查分类，结合调查分配相关任务。芬兰国家图书馆数字化报纸项目为鼓励和吸纳用户参加数字化报纸 OCR 的错误识别工作，专门请公司设计了原始扫描图片和 OCR 识别后图片限时比较查错的游戏软件。① 图书馆也可以通过各种激励措施推动小组成员的主动性、参与深度、参与质量，进一步建设良好的小组自我管理和质量控制，这对于提高数字图书馆服务的质量以及服务评价都大有裨益，而且不会为图书馆增加过多的管理成本。

---

① 裴玉香.积分制在图书馆读者管理中的应用探讨——以深圳大学图书馆为例[J].图书馆论坛，2009(2)：104－105，130.

第四,建立有效的用户参与服务质量评价机制。

数字图书馆邀请用户参与服务质量评价对双方来讲都是一个难题,相关工作人员很多时候很难对用户参与工作质量给出一个客观合适的评价。质量评价机制包括两方面,一是数字图书馆可采取多种方式邀请用户参与考评服务质量,可以在服务网站建立链接,以问卷的方式长期做调查,也可以利用兴趣小组和团队定期对数字图书馆的服务进行考评;二是对用户参与服务质量的考评,这方面可以借鉴百度"知道"回答质量的评价机制,采用匿名用户对匿名用户工作质量进行评价的机制,评价可以采用投票方式或打分方式,这样用户参与工作的质量就交给了众多用户来完成,从而更加全面客观地评价用户参与工作的质量。① 将参与工作质量评价与前面所说的积分制、团队评比等结合起来,也能够增强用户自己对参与工作的质量自控。

6.1.3 加强用户参与的全面质量管理

优化数字图书馆交互服务效益不仅要面向用户需求,强调用户的参与,更要引入全面质量管理理念和方法,坚持不断地改进组织中每项工作的质量,通过实施全面质量管理产生数字图书馆服务可持续的竞争优势。

6.1.3.1 引入全面质量管理方法

全面质量管理(Total Quality Management, TQM)是以组织全员参与为基础的质量管理形式,是一种以顾客的要求和期望为驱动的管理方法。②全面质量管理代表了质量管理发展的最新阶段,起源于美国,后来在其他一些工业发达国家开始推行。日本在 20 世纪 60 年代以后推行全面质量管理并取得了丰硕的成果,引起世界各国的瞩目。80 年代后期以来,全面质量管理得到了进一步的扩展和深化,逐渐由早期的 TQC(Total Quality Control)演化成为 TQM,成为一种综合的、全面的经营管理方式和理念,无

① 李书宁.用户参与的图书馆数字资源建设研究[J].图书馆杂志,2011(12): 21-25.

② PFAU L D. Total quality management gives companies a way to enhance position in global marketplace[J]. Industrial engineering, 1989,vol.21(4): 17-21.

论对营利性组织还是非营利性组织，TQM 能够产生可持续的竞争优势。① 菲根堡姆(A.V. Feigenbaum)认为，所谓全面质量管理，就是“为了能够在最经济的水平上，并考虑到充分满足顾客要求的条件下进行市场研究、设计、制造和售后服务，把企业内各部门的研制质量，维持质量和提高质量的活动构成为一体的一种有效的体系”。② 在 ISO 8402：1994 质量管理和质量保证术语(Quality Management and Quality Assurance Vocabulary)标准中，把全面质量管理定义为：一个组织以质量为中心，以全员参与为基础，目的在于通过让顾客满意和本组织所有成员及社会受益而达到长期成功的管理途径。③ ISO9000 将其定义为：一个组织以质量为中心，以全员参与为基础，目的在于通过让顾客满意和本组织所有成员及社会受益而达到长期成功的管理途径。④ 因此，TQM 系统蕴涵以下核心要素，如表 6－2 所示。⑤⑥

表 6－2　TQM 核心要素

TQM 系统核心要素	说明
顾客导向	注重顾客，识别不断变化的客户需求，并以顾客为中心变革组织流程
高层管理者推动	高层管理者优先考虑质量，达成以质量为价值目标的策略性规划，并参与 TQM 之中

① REED R, LEMAK D J, MERO N P. Total quality management and sustainable competitive advantage[J]. Journal of quality management, 2000(5)：5－26.

② 菲根堡姆.全面质量管理[M].杨文士，廖永平，等译.北京：机械工业出版社，1991：4.

③ 杨林岩，詹联科.全面质量管理理论在我国公共部门的运用分析[J].科学学与科学技术管理，2006(6)：120－125.

④ 王海林，侯岩，侯龙文，等.现代质量管理：质量及其管理的科学发展观[M].北京：经济管理出版社，2005：41.

⑤ WRUCK K H, JENSEN M C. Science, specific knowledge, and total quality management[J]. Journal of accounting and economics, 1994(11), Volume 18, Issue 3：247－287.

⑥ 苏秦.敏捷竞争环境中 TQM 与 ISO9000 标准比较研究[J].南开管理评论，2001(20)：70－73.

（续表）

TQM 系统核心要素	说明
供应商联系	与供应商密切合作，保证他们提供的产品符合顾客最终使用需要
全员参与	所有员工参与，强调团队合作，并予以授权以取得质量改进的成就
全程控制	通过跨职能的过程管理，减少所有部门的浪费，缩短周期，实现组织成本、时间、质量的统一
精确度量	统计度量组织作业中每一个关键变量，与标准或基准比较发现问题，消除问题，提高质量
持续改进	“没有最好的，只有更好的”——根据客户需求持续改进以形成核心竞争力

因此，全面质量管理强烈关注用户、引导用户参与服务流程与服务评价，坚持不断地改进组织中每项工作的质量，精确地度量，可以说持续改进是全面质量管理的目标，关注用户、全员参与、协同合作则是其遵循的三个原则。① 全面质量管理是连续性很强的管理工作，它以全面的质量保证为目标，将各个环节的质量活动严密地组织协调起来，形成一个具有明确任务、职责、权限、相互协调、相互促进的以质量为核心的管理有机体。TQM 的工作方式是“计划—实施—检查—处理”的循环管理方式（简称 PDCA 循环），它包括 P、D、C、A 四个阶段工作，如图 6-1 所示。

依照全面质量管理的思想，可将数字资源选择工作归为四个阶段（即 PDCA 循环）。②

（1）计划阶段(Plan)。计划阶段包括分析问题，找出问题，分析影响质量的原因，找出主要问题和拟订措施、计划等四个方面的工作，其要点是通过系统的程序化分析，按质量管理目标制订实施计划和拟订管理控制措施。

① REED R, LEMAK D J, MERO N P. Total quality management and sustainable competitive advantage[J]. Journal of quality management, 2000(5): 5-26.

② 刘立户.全面质量管理[M].北京：北京大学出版社，2004：23.

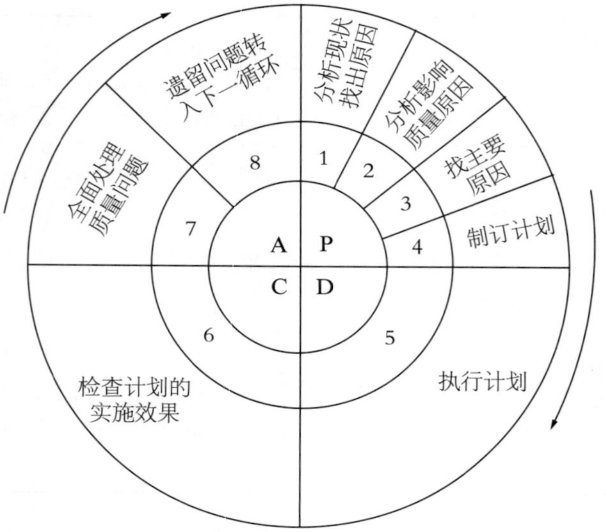

图 6-1 全面质量管理中 PDCA 循环步骤

资料来源：胡昌平.管理学基础[M].武汉：武汉大学出版社，2002：223.

(2) 实施阶段(Do)。在全面质量管理实施中，针对各个环节出现的问题，按计划和措施、要求组织质量管理活动，同时协调质量流程中各环节的关系。

(3) 检查阶段(Check)。这一阶段的基本任务是对质量和质量管理进行检查，其要点是将实际质量管理工作效果与预期的质量目标进行对比，检验管理执行情况，并做出检查结论。

(4) 处理阶段(Action)。包括全面处理质量问题和将遗留问题加以确认，转入下一循环各工作。这一阶段是该循环的结束，又是新一轮循环的开始。①

因此，全面质量管理是连续性很强的管理工作，TQM 对组织的要求具有系统性和全方位性的特点。因而，构建全面质量管理型组织不能停留在

① 胡昌平.管理学基础[M].武汉：武汉大学出版社，2002：222-223.

原来的修修补补和局部改良，需要对组织进行系统的变革①。

6.1.3.2　全面质量管理在数字图书馆交互服务中的应用

数字图书馆交互服务应该根据用户的参与互动，定期了解用户需求、分析现有数字图书馆交互服务中的现状、找出存在的问题，根据问题分析找出相应的对策。在数字图书馆交互服务质量改进过程中，根据选择流程实现业务部门的重组，强调用户参与服务与各部门间的协同合作，需要对数字图书馆交互服务效果和绩效持续的掌握和测评，由此看来，引入全面质量管理思想和方法，实现数字图书馆交互服务流程的全面质量管理，是一种提高工作效果和效率的方式。

根据图 6－1 全面质量管理中的 PDCA 循环步骤，可以确定数字图书馆交互服务全面质量管理的 PDCA 循环步骤为以下四个阶段。

第一个阶段：计划阶段（P）。这个阶段的主要内容是通过用户调查访问及情况反馈，确定数字图书馆交互服务使命，找寻数字图书馆交互服务中存在的缺陷及形成原因，确定近期数字图书馆交互服务发展计划、经费投入分配等。

第二个阶段：执行阶段（D）。这个阶段是实施计划阶段所规定的内容，在确立数字图书馆交互服务方式前提下，根据知识信息用户需求、确定用户参与服务的具体执行方案，不断调整数字图书馆交互服务方式以及流程、提高工作效率。

第三个阶段：检查阶段（C）。这个阶段主要是在计划执行过程中或实施之后，检查执行情况是否符合计划的预期结果。

第四个阶段：处理阶段（A）。主要是根据检查结果，对比预期结果，采取相应的措施进行调整。

上述四个阶段循环往复，没有终点，只有起点，如图 6－2 所示。这四个阶段顺序执行的过程，也是数字图书馆交互服务效果不断得到提高的过程。

---

① 常金玲.基于 PDCA 的信息系统全面质量管理模型[J].情报科学，2006(8)：584－587.

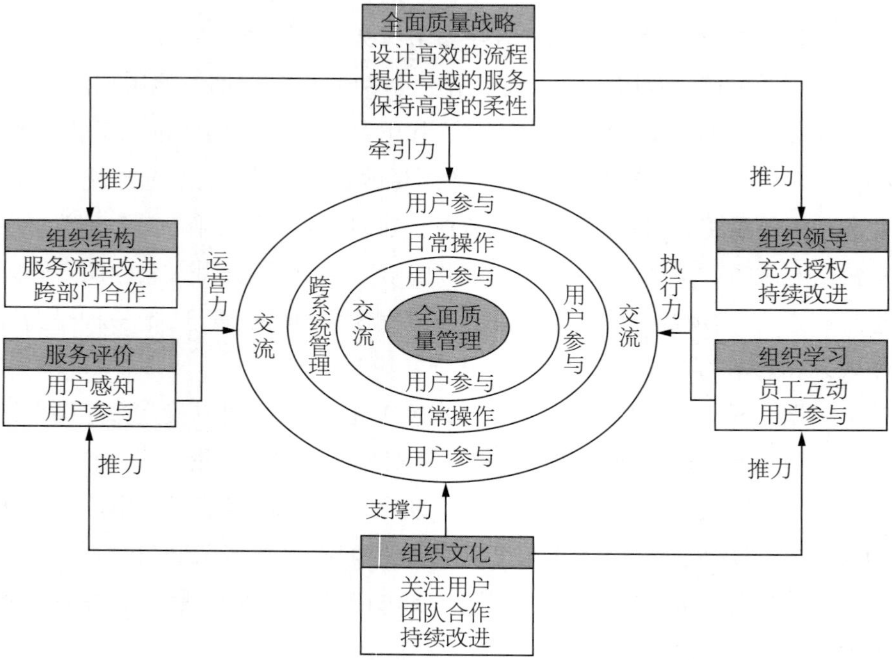

图 6-2 基于全面质量管理的数字图书馆交互服务组织变革模型

这四个阶段具体规定了数字图书馆交互服务的质量管理与实施流程。在数字图书馆交互服务中真正实施全面质量管理，还需构筑相应的全面质量管理模型(见图 6-2)，围绕数字图书馆交互服务战略规划，从日常操作、跨系统管理、数字图书馆交互服务计划等方面全面诠释数字图书馆交互服务业务的实施以及基于全面质量管理的“四力”组织变革模型①②③。

基于全面质量管理的数字图书馆交互服务组织变革，主要来源于四种

① Mary Elizabeth Clack. Organizational development and TQM: the Harvard College Library's experience[J]. Journal of Library Administration, 1993,18(1/2): 37-38.

② 胡昌平.管理学基础[M].武汉：武汉大学出版社，2002：220-226.

③ Barbara A Spencer. Models of organization and total quality management: a comparison and critical evaluation[J]. Academy of Management Review, 1994, vol19,No. 3: 446.

力量的推动。

(1) 全面质量战略计划的“牵引力”：数字图书馆交互服务全面质量战略主要是设计高效的服务业务流程，缩短服务时间，提高服务效率，这样就能提供卓越的数字图书馆交互服务。保持以“人为中心”的柔性管理，在管理过程中体现出和谐、融洽、协作、韧性的特点。

(2) 提高组织中的人所产生的“执行力”：其主要任务是在全面质量战略计划的“牵引力”下，改变组织领导方式，充分授权，协调上下级之间的关系，调动馆员的积极性和主动性，关注用户，制定引导用户参与的制度和具体实施计划。培育学习型组织，激发员工学习的积极性，调动用户参与的欲望，这种由人的因素所产生的“执行力”在全面质量管理中起到决定性的推动作用。

(3) 整合组织中的物所带来的“运营力”：在全面质量战略“牵引力”下的推动下，一方面，通过流程重组，跨部门的合作和资源共享提高效率，变革组织结构，扩宽各种渠道便于用户参与服务流程。另一方面，强调以质量为核心，服务流程为评价对象的服务评价，用户感知和用户参与贯穿整个服务流程和服务评价过程。

(4) 全面质量战略计划的“支撑力”：关注用户的需求，强调团队合作的理念，通过人力资源的全面整合，持续改进质量，提升组织文化。图书馆的组织文化是多数馆员共同遵循的基本信念、价值标准和行为规范。它能引导馆员始终不渝地为实现图书馆的目标而努力，促进馆员使命感、自豪感、归属感的形成，从而使馆员在潜意识中形成一种对图书馆强烈的向心力。组织文化的提升形成了全面质量管理的“支撑力”。

总之，基于“四力”作用的全面质量管理的数字图书馆交互服务组织变革模型中全面质量战略为数字图书馆交互服务全面质量管理指明了方向，为其确定远景目标和实现目标的路径，是交互服务全面实施质量管理的“牵引力”；组织文化是员工共同遵循的价值标准，属于全面质量管理的土壤，是实施数字图书馆交互服务全面质量管理的“支撑力”；全面质量战略和组织文化是组织领导与组织学习、组织结构与效益评价的驱动器，对其分别形成左右推动力;组织领导和组织学习在左右推动力作用下,再加上自身变革所产生的创新对数字图书馆交互服务全面质量管理形成强大的“执行力”;同理,组织结构、效益评价在左右推动力作用下,加上自身变革所带来的适应性对数字图书馆交互服务全面质量管理带来高效的“运营力”。“执行力”和“运营力”在“牵引力”的拉动下,“支撑力”的驱动下,推动数字图书馆交互服务全面质量管理沿着战略所确定的方向和路径前进。

数字图书馆交互服务全面质量管理主要包括数字图书馆交互服务计划、跨系统管理、日常操作等。交互服务计划包括全面质量管理的长期目标和当前目标和图书馆优化管理的机制。跨系统管理是由于数字图书馆交互服务的跨系统资源共享、协同服务产生的。其主要内容包括跨系统用户模型以及使用管理、数字图书馆交互服务动态联盟的构建以及协同管理和跨系统服务质量评价与控制等。交流贯穿于日常管理、跨系统管理、数字图书馆交互服务计划三大模块之间,贯穿于数字图书馆交互服务全面质量管理的全过程。正是通过各种形式的交流,以及全面质量战略计划的“牵引力”、提高组织中的人所产生的“执行力”、整合组织中的物所带来的“运营力”、提升组织文化所形成的“支撑力”的作用下,使三大功能模块之间建立起顺畅的信息传递和反馈机制,保证了数字图书馆交互服务全过程中全面质量管理的顺利进行。

总而言之,通过引入全面质量管理思想和方法,形成一个相对合理的数字图书馆交互服务决策机制、合理的组织机构、科学公平的评价机制、高效的组织学习机制,促进用户参与的积极性,提高数字图书馆交互服务效益,从而降低成本和减少风险。

6.2 基于用户参与的数字图书馆交互服务评价制度安排

制度是数字图书馆服务评价工作实现科学化、规范化与长效化的重要保障,因为合理的制度安排不仅有助于克服数字图书馆服务评价工作的主观随意性,防止评价工作流于形式,而且还有助于推动其评价工作长期有效地进行,实现可持续性发展。为了保障数字图书馆服务评价工作长期有效地进行,国内外诸多学者和机构对其展开了相关研究。在国外,除了研究数字图书馆服务评价的理论与方法外,一些学者和机构开始从标准与制度层面研究数字图书馆服务评价的长效化问题。如 1998 年图书馆共同体国际联盟(ICOLC)制订了《网上索引、文摘和全文资源使用统计测度指南》①;1999 年国际标准组织在《ISO11620 信息和文献: 图书馆绩效指标》的基础上增加有关电子服务的指标②以适应数字图书馆服务评价需要;2000 年萨拉塞维克(Saracevic)在提出具体评价概念框架的基础上,深入探讨了数字图书馆服务评价标准构成要素问题③;2004 年美国国家信息标准组织(NISO)在新版图书馆统计标准中增加了关于电子资源统计指标④;2008 年特朗科齐(Trnkoczy)和斯坦科夫斯基(Stankovski)研究了提升数字图书馆服务绩效的制度化措施⑤等。在国内,数字图书馆服务评价研究起步较晚,较早涉及的研究项目主要有 2004 年索传军教授承担的数字馆藏绩效评价国家项目、2006 年马费成教授承担的教育部重大攻关项目"数字信息资源规划、管理与利用"等⑥⑦。从目前可以检索到的文献来看,国内该领域的绝

---

① ICOLC. Guidelines for the statistical measures of usage of web-based resources[EB/OL].[2013-10-15]. http://legacy.icolc.net/webstats.html.

② ISO. ISO/DIS 11620 Information and documentation — library performance indicators[EB/OL].[2013-10-15]. http://www.iso.org/iso/catalogue_detail.htm? csnumber=56755.

③ SARACEVIC T. Digital library evaluation: toward an evolution of concepts[J]. Library trends, 2000,49(3): 350-369.

④ ANSI/NISO Z39.7-2004 Information Services and Use: metrics & statistics for libraries and information providers Data Dictionary (Inactive)[EB/OL].[2013-10-15]. http://www.niso.org/apps/group_public/project/details.php? project_id=7.

⑤ TRNKOCZY J, STANKOVSKI V. Improving the performance of Federated Digital Library services[J]. Future generation computer systems, 2008,24(8): 824-832.

⑥ 游毅.国内数字资源评价研究综述[J].图书情报工作,2008(3): 66-69.

⑦ 张建辉.数字图书馆绩效评价研究[D].哈尔滨: 黑龙江大学,2010: 29-30.

大部分研究者将着眼点放在数字图书馆服务评价的具体技术操作上，研究的内容也多以具体评价模型、指标体系等的构建为主，如2006年吕娜、余锦凤构建的"数字图书馆用户满意度模型"①，2010年金胜勇、周文超建立的"面向用户评价的公共图书馆评价指标体系"②，2012年梁孟华提出的"基于用户交互的数字图书馆服务评价模型"③等。以上这些研究为数字图书馆服务评价工作在我国实施提供了理论与技术上的支持，促进了评价工作在数字图书馆服务领域的应用与发展，然而，这些研究较少考虑数字图书馆服务评价工作的长效化和制度化问题。基于此，为了促进数字图书馆服务评价工作的可持续性发展，本节立足于用户参与的准则构建数字图书馆服务评价制度安排体系，力图为我国数字图书馆服务评价工作的制度化建设提供支持。

6.2.1 交互服务评价工作需要用户参与的制度安排来保障

制度安排，从通俗的角度上看，就是通常所说的游戏规则，不同的游戏规则导致人们不同的激励反应。它与制度环境共同构成制度体系的两个层次，并受制于制度环境，同时又反作用于制度环境。④ 合理的制度安排是任何工作科学、有序开展的保证，正如著名制度经济学家诺斯所讲，在决定一个国家经济增长和社会发展方面，制度具有决定性的作用。⑤ 在数字图书馆交互服务评价活动中，制度同样也具有决定性的作用，有什么样的评价制度，就会有什么样的评价活动，就会得出什么样的评价结论。在当前，为了

---

① 吕娜，余锦凤.数字图书馆以用户为中心的通用满意度模型的构建[J].情报学报，2006(3)：183－189.

② 金胜勇，周文超.面向用户评估的公共图书馆评估指标体系构建[J].图书馆工作与研究，2010(2)：11－16.

③ 梁孟华.基于用户交互的数字图书馆服务评价模型构建与实证检验[J].图书情报工作，2012(7)：72－78.

④ 樊钢.渐进式改革的政治经济学分析[M].上海：上海远东出版社，1996：27－28.

⑤ 卢现祥，朱巧玲.新制度经济学[M].北京：北京大学出版社，2007：56.

促进数字图书馆交互服务评价工作长期有序地进行,需要构建一套用户参与的制度安排体系为其提供保障。

第一,数字图书馆交互服务评价工作是一项主观性较强的工作,它需要有用户参与的制度安排来保障其客观性。从微观层次上来看,数字图书馆服务评价是评价主体对数字图书馆服务工作投入与产出等情况做出尽可能客观的评判,它是一项主观见之于客观的活动。在实际评价工作中,由于受价值观、立场以及个人知识、经验等因素的影响,每一个评价主体或多或少均会带有一定主观成分,做出的评判难免有些偏差。显然,这些偏差与评价的基本要求是不相一致的,它需要有一套合理的制度安排体系来规范和修正。在当前,建立用户参与的制度安排体系,将用户纳入数字图书馆交互服务评价范畴,将评价主体的判断同用户的体验、感知以及获取的价值等有机地结合起来,是克服这些偏差的有效措施。另外,在数字图书馆服务评价中,引入用户参与机制,充分听取用户的反馈,还能为其评价工作奠定较为广泛的社会认知基础。事实上,只有引入用户参与机制,建立用户参与的评价制度,才能真正检验出数字图书馆服务工作的实际运行情况,从而使得出的评价结论具有公信力,否则就会容易让评价工作陷入"自评自话"的困境。

第二,数字图书馆交互服务评价工作是一项长期性的工作,它需要有用户参与的制度安排来监督,确保其评价目的最终实现。从评价的目的上来看,数字图书馆交互服务评价不仅仅是对某一具体数字图书馆服务工作绩效做出客观评判,而且更为重要的是帮助数字图书馆服务工作找出问题,提供解决问题的对策,促进数字图书馆服务工作绩效进一步提升。然而,数字图书馆交互服务工作绩效是否提升,有多大程度上的改进和提升,它又离不开用户的参与、体验和监督。另外,从评价本质上看,数字图书馆交互服务评价是对其受托经济责任的一种检查和监督①。这种检查和监督不能是一

① COOPER P J. Account ability and administrative reform: toward convergence and begond[C]. in B. Guy peters and Donal Savoi(eds). Governance in a changing environment. Ottapwa: McCill Queens University Press, 1995: 188-189.

次性的，是一个长期反复过程，它也需要一套长效机制来保障。可以说，这些问题的解决均离不开科学合理的用户参与制度安排，因为用户参与的制度安排是对数字图书馆交互服务评价活动规律的总结与反映，是对评价活动规律性的把握①。通过建立用户参与的制度安排，为数字图书馆交互服务评价工作长期有效开展提供监督保障，有利于确保其评价工作最终目的的实现，否则，数字图书馆交互服务评价工作易陷入"只评不改"的局面，最终导致评价工作"形式化"和无意义化。

第三，当前数字图书馆交互服务评价工作较为"多头"，需要有合理的制度安排来规范。在当前，构建用户参与的评价制度安排体系是一种合理的选择。数字图书馆服务评价是对其投入产出的一种考量，是对受托责任的一种监督。至于如何考量和监督，国内外不同机构、不同学者提出诸多方案，如 EQUINOX 项目方案②、电子图书馆发展评价模型③等。它们一方面为数字图书馆交互服务评价工作的具体开展提供了诸多选择，但另一方面也给数字图书馆交互服务评价工作带来了一定的随意性。这种随意性易使评价工作偏离数字图书馆服务评价的本质，让评价工作仅仅成为达到某种目的的手段和工具，有时候不仅起不到应有的检查与监督作用，反而会耗费社会资源，将评价推向"囚徒困境"的巨大灾难性深渊中④。在当前，将用户的体验、价值创造同数字图书馆交互服务绩效结合起来，并用制度安排的形式固定下来，构建基于用户参与的评价制度体系，是规范评价工作随意性的一种有效措施，并具有十分重要的现实意义。一方面，它有利于在数字图书馆交互服务领域树立用户至上的服务价值观，改变目前数字图书馆服务评价工作行政化导向，让评价工作成为数字图书馆服务工作自身管理的重要组成部分，真正发挥检查和监督的作用；另一方面，它有利于提升数字图书

① 丁茂战.关于制度、组织和制度安排[J].经济师，2001(3)：15－18.

② EQUINOX.[2013－10－21].http：//equinox.dcu.ie/.

③ An evaluation toolkit for e-library developments[EB/OL].[2013－10－21]. http：//www.evalued.bcu.ac.uk/about.htm.

④ 刘军宁.民主与民主化[M].北京：商务印书馆，1999：53.

馆交互服务工作领域的绩效意识和用户参与意识,让评价成为数字图书馆交互服务工作不断改进的内在驱动力,从而推动数字图书馆交互服务工作不断向前发展。

6.2.2 基于用户参与的数字图书馆服务评价制度安排框架设计

6.2.2.1 设计思想

数字图书馆服务评价制度安排的目标是建立一套激励、约束和指导数字图书馆交互服务评价行为的规范体系,或者说是制度安排框架,以促进该评价工作科学有序地开展,最终实现数字图书馆交互服务工作效率的提升。鉴于数字图书馆交互服务绩效的特性及其评价工作开展现状,本小节设计基于用户参与准则的评价制度安排框架以促进数字图书馆交互服务评价工作的可持续性发展。为了保障制度安排的科学性,现确立以下基本设计原则。

第一,设计的评价制度安排必须体现数字图书馆交互服务评价的最终目的,即促进数字图书馆工作部门建立用户为中心的工作观,不断改进服务工作,实现数字图书馆交互服务工作成本效益最大化,为用户创造更多的价值。

第二,设计的制度安排必须是方便操作的,制度运行成本低,且与现有制度兼容。

第三,设计的评价制度体系要有利于用户对数字图书馆交互服务及其评价工作的全过程参与和监督,体现用户交互的数字图书馆服务理念①和绩效管理观。

基于以上原则,其具体设计思想为:以用户需求实现与价值创造为导向,将用户需求、体验、监督等作为数字图书馆运行体系的一个重要组成部分,依据用户参与的准则,构建一套促进数字图书馆服务评价工作科学开展

① 邓胜利.基于用户体验的交互式信息服务研究[D].武汉:武汉大学,2007:107.

的制度安排体系,并通过执行这些制度安排促进数字图书馆服务工作的良性发展,最终实现数字图书馆建设的根本目标。

6.2.2.2 具体制度安排框架

根据上述设计思想,本小节依据制度体系构成的一般规律,设计了如图6－3所示的数字图书馆交互服务评价制度安排框架。

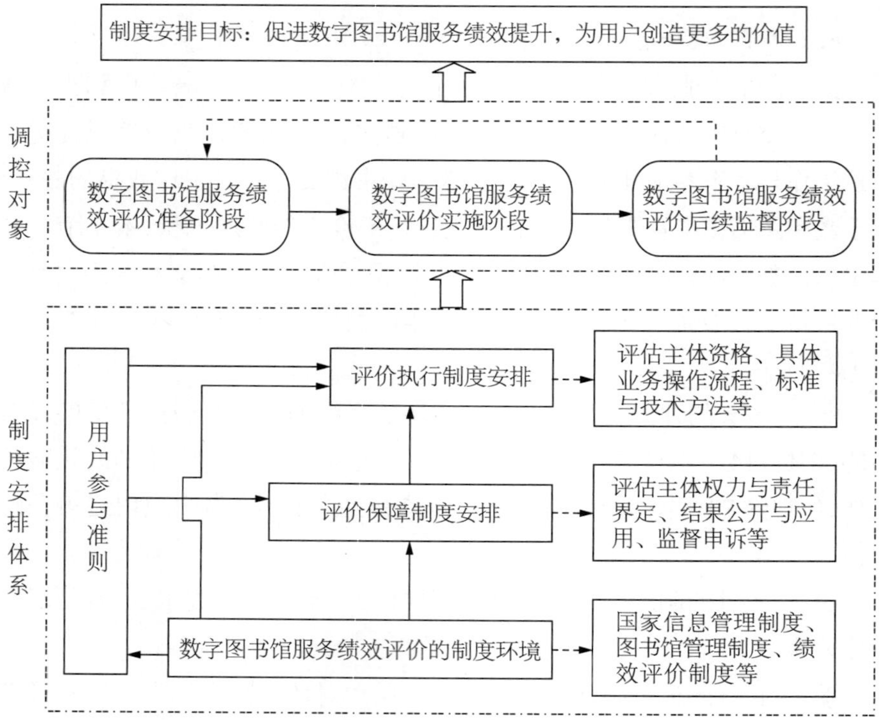

图6－3 基于用户参与准则的数字图书馆交互服务评价制度安排框架

从图6－3中可以看出,该制度安排框架由数字图书馆交互服务评价的制度安排体系、调控对象、制度安排目标三个部分组成。其中,制度安排体系是主体,它由三个层次的具体制度安排构成。

第一个层次的制度安排是数字图书馆交互服务评价的基础制度安排,即数字图书馆交互服务评价的制度环境,它主要是为数字图书馆服务评价工作提供制度环境支持，具体体现在国家信息管理制度和图书馆服务管理制度以及评价制度等方面。良好的制度环境不仅能为数字图书馆服务评价营造良好的外部环境，而且还能促进其他层面制度安排的顺利进行，并为用户参与准则的落实提供法律、政策依据。

第二个层次的制度安排是数字图书馆交互服务评价的保障制度安排。这一层次制度安排在用户参与准则的引导下，主要为该领域评价工作提供相对直接的保障性制度支持。具体来讲，就是将用户的检验、监督等内容引入评价主体的权力与责任界定、评价结果的公开与应用、评价监督以及评价申诉等具体工作范围，并用制度的形式固定下来，为用户参与评价工作奠定基本制度基础。

第三个层次的制度安排是数字图书馆交互服务评价的执行制度安排。这一层次制度安排主要是解决具体的数字图书馆服务评价规范化与科学化的问题，它依据现有制度环境、保障制度安排等，根据用户参与准则的要求，将用户体验和评价要求等与具体的数字图书馆服务评价业务工作结合起来。其具体制度内容反映在评价主体资格、业务操作流程、标准与技术方法等规定上。

这三个层次的制度安排，要求数字图书馆交互服务评价工作以现有制度环境为基础，以用户参与为准则，科学合理地对制度安排的调控对象——数字图书馆服务评价工作(评价准备、实施、后续监督等)进行规范处理，确保数字图书馆服务评价工作真正体现以用户价值创造为中心的思想，达到制度安排目标——促进数字图书馆服务绩效提升，为用户创造更多的价值。

基于用户参与准则的数字图书馆交互服务评价制度安排框架以现有制度环境为基础，在用户价值实现与创造导向的指引下，在制度保障与制度执行等层面强调用户参与的内容，为用户全过程参与评价活动提供明确的制度支持，在当前具有较强的现实指导意义。一方面，它利用现有的制度作为基础，与现行制度有较好的兼容性，在降低制度体系设计与运行成本方面具有积极意义；另一方面，这种基于用户参与的制度安排框架，有利于树立用户至上的服务评价观，能较好地彰显数字图书馆服务评价的主旨和精神。

6.2.3 基于用户参与的交互服务评价制度安排实施面临的障碍

基于用户参与准则的数字图书馆交互服务评价制度安排是一种以用户利益保障为导向的制度安排，它的实施需要有一套合理的机制来保障。然而，从目前我国数字图书馆交互服务评价工作开展情况来看，这一制度安排的实施还面临诸多障碍。

6.2.3.1 评价意识淡薄

随着评价研究与实践的深入，评价活动逐步进入信息服务市场，并引起了诸多专家和机构的重视。然而，从我国信息服务市场尤其是公共信息服务市场来看，其评价意识仍较为淡薄。目前这种淡薄的评价意识主要表现在两个方面：其一，评价工作主要着眼于数字图书馆服务工作的投入，如投入了多少资金、人力、物力等，更看重的是最后形成的建设成效而不是绩效，投入与产出方面的意识较弱；其二，评价工作多以主管部门工作检查为主，且以达标升级为主要目的，在实际操作中，用户检验、用户价值创造等因素考虑较少，多以专家判断和主管部门的测评为主。显然，这种绩效意识是不利于数字图书馆服务评价工作长期有序开展的。一方面，它不利于数字图书馆建设资源的合理配置，容易造成建设资源浪费，并容易成为评价工作开展的阻力，因为评价与资源浪费、效率低下是对立的；另一方面，它容易让数字图书馆服务部门远离用户，无法真正了解用户需求及其满足情况，让评价工作沦为上级检查下级工作的一种工具，更谈不上成为推动数字图书馆交互服务评价工作可持续发展的内在动力。

6.2.3.2 相关制度供给缺陷

目前这种缺陷主要体现在以下两个方面：一是相关制度供给不足。从目前数字图书馆交互服务评价工作制度供给情况来看，绝大多数的制度是集中在如何评价这一层面，如评价标准体系的建立、具体评价方法的选择等,对评价结果的应用与监督、评价主体的权力与资格等内容却较少涉及。也就是说,目前我国数字图书馆交互服务评价的制度建设主要停留在“评价执行”这一层次制度安排建设上,相关保障层次的制度建设和制度环境建设等还存在较大的不足。当然,这方面的不足更多的是要依赖整个国家的法制体系建设来完成。二是相关制度内容较少考虑用户参与的要求。目前已有的制度安排在内容上多以物化指标为主,用户体验、用户参与等方面的规定较少。如在 2009 年我国省、地、县级公共图书馆评价标准中仅有读者满意率一项与用户参与直接相关,且所占分值相当小。① 当前这些制度供给上的缺陷很容易让数字图书馆服务评价工作多流于形式,无长远计划,让评价的作用大打折扣。另外,这种制度供给上的缺陷也常常让用户参与找不到相关的依据,很容易让数字图书馆服务评价工作成为管理部门和数字图书馆自身的事情,陷入“自评自话”的困境。

6.2.3.3 制度执行力有待提升

再好的制度安排,如果没有良好的执行机制,也不会自动发挥作用。目前我国数字图书馆交互服务评价制度执行机制存在诸多需要改进的地方。其一,相关制度不配套,难以形成合力。我国数字图书馆交互服务评价工作刚刚起步,如何在制度上保障数字图书馆服务评价工作有序开展,仍处于探索阶段,在一些关键问题方面如评价主体应该具有什么样的素养、用户如何参与评价以及评价后续监督等,还未作出具体的制度安排。总体上来讲,相关制度体系不完善,在实现工作中,难以形成合力,发挥制度协同效应。其二,制度执行主体不明晰,未形成制度约束力。谁有评价资格,由谁来评价、由谁来监督等没有形成一个系统的安排框架,制度执行与监督主体不明晰。另外,当前图书馆领域的评价工作也多以行业主管部门的行政引导等外在力量推动为主,自身缺乏动力,尚未形成正式的制度约束力。其三,违约成本不高。目前我国图书馆工作领域也在积极开展评价工作,但更多的是停

① 李海英,蒋永福.我国公共图书馆治理评价制度的弊端及其改进建议——以我国现行公共图书馆评估制度为背景[J].情报资料工作,2010(5):15-19.

留在具体评价操作或理论研究层面，至于绩效低该如何惩处及如何提升的问题则较少涉及，评价结果的应用缺乏相应的执行机制，最后大多不了了之。

6.2.3.4　绩效自身特性的障碍

数字图书馆服务绩效自身的滞后性、隐蔽性和模糊性在客观上也给评价制度的实施带来了困难。数字图书馆建设的目的是为用户提供全天候、便捷的网络化信息服务，然而，信息服务的绩效并不像其他工作绩效那样直接明了，它往往带有滞后性、隐蔽性和模糊性，并且其绩效在很大程度上要通过用户的体验来反映。如何在评价工作中，掌握用户检验情况，计算用户价值创造等，实属一件不容易的事情，它让评价制度安排体系建设工作有时也无所适从，在实施层面更是困难重重。如果规划得过于具体化，有时会给具体评价工作带来困难；如果规划得过于泛化，则又会给数字图书馆交互服务评价工作带来很大的随意性，让制度安排流于形式。可以说，数字图书馆交互服务绩效的这些特性在一定程度上也给其评价制度安排及其实施工作带来困难。

6.2.4　优化数字图书馆交互服务评价制度安排的策略

基于用户参与准则的数字图书馆交互服务评价制度安排体系构建不是一朝一夕能完成的，它是一个渐进的过程，需要采取有效的措施从意识、制度、实践等层面逐步推进。

6.2.4.1　提升数字图书馆交互服务绩效意识

良好的绩效意识是数字图书馆交互服务评价工作发展的内在动力，它为具体评价工作提供非正式制度环境支持，可以为数字图书馆交互服务评价制度体系构建及有效实施减少障碍。在当前，提升社会数字图书馆服务绩效意识，它具体包括三个方面的内容：一是要提升建设投入部门的绩效意识。它要求在建设投入时，确立成本效益观念，将受托经济责任①意识引

① 蔡春，刘学华.绩效审计论[M].北京：中国时代经济出版社，2006：7.

入数字图书馆服务工作领域,制订相应的绩效考核指标,让建设投入部门、主管部门、监督主体等的后续检查和监督具有针对性。二是要提升数字图书馆自身的绩效意识。在具体工作中,一方面,它要求各数字图书馆合理配置资源,减少不必要的浪费,实现成本效益最大化;另一方面,它要求树立以用户为中心的服务绩效观,一切绩效管理工作最终目的是为用户提供更好的服务、创造更多的价值。三是要提升用户的绩效意识,让用户知晓自己的权利、义务和责任,为数字图书馆尤其是公共数字图书馆评价营造外在的监督氛围。具体而言,在提升数字图书馆服务绩效意识方面,目前需要做好以下工作。

(1) 加强数字图书馆交互服务绩效管理的宣传工作。在目前我国绩效责任意识不太高的环境下,加大宣传力度,普及绩效管理与评价理念、知识等,为数字图书馆服务绩效意识的形成奠定基本的知识基础。

(2) 开展数字图书馆交互服务评价的理论研究与实践工作。通过研究,为数字图书馆交互服务评价构建科学的理论与方法体系,提升该领域评价工作的可操作性,并通过评价实践来促进数字图书馆交互服务领域绩效意识的不断提升。

(3) 建立必要的绩效管理激励体系。在数字图书馆交互服务评价工作,改变只看最终结果的成效评价现状,将责任机制和激励机制落实到数字图书馆交互服务工作的每个环节,激发数字图书馆交互服务工作部门和工作人员提高产出的积极性,以强化和提升数字图书馆交互服务责任与绩效意识。

(4) 加强与用户互动。在实际工作中,通过让用户参与管理、召开座谈会、开展用户检验调查等形式,多渠道地掌握用户的需求及其满足情况,并将其制度化,在数字图书馆交互服务工作中形成一种基于用户价值创造为中心的绩效意识观。

6.2.4.2 提升数字图书馆交互服务评价制度安排水平

制度安排水平的高低是影响制度能否有效实施的重要因素。在目前我国数字图书馆服务评价领域制度安排相对缺失的情况下,有必要提升数字图书馆交互服务评价评价制度安排的决策水平和设计水平①,为其制度的有效实施奠定基础。

1. 提升制度安排的决策水平

正确的决策是事业成功的基础,数字图书馆交互服务评价制度安排需要有高水平的决策来支持。在提升制度安排决策水平方面,它需要注意以下几个方面的问题。

(1) 决策取向的合理性。不同的价值取向会导致不同的决策后果。在当前,为了提升该制度安排的决策水平,其决策必须以数字图书馆交互服务评价制度安排的主旨,即以"推进该领域评价工作有序开展,不断提升数字图书馆交互服务绩效,为用户创造更多的价值"为价值取向,否则再高水平的决策,也只能与用户参与的制度安排体系的目标背道而驰。

(2) 决策信息的充分性。众所周知,决策的前提是信息,掌握的信息越充分,做出的决策就会越科学。为此,为了给数字图书馆交互服务评价制度安排做出科学的决策,必须开展广泛的调查,充分地听取相关专家、用户、数字图书馆工作人员等的意见,了解该领域评价工作的真实情况,进而为数字图书馆交互服务评价做出合理的制度安排决策。

(3) 决策主体的合理性,即决策主体应该由哪些成员组成为宜。根据利益相关者理论②,数字图书馆的核心利益相关者主要包括投资者、员工、用户、资源支持者、监管者和联盟伙伴③。理所当然,这些利益相关者是其决策的主体。这就要求在选择决策主体时充分考虑各利益相关者的诉求,成立一个涵盖各利益相关主体的决策团体,而不是少数利益相关者构成的决策主体。因为只有这样,做出的决策才能反映绝大多数利益相关

① 吕元智.政府信息资源管理绩效评估研究[D].武汉:武汉大学,2009:124.

② 吴建南,李贵宁.基于利益相关主体及作业活动分析的政府绩效指标设计方法研究[C]//郭济.绩效政府:理论与实践创新.北京:清华大学出版社,2005:101-121.

③ 徐海波,林艳晶.利益相关者绩效评价模式探析——基于绩效三棱镜与平衡计分卡的比较[J].财会通讯,2010(12):37-39.

者的诉求，做出的数字图书馆交互服务评价制度安排才能有广泛的社会认同基础。

(4) 决策程序的科学性。决策程序的科学性是保证决策水平不断提升的前提。在具体决策工作中，需要充分考虑各利益相关者的利益诉求，引入现代决策理念，摒弃传统经验决策模式，集思广益，在程序上保障数字图书馆交互服务评价制度安排决策的科学性。

2. 提升制度安排的设计水平

制度安排设计的任务主要是为数字图书馆交互服务评价工作提供一套科学的制度保障体系，它涉及制度内容确立与具体制度体系排列构建等工作。相应地，数字图书馆交互服务评价制度安排设计水平就体现在这些工作方面。具体而言，提升制度安排的设计水平需要做好下列工作。

(1) 确保制度内容的合理性。这种合理性体现在以下四个方面：一是制度内容能体现用户参与的主旨，有利于交互服务评价工作的开展；二是制度内容涉及范围界定合理，即设计的制度内容既能满足交互服务评价工作需要，又不存在无效制度供应等情况；三是制度内容具有普遍接受性，能与当前社会人们的道德水平、生产力水平、技术条件、社会文化心理、公众态度等相适应；四是制度内容是清晰且可操作的，不存在易误解或模糊不清的现象。

(2) 确保制度体系的系统性。它要求制度安排设计工作，根据图 6-3 "基于用户参与准则的数字图书馆交互服务评价制度安排框架"来设计具体的制度体系，确保制度安排体系层次的科学性和完备性，且能相互补充，并能及时根据环境的变化做出适当的调整。

(3) 确保制度运行的经济性。即要求设计出来的制度安排体系是简便可行的，在技术实现上不存在障碍，且执行的成本低等。

以上这些，在实际工作中，可以采取先试点后逐步推进的方式来实现。总而言之，数字图书馆交互服务评价制度安排设计是一个复杂的工程，它需要在正确的决策指引下，根据制度设计的规律以及数字图书馆交互服务评价工作实际，不断修正完善。

6.2.4.3 提升数字图书馆交互服务评价制度执行能力

有制度不落实或落实不到位等于无制度。在数字图书馆交互服务评价制度实施方面，还要采取措施提升制度执行能力，让相关制度安排一一落实。具体来讲，它需要在组织管理、人员素质提升、公开监督等方面采取有效措施来提升制度的执行能力。

1. 提升制度实施的组织管理能力

任何制度都不会自动执行，它的实现需要有一套组织管理机制来保障。在当前，为了提升数字图书馆交互服务评价制度的执行能力，需要加强制度实施的组织管理工作。一方面，它需要将评价制度的执行监管工作纳入数字图书馆交互服务工作管理体系，明确监督主体的权利、责任和义务，并实现归口管理，为数字图书馆交互服务评价制度的实施提供明确的组织保障。另一方面，它需要将数字图书馆交互服务评价制度实施的组织管理工作同该领域其他制度实施管理工作协同起来，统筹安排，以便实现制度实施的协同效应，最终实现制度实施效率的提升。

2. 提升制度执行人员的素质

人是制度执行的主体，其素质的高低是制度执行效果好坏的重要影响因素。在这方面，针对我国数字图书馆服务评价工作开展现状，需要采取下列措施。

(1) 加强对制度执行者的资格认证制度、监督制度、责任追究制度和奖励制度等的建设与落实工作，提高数字图书馆服务评价人员资格门槛，在制度层面上确保他们有能力且能忠实地履行评价职责。

(2) 加强制度执行者的教育工作，积极开展信息服务与评价的专业知识教育、职业道德教育等。通过开展这些教育活动，提升制度执行者对数字图书馆服务评价及其制度安排的理解能力及认同感和使命感，以便在制度实施中形成按章办事的工作作风，减少评价工作中的“败德”现象发现。

(3) 及时公开制度执行情况，接受社会监督。数字图书馆交互服务评价制度的执行，必须坚持公开的原则，让制度内容及相关执行信息公开、透明,并主动接受监督,以维护制度执行的公正性、普适性,并充分发挥制度的可预期性功能①。在制度执行情况公开方面,尤其是要向数字图书馆用户公开,并接受用户的直接监督,以体现用户参与的制度安排精神。事实上,公开制度执行的相关情况,接受社会监督,还能增强数字图书馆服务评价制度执行机制的自动纠偏能力,让制度按既定的方向执行。

(4) 打击违约行为。对违约行为的打击是维护制度实施最有力的措施,对其必须进行严厉打击,因为违约行为不仅破坏了相关制度安排,扰乱了正常的工作秩序,而且更为重要的是,如果对其不打击,将会助长不良的风气,成为制度安排实施的"致命伤"②。在数字图书馆交互服务评价制度不甚完善的条件下,要采取措施切实有效地打击各种违约行为,迫使制度约束者在追求利益最大化时,选择守约③,给制度实施创造一个良好的环境。在具体打击违约行为方面,一是要注意打击的时效性,及时公开制度实施中的违约情况,采取必要的打击措施,让违约行为及时得到修正,确保数字图书馆服务评价制度得以正确执行;二是要加大打击的力度,让违约成本高于违约收益,如取消评价主体资格、重新评价、今后重点监督、记入诚信档案等,让违约主体不敢违约,主动遵循制度。

基于用户参与准则的数字图书馆交互服务评价制度安排是一种以用户利益保障为导向制度安排,它是数字图书馆交互服务评价工作长期有序开展的基础。本书设计了基于用户参与为准则的数字图书馆服务评价制度安排框架,将数字图书馆服务评价同用户价值创造结合起来,在推动该领域评价工作的长期发展方面具有十分重要的现实意义。然而,数字图书馆交互服务评价制度安排是一个系统工程,它在绩效意识提升、评价制度体系建设以及评价制度如何有效执行等方面还存在诸多待解决的问题,需要采取有效措施逐步推进和完善。另外,在数字图书馆交互服务评

① 柳新元.制度安排的实施机制与制度安排的绩效[J].经济评论,2002(4): 48-50.
② 张振学.制度高于一切[M].北京: 中国商业出版社,2006: 205.
③ 彭国甫.地方政府公共事业的管理绩效评价与治理对策研究[D].长沙: 湖南大学,2004: 92.

价活动中，用户素养也是不可忽略的因素，如何用制度来规范用户行为、培养高素质的用户也是当前我国数字图书馆交互服务评价制度建设工作未来需要考虑的问题。

6.3 基于协同视角的数字图书馆交互服务融合评价机制

数字图书馆交互服务是以用户为中心，建立在合作伙伴之间资源共享基础之上。因此，建立数字图书馆交互服务组织与组织之间、组织与用户之间绩效评价的融合，建立实时有效的反馈机制与激励机制等绩效评价协作机制是必不可少的。

6.3.1 协同视角的引入

"协同"源于希腊文，意思是"协同作用"。协同论的创立者是联邦德国斯图加特大学教授、著名物理学家哈肯(Haken)。1971 年他提出协同的概念，1976 年系统地论述了协同理论，发表了《协同学导论》，还著有《高等协同学》等等。哈肯指出：一个开放系统中存在由于子系统之间固定关联而形成的协同运动。① 协同是指系统内部各组成要素之间的和谐状态。自然界和社会的系统都可分为若干个小系统，在一定条件下，子系统之间往往是协同作用的。子系统之间的相互作用和组织行为对系统整体产生一种贡献作用，它使系统成了"动"的或"活"的东西，这就是自然界和人类社会的普遍规律之一的协同现象。协同理念延伸至管理领域可追溯到 20 世纪 90 年代末期②，它是指协调两个或者两个以上的不同资源或者子系统，协同一致地完成某一目标的过程，系统能否发挥协同效应是由系统内部各子系统协同

① HAKEN H.Synergetic[M]. Berlin：Springer. 1987.

② 梁孟华.创新型国家电子政务知识协同服务研究[J].情报理论与实践，2009(2)：14-16，26.

作用决定的。如果一个管理系统内部,人、组织、环境等各子系统内部以及它们之间相互协调配合,共同围绕目标齐心协力地运作,那么就能产生“1+1>2”的协同效应。反之,如果一个管理系统内部相互掣肘、离散、冲突或摩擦,就会造成整个管理系统内耗增加,系统内各子系统难以发挥其应有的功能,致使整个系统陷于一种混乱无序的状态。①

6.3.2 基于协同视角的数字图书馆交互服务融合评价机制

以用户参与的数字图书馆交互服务评价的顺利开展,离不开交互服务融合协作评价机制的建立和完善。数字图书馆的绩效评价涉及多部门、多组织之间的合作,然而数字图书馆与用户或数字图书馆之间是一种松散的组织关系或形式。如何将这些松散的组织和用户有效融合,形成共同的评价目标和评价标准并保证评价的顺利开展?构建基于协同视角的数字图书馆交互服务融合评价机制,解决数字图书馆交互服务组织之间的服务关系,为用户提供资源共享最大化的满意服务。要实现数字图书馆交互服务绩效评价,必须通过建立评价融合协作机制使各组织积极参与协同评价过程,并通过各种有利的工具为用户提供方便参与评价的平台,充分调动用户的积极主动性。数字图书馆交互服务绩效评价涉及不同组织之间的协作,有效的协同行为规范和融合评价规则能提高协同效率,增强协同组织共同特征,增强组织之间的融合度,降低融合难度。② 因此建立基于协同视角的数字图书馆交互服务融合评价机制(图 6-4),加强数字图书馆内部与数字图书馆之间的共性合作是必不可少的。③

---

① 协同理论[EB/OL].[2014-09-02]. http://baike.baidu.com/view/1455975.htm?fr=aladdin.

② FRIESEN N. Semantic interoperability and communities of practice[EB/OL].[2010-01-29].http://www.cancore.ca/documents/semantic.html.

③ 孙国强.关系、互动与协同:网络组织的治理逻辑[J].中国工业经济,2003(11):14-20.

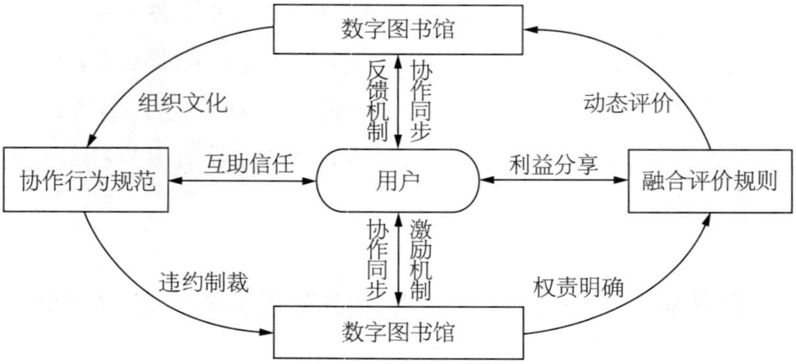

图 6-4　基于协同视角的数字图书馆交互服务融合评价机制

基于协同视角的数字图书馆交互服务融合评价机制强调从协同视角构建数字图书馆和用户的融合评价，其实质是在协作行为规范和融合评价规则相辅相成的作用下，通过激励机制鼓励用户的参与评价、反馈机制及时反馈用户和各合作组织的评价意见，保证融合评价机制的正常运行。

协作行为规范的建立，包括数字图书馆组织文化、互助信任、违约制裁。其中组织文化是由一个组织的价值观、信念、仪式、符号、处事方式等组成的特有的文化形象。数字图书馆组织文化是数字图书馆的灵魂，它的核心是数字图书馆的精神和价值观，也是推动数字图书馆不断发展的不竭动力。互助信任是融合评价机制运行的基本理念，这使得用户和数字图书馆以及数字图书馆之间是在信任的基础上互助完成评价工作。违约制裁是指违反协作行为规范，应当承担继续履行、采取补救措施或者赔偿损失等违约责任。为了保证融合评价机制的顺利运行，仅靠参与方的互助信任是不行的，违约制裁从政策上保证评价机制的正常运行。

融合评价规则包括动态评价规则、利益分享、权责明确等内容。其中动态评价规则是基于数字图书馆交互评价的动态环境不同于传统的评价环境。2005 年，以用户为中心的互联网 Web2.0 技术完全改变了用户信息接收者的角色，知识内容链接和用户动态评价链接是互动环境中不可缺少的，这改变了用户参与评价图书馆服务的方式。交互和协同网络技术的发展实现用户和图书馆之间的密切合作和交流，扩大知识获取和交流空间。全新的动态服务环境需要相应的评价规则的约束;利益分享是指各数字图书馆和用户在社会效益和经济效益上的明确。数字图书馆不同于一般的企业,公益性数字图书馆交互服务与服务用户之间是以任务导向为主,追求社会效益。营利性数字图书馆交互服务组织与服务用户之间是以利润导向为主,追求经济效益最大化。因此,利益分享即包括可以量化的经济效益,也包括无法量化的社会效益;权责明确指融合评价体系中的各数字图书馆和用户之间职责、权限的边界清楚。权责明确一般包含两层含义:一是权利明确,包括图书馆的评价管理权、数字图书馆之间资源共享的权利范围以及用户的资源使用和参与评价等权利。二是责任落实,有权无责和有责无权都不是健全的现代管理。各方权力和利益的明确,客观上已经产生用相应责任相互制衡的必要。权责明确中已明示责任应在明确之中。这里的责任既包括数字图书馆丰富馆藏,全面管理的责任,也包括用户行使普通读者的责任。

因此,只有建立基于协作视角的数字图书馆交互服务融合评价机制,协调组织之间以及组织与用户之间的关系,才能较科学地测评其效益。

6.3.3 完善用户参与的交互服务融合评价机制的策略

基于协同视角的数字图书馆交互服务融合评价机制的实施,数字图书馆应该加强以下几方面的工作。

(1) 实现数字图书馆交互服务系统评价与用户评价的融合。

融合评价机制是建立在数字图书馆交互服务组织与用户之间的协作完成的。全面质量管理(TQM)理论认为,用户对服务的感受决定于服务效果的衡量。用户期望的质量是用户对数字图书馆交互服务的满意度,主要受用户的需求满足、数字图书馆服务机构的信誉、口碑等因素影响。① 一般情况下,用户首先从服务的结果来判断服务质量的高低,也就是服务结果的满

① SKIANIS C. Performance evaluation of QoS-aware heterogeneous systems [J]. European journal of operational research. 2008,191(3): 1056 - 1058.

足程度。由此可知,用户可感知和认可的质量内涵源于用户对服务质量的判断①。因此,数字图书馆交互服务融合评价应该以用户感知作为保证服务质量的切入点,尽量减少用户期望质量和实际感知质量之间的差距,从而提高用户可感知的数字图书馆交互服务的质量,也就是提高用户对数字图书馆交互服务的认可度。只有用户感知和认可数字图书馆交互服务,才能参与数字图书馆交互服务质量的提高和数字图书馆交互服务系统的评价。因此,实现数字图书馆交互服务系统评价与用户评价的融合是协作视角融合评价的重要内容。

(2) 实现数字图书馆交互服务系统评价与合作伙伴评价的互通。

现在数字图书馆交互服务是建立在合作伙伴之间资源共享基础之上。从以上调研可以看到上海图书馆馆际互借服务借助联机计算机图书馆(OCLC)、中国高等教育文献保障系统(CALIS)、中国高校人文社会科学文献中心(CASHL)系统和千家高校建立了馆际互借的业务联系。武汉大学文献传递与馆际互借是依托 CALIS 和 CASHL 两大系统,有签协议的协作单位有 50 多家,有业务合作来往的单位有 120 家。在我国数字图书馆交互服务评价还不完善的情况下,实施对资源共享单位互通评价需要协作行为规范和融合评价规则的约束来完成。当然,如果有国家权威组织出来协调数字图书馆之间的关系就更为合理,例如 CALIS 这样的国家级信息资源共享系统通过系统培训、技术支持、业务培训帮助成员组织建立规范的数据采集机制,培训成员有效地利用各类数据,推进数字图书馆交互服务评价标准化的实现。因此,为了使合作伙伴之间资源利用最大化,服务效益最大化,应该建立双向或多向交流机制,保证合作伙伴之间资源利用、资金分配、专业分工等优势互补,发挥规模效应,降低数字图书馆交互服务的整体成本,使合作伙伴之间达到知识信息效益最大化。②

---

① 梁孟华,李枫林.创新型国家的知识信息服务体系评价研究[J].图书情报知识,2009(2):27-32.

② 谢春枝.图书馆联盟的成本效益分析及决策选择[J].中国图书馆学报,2007(1):24-29.

(3) 实现数字图书馆交互服务系统部分评价和整体评价的有机结合。

数字图书馆交互服务的投入与服务产出之间是有相当一段时间差的。从调研可以看出,文献传递与馆际互借前期服务的投入需要大量的资源、服务、人员、管理等相关成本。前期由于工作的未正规化,所以产出效益很小。因此要考虑数字图书馆交互服务系统评价中投入和产出时间差、建设和利用不可能同步的问题。就具体评价而言,一是可以采取分阶段分割评价与整体评价相结合的方法。对数字图书馆交互服务前期阶段和发展阶段以及成熟阶段分别采取科学客观的态度进行绩效评价。二是采用缩短投入和产出时间差的方法。数字图书馆交互服务系统通常采用最近信息技术和自主创新相结合的方式进行技术更新和服务优化。为了缩短投入和产出时间差,可以直接引进相关的成熟技术,或将相关成熟技术根据自身特点改进后嵌入到应用的服务平台中,缩短技术开发和应用周期,提高产出效益。当然,这种方式在数字图书馆交互服务系统中会使运营强调用户的参与协作,因此平台设计要尽量简洁,一旦用户在接受服务上遇到了困难和障碍,将给予专业评价并及时进行修正,增强正式投入使用后的易用性和普适性,并降低建设的风险。

(4) 建立实时反馈机制和激励调整机制。

数字图书馆交互服务评价是根据科学的指标体系对评价对象进行客观评价,并对结果进行深入分析研究,发现交互服务中存在的客观问题,并将优化效益的具体策略落实到有关部门和资源中去。因此,要实施服务评价的控制,首先必须强调评价的时效性。数字图书馆交互服务系统要建立实时的反馈机制,强调评价的时效性,以便于及早调整和纠正。实时的信息反馈机制能保证信息的全面畅通,保证评价过程中一边评价一边改进,保证系统的良性发展。①

交互服务评价激励机制的建立,是鼓励合作伙伴或用户及时发现和反

① 燕辉.信息反馈意识及其在信息服务系统中的应用[J].图书馆学研究,2003(7):73-75.

馈系统运行中的问题。从调研可以看出，现代数字图书馆交互服务大多都是利用互联网技术共享合作伙伴的信息资源系统并为用户提供服务。因此，数字图书馆交互服务组织或合作伙伴对终端用户利用资源中的需求、体验和满意度都比较敏感。① 而用户的满意度是数字图书馆交互服务评价的重要指标。因此，一方面建立快捷方便的反馈机制使合作伙伴或用户的信息及时沟通反馈；另一方面，建立有效的激励机制，鼓励合作伙伴或用户及时反映问题，在实时监控中发现问题，优化系统的运行机制，提高面向用户的服务效益。

6.4 本章小结

本章基于用户交互的数字图书馆服务评价的组织实施从引导用户参与的管理理念和管理模式为基础。以用户为中心的用户参与的管理理念和管理模式是数字图书馆交互服务发展的核心思想，其目的是激发用户主人翁意识，参与数字图书馆的服务和管理评价等活动，全面提高面向用户的交互服务质量。引导用户参与的管理模式强调用户互动参与的管理理念和建立交互服务的用户激励机制，并引入全面质量管理的理念。

基于用户参与的数字图书馆交互服务评价制度安排，是为了促进数字图书馆交互服务评价工作长期有序地进行，需要构建一套用户参与的制度安排体系为其提供保障。该节从制度安排体系、调控对象、制度安排目标三个部分构建基于用户参与的数字图书馆服务评价制度安排框架设计，进一步从评价意识淡薄、相关制度供给缺陷、制度执行力有待提升和绩效自身特性的障碍分析评价制度安排实施面临的障碍，并提出相应的优化策略。

数字图书馆交互服务融合评价机制引入协同视角，在协作行为规范和融合评价规则相互作用下构建数字图书馆和用户的融合评价，并进一步提

① 刘渊.互联网信息服务理论与实证：用户使用、服务提供与行业发展[M].北京：科学出版社，2007：50－57.

出交互服务系统评价和用户评价、交互服务系统评价和合作伙伴评价、系统部分评价和整体评价之间的协作和融合，实施反馈机制和激励调整机制的建立等策略。

本章从引导用户参与的管理理念和管理模式、评价制度安排和设计、融合评价机制的构建等内容层层分析和探讨，逐步完善基于用户交互的数字图书馆服务评价的组织研究，促进基于用户交互的数字图书馆服务评价模型的实证验证和进一步修正，也为评价后的面向用户的服务进一步提高奠定理论基础。

7　基于用户交互的数字图书馆服务评价实证研究

在信息化社会中,资源共享是大势所趋,文献传递服务是图书馆开展资源共享服务的主要手段。图书馆文献传递服务是指根据用户对特定的、已确知的文献发出需求申请,由文献传递工作人员通过一定的方式,在适当的时间内将需要的文献或其替代品以有效的方式与合理的价格,直接或间接地传递给读者的一种服务。文献传递服务已成为弥补馆藏资源不足、满足用户需求的有效手段,用户对文献传递服务的信任度和依赖性也逐年增强,同时用户多元化的需求发展也给文献传递服务提出更高的要求。因此,研究基于用户交互的数字图书馆文献传递服务的评价,科学评价文献传递服务过程的有效性和用户对文献传递服务运行过程的满意程度以及评估文献传递目标的实现程度对实际工作具有指导意义。

本课题以上海图书馆和武汉大学图书馆文献传递服务作为调研的实证对象,探讨用户对于两馆文献传递工作的参与和满意度,研究用户和图书馆的黏合与互惠关系。在研究用户感知和参与的基础上,以基于用户交互的数字图书馆服务评价模型中具有投入产出含义的指标,应用于武汉大学图书馆馆际互借与文献传递服务的投入产出评价中,通过实际评价效果论证该评价指标体系的适用性和实用性,并示例说明本课题确立的数字图书馆服务评价模型在信息服务工作中的实际操作过程。本章最后仍以武汉大学图书馆文献传递中心为实证研究单位,探讨用户感知和满意度与服务中各因素的联动关系。因此,用户交互性研究以上海图书馆和武汉大学图书馆的文献传递中心为实例研究。交互服务过程和交互服务绩效的数据收集和研究是以武汉大学图书馆文献传递中心为实例研究。

7.1 实证研究背景和数据采集

随着教学、科研的发展，单个图书馆的馆藏资源已难以满足高校师生的信息需求，走资源共建共享之路，开展馆际互借和文献传递服务是弥补馆藏资源不足，满足用户需求的有效方式。本课题选取上海图书馆文献提供中心和武汉大学图书馆文献传递中心分别作为公共馆和高校馆的代表。

7.1.1 实证研究背景

7.1.1.1 上海图书馆文献提供中心

上海图书馆上海科学技术情报研究所是全国第一家省市级图情联合体，是大型综合性研究型图书馆，馆藏文献资源系统涵盖了社会人文、科学技术各学科领域。1995 年 10 月，上海图书馆与上海科学技术情报研究所合并，成为综合性研究型公共图书馆和行业情报中心，同时也是全国文化信息资源共享工程上海市分中心、上海市中心图书馆总馆、上海市古籍保护中心和上海市软科学研究基地前沿技术发展研究中心。

上海图书馆现藏中外文献 5 300 余万册(件)，其中古籍善本、碑帖尺牍、名人手稿、家谱方志、西文珍本、唱片乐谱、近代报刊及专利标准尤具特色。图情联合又大大丰富了馆藏科技资源，其中专利、标准、科技报告等都是文献传递的重要内容。上海图书馆开发的馆藏科技报告数据库、标准数据库、AIAA 数据库等都对馆藏文献做了很好的整合和揭示，实现了这些数据库和文献传递的无缝链接，为文献服务带来了便利。

2003 年上海图书馆文献提供中心成立，作为专门从事文献传递、馆际互借的业务部门。中心依托馆所丰富资源和协作网络，开拓文献服务的新领域,为海内外用户提供文献服务,包括各种类型和载体的文献查寻、广域检索、馆际互借及至最终传递,实行"一条龙"式的全方位服务。

上海图书馆开展馆际互借服务实际已有近20年历史,1998年加入联机计算机图书馆(OCLC)馆际互借服务[OCLC Interlibrary Loan(ILL) service,原称PRISM ILL]系统,随着上海地区文献资源协作网的发展和上海市中心图书馆建立,该馆牵头组织的上海地区文献资源共建共享工作致力于为馆内外广大用户、读者从境内外图书情报机构获取急需文献,与此同时,上海图书馆全面接受国内外图书馆向该馆发出的文献提供请求。近几年的服务过程中,上图文献传递服务还相继推出了"网上委托借书""上图文献搜索iDoc平台""Live800文献客服实时咨询""e卡通——电子资源远程服务"等优质高效的专业服务。

2003年文献提供中心成立之初,年原文传递量不到5 000篇,到了2008年年原文传递量突破20 000篇,2012年年文献传递量达到28 000篇,文献满足率达到85%。

2009年9月份开始,上海图书馆文献提供中心正式推出了原书馆际互借服务后,得到了境内外图书馆(尤其是高校图书馆)的热烈欢迎。2012年度图书外借的工作全面展开,全年共借书10 684册,其中有将近1 000册是第一次借出,真正达到了激活馆藏、资源共享的效果。

2011年5月20日,上海图书馆和北京地区高校图书馆文献资源保障体系(BALIS)馆际互借中心合作,为北京高校开展馆际互借服务。2011年11月,上海图书馆和中国高等教育文献保障系统(CALIS)开展合作。2012年5月,上海图书馆和中国高校人文社会科学文献中心(CASHL)开展合作。通过馆际互借系统,上海图书馆就和国内上千家高校建立了馆际互借的业务联系。

境外馆际互借方面,经过十年的合作,已经在OCLC上树立了上图中文文献提供的品牌,OCLC上国外的很多图情机构,如果需要中文文献,甚至可以不先查WorldCat,而直接将请求发到上海图书馆。

除了OCLC,2009年中科院国家科学图书馆协同上海图书馆、北京大学图书馆和德国 SUBITO 的合作，实现了中文文献在国外文献传递系统中直接检索和传递，实现了跨域的资源共享和信息服务，共为 19 个地区和国家的机构提供文献服务，为中文文献在德国及其他地区的传播发挥了重要作用，而且在服务响应时间、扫描图像清晰度、服务态度等方面均得到用户好评。2011 年 8 月，上海图书馆又开通了 SUBITO 文献请求用户端，大大拓展了上海图书馆向境外索取文献的途径。

从文献服务对象来看，2003 年上海图书馆文献提供中心常用客户就只有几十个，且多数在上海和长三角地区；2012 年上海图书馆文献提供中心常用客户已经达到 300 多个，其中有在沪的世界 500 强企业，也有新兴的研发机构、中小企业用户，这些客户分布在全国乃至世界各地。①

7.1.1.2 武汉大学图书馆文献传递中心

武汉大学图书馆以其历史悠久、藏书丰富、建筑宏伟、环境幽雅而闻名于世。武汉大学图书馆 2009 年年度文献购置经费支出近 2 757.3 万元，其中，学校拨款 2 006 万余元，教育部各项专款 449.8 万元，“211”专款及其他专项经费 301.1 万余元。与国内外 100 多所图书馆和学术机构建立了文献交换关系，图书馆文献保障能力进一步增强。2009 年全校入藏印刷型中外文图书期刊近 19.8 万册(件)，订购报刊 6 093 种。截至 2009 年 12 月 31 日，全校文献资源总量达 1 111 万余册，其中减去已剔除的 37 590 册，印刷型文献已近 629.9 万册，中外文电子书刊 452.7 万余册；线装古籍 17 万余册，有 300 多种收入《中国古籍善本书目》，48 种入选《国家珍贵古籍名录》。学科覆盖面广，遍及文、理、工、农、医等各个领域，其中尤以该校重点学科文献的收藏最为完整。

近年来，图书馆大力加强网络化和数字化文献资源的建设，对文献资源建设类型进行了适时调整，逐年加大对电子资源的收藏力度，并取得了明显成效。经过几年的建设，图书馆各类型电子文献逐渐成为学术信息资源的主要形式，数字化文献信息资源体系已具有一定的规模，截至 2009 年底，订

① 以上资料由本课题组成员上海图书馆文献提供中心主任张帆老师撰写提供。

购各类文献数据库 422 个，中外文全文电子图书 307.6 万种，374.4 万册；中外文全文电子期刊 3.1 万余种，78.3 万册，数字化文献资源总量居全国高校的前列，数据库内容已经基本涵盖学校所有学科专业，其类型以全文数据库居多，文摘数据库次之；而数据库包含的文献类型以及时反映最新学术成果的期刊为主，兼及图书、会议论文、科技报告、学位论文、技术标准、产品样本、专利等各类。初步建成印刷型文献和数字化文献相结合的文献保障服务体系。①

除了丰富的自有馆藏资源，文献传递中心由众多成员馆组成，包括利用 CALIS 馆际互借与文献传递应用软件提供馆际互借与文献传递的图书馆（简称服务馆）和从服务馆获取馆际互借与文献传递服务的图书馆（简称用户馆）。目前 CALIS 已发展服务馆 46 个，用户以馆际互借或文献传递的方式通过所在成员馆获取 CALIS 文献传递网成员馆丰富的文献收藏。

目前，该系统已经实现了与 OPAC 系统、CCC 西文期刊篇名目次数据库综合服务系统、CALIS 统一检索系统、CALIS 文科外刊检索系统、CALIS 资源调度系统的集成，读者直接通过网上提交馆际互借申请，并且可以实时查询申请处理情况。② CALIS 馆际互借与文献传递网构架了全国性的高校馆际互借工作的基础网络环境，为高校馆际互借工作的健康有序发展做出了重要的贡献。

CALIS 文献传递网于 2004 年 6 月 21 日正式启动，启动时包含 29 所服务馆和若干所用户馆。武汉大学图书馆作为 CALIS 文献传递网的首批试点服务馆面向全国开展文献传递服务。

2003 年 CALIS 文献传递子项目启动，武汉大学图书馆率先对文献传递的业务处理流程进行了改进和重组，一方面在岗位设置上从兼职变为专职，并根据工作流程划分岗位职责，形成各负其责的工作机制；另一方面根据用户需要在医学分馆增设文献获取地。

---

①② 资料来源：http://www.calis.edu.cn.

2004 年 6 月 21 日,CALIS 文献传递子项目正式启动,武汉大学图书馆作为 CALIS 文献传递网的首批试点服务馆面向全国开展文献传递服务,也是武汉大学图书馆文献传递服务大发展时期。此后,武汉大学文献传递工作进入不断改善和调整时期,管理制度不断完善,服务流程逐步改进,请求篇数不断增加,满足率不断得到提高,社会效益和经济效益也不断得到提高。

7.1.2 交互服务过程调研

项目组根据基于用户交互的数字图书馆服务评价模型的第二纬度交互服务过程中涉及的指标对武汉大学图书馆文献传递中心进行大半年跟踪调查、统计数据。为了收集数据的完整和便于定量评价,项目组从 2003 年武汉大学文献传递工作开始,至 2012 年为止收集数据,作为样本研究对象。

7.1.2.1 交互服务基础和服务成本数据收集

服务基础设备是指为文献传递小组服务提供的软硬件设备,包括电脑、打印复印机、扫描仪、传真机、装订机以及服务人员技术水平等。

服务成本包括软硬件设备成本、人员成本以及创新补贴。创新补贴是 CALIS 和武汉大学图书馆为了鼓励更多用户利用文献传递服务来满足其文献需求,CALIS 拨出专款或图书馆从文献资源建设费中拨出专款,对利用文献传递服务的用户实施不同程度的补贴,补贴的对象主要包括本校教师、研究生等。服务补贴将会使成本上升,但由于单篇服务收费的大大降低使用户可接受程度提高,同时补贴使文献申请数量明显增加,更多的用户从这项服务中受益,图书馆也因此在用户心目中树立了良好的形象,其社会效益大大增加。

2004 年由 CALIS 立项,武汉大学图书馆为文献传递小组配备以下设备,计划设备使用期为 6 年,2009 年年底全面更新设备。具体基础设备见表 7 - 1 和表 7 - 2。

表 7－1　2003 年至 2008 年文献传递小组硬件设备统计表

设备名称	件数	单价(元)	总价(元)	设备成本合计(元)
清华同方电脑	2	6 690	13 380	32 260
蓝星电脑	1	6 570	6 570	
联想电脑	1	6 360	6 360	
惠普激光打印机	1	2 400	2 400	
爱普生扫描仪	1	900	900	
传真机	1	2 300	2 300	
装订机	1	350	350	

注：资料数据根据武汉大学文献传递小组的原始数据计算而得。

从表 7－1 可以看出文献传递小组硬件设备 6 年费用共计 32 260 元，平均每年设备费用是 5 376 元。

表 7－2　2009 年至 2012 年文献传递小组硬件设备统计表

年份	设备名称	件数	单价(元)	总价(元)	合计(元)
2009 年至 2011 年	联想启天台式电脑	5	3 400	17 000	53 700
	戴尔笔记本电脑	1	3 960	3 960	
	惠普打印机	1	9 830	9 830	
	佳能传真一体机	1	2 150	2 150	
	佳能照相机	1	3 400	3 400	
	拍摄仪	1	1 760	1 760	
	富士通扫描仪	1	15 600	15 600	
2012 年	联想启天台式电脑	1	3 400	3 400	19 000
	富士通扫描仪	1	15 600	15 600	

注：资料数据根据文献传递小组的原始数据计算而得。

根据新的折旧规定,折旧周期为 5 年,则 2009—2011 年每年的设备成本:53 700/5＝10 740 元,2012 年的设备成本:(53 700＋19 000)/5＝14 540 元。

人员成本主要是指支付给从事文献传递工作人员的费用,即工作人员的年收入。按照 2003 年至 2008 年武汉地区平均收入计算:副研究馆员 3 000 元/月、馆员 2 500 元/月、助理馆员 2 000 元/月。依次计算 2003 年至 2012 年文献传递小组人员年成本总数。

根据以上数据汇总计算得出文献传递小组成本统计如表 7-3 所示。

表 7-3 文献传递小组成本统计表

单位:元

项目	年份									
	2003 年	2004 年	2005 年	2006 年	2007 年	2008 年	2009 年	2010 年	2011 年	2012 年
设备	6 285	5 376	5 376	5 376	5 376	5 376	10 740	10 740	10 740	14 540
网络通信	3 452	3 452	3 452	1 440	1 440	1 440	0	0	0	0
耗材	5 760	6 542	6 840	7 152	4 250	4 720	6 950	6 012	5 011	4 979
人员成本	90 000	144 000	120 000	120 000	120 000	120 000	126 000	126 000	126 000	150 000
创新补贴	82 000	120 000	130 000	119 000	75 360	63 850	364 554	308 216	229 545	226 028
总成本	187 497	279 370	265 668	252 968	206 426	195 386	508 244	450 968	371 296	395 517
业务量	6 807	10 860	10 128	9 640	11 007	12 401	23 795	20 498	15 644	19 269
单次服务成本	27.55	25.7	26.2	26.2	18.75	15.76	21.36	22.01	23.73	20.52

注:资料数据根据文献传递小组提供的数据汇总而得。

7.1.2.2 数字资源

数字资源是文献信息的表现形式之一,是将计算机技术、通信技术及多媒体技术相互融合而形成的以数字形式发布、存取、利用的信息资源总和。这里统计的数字资源是指为文献传递服务提供的各种商业化的数据库、机构或个人建立的数据库、电子期刊、电子图书、网页、多媒体资料等类型各种网络资源,同印刷型文献相比,数字资源类型更为丰富。

根据武汉大学图书馆信息服务中心提供的包括中外文数据库、全文电子书数据库、全文电子刊数据库、光盘数据库的数量合计计算。

(1) 2012 年的数字资源统计如下:

● 全文电子书数据库:电子书 6 271 888 册、数据库 23 个(包括学位论文)。

● 全文电子刊数据库:电子刊 1 000 965 份,数据库 51 个。

● 光盘数据库 114 个、光盘 4 729 张、其他数据库 261 个。

● 各类资源:(唱片、磁带、录像带、CD、VCD、DVD)新增 291 种、292 册。

因此,中外文数据库累计数 449 个(比 2011 年增加了 7 个),新增 8 个,试用库 38 个。

(2) 2011 年的数字资源统计如下:

● 全文电子书数据库 21 个(中文库 14 个、中文电子书 3 708 115 种、4 648 382 册,外文库 7 个、外文电子书 728 114 种、1 019 573 册)。

● 全文电子刊数据库 46 个(中文库 5 个、中文电子刊 12 645 种、27 078 份、304 936 册;外文库 41 个、外文电子刊 24 241 种、34 663 份、615 910 册)。

● 光盘数据库 114 个及光盘 4 729 张(中文库 78 个、中文光盘 2 663 张,外文库 36 个、外文光盘 2 066 张)、其他数据库 261 个。

● 中文库 109 个,外文库 219 个,中文光盘 78 个,外文光盘 36 个,共 442 个(其中有其他语种 2 个)、新增 10 个、试用库 41 个。

(3) 2010 年的数字资源统计如下:

● 全文电子书数据库 20 个(中文库 14 个、中文电子书 2 660 019 种、3 029 919 册,外文库 6 个、外文电子书 593 204 种、921 408 册)。

● 全文电子刊数据库 41 个(中文库 4 个、中文电子刊 12 199 种、24 313 份、277 885 册;外文库 37 个、外文电子刊 15 584 种、23 588 份、560 322 册)。

● 光盘数据库 114 个及光盘 4 729 张(中文库 78 个、中文光盘 2 663 张,外文库 36 个、外文光盘 2 066 张)、其他数据库 257 个。

● 中文库 108 个,外文库 210 个,中文光盘 78 个,外文光盘 36 个,中外文数据库累计数共 432 个(其中有其他语种 2 个),新增 10 个、试用库 45 个。

其他年份就不一一列出,根据以上数据汇总得出表 7 - 4。在以后的评估过程,项目组采用中外文数据库合计数作为数字资源的考评量。

表 7 - 4 武汉大学图书馆电子资源统计表

单位:个

名称	年份									
	2003 年	2004 年	2005 年	2006 年	2007 年	2008 年	2009 年	2010 年	2011 年	2012 年
中文数据库	15	81	89	96	99	102	104	108	109	112
外文数据库	4	99	110	188	190	196	204	210	219	223
中文光盘	32	70	71	78	78	78	78	78	78	78
外文光盘	10	30	30	36	36	36	36	36	36	36
合　计	61	280	300	398	403	412	422	432	442	449

注:资料数据根据信息服务中心提供的数据汇总而得。

7.1.3 交互服务绩效调研

交互服务绩效维度评价数据的收集仍以武汉大学图书馆文献传递中心为研究对象,主要考评文献传递服务所产生的社会效益、经济效益以及创新效益。

7.1.3.1 创新效益

主要指创新服务为服务范围内所带来的科研效益,具体衡量指标体现在服务范围内科技论文索引数量、服务范围内专利发明数量。

1. 服务范围内科技论文索引数量

在武汉大学图书馆上查到的 2003 年至 2008 年武汉大学科技论文的索引情况,详细记录具体如下。

2003 年 SCIE、SSCI、AHCI、EI、ISTP、ISSHP 收录武汉大学国际论文总数共 1 590 篇，以武汉大学为第一作者单位的论文共 1 490 篇，比 2002 年增加 465 篇，增长 45.37%，减去各库重复 306 篇（如 SCIE 与 EI 重复 172 篇，SCIE 与 SSCI 重复 1 篇，SCIE 与 ISTP 重复 39 篇，EI 与 ISTP 重复 56 篇，SCIE 与 EI、ISTP 重复 12 篇，ISTP 与 ISSHP 重复 14 篇等）。

2004 年 SCIE、SSCI、AHCI、EI、ISTP、ISSHP 收录武汉大学国际论文总数共 2 235 篇，以武汉大学为第一作者单位的论文共 1 844 篇。比 2003 年增加 462 篇，增长 33.43%。减去各库重复 462 篇（如 SCIE 与 EI 重复 271 篇，SCIE 与 ISTP 重复 75 篇，SCIE 与 ISTP、IE 重复 10 篇，SCIE 与 SSCI、ISTP、ISSHP 重复 1 篇，EI 与 ISTP 重复 67 篇，EI 与 ISTP、ISSHP 重复 2 篇，ISTP 与 ISSHP 重复 18 篇等）。

2005 年 SCIE、SSCI、AHCI、EI、ISTP、ISSHP 收录武汉大学国际论文总数共 3 050 篇，以武汉大学为第一作者单位的论文共 2 725 篇。比 2004 年增加 881 篇，增长 47.8%。减去各库重复 498 篇（如 SCI 与 EI 重复 298 篇，SCI 与 ISTP 重复 72 篇，SCI 与 ISTP、IE 重复 29 篇，EI 与 ISTP 重复 45 篇，EI 与 ISTP、ISSHP 重复 8 篇，ISTP 与 ISSHP 重复39 篇等）。

2006 年 SCIE、SSCI、AHCI、EI、ISTP、ISSHP 收录武汉大学国际论文总数共 3 499 篇，以武汉大学为第一作者单位的论文共 3 118 篇。比 2005 年增加 393 篇，增长 14.4%。减去各库重复 606 篇（如 SCI 与 EI 重复 354 篇，SCI 与 ISTP 重复 83 篇，SCI 与 ISTP、IE 重复 48 篇，SCI 与 ISTP、ISSHP、SSCI 重复 1 篇，EI 与 ISTP 重复 65 篇，EI 与 ISTP、ISSHP 重复 3 篇，ISTP 与 ISSHP 重复 52 篇等）。①

对于 2009 年至 2012 年的科技论文索引情况，项目组于 2013 年 2 月 6 日对 SCIE、SSCI、AHCI、CPCI-S、CPCI-SSH 及 EI 数据库进行检索。

SCIE、SSCI、AHCI、CPCI-S、CPCI-SSH 的检索式为：

地址＝(wuhan univ or wu han univ)

---

① SCI/EI/ISTP 服务[EB/OL].[2009－11－02]. http://www.lib.whu.edu.cn/sci/.

精炼依据：机构=(WUHAN UNIV) AND (WUHAN UNIVERSITY)

EI 的检索式为：

[wuhan univ * not huazhong not (hua zhong) not naval not nationalities not jianghan not normal not (Wuhan Univ * of Tech *) not 430062 not 430033 not (wuhan univ * of science and technology) not (wuhan univ * of science and engineering) not (china univ * of geosiences) not (wuhan univ * of geosciences) not (Wuhan Polytechnic University)] wn AF

检索年份分别限定为 2007、2008、2009、2010、2011 和 2012 年，得到的检索结果如表 7-5 所示。

表 7-5 武汉大学科技论文索引情况统计表

单位：篇

年份	数据库							
	SCIE	SSCI	AHCI	CPCI-S (原 ISTP)	CPCI-SSH (原 ISSHP)	以上 5 个库一起检索	EI	总计
2007	1 522	27	5	1 012	369	2 502	1 570	4 072
2008	1 567	49	7	990	453	2 611	1 862	4 473
2009	1 721	98	46	1 233	371	2 986	2 145	5 132
2010	1 762	100	42	481	242	2 343	2 115	4 458
2011	2 039	129	50	520	135	2 527	2 449	4 976
2012	2 307	162	55	335	73	2 665	2 016	4 681

2. 服务范围内专利发明数量

项目组于 2013 年 2 月 20 日通过中华人民共和国国家知识产权局网站(http://www.sipo.gov.cn/)进行检索。以武汉大学为申请(专利权)人，检索得到的数据如表 7-6 所示。

表 7-6　武汉大学 2003 年至 2012 年申请专利情况统计

单位：项

年份	项目			
	发明专利	实用新型专利	外观设计专利	合计
2003	140	46	10	196
2004	87	50	1	138
2005	210	44	0	254
2006	213	78	11	302
2007	177	58	0	235
2008	221	83	34	338
2009	262	113	18	393
2010	300	91	4	395
2011	374	122	1	497
2012	383	120	12	515

7.1.3.2　社会效益

按照第三维度的社会效益主要涉及服务的用户数、服务业务量、提供交互服务培训支持、服务满足率。

服务用户数是按每年新增的校内用户作为统计单位(软件自动统计)；服务业务量是以一年为单位由软件自动统计；提供交互服务培训支持是文献传递小组每年为用户提供数据库检索、网上资源查询的培训次数；服务满足率是衡量服务质量的主要指标，是指用户申请的文献总数中能满足用户的文献比例，即指文献传递申请的总量与圆满满足请求数量的比率，是评价文献传递服务对用户需求的有效性和实用性程度的重要指标。如 2012 年业务量为 18 646 篇，其中满足用户要求的是 16 556 篇，满足率为 88.79%，2011 年的业务量为 15 644 篇，其中满足用户要求的是 14 166 篇，满足率为 90.55%。

表 7-7 2003 年至 2012 年文献传递小组社会效益情况汇总

指标	2003 年	2004 年	2005 年	2006 年	2007 年	2008 年	2009 年	2010 年	2011 年	2012 年
服务用户数(人)	713	796	1 003	840	795	710	626	554	699	920
服务业务量(篇)	10 273	10 736	14 052	17 946	13 128	11 917	23 795	20 498	15 644	18 646
交互服务培训(次)	500	1 400	500	1 000	1 500	1 300	1 500	2 000	2 100	8 000
服务满足率	85.86%	88.84%	85.22%	89.61%	90.46%	91.1%	90.92%	90.41%	90.55%	90.92%

注：资料数据根据武汉大学文献传递中心提供的数据汇总而得。

7.1.3.3 经济效益

经济效益主要指文献传递小组每年所创造的经济收益，2003 年文献传递工作刚启动，年收益只有 108 816 元，到 2005 年增加至 199 096 元，年增长率 28%；2007 年至 2008 年，经济收入呈下降趋势，而 2009 年由于设备的全面更新和人员的调整，使服务的业务量大增，达到最大值 293 738 元，之后又呈下降趋势。具体收入情况如图 7-1 所示。

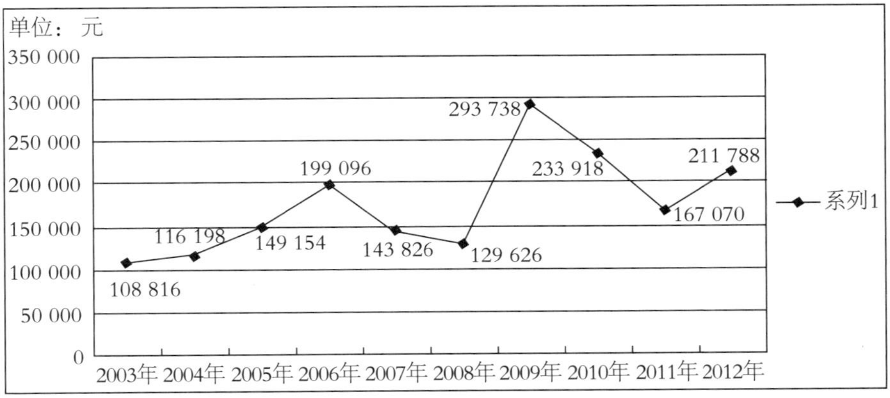

图 7-1 2003 年至 2012 年文献传递小组经济收益曲线图

注：资料数据根据文献传递小组提供的数据汇总而得。

7.2 用户交互性研究

为了解用户对于上海图书馆文献提供中心(以下简称上图馆)和武汉大学图书馆文献传递中心(以下简称武大馆)工作的参与度和体验情况,项目组根据三维评价模型基于用户交互的数字图书馆服务评价模型的第一纬度用户交互需求纬度设计了《上海图书馆馆际互借与文献传递工作用户调查表》(附录表1)和《武汉大学图书馆馆际互借与文献传递工作用户调查表》(附录表2)。这次设计调查问卷,侧重于用户关系与用户情感调查,探讨用户对于两馆文献传递工作的参与与满意度,研究用户与图书馆的黏合与互惠关系。项目组于2013年3月15—30日,主要采用现场填写调查表及email发送用户调查表方式来回收问卷调查表。上图馆采取email和现场发放调查问卷方式,一共发出150份,回收29份,回收率不到20%。武大馆打印调查表60份供用户填写,回收调查表45份;通过email向用户发送调查表有60份,回收调查表20份;此次调查武大馆共回收调查表65份,回收率55%。从调查表回收情况看,采用用户现场填写调查表方式回收调查表比较高。

7.2.1 用户群体结构和图书馆的黏合度调查与分析

由于上图馆和武大馆的服务对象不同,用户群体结构的调查是以文化程度和技术职称以及用户在文献获取过程中自我信息分析能力为调研指标;用户与图书馆的黏合度主要是指他们之间的相互依存程度,包括用户与图书馆的互惠关系即两者之间共生的互利关系,即用户是否愿意利用图书馆服务的服务以及利用服务的目的等。根据统计情况如表7-8所示。

表 7－8　上图馆与武大馆用户群体结构及图书馆黏合度调查情况统计表

调查项目	调查内容	上海图书馆所占比例(%)	武汉大学图书馆所占比例(%)
文化程度	博士	25.00	58.46
	硕士	40.00	36.92
	本科	20.00	4.62
	其他	15.00	0
技术职称	教授或研究员	10.00	4.62
	副教授或副研究员	15.00	18.46
	讲师或工程师	25.00	24.62
	其他	50.00	52.30
在文献传递服务申请中自己分析信息的能力	非常强	20.00	9.23
	比较强	15.00	27.69
	还可以	45.00	43.08
	弱	20.00	20.00
用户是通过哪些信息服务机构获取文献传递服务	高校图书馆	41.00	93.84
	公共图书馆	35.00	3.08
	情报研究所	10.00	3.08
	其他	14.00	0
急需的文献在图书馆找不到时，您会采取何种方式去获取	通过馆际互借方式获得	50.00	38.55
	直接向作者索取	0.00	12.05
	自己分析网络查找	22.00	30.12
	通过朋友或者同行帮忙	21.00	16.87
	放弃查找	7.00	2.41
索取文献的目的	教学	5.00	86.30
	科研	80.00	12.33
	其他	15.00	1.37

从表 7－8 的统计数据可以看出，上图馆的服务对象更为广泛，除了高学历的高级职称和中级职称外，还有 15％的其他用户。项目组在调查中发现有小学生希望工作人员帮助查找资料完成暑期作业，这给服务增加了一定的难度。从回收数据分析用户对于两馆的依赖程度也有区别，上图馆分别有 41％和 35％的用户分别依赖高校馆和公共馆，而武大馆的用户 93.84％依赖高校馆；从用户索取文献的目的来看，上图馆 85％的用户是用于教学和科研，武大馆 98.63％用户也是用于教学和科研。这说明上图馆的用户群体较为分散广泛，与图书馆的黏合程度较低。由于不同用户的性格、年龄、经历乃至文化背景的不同，对信息服务的体验和要求也不同。用户体验的个性化及其人性化特点给用户体验的设计、收集及分析工作带来许多不确定性，也给上图馆的服务带来一定的挑战。而武大馆服务的对象主要为高校教师和学生，对象较单一，与图书馆的亲密程度较高。

此外，从另一组数据可以看出，用户对自己信息分析能力都较自信，两馆的用户中都有 80％的比例认为自己有一定的信息分析能力，在所需要的文献在图书馆无法获取时，上图馆有 50％的用户依赖文献传递，武大馆只有 38.55％的用户依赖图书馆的服务，大部分用户可以通过自己寻找或联系作者的方式获取文献。因此，用户群体的高知化和专业化为图书馆的服务提出更高的挑战。

7.2.2 用户参与度和服务体验调查分析

用户参与度主要表现在用户参与服务流程的调研，包括用户对于服务的了解程度、服务流程的参与；用户参与服务体验也表现对文献类型的需求以及体验新型服务模式为主开展的调研。两馆回收数据如表 7－9 所示。

表 7－9 上图馆与武大馆用户参与度及服务体验调查情况统计表

调查项目	调查内容	上海图书馆所占比例(%)	武汉大学图书馆所占比例(%)
对馆际互借方式获取文献的了解程度	非常了解	10.00	9.23
	比较了解	25.00	33.85
	基本了解	30.00	33.85
	不太清楚	30.00	23.08
	不知道	5.00	0
最需要的文献类型	图书	30.00	26.00
	学术论文	37.00	55.00
	专利文献	22.00	6.00
	学位论文	7.00	13.00
	其他	4.00	0
急需的文献在图书馆找不到时,您会采取何种方式去获取（重复）	通过馆际互借方式获得	50.00	38.55
	直接向作者索取	0.00	12.05
	自己分析网络查找	22.00	30.12
	通过朋友或者同行帮忙	21.00	16.87
	放弃查找	7.00	2.41
不使用馆际互借服务的原因	不知道这项服务	10.00	15.71
	不明确服务的具体内容	37.00	28.57
	系统使用起来不方便	6.00	15.71
	此项服务有成本费开销	37.00	25.71
	如果不收费,我就会用	10.00	14.29
在文献传递服务中是否使用过移动服务	是	20.00	0
	否	80.00	100

从表 7 - 9 可以看出，上图馆有 30%的被调查者选取不太清楚文献传递服务，武大馆有 23.08%的被调查者选取不太清楚。这说明文献传递工作的宣传普及工作还需进一步开展。武大馆可以通过学科馆员宣传、一小时培训讲座等方式开展；上图馆的难度较大，可以分析用户群体的特点，采用特定用户跟踪、社区讲座、网站宣传或展览宣传等方式。从用户最需要的文献类型来看，武大馆主要是提供图书和论文、学位论文；上图馆服务的文献类型更为广泛，其中专利所占比例较大，内容更广。而在移动服务的开展上，上图馆明显走在前列，2009 年上图馆首次推出了手机图书馆网站，并将移动新技术与图书馆服务相融合，利用二维码和智能手机全媒体技术，在手机上实现个性化的服务①，被调查者中有 20%的用户使用了移动服务；武大馆虽然开展了移动服务，但是在文献传递服务中尚未运用。

项目组在用户参与度以及服务体验中的调查中发现，目前不论公共馆还是高校馆，用户直接参与服务流程的比例很小，多数的情况是用户参与评价服务效果等，嵌入用户的服务还有待进一步深入开展。对于新技术的应用和体验，上图馆十分重视，特别推出新技术体验室，推广新技术在图书馆服务的应用，深受市民欢迎。

7.2.3 用户满意度的调查与分析

数字图书馆的用户满意度是指用户对数字图书馆网站提供的信息服务的内心感受和主观评价。在服务过程中，核心资源、有形载体和附加服务这三方面的质量构成了用户对整体服务质量的感知②。因此，调查表以提供文献的准确率、服务时间、服务收费、服务方式、操作界面、信息设计、信息需求及情感需求为调查内容，回收数据统计如表 7 - 10 所示。

---

① 张磊.上海图书馆移动服务实践与创新[J].图书情报工作，2013(4)：11 - 15.

② 胡昌平，乔欢.信息服务与用户[M].武汉：武汉大学出版社，2001：78.

表 7-10 上图馆与武大馆用户满意度调查情况统计表

调查项目	调查内容	上海图书馆所占比例(%)	武汉大学图书馆所占比例(%)
对文献传递服务提供文献准确率的满意度	非常满意	60.00	27.69
	比较满意	35.00	40.00
	基本满意	10.00	29.23
	不满意	0	1.54
	很不满意	0	1.54
对文献传递获取文献的时间满意度	非常满意	50.00	4.62
	比较满意	35.00	44.62
	基本满意	15.00	43.08
	不满意	0	4.62
	很不满意	0	3.08
对文献传递服务的收费标准满意度	非常满意	15.00	0
	比较满意	15.00	7.69
	基本满意	55.00	83.08
	不满意	15.00	9.23
	很不满意	0	0
获取文献的服务方式和途径的满意度	非常满意	25.00	13.95
	比较满意	40.00	38.46
	基本满意	30.00	43.08
	不满意	5.00	3.08
	很不满意	0	1.54
文献传递操作界面的互动程度满意程度	非常满意	15.00	9.23
	比较满意	55.00	43.08
	基本满意	30.00	35.38
	不满意	0	12.31
	很不满意	0	0

（续表）

调查项目	调查内容	上海图书馆所占比例(%)	武汉大学图书馆所占比例(%)
对文献传递服务中信息设计的满意程度	非常满意	30.00	10.77
	比较满意	35.00	47.69
	基本满意	35.00	4.62
	不满意	0	1.54
	很不满意	0	1.54
对服务的信息需求满足程度	非常满意	30.00	10.77
	比较满意	50.00	50.77
	基本满意	20.00	30.77
	不满意	0	6.15
	很不满意	0	1.54
在此项服务中您得到的情感满足程度	非常满意	40.00	21.54
	比较满意	35.00	49.23
	基本满意	25.00	26.15
	不满意	0	3.08
	很不满意	0	0

从表 7－10 看，上图馆用户满意度较高，基本不存在不满意选项；武大馆绝大多数满意，存在很小比例的不满意用户，操作界面的互动的不满意用户达到 12.31%，用户反映用户账户注册过于复杂，操作界面友好性有待提高。信息需求满足程度较高，满足率都在 90%以上。情感是态度这一整体中的一部分，它与态度中的内向感受、意向具有协调一致性，是态度在生理上一种较复杂而又稳定的生理评价和体验。这次调研情感满足率都高达 95%以上。

因此，上图馆和武大馆作为公共馆和高校馆的代表，其文献传递服务工作开展至今已经取得良好的社会效益，但是从用户嵌入服务的角度还有待进一步完善。

7.2.4　用户交互性研究总结与分析

根据调查数据分析研究,可以看出,上图馆和武大馆文献传递服务的用户交互呈现以下特点。

1. 用户群体不断扩大,文献需求类型日趋多样化

随着科学技术的日新月异发展,各个层次的文献传递用户群体不断扩大,早期文献传递服务的对象主要是教师和博士生的情况也发生了变化。此次调查的博士或在读博士仍然是高校馆文献传递的最大用户群体,而随着国家对科研重视程度的不断提高和大学教育体制改革的深化,在校硕士生和本科生也将是一个不可低估的用户需求群体。公共馆的用户群体涉及范围更广,从博士教授研究员到小学生等各个阶层,服务内容也涉及广泛。

武大馆传统的文献传递服务对象通常以该校师生服务为主,而在资源共享的网络环境下文献传递服务群体已逐渐扩展到本地区、国内其他地区乃至全球一切提出申请的个人读者和机构团体。为了评价工作的顺利开展,本项目组以该校师生作为调研对象。上图馆由于是服务全社会,因此,项目组把所有服务对象作为研究对象。

此外,文献索取的类型较以前更丰富,学术论文、图书仍然是最大的比例。由于较好解决了著作权问题,学位论文的传递量有所增长,专利文献也逐年增长。随着学位论文库的日趋完善,学位论文的传递量还将大大增加。

2. 用户对文献传递服务的准确性和时效性要求越来越高

在知识经济时代用户对信息需求的准确性和时效性要求也越来越高,用户通常希望图书馆工作人员在最短的时间内提供所需要的信息,他们经常会提出超过某个时限就不再需要这些资料的要求。

图 7－2 所列是上图馆和武大馆文献传递工作平均完成时间,可以看到用户对完成时间要求越来越高,上图馆完成时间 2012 年相对 2005 年基本提高一倍速度,时间缩短一半。武大馆从 2005 年至 2012 年,完成一项申请

的时间缩短一倍时间，工作效率提高两倍以上。可以看出，两馆从人员配备、网络建设和协作单位之间的协调等方面都做了较大努力，服务完成时间大大缩短，但是用户对信息获取的时效性要求非常高，他们大多希望能当天或隔天获取申请资源，在这次用户反馈的意见中就有人提出扩大信息量，提高文献传递服务的即时性等建议。

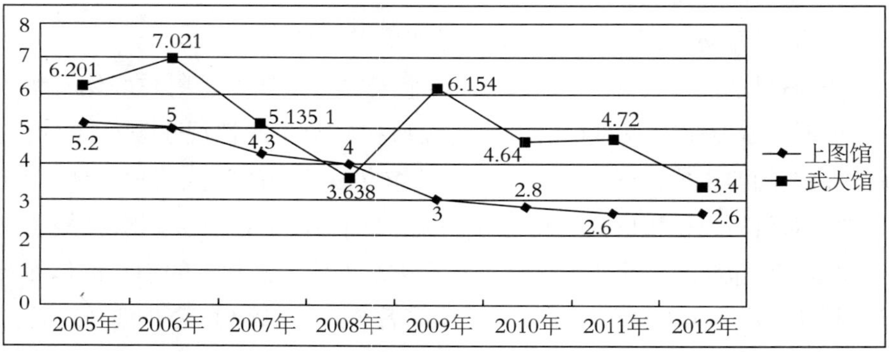

图 7－2　上图馆和武大馆文献传递服务完成时间统计图

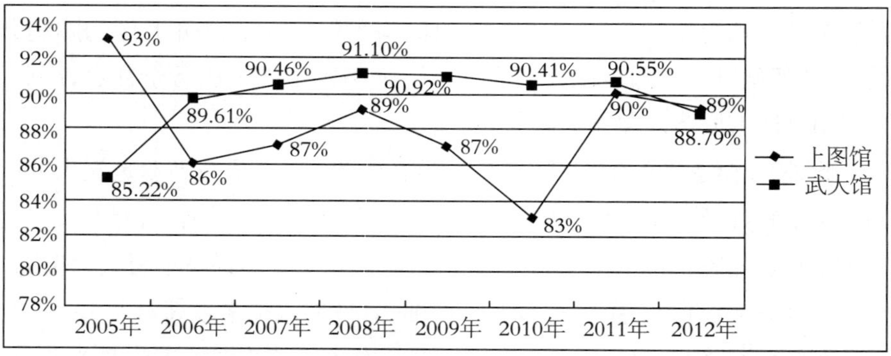

图 7－3　上图馆和武大馆文献传递服务满足率统计图

两馆的文献满足率一直维持在 83％～93％之间，保持较高水平。因此，此次调查用户对文献传递准确率选择满意度都超过 90％。从图 7－2 和图 7－3 对比可以看出，上图馆的文献服务完成时间普遍快于武大馆，但是文献服务的满足率起伏很大，从调研数据分析，上图馆的用户层次较广，需求的文献类型较多，分布较分散，所以在一定程度上影响文献的满足率。

3. 用户期望获得性价比较高的文献服务

一方面，虽然有各种优惠措施和补贴政策，但是通过对传递用户调查以及查阅国内该领域的相关文献发现，传递费用较高一直是影响用户文献需求的主要因素之一，甚至很多用户会因为费用过高而放弃对原文的索取。以武大馆为例，此次调研用户中没有一位选择对文献传递服务的收费标准非常满意，7.69%的用户选择比较满意，83.08%用户选择基本满意，9.23%用户选择不满意。目前武汉大学图书馆文献传递费用由文献查询费＋复制、传递费＋(加急费)构成①，由于各项优惠补贴政策的实施，各种文献的传递费用控制很紧，例如CASHL补贴力度较大，一年有两次全国性免费传递补贴，另外还有些区域性补贴，用户传递文献支出费用较少。但是由于用户群体的扩大，特别是本科生等，他们希望得到更优惠的服务。

另一方面，上图馆虽然没有任何补贴，收费比高校馆较高，但是用户对文献传递服务的收费标准满意度的调查中，15%的用户选择非常满意，85%的用户都处于满意状态，只有15%的用户不满意。这个调查结果使项目组做了进一步的调研，发现主要是不同用户对象期望值不同。高校师生期望高校图书馆提供免费服务。公共馆的用户多是隶属于某机构的研究人员，其中的高校教师都是在本校无法获得资源满足的情况下才会再到上图馆，这样对收费的预期就不同，而且他们是有研究经费的。还有就是普通用户，考虑到图书馆的交通成本，比如上海来回地铁起步就是6元，加上时间成本，用户心中对收费也是有预期的。

因此，图书馆不仅应积极寻求收费合理的文献传递合作单位，更可以利用合作资料尽量降低文献传递成本，还且还需要从环境、宣传等各种因素考虑，满足用户多方位的心理需求，吸引更多的用户利用文献传递服务。

---

① 文献传递收费与补贴[EB/OL].[2013-09-07].http://www.lib.whu.edu.cn/web/index.asp? obj_id=206.

4. 操作界面与移动服务有待进一步改进和开发

武大馆文献传递目前主要使用 CASHL 和 CALIS 两大系统,用户需要分开登陆注册提交申请,操作界面填写的内容太多,比较烦琐。现在 CALIS 系统进行了一些改进,用户信息通过统一论证系统一次导入进入系统中,只需添加一些信息如电话、email 就可以完成注册。调查结果显示,操作界面的互动性需要进一步完善,12.31%被调查者表示不满意。另外在意见反馈中有用户提出很多可行性建议,这是目前服务中存在的主要问题。

移动服务是指通过手机、iPad、Kindle 等移动设备提供图书馆服务的一种方式。通过移动设备,用户可以随时随地使用图书馆服务,图书馆移动服务成为信息社会图书馆服务的必然选择。目前上图馆已经将移动服务用于文献传递服务,大大方便了用户。武大馆已经通过短信和 Web 网页开展移动服务①,利用超星公司的手机图书馆系统,系统中带有文献传递服务,但只能获取超星公司的文献传递服务。而目前最大的传递系统 CALIS 和 CASHL 尚未开展移动服务。因此,文献传递服务不仅要重视充实各类数据库资源,同时也要让知识信息通过移动网络和阅读设备及时传递给用户,方便用户在校园内外借助于便携式移动阅读终端,通过网络随时随地获取所需资料。

5. 用户得到信息需求和情感需求的双重满足

信息需求是人的基本需求,是引发信息消费的原动力,是信息消费者必备要素,信息需求从信息检索实践的角度,它是对特定信息的需求或请求,并经常被表达为查询指令或提问式;从认知导向信息查询与检索的角度,它代表信息需求者不充分的认知状态及其发展所依赖的认知机制。② 此次调查,两馆用户信息需求的满足率基本保持在 90%左右。

情感是态度这一整体中的一部分,它与态度中的内向感受、意向具有协

① 龙泉,谢春枝,申艳,等.国内外高校图书馆移动服务现状及比较分析[J].情报杂志,2013(2):173-177.

② 王健,周国民,王剑,等.认知导向信息需求研究综述[J].图书情报工作,2013(10):136-141.

调一致性，是态度在生理上一种较复杂而又稳定的生理评价和体验。《心理学大辞典》中认为："情感是人对客观事物是否满足自己的需要而产生的态度体验。"①此次调查的两馆的用户在服务中获取情感满足程度高达95%。因此，情感是人对客观事物所持的态度体验，是更倾向于社会需求欲望上的态度体验。这说明两馆都不仅重视用户一般信息需求的满足，也把用户情感满足放在服务的首位。

不同层次的用户群体，其需求有差异，图书馆应予以重视，提高整体服务。从调查中用户也提出些有建设意义的意见，比如开展文献传递的多功能性，比如开通"读秀"的文献传递服务功能，"读秀"是由海量全文数据及资料基本信息组成的超大型数据库。为用户提供深入到图书章节和内容的全文检索、部分文献的原文试读，以及高效查找、获取各种类型学术文献资料的一站式检索，周到的参考咨询服务，是一个真正意义上的学术搜索引擎及文献资料服务平台。借此功能，用户可以获取更大的信息需求和情感需求。

7.3　用户满意度与各影响因素的动态关联分析

本研究注重从用户交互的角度研究服务的整体效应，而用户满意度是反映用户对服务的真实评价以及表明用户参与的欲望程度等，因此本节以用户满意度为中心，研究其他指标对用户满意度的影响程度，通过实证检验如何从内在和外部机制相结合提高用户的满意度，以期提高用户参与互动的程度。本节采用向量自回归模型进行实证研究。

向量自回归模型稳定是协整分析和脉冲响应分析的前提，如果模型稳定，可以进一步做协整检验和脉冲反应，协整检验时检验满意度与其他指标之间的长期均衡，而脉冲反应是分析一个变量受另外一个变量一个标准信

① 情感[EB/OL].[2013-09-07]. http://baike.baidu.com/link? url=DKOC8NZASm8KxDSUi7tDpbZgiX58SmxmHQF3DV30lvT0206eRIDF26rvxSEon-Zp.

息单位正向的冲击，也就是研究满意度与其他指标之间的短期影响。

7.3.1 向量自回归模型

7.3.1.1 向量自回归模型简介

向量自回归(vector auto regression, VAR)模型是基于数据的统计性质建立模型，VAR 模型把系统中每一个内生变量作为系统中所有内生变量的滞后值的函数来构造模型，从而避免了结构化模型的建立。①

VAR 模型的数学表达式为：

$$Y_t = A_1 Y_{t-1} + A_2 Y_{t-2} + \cdots + A_p Y_{t-p} + \varepsilon_t \qquad t = 1, 2, \cdots, T$$

其中，Y_t 是 k 维内生变量向量，p 是滞后阶数，T 为样本个数。$k \times k$ 维矩阵 $A_1, A_2, \cdots, A_p$ 为待估系数矩阵，ε_t 为独立且等方差的白噪声变量，没有结构性意义。由于等式右边只有内生变量的滞后值，所以用普通最小二乘法能够得到 VAR 模型的一致且有效估计值。

7.3.1.2 向量自回归模型的构建

本研究首先在满意度和其各个影响因素之间分别建立 VAR 模型，然后检验模型的平稳性，对于 VAR 模型平稳的影响因素，进一步在满意度和该影响因素之间进行协整关系和脉冲响应分析，分析该影响因素对于满意度的影响程度。

1. 数据准备

本研究通过建立用户满意度对其各个影响因素的 VAR 模型，来分析各个因素对于满意度的影响程度。

表 7－11 列出了武汉大学图书馆 2003 年至 2012 年的用户满意度及其影响因素的数据，为了计算误差，项目组以半年为单位来统计，增加样本量，其中上半年统计期限为 1 月 1 日至 6 月 30 日，下半年统计期限为 7 月 1 日至 12 月 31 日。

---

① 樊秀峰，等. 开放度对广东省服务业全要素生产率的影响研究——基于 DEA-Malquist 指数法和 VAR 的实证分析[J]. 中国商务管理创新研究. 2011：167－177.

表 7－11 武汉大学图书馆 2006 年至 2012 年的用户满意度及其影响因素数据①

年份	指标								
	投入资本(元)	网络数据库数量(个)	服务年收益(元)	服务业务量(笔)	服务范围年科技论文索引的数量(篇)	服务范围年专利发明数量(项)	服务满足率(%)	服务用户数(人)	满意度(%)
2003 年上	103 123	61	56 002	5 301	953	106	86.69	281	80.9
2003 年下	84 374	61	52 814	4 972	637	100	85.02	432	81.75
2004 年上	135 494	112	52 782	4 950	801	93	87.46	279	82.6
2004 年下	143 876	280	63 416	5 786	1 434	116	90.22	517	83.35
2005 年上	143 325	288	77 416	7 383	1 687	112	86.43	538	84.1
2005 年下	122 343	300	71 738	6 669	1 363	127	84.01	465	85.05
2006 年上	143 685	398	124 854	11 199	1 847	125	89.13	376	86
2006 年下	109 283	398	74 242	6 747	1 652	120	90.08	464	85.25
2007 年上	97 886	401	70 248	6 508	2 169	141	91.04	377	84.5
2007 年下	108 540	403	73 578	6 620	1 903	133	89.88	418	84.75
2008 年上	102 564	407	64 444	6 027	1 942	99	91.59	347	85
2008 年下	92 822	412	65 182	5 890	2 531	192	90.6	363	87.5
2009 年上	241 415	415	112 500	9 940	2 321	162	91.28	268	90
2009 年下	266 829	422	181 238	13 855	2 811	193	90.55	358	89
2010 年上	232 248	425	113 824	10 004	2 331	179	91.34	281	88
2010 年下	218 720	432	120 094	10 494	2 127	180	89.48	273	87
2011 年上	173 469	436	92 080	8 124	2 269	188	90.27	289	86
2011 年下	197 827	442	74 990	7 520	2 707	261	90.82	410	86.5
2012 年上	207 865	446	116 656	10 294	2 391	278	86.94	556	87
2012 年下	187 652	449	95 132	8 352	2 290	314	90.64	364	88

① 数据来源根据武汉大学文献传递小组和信息服务中心的数据汇总而得。

2. 单位根检验

在运用协整检验和脉冲分析之前，需要对以上时间序列进行平稳性检验，本研究采用单位根检验来检验各个序列的平稳性。本研究采用 Eviews5 软件，根据 ADF 检验法，采用 AIC 准则选择滞后阶数，检验结果如表 7 - 12 所示。

表 7 - 12　各序列平稳性检验结果

指标	项目			
	Eviews 中序列名称	DF-ADF 统计量	概率值	检验结论
网络数据库	SJK	−2.364 256	0.381 1	不平稳
网络数据库一阶差分序列	D(SJK)	−5.572 959	0.000 0	平稳
投入资本	ZTR	−0.134 212	0.624 3	不平稳
投入资本一阶差分序列	D(ZTR)	−4.115 725	0.000 4	平稳
满意度	MYD	1.803 438	0.976 8	不平稳
满意度一阶差分序列	D(MYD)	−2.420 863	0.018 7	平稳
服务用户数	YHS	−0.464 648	0.500 4	不平稳
服务用户数一阶差分序列	D(YHS)	−6.761 160	0.000 0	平稳
服务业务量	YWL	−0.385 537	0.531 5	不平稳
服务业务量一阶差分序列	D(YWL)	−5.462 409	0.000 0	平稳
服务满足率	MZL	0.318 991	0.767 3	不平稳
服务满足率一阶差分序列	D(MZL)	−5.503 850	0.000 0	平稳
服务年收益	NSY	−0.541 460	0.468 9	不平稳
服务年收益一阶差分序列	D(NSY)	−5.486 168	0.000 0	平稳
服务范围年科技论文索引的数量	SY	−2.892 484	0.186 0	不平稳
服务范围年科技论文索引的数量一阶差分序列	D(SY)	−6.369 700	0.000 0	平稳
服务范围年专利发明数量	FM	−2.019 573	0.554 4	不平稳
服务范围年专利发明数量的一阶差分序列	D(FM)	−5.272 155	0.000 0	平稳

通过表 7－12 可以看出，所有序列的原始数据都是非平稳序列，一阶差分序列在可信度 95%条件下是平稳，判断标准为概率值 0.05，其中大于 0.05 为不平稳，小于 0.05 为平稳，即所有序列均为一阶差分平稳序列，满足构建向量自回归模型的前提要求。

3. 构建 VAR 模型

1) 满意度(MYD)与网络数据库数量(SJK)的 VAR 模型

在 Eviews5 软件中构建 VAR 模型，结果如下：

MYD＝1.149 276 743×MYD(－1)－0.657 116 097 5×MYD(－2)－0.001 042 884 391×SJK(－1)＋0.007 200 998 71×SJK(－2)＋41.605 541 69

SJK＝2.895 409 646×MYD(－1)＋0.571 612 061 7×MYD(－2)＋0.589 728 521 5×SJK(－1)＋0.067 778 764 99×SJK(－2)－150.440 967 2

对该模型进行稳定性检验，如果被估计的VAR 模型所有的根模的倒数都小于 1，即表示模型稳定。

表 7－13　满意度与网络数据库数量的 VAR 模型 AR 根模表

Root(根系数)	Modulus(模系数)
0.547 132－0.584 127i	0.800 349
0.547 132＋0.584 127i	0.800 349
0.746 493	0.746 493
－0.101 752	0.101 752

从表 7－13 可以看出，所有根模的倒数都小于 1，表明模型稳定，适宜进行协整检验和脉冲响应分析。

2) 满意度(MYD)与投入资本(ZTR)的 VAR 模型

在 Eviews5 软件中构建 VAR 模型，结果如下：

MYD＝1.627 767 622×MYD(－1)－0.685 500 408×MYD(－2)－1.647 612 39e－005×ZTR(－1)＋1.318 763 051e－005×ZTR(－2)＋5.657 423 804

ZTR＝38 382.319 67×MYD(－1)－30 268.597 24×MYD(－2)＋0.252 876 938 9×ZTR(－1)＋0.463 029 063 2×ZTR(－2)－652 961.199 6

对该模型进行稳定性检验，如果被估计的VAR模型所有的根模的倒数都小于1，即表示模型稳定。

表7-14　满意度与投入资本的VAR模型AR根模表

Root(根系数)	Modulus(模系数)
0.812 680	0.812 680
0.705 048	0.705 048
0.181 459−0.331 321i	0.377 758
0.181 459+0.331 321i	0.377 758

从表7-14可以看出，所有根模的倒数都小于1，表明模型稳定，适宜进行协整检验和脉冲响应分析。

3）满意度(MYD)与服务用户数(YHS)的VAR模型

在Eviews5软件中构建VAR模型，结果如下：

MYD=1.220 971 767×MYD(−1)−0.414 282 981 6×MYD(−2)+0.001 371 729 94×YHS(−1)−1.255 608 187e−006×YHS(−2)+16.247 833 15

YHS=−6.510 422 852×MYD(−1)−8.409 343 916×MYD(−2)+0.100 534 010 7×YHS(−1)+0.093 295 466 49×YHS(−2)+1 588.046 824

对该模型进行稳定性检验，如果被估计的VAR模型所有的根模的倒数都小于1，即表示模型稳定。

表7-15　满意度与服务用户数的VAR模型AR根模表

Root(根系数)	Modulus(模系数)
0.641 087−0.267 191i	0.694 539
0.641 087+0.267 191i	0.694 539
0.303 449	0.303 449
−0.264 118	0.264 118

从表 7 - 15 可以看出,所有根模的倒数都小于 1,表明模型稳定,适宜进行协整检验和脉冲响应分析。

4) 满意度(MYD)与服务业务量(YWL)的 VAR 模型

在 Eviews5 软件中构建 VAR 模型,结果如下:

MYD=1.086 848 089×MYD(−1)+0.094 826 786 29×MYD(−2)−0.000 341 113 579 7×YWL(−1)−0.000 175 974 296 9×YWL(−2)−11.139 103 12

YWL=1 765.304 791×MYD(−1)−913.382 567 7×MYD(−2)−0.130 269 345 8×YWL(−1)+0.239 077 513 5×YWL(−2)−66 021.538 44

对该模型进行稳定性检验,如果被估计的 VAR 模型所有的根模的倒数都小于 1,即表示模型稳定。

表 7 - 16 满意度与服务业务量的 VAR 模型 AR 根模表

Root(根系数)	Modulus(模系数)
0.676 481	0.676 481
0.409 535−0.459 281i	0.615 352
0.409 535+0.459 281i	0.615 352
−0.538 973	0.538 973

从表 7 - 16 可以看出,所有根模的倒数都小于 1,表明模型稳定,适宜进行协整检验和脉冲响应分析。

5) 满意度(MYD)与服务满足率(MZL)的 VAR 模型

在 Eviews5 软件中构建 VAR 模型,结果如下:

MYD=1.171 850 599×MYD(−1)−0.544 140 828 6×MYD(−2)+0.013 673 589 63×MZL(−1)+0.241 457 954 2×MZL(−2)+9.321 569 609

MZL=0.145 654 166 1×MYD(−1)+0.283 593 672 3×MYD(−2)+0.185 329 065 5×MZL(−1)−0.179 165 338 9×MZL(−2)+52.281 426 16

对该模型进行稳定性检验,如果被估计的 VAR 模型所有的根模的倒数都小于1,即表示模型稳定。

表7-17　满意度与服务满足率的VAR模型AR根模表

Root(根系数)	Modulus(模系数)
0.306 316−0.563 995i	0.641 810
0.306 316+0.563 995i	0.641 810
0.633 327	0.633 327
0.111 221	0.111 221

从表7-17可以看出,所有根模的倒数都小于1,表明模型稳定,适宜进行协整检验和脉冲响应分析。

6) 满意度(MYD)与年收益(NSY)的VAR模型

在Eviews5软件中构建VAR模型,结果如下:

MYD=1.043 310 958×MYD(−1)+0.132 392 318 2×MYD(−2)−2.452 782 579e−005×NSY(−1)−1.489 802 969e−005×NSY(−2)−11.214 093 25

NSY=24 183.516 38×MYD(−1)−12 312.469 58×MYD(−2)−0.112 045 721 7×NSY(−1)+0.170 316 250 8×NSY(−2)−935 272.042 4

对该模型进行稳定性检验,如果被估计的VAR模型所有的根模的倒数都小于1,即表示模型稳定。

表7-18　满意度与年收益的VAR模型AR根模表

Root(根系数)	Modulus(模系数)
0.700 766	0.700 766
0.384 546−0.527 624i	0.652 888
0.384 546+0.527 624i	0.652 888
−0.538 592	0.538 592

从表7-18可以看出,所有根模的倒数都小于1,表明模型稳定,适宜进

行协整检验和脉冲响应分析。

7）满意度(MYD)与论文索引(SY)的 VAR 模型

在 Eviews5 软件中构建 VAR 模型，结果如下：

MYD=0.822 352 029×MYD(−1)−0.586 404 437 7×MYD(−2)+0.001 704 433 136×SY(−1)+0.000 485 628 944 3×SY(−2)+61.418 916 59

SY=41.800 608 51×MYD(−1)+7.716 538 08×MYD(−2)+0.294 687 155 1×SY(−1)+0.234 416 687 2×SY(−2)−3 212.349 753

对该模型进行稳定性检验，如果被估计的 VAR 模型所有的根模的倒数都小于 1，即表示模型稳定。

表 7－19　满意度与论文索引的 VAR 模型 AR 根模表

Root(根系数)	Modulus(模系数)
0.769 834	0.769 834
0.353 430−0.620 565i	0.714 153
0.353 430+0.620 565i	0.714 153
−0.359 656	0.359 656

从表 7－19 可以看出，所有根模的倒数都小于 1，表明模型稳定，适宜进行协整检验和脉冲响应分析。

8）满意度(MYD)与专利发明(FM)的 VAR 模型

在 Eviews5 软件中构建 VAR 模型，结果如下：

MYD=1.117 070 614×MYD(−1)−0.406 934 331 4×MYD(−2)+0.011 333 147 26×FM(−1)−0.007 756 898 424×FM(−2)+24.432 486 75

FM=−2.287 005 174×MYD(−1)−0.849 962 151 9×MYD(−2)+0.638 630 134 3×FM(−1)+0.684 395 029 5×FM(−2)+236.879 014 7

对该模型进行稳定性检验，如果被估计的 VAR 模型所有的根模的倒数都小于 1，即表示模型稳定。

表 7-20 满意度与论文索引的 VAR 模型 AR 根模表

Root(根系数)	Modulus(模系数)
1.182 409	1.182 409
0.569 070−0.320 975i	0.653 350
0.569 070+0.320 975i	0.653 350
−0.564 849	0.564 849

从表 7-20 可以看出,有根模的倒数大于 1,表明模型不稳定,不适宜进行协整检验和脉冲响应分析。

7.3.2 协整检验及误差修正模型

7.3.2.1 协整检验及误差修正模型简介

1. 协整理论

所谓协整是指若两个或多个非平稳的变量序列,其某个线性组合后的序列呈现平稳性,此时称这些变量序列间存在协整关系。协整关系的精确定义是建立在单整的概念之上的。单整是指如果一个时间序列$\{y_t\}$在成为稳定序列之前必须经过 d 次差分,则称该时间序列是 d 阶单整,记为 $y_t \sim I(d)$。协整关系的精确定义如下①:

设随机向量 X_t 中所有分量均为 d 阶单整,记为 $X_t \sim I(d)$。如果存在一个非零向量 β,使得随机向量 $Y_t = \beta X_t \sim I(d-b)$,其中 $b>0$,则称随机向量 X_t 具有 d,b 阶协整关系,记为 $X_t \sim CI(d,b)$,向量 β 为协整向量。

特别地,假设 y_t 和 x_t 为随机变量,并且 $y_t, x_t \sim I(1)$,当 $y_t = k_0 + k_1 x_t \sim I(0)$,则称 y_t 和 x_t 是协整的,(k_0, k_1) 称为协整系数。

对于协整概念的理解,应注意以下几点:首先,协整回归的所有变量必

① 王黎明,王家泽.整理论研究及其在经济领域中的应用[J].泰山学院学报,2005(4):85-89.

须是同阶单整的,协整关系的这个前提并非意味着所有同阶单整的变量都是协整的,比如假定 $y_t, x_t \sim I(1)$, y_t 和 x_t 的线性组合仍为 $I(1)$,则此时 y_t 和 x_t 虽然满足同阶单整,但不是协整的。其次,在两变量的协整方程中,协整向量(k_0, k_1)是唯一的,然而,若系统中含有 k 个变量,则可能有 $k-1$ 个协整关系。

判断序列之间是否存在协整关系以及量化协整关系的强弱就需要分别进行协整检验和协整线性系统的参数估计。常用的协整检验有两种,即 Engle-Granger 两步协整检验法和 Johansen-Juselius 协整检验法。这两种方法的主要差别在于 Engle-Granger 两步协整检验法两步法采用的是一元方程技术,而 Johansen-Juselius 协整检验法采用的是多元方程技术。因此,Johansen 协整检验法在假设和应用上所受的限制较少。①

1) Engle-Granger 两步协整检验法

Engle-Granger 两步协整检验法考虑了如何检验零假设为一组 $I(1)$ 变量的无协整关系问题。他们用普通最小二乘法估计这些变量之间的平稳关系系数,然后用单位根检验来检验残差。拒绝存在单位根的零假设是协整关系存在的证据。我们从最简单的情况开始讨论,设两个变量 y_t 和 x_t 都是 $I(1)$ 序列,考虑下列长期静态回归模型:

$$y_t = \beta_0 + \beta_1 x_t + \varepsilon_t \tag{1}$$

对于上述模型的参数,用最小二乘法给出其参数估计。利用 MacKinnon 给出的协整 ADF 检验统计量,检验在上述估计下得到的回归方程的残差 e_t 是否平稳(如果 y_t 和 x_t 不是协整的,则他们的任意组合都是非平稳的,因此残差 e_t 将是非平稳的)。也就是说,检验残差 e_t 的非平稳的假设,就是检验 y_t 和 x_t 不是协整的假设。一般有以下两种方法进行检验。

(1) 使用 ADF 检验长期静态模型中所有变量的单整阶数。协整回归要求所有的解释变量都是一阶单整的,因此,高阶单整变量需要进行差分,

① 马薇.协整理论与应用[M].天津:南开大学出版社,2004:9-11.

以获得 $I(1)$序列。

(2) 用 OLS 法估计长期静态回归方程,然后用 ADF 统计量检验残差估计值的平稳性。

2) Johansen-Juselius 协整检验法

当长期静态模型中有两个以上变量时,协整关系就可能多于一种。此时若采用 Engle-Granger 两步协整检验法,就无法找到两个以上的协整向量。约翰森(Johansen)和尤塞利乌斯(Juselius)提出了一种在 VAR 系统下用极大似然估计来检验多变量之间协整关系的方法,通常称为 Johansen-Juselius 协整检验。具体做法如下:

设一个 VAR 模型如下:

$$Y_t = B_1 Y_{t-1} + B_2 Y_{t-2} + \cdots + B_p Y_{t-p} + U_t \tag{2}$$

其中 Y_t 为 m 维随机向量,$B_i\,(i=1,2,\cdots,p)$是 $m\times m$ 阶参数矩阵,$U_t \sim IID(0,\sum)$ 。

我们将(2)式转换为:

$$\Delta Y_t = \sum_{i=1}^{p} \Phi_i \Delta Y_{t-i} + \Phi Y_{t-p} + U_t \tag{3}$$

(3)式称为向量误差修正模型(VECM),即一次差分的 VAR 模型加上误差修正项 ΦY_{t-p},设置误差修正项的主要目的是将系统中因差分而丧失的长期信息引导回来。在这里 $\Phi_i = -(I - B_1 - \cdots - B_i)$,$\Phi = -(I - B_1 - \cdots - B_p)$。参数矩阵 Φ_i 和 Φ 分别是对 Y_t 变化的短期和长期调整。$m\times m$ 阶矩阵 Φ 的秩记为 r,存在三种情况:

(ⅰ) $r=m$,即 Φ 是满秩的,表示 Y_t 向量中各变量皆为平稳序列;

(ⅱ) $r=0$,表示 Φ 为空矩阵,Y_t 向量中各变量无协整关系;

(ⅲ) $0<r\leqslant m-1$,在这种情况下,Φ 阵可以分解为两个 $m\times r$ 阶(满列秩)矩阵 α 和 β 的积,即 $\Phi=\alpha\beta'$。其中 α 表示对非均衡调整的速度,β 为长期系数矩阵(或称协整向量矩阵),即 β' 的每一行 $\beta_i{}'$ 是一个协整向量,秩 r 是系统中协整向量的个数。尽管 α 和 β 本身不是唯一的,但 β 唯一地定义

一个协整空间。因此,可以对 α 和 β 进行适当的正规化。

这样,协整向量的个数可以通过考察 Φ 的特征根的显著性求得。若矩阵 Φ 的秩为 r,说明矩阵 Φ 有 r 个非零特征根,按大小排列为 $\lambda_1,\lambda_2,\cdots,\lambda_r$。特征根的个数可通过下面两个统计量来计算:

$$\lambda_{\text{trace}} = -T\sum_{i=r+1}^{m}\log(1-\lambda_i) \tag{4}$$

$$\lambda_{\max} = -T\log(1-\lambda_{r+1}) \tag{5}$$

其中 λ_i 是式(3)中 Φ 矩阵特征根的估计值,T 为样本容量。

(4)式称为迹检验:

$$H_0: r < m \leftrightarrow H_1: r = m$$

(5)式称为最大特征根检验:

$$H_0: r = q, q = 1,2,\cdots,m \leftrightarrow H_1: r \leqslant q+1$$

原假设隐含着 $\lambda_{r+1}=\lambda_{r+2}=\cdots=\lambda_m=0$,表示此系统中存在 $m-r$ 个单位根,最初先假设原假设有 m 个单位根,即 $r=0$,若拒绝原假设 H_0,表示 $\lambda_1>0$,有一个协整关系;再继续检验有$(m-1)$个单位根,若拒绝原假设 H_0,表示有两个协整关系;依次检验直至无法拒绝 H_0 为止。约翰森与尤塞利乌斯在蒙特卡罗模拟方法的基础上,给出了两个统计量的临界值,目前大多数计量经济软件都直接报告出检验结果。本书采用软件 Eviews5.0 来进行 Johansen-Juselius 检验。

2. 误差修正模型①

某些时间序列之间存在长期稳定的均衡关系。但是,在短期这种稳定关系也许会出现某种失衡,为了弥补这些缺陷,并且把短期行为和长期值相联系,并对失衡部分做出纠正。误差修正模型(ECM 模型)就是因此而建立的,下面我们给出误差修正模型的定义。设两个同阶单整序列 y 和 x,并且

① 马超群,储慧斌,李科,等.中国能源消费与经济增长的协整与误差校正模型研究[J].系统工程,2004(10):47-50.

它们具有协整关系，其关系可以表示成自回归分布滞后模型：

$$y_t = \alpha + \varphi_1 y_{t-1} + \beta_0 x_t + \beta_1 x_{t-1} + \mu_t \tag{6}$$

我们可以将(6)式写为：

$$\begin{aligned}\Delta y_t &= \alpha - (1-\varphi_1) y_{t-1} + \beta_0 \Delta x_t + (\beta_0 + \beta_1) x_{t-1} + \mu_t \\ &= \beta_0 \Delta x_t - (1-\varphi_1)(y_{t-1} - k_0 - k_1 x_{t-1}) + \mu_t\end{aligned} \tag{7}$$

其中 $k_0 = \alpha/(1-\varphi_1)$，$k_1 = (\beta_0 + \beta_1)/(1-\varphi_1)$，则(7)式称为一阶误差修正模型。在这里参数 β_0 称为影响参数，$(1-\varphi_1)$ 被称为反馈效果，k_0，k_1 称为长期反映系数。

关于误差修正模型的参数估计，我们引入 Engle-Granger 两步法，这是由恩格尔(Engle)和格兰杰(Granger)提出的，其基本思想是通过两个步骤检验时间序列间的长期均衡关系，并以 ECM 构建短期动态模型。

第一步：在下列静态长期均衡回归的基础上，检验两 $I(1)$ 序列 y_t 和 x_t 间的协整关系。

$$y_t = k_0 + k_1 x_t + \varepsilon_t \tag{8}$$

若残差估计项是平稳过程，则说明 y_t 和 x_t 是协整的。若 y_t 和 x_t 是协整的，则协整系数 (k_0, k_1) 的 OLS 估计是一致的。

第二步：确定协整关系后再估计 ECM。

$$\Delta y_t = \sum_{i=0}^{p} \beta_i \Delta x_{t-i} + \sum_{j=0}^{p} \varphi_j \Delta y_{t-j} - \lambda \hat{\varepsilon}_{t-1} + u_t \tag{9}$$

在(9)式中的滞后期 p 凭经验而定，$\hat{\varepsilon}_{t-1}$ 为(8)式中的残差的 OLS 法估计值。对式(9)继续进行 OLS 估计，我们就可以得到模型的参数估计。

7.3.2.2 满意度与各影响因素的协整检验及误差模型修正

1. 满意度与网络数据库数量的协整检验及误差模型修正

1) 满意度与网络数据库数量的协整检验

在 Eviews 软件中进行协整检验分析，结果如表 7 - 21 所示。

表 7-21 无限制协整秩检验(迹)

假设协整方程个数	特征值	迹统计数据	0.05 临界值	概率**
没有*	0.926 419	44.607 56	12.320 90	0.000 0
至多 1 个	0.014 497	0.248 253	4.129 906	0.677 4

迹检验表明,在 0.05 的水平上有 1 个协整方程

从以上结果可以看出,测试项至多 1 个(假设有 1 个协整关系,其概率为 0.677 4>0.05,这表明满意度与网络数据库数量之间存在协整关系)。

满意度与网络数据库数量标准化协整系数如表 7-22 所示。

表 7-22 归一化协整系数(括号中的标准误差)

MYD	SJK	—	—	—
1.000 000	−0.196 652	—	—	—
	(0.003 35)	—	—	—

因此,满意度与网络数据库数量标准化协整方程为:

满意度=0.196 652×网络数据库数量(该公式表明,当网络数据数量增加一个单位数量时,满意度将增加 0.196 652 个单位数量)

2) 满意度与网络数据库数量的误差模型修正

在 Eviews 软件中构建 VEC 模型,结果如下:

D(MYD)=−0.003 591 018 823×[MYD(−1)+0.833 480 218 6×SJK(−1)−400.786 852]+0.571 024 672 3×D[MYD(−1)]−0.431 446 024 3×D[MYD(−2)]−0.003 200 377 306×D[SJK(−1)]+0.001 115 058 078×D[SJK(−2)]+0.331 666 344 1

在上面的误差修正模型中,差分项"−0.003 591 018 823×[MYD(−1)+0.833 480 218 6×SJK(−1)−400.786 852]+0.571 024 672 3×D[MYD(−1)]"反映了短期波动的影响。用户满意度的短期变动可以分为两部分:一部分是短期网络数据库数量波动的影响,另一部分是偏离长期均衡的影响。误差修正项的系数的大小反映了对偏离长期均衡的调整力

度。从系数估计值－0.431 446 024 3 来看，当短期波动偏离长期均衡时，将以－0.431 446 024 3 的调整力度将非均衡状态拉加到均衡状态。

2. 满意度与投入资本的协整检验及误差模型修正

满意度与投入资本的协整检验数据如表 7－23 所示。

表 7－23　无限制协整秩检验(迹)

假设协整方程个数	特征值	迹统计数据	0.05 临界值	概率**
没有	0.268 440	5.641 850	12.320 90	0.481 0
至多 1 个	0.019 112	0.328 057	4.129 906	—

迹检验表明，在 0.05 的水平上有 0 个协整方程

从以上结果可以看出，迹实验值显示满意度与投入资本之间不存在协整关系。

3. 满意度与服务用户数的协整检验及误差模型修正

1）满意度与服务用户数的协整检验

表 7－24　无限制协整秩检验(迹)

假设协整方程个数	特征值	迹统计数据	0.05 临界值	概率**
没有*	0.711 650	23.604 82	15.494 71	0.002 4
至多 1 个	0.134 925	2.463 967	3.841 466	0.116 5

迹检验表明，在 0.05 的水平上有 1 个协整方程

从表 7－24 可以看出，满意度与服务用户数之间存在协整关系。

满意度与服务用户数标准化协整系数如表 7－25 所示。

表 7－25　归一化协整系数(括号中的标准误差)

MYD	YHS	—	—	—
1.000 000	0.030 935	—	—	—
	(0.005 76)	—	—	—

因此，满意度与服务用户数标准化协整方程为：

满意度＝－0.030 935×服务用户数(这个公式表明服务用户数增加一个单位，满意度下降 0.030 935 个单位)

2) 满意度与服务用户数的误差模型修正

D(MYD)＝－0.099 951 858 37×[MYD(－1)＋0.030 935 205 21×YHS(－1)－97.948 395 01]＋0.631 885 673 6×D[MYD(－1)]－0.316 312 487 1×D[MYD(－2)]＋0.004 807 044 382×D[YHS(－1)]＋0.003 580 814 36×D[YHS(－2)]＋0.164 467 740 3

在上面的误差修正模型中，差分项反映了短期波动的影响。用户满意度的短期变动可以分为两部分：一部分是短期服务用户数量波动的影响，另一部分是偏离长期均衡的影响。误差修正项的系数的大小反映了对偏离长期均衡的调整力度。从系数估计值－0.316 312 487 1 来看，当短期波动偏离长期均衡时，将以－0.316 312 487 1 的调整力度将非均衡状态拉加到均衡状态。

4. 满意度与服务业务量的协整检验及误差模型修正

满意度与服务业务量的协整检验数据如表 7－26 所示。

表 7－26　无限制协整秩检验(迹)

假设协整方程个数	特征值	迹统计数据	0.05 临界值	概率**
没有	0.434 406	13.666 29	15.494 71	0.092 6
至多 1 个*	0.208 655	3.978 360	3.841 466	0.046 1

迹检验表明，在 0.05 的水平上有 0 个协整方程

从以上结果可以看出，满意度与服务业务量之间不存在协整关系。

5. 满意度与服务满足率的协整检验及误差模型修正

1) 满意度与服务满足率的协整检验

表 7－27　无限制协整秩检验(最大特征值)

假设协整方程个数	特征值	最大特征值统计数据	0.05 临界值	概率**
没有*	0.499 881	11.779 47	11.224 80	0.039 9
至多 1 个	0.030 555	0.527 536	4.129 906	0.530 3

从表 7－27 可以看出，满意度与服务满足率之间存在协整关系。

满意度与服务满足率标准化协整系数如表 7－28 所示。

表 7－28　归一化协整系数(括号中的标准误差)

MYD	MZL	—	—	—
1.000 000	－0.964 874	—	—	—
	(0.004 16)	—	—	—

因此，满意度与服务满足率标准化协整方程为：

满意度＝0.964 874×服务满足率(该公式表明增加一个单位的服务满足率，满意度将增加 0.964 874 个单位)

2）满意度与服务满足率的误差模型修正

D(MYD)＝－0.534 618 327 7×[MYD(－1)－0.877 247 513 4×MZL(－1)－7.482 427 2]＋ 0.578 817 907 2×D[MYD(－1)]＋0.031 806 519 79×D[MYD(－2)]－0.415 418 496 3×D[MZL(－1)]－0.235 414 010 2×D[MZL(－2)]＋0.232 526 638 3

在上面的误差修正模型中，差分项反映了短期波动的影响。用户满意度的短期变动可以分为两部分：一部分是短期服务满足率波动的影响，另一部分是偏离长期均衡的影响。误差修正项的系数的大小反映了对偏离长期均衡的调整力度。从系数估计值 0.031 806 519 79 来看，当短期波动偏离长期均衡时，将以 0.031 806 519 79 的调整力度将非均衡状态拉加到均衡状态。

6. 满意度与年收益的协整检验及误差模型修正

1）满意度与年收益的协整检验

表 7－29　无限制协整秩检验(迹)

假设协整方程个数	特征值	迹统计数据	0.05 临界值	概率**
没有	0.451 839	10.709 85	12.320 90	0.091 7
至多 1 个	0.028 393	0.489 672	4.129 906	0.547 2

迹检验表明，在 0.05 的水平上有 0 个协整方程

从以上结果可以看出，满意度与年收益之间在 0.05 水平下不存在协整关系，但在 0.1 水平下存在协整关系。

表 7-30　归一化协整系数(括号中的标准误差)

MYD	NSY	—	—	—
1.000 000	−0.000 837	—	—	—
	(5.2E-05)	—	—	—

因此，满意度与年收益标准化协整方程为：

满意度＝0.000 837×年收益(该公式表明增加一个单位的年收益，满意度将增加 0.000 837 个单位)

2) 满意度与服务年收益的误差模型修正

D(MYD)＝0.546 013 551 1×[MYD(−1)−0.000 139 020 012 7×NSY(−1)−73.306 988 04]−0.526 127 644 1×D[MYD(−1)]−0.720 837 61×D[MYD(−2)]+5.250 577 215e−005×D[NSY(−1)]+2.376 172 12e−005×D[NSY(−2)]+0.493 858 804 7

在上面的误差修正模型中，差分项反映了短期波动的影响。用户满意度的短期变动可以分为两部分：一部分是短期服务年收益波动的影响，另一部分是偏离长期均衡的影响。误差修正项的系数的大小反映了对偏离长期均衡的调整力度。从系数估计值−0.720 837 61 来看，当短期波动偏离长期均衡时，将以−0.720 837 61 的调整力度将非均衡状态拉加到均衡状态。

7. 满意度与索引的协整检验及误差模型修正

满意度与索引的协整检验数据如表 7-31 所示。

表 7-31　无限制协整秩检验(迹)

假设协整方程个数	特征值	迹统计数据	0.05 临界值	概率**
没有	0.438 428	9.945 641	12.320 90	0.121 1
至多 1 个	0.007 990	0.136 383	4.129 906	0.760 6

迹检验表明，在 0.05 的水平上有 0 个协整方程

从以上结果可以看出，满意度与索引量之间不存在协整关系。

8. 满意度与专利发明的协整检验及误差模型修正

满意度与专利发明的协整检验数据如表 7－32 所示。

表 7－32　无限制协整秩检验(迹)

假设协整方程个数	特征值	迹统计数据	0.05 临界值	概率**
没有	0.391 814	11.679 59	15.494 71	0.173 0
至多一个	0.172 843	3.225 934	3.841 466	0.072 5

迹检验表明，在 0.05 的水平上有 0 个协整方程

从以上结果可以看出，满意度与专利发明之间不存在协整关系。

综上所述，满意度与数据库数量、服务用户数、服务满足率和年收益之间存在协整关系，标准化协整方程如下：

满意度＝0.196 652×网络数据库数量；

满意度＝－0.030 935×服务用户数；

满意度＝0.964 874×服务满足率；

满意度＝0.000 837×年收益。

从以上公式可以看出，首先，长期来看，服务满足率对于满意度的影响最为明显，其协整系数达到了 0.964 874，即服务满足率增加一个单位数量，满意度将增加 0.964 874 个单位数量；其次是网络数据库数量，其增加一个单位数量，满意度将增加 0.196 652 个单位数量；再次是服务用户数，其增加一个单位数量，满意度将减少 0.030 935 个单位数量；最后是年收益，其增加一个单位数量，满意度将增加 0.000 837 个单位数量。

7.3.3　脉冲响应分析

7.3.3.1　脉冲响应分析①

脉冲响应分析是用来刻画模型受到某种冲击时对系统的动态影响，原

① 高铁梅.计量经济分析方法与建模[M].北京：清华大学出版社，2006：264－266.

理是衡量来自随机扰动项的一个标准差冲击对内生变量当前和未来取值的影响，描述一个内生变量对来自另一个内生变量的一个单位变动冲击所产生的响应，提供系统受冲击所产生响应的正负方向、调整时稳定过程等信息。

下面先根据两变量的 VAR(2)模型来说明脉冲响应函数的基本思想。

$$\begin{cases} x_t = a_1 x_{t-1} + a_2 x_{t-2} + b_1 z_{t-1} + b_2 z_{t-2} + \varepsilon_{1t} \\ z_t = c_1 x_{t-1} + c_2 x_{t-2} + d_1 z_{t-1} + d_2 z_{t-2} + \varepsilon_{2t} \end{cases} \quad t = 1,2,\cdots,T \qquad (1)$$

其中，a_i、b_i、c_i、d_i 是参数，$\varepsilon_t = (\varepsilon_{1t}, \varepsilon_{2t})'$ 是扰动项，假定是具有下面这样性质的白噪声向量：

$$\begin{cases} \mathrm{E}(\varepsilon_t) = 0, & \forall t \\ \mathrm{var}(\varepsilon_t) = \mathrm{E}(\varepsilon_t \varepsilon_t') = \sum, & \forall t \\ \mathrm{E}(\varepsilon_t \varepsilon_s') = 0, & \forall t \neq s \end{cases} \qquad (2)$$

假定上述系统从 O 期开始活动，且设 $x_{-1} = x_{-2} = z_{-1} = z_{-2} = 0$，又设于第 O 期给定了扰动项 $\varepsilon_{10} = 1$，$\varepsilon_{20} = 0$，并且其后均为 O，即 $\varepsilon_{1t} = \varepsilon_{2t} = 0 (t = 1,2,\cdots)$，称此为第 O 期给 x 以脉冲。

下面讨论 x_t 与 z_t 的响应，$t=0$ 时：将其结果代入式(1)，当 $t=1$ 时：

$$x_1 = a_1, z_1 = c_1$$

再把此结果代入式(1)，当 $t=2$ 时：

$$x_2 = a_1^2 + a_2 + b_1 c_1, z_2 = c_1 a_1 + c_2 + d_1 c_1$$

继续这样计算下去，设求得结果为 $x_0, x_1, x_2, x_3, x_4, \cdots$，称为由 x 的脉冲引起的 x 的响应函数。同时所求得 $z_0, z_1, z_2, z_3, z_4, \cdots$，称为由 x 的脉冲引起的 z 的响应函数。

将上述讨论推广到多变量的 VAR(p)模型上去，由下式：

$$\boldsymbol{y}_t = \boldsymbol{\Phi}_1 \boldsymbol{y}_{t-1} + \cdots + \boldsymbol{\Phi}_p \boldsymbol{y}_{t-p} + \boldsymbol{\varepsilon}_t$$

可得：

$$\begin{aligned}\boldsymbol{y}_t &= (\boldsymbol{I}_k - \boldsymbol{\Phi}_1 L - \cdots - \boldsymbol{\Phi}_p L^p)^{-1}\boldsymbol{\varepsilon}_t \\ &= (\boldsymbol{I}_k + \boldsymbol{A}_1 L + \boldsymbol{A}_2 L^2 + \cdots)\boldsymbol{\varepsilon}_t\end{aligned} \qquad t = 1,2,\cdots,T$$

VMA(∞)表达式的系数可按下面的方式给出，由于 VAR(p)的系数矩阵 **Fi** 和 VMA(∞)的系数矩阵 **Ai** 必须满足下面关系：

$$(\boldsymbol{I}_k - \boldsymbol{\Phi}_1 L - \cdots - \boldsymbol{\Phi}_P L^p)(\boldsymbol{I}_k + \boldsymbol{A}_1 L + \boldsymbol{A}_2 L^2 + \cdots) = \boldsymbol{I}_k, t = 1,2,\cdots,T$$

$$\boldsymbol{I}_k + \boldsymbol{K}_1 L + \boldsymbol{K}_2 L^2 + \cdots = \boldsymbol{I}_k$$

其中：$K_1 = K_2 = \cdots = 0$。关于 K_q 的条件递归定义了 MA 系数：

$$\begin{aligned}\boldsymbol{A}_1 &= \boldsymbol{\Phi}_1 \\ \boldsymbol{A}_2 &= \boldsymbol{\Phi}_1 \boldsymbol{A}_1 + \boldsymbol{\Phi}_2 \\ &\vdots \\ \boldsymbol{A}_q &= \boldsymbol{\Phi}_1 \boldsymbol{A}_{q-1} + \boldsymbol{\Phi}_2 \boldsymbol{A}_{q-2} + \cdots + \boldsymbol{\Phi}_P \boldsymbol{A}_{q-p}\end{aligned}$$

若 $q - p = 0$，令 $\boldsymbol{A}_{q-p} = \boldsymbol{I}_k$

$q - p < 0$，令 $\boldsymbol{A}_{q-p} = \boldsymbol{0}_k$

考虑 VMA(∞)的表达式

$$\boldsymbol{y}_t = (\boldsymbol{I}_k + \boldsymbol{A}_1 L + \boldsymbol{A}_2 L^2 + \cdots)\boldsymbol{\varepsilon}_t, t = 1,2,\cdots,T$$

y_t 的第 i 个变量 y_{it} 可以写成：

$$y_{it} = \sum_{j=1}^{k} (a_{ij}^{(0)}\varepsilon_{jt} + a_{ij}^{(1)}\varepsilon_{jt-1} + a_{ij}^{(2)}\varepsilon_{jt-2} + a_{ij}^{(3)}\varepsilon_{jt-3} + \cdots), t = 1,2,\cdots,T$$

其中 k 是变量个数。

仅考虑两个变量的情形：$\boldsymbol{A}_q = (a_{ij}^{(q)}), q = 0,1,2,\cdots, i,\ j = 1,2$

$$\begin{pmatrix} y_{1t} \\ y_{2t} \end{pmatrix} = \begin{pmatrix} a_{11}^{(0)} & a_{12}^{(0)} \\ a_{21}^{(0)} & a_{22}^{(0)} \end{pmatrix} \begin{pmatrix} \varepsilon_{1t} \\ \varepsilon_{2t} \end{pmatrix} + \begin{pmatrix} a_{11}^{(1)} & a_{12}^{(1)} \\ a_{21}^{(1)} & a_{22}^{(1)} \end{pmatrix} \begin{pmatrix} \varepsilon_{1t-1} \\ \varepsilon_{2t-1} \end{pmatrix} + \begin{pmatrix} a_{11}^{(2)} & a_{12}^{(2)} \\ a_{21}^{(2)} & a_{22}^{(2)} \end{pmatrix} \begin{pmatrix} \varepsilon_{1t-2} \\ \varepsilon_{2t-2} \end{pmatrix} + \cdots$$

现在假定在基期给 y_1 一个单位的脉冲,即:

$$\begin{pmatrix} y_{1t} \\ y_{2t} \end{pmatrix} = \begin{pmatrix} a_{11}^{(0)} & a_{12}^{(0)} \\ a_{21}^{(0)} & a_{22}^{(0)} \end{pmatrix} \begin{pmatrix} \varepsilon_{1t} \\ \varepsilon_{2t} \end{pmatrix} + \begin{pmatrix} a_{11}^{(1)} & a_{12}^{(1)} \\ a_{21}^{(1)} & a_{22}^{(1)} \end{pmatrix} \begin{pmatrix} \varepsilon_{1t-1} \\ \varepsilon_{2t-1} \end{pmatrix} + \begin{pmatrix} a_{11}^{(2)} & a_{12}^{(2)} \\ a_{21}^{(2)} & a_{22}^{(2)} \end{pmatrix} \begin{pmatrix} \varepsilon_{1t-2} \\ \varepsilon_{2t-2} \end{pmatrix} + \cdots$$

$$\varepsilon_{1t} = \begin{cases} 1, & t=0 \\ 0, & t=1,2,\cdots \end{cases} \quad \varepsilon_{2t}=0, t=0,1,2,\cdots$$

则由 y_1 的脉冲引起的 y_2 的响应函数为:

$$\begin{aligned} t=0, &\quad y_{20}=a_{21}^{(0)} \\ t=1, &\quad y_{21}=a_{21}^{(1)} \\ t=2, &\quad y_{22}=a_{21}^{(2)} \\ \vdots &\quad\quad \vdots \end{aligned}$$

因此,一般地,由 y_j 的脉冲引起的 y_i 的响应函数可以求出如下:

$$a_{ij}^{(0)}, a_{ij}^{(1)}, a_{ij}^{(2)}, a_{ij}^{(3)}, a_{ij}^{(4)}, \cdots$$

且由 y_j 的脉冲引起的 y_i 的累积响应函数可表示为:

$$\sum_{q=0}^{\infty} a_{ij}^{(q)}$$

A_q 的第 i 行、第 j 列元素还可以表示为:

$$a_{ij}^{(q)} = \frac{\partial y_{i,t+q}}{\partial \varepsilon_{jt}}, q=0,1,\cdots,t=1,2,\cdots,T$$

作为 q 的函数,它描述了在时期 t,其他变量和早期变量不变的情况下 $y_{i,t+q}$ 对 y_{jt} 的一个冲击的反应(对应于经济学中的乘数效应),我们把它称作脉冲—响应函数。一般地,如果冲击不是一单位,需要利用正交化的脉冲响应函数来分析。

7.3.3.2 各影响因素对满意度的脉冲响应分析

1. 网络数据库数量对满意度的脉冲响应分析

图 7-4 展示了网络数据库数量对满意度的脉冲响应情况。

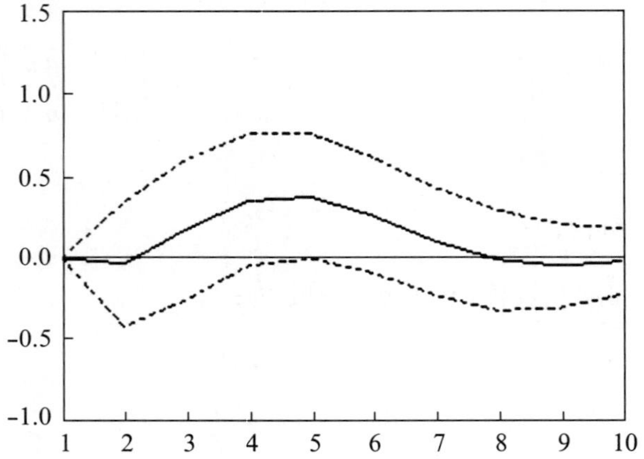

图 7-4　网络数据库数量对满意度的脉冲响应

注：图中实线表示脉冲响应估计值曲线，虚线表示一个标准误差置信带，横轴表示冲击作用的滞后期数(单位：半年)，纵轴表示因变量(满意度)对解释变量的响应程度

从图 7-4 可以看出，在给满意度一个网络数据库数量冲击后，其脉冲曲线前两个周期先下降，在第 2 周期达到最小值，大约达到负向 0.05%，之后开始上升增加，到第 5 周期达到最大值，大约达到正向 0.3%，之后逐渐减少并趋于 0，在整个滞后期的初期呈现出负效应，在中间时期和后期均呈现出正效应。

以上的脉冲响应说明：随着数字图书馆数据库数量的增加，用户满意度对数据库数量的变化的适应程度有关。当出现新数据库时，用户对新数据库的了解程度不够，影响检准率，因此满意度不升反而下降。随着图书馆对数据库知识检索的宣传培训，用户对新数据库的熟悉程度增大，检准率提高，满意度必将上升，到一定周期趋于平衡。

因此，数字图书馆在注重数据资源的丰富时，必须清楚认识到资源是为用户服务的，相应的数据知识普及以及人性化培训配套要及时提供，缩短用户适应周期，提高满意度。

2. 投入资本对满意度的脉冲响应

图 7-5 展示了投入资本对满意度的脉冲响应情况。

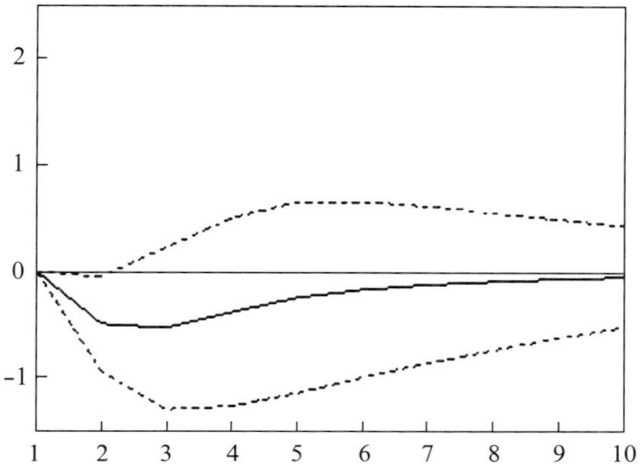

图 7－5 投入资本对满意度的脉冲响应

注：图中实线表示脉冲响应估计值曲线，虚线表示一个标准误差置信带，横轴表示冲击作用的滞后期数（单位：半年），纵轴表示因变量（满意度）对解释变量的响应程度

从图 7－5 可以看出，在给满意度一个投入资本冲击后，其脉冲曲线先下降，在第 3 周期达到最小值，大约达到负向 0.4%，之后逐年增加，并趋向于稳定，在整个滞后期内，都呈现出负效应。

以上的脉冲响应说明：随着总投入的增加比如购置新电脑、打印、扫描仪等服务设备，虽然改善了环境，但是成本的增加会使单位成本增加，用户会抱怨收费较高，满意度自然下降，例如 2005 年下半年到 2006 年上半年之间，武大馆设备的更新没有使满意度提高，反而下降到 84%。因此，图书馆应该注重利用先进的设备提高工作效率，培养员工的素质，提高服务质量，使环境的改善与人员的服务完美结合，为用户提供高质量的服务。

3. 服务用户数对满意度的脉冲响应

图 7－6 展示了服务用户数对满意度的脉冲响应情况。从中可以看出，在给满意度一个服务用户数冲击后，其脉冲曲线先上升，在第 3 周期至第 5 周期达到最大值并且较平稳，约为正向 0.15%，之后逐年减少，并趋向于平稳，在整个滞后期内，都呈现出正效应。

以上的脉冲响应说明用户满意度对服务用户数的变化的适应程度有

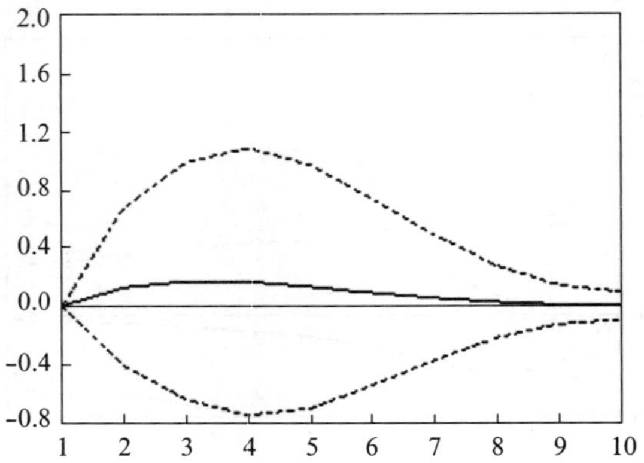

图 7-6　服务用户数对满意度的脉冲响应

注：图中实线表示脉冲响应估计值曲线，虚线表示一个标准误差置信带，横轴表示冲击作用的滞后期数（单位：半年），纵轴表示因变量（满意度）对解释变量的响应程度

关，但是从图形显示曲线比较平稳和曲线波动幅度不大，这说明满意度受服务用户数影响反应不敏感，也就是用户满意度受用户数量的变化有一定的影响，但是影响度比较小。

4. 服务业务量对满意度的脉冲响应

图 7-7 展示了服务业务量对满意度的脉冲响应情况。

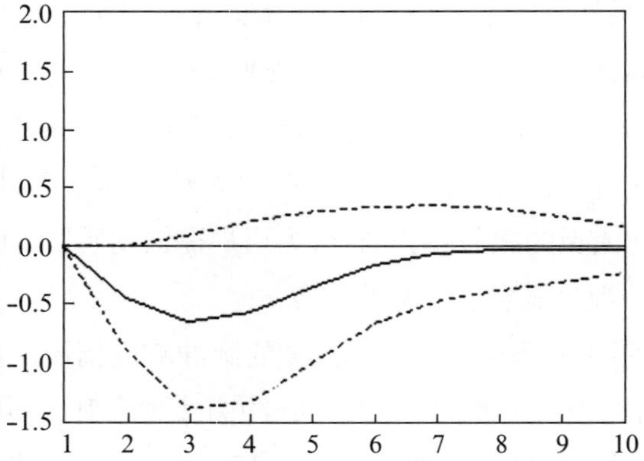

图 7-7　服务业务量对满意度的脉冲响应

注：图中实线表示脉冲响应估计值曲线，虚线表示一个标准误差置信带，横轴表示冲击作用的滞后期数（单位：半年），纵轴表示因变量（满意度）对解释变量的响应程度

从图 7－7 可以看出，在给满意度一个服务业务量冲击后，其脉冲曲线先下降，在第 3 周期达到最小值，约为负向 0.6%，之后逐年增大，并趋向于平稳，在整个滞后期内，都呈现出负效应。

以上的脉冲响应说明用户满意度对服务业务量的变化的适应程度有关，当服务量增大时，相应配套的服务人员和服务设施没有及时跟上，用户满意度有明显下降趋势，因此当业务量快速增长时，图书馆应该及时配备服务人员以及相应的工作设备，保障服务及时有效的提供，这样才能缩短用户不满意的时间段。随着这种配套服务的提供，用户能获取及时准确的资源，满意度逐渐提高。

5. 服务满足率对满意度的脉冲响应

图 7－8 展示了服务满足率对满意度的脉冲响应情况。

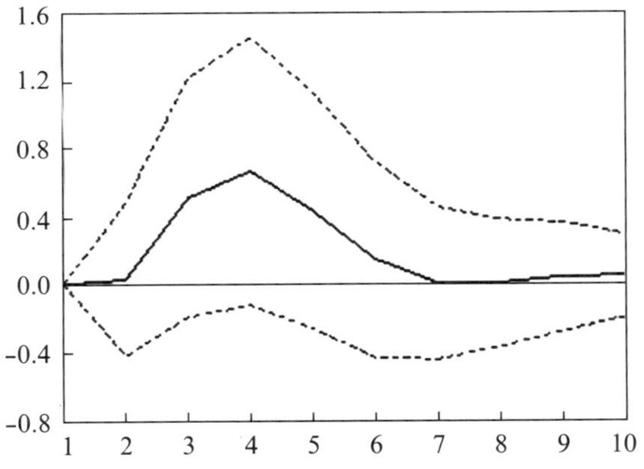

图 7－8　服务满足率对满意度的脉冲响应

注：图中实线表示脉冲响应估计值曲线，虚线表示一个标准误差置信带，横轴表示冲击作用的滞后期数（单位：半年），纵轴表示因变量（满意度）对解释变量的响应程度

从图 7－8 可以看出，在给满意度一个服务满足率冲击后，其脉冲曲线变化较陡峭，先是骤然上升，在第 4 周期达到最大值，约为正向 0.6%，图形波动较大，之后逐年减少，并趋向于平稳，在整个滞后期内，都呈现出正效应。

以上的脉冲响应说明用户满意度对服务满足率的变化的适应程度有很大的关系，从图形显示曲线波动幅度大，这说明满意度受服务满足率影响反应敏感。当服务满足率提高时，用户的文献传递申请能获得较高的满足，满意率大大提高，图线呈明显上升趋势，到一定程度开始下降，这是因为文献传递的满足率受制于传递文献的品种和渠道，用户对一些特种文献的要求无法满足，所以满足率又呈下降趋势。因此，图书馆工作人员不仅要想方设法提高用户的满足率，同时也要找出制约满足率提高的瓶颈，有针对性地解决问题，才能从根本上满足用户的资源需求。

6. 服务年收益对满意度的脉冲响应

图 7－9 展示了服务年收益对满意度的脉冲响应情况。

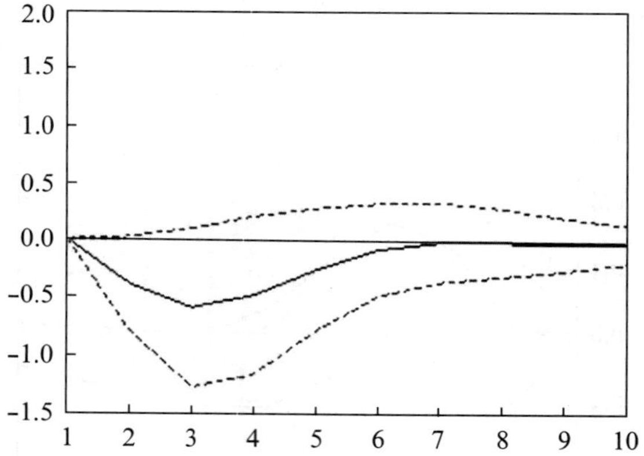

图 7－9　服务年收益对满意度的脉冲响应

注：图中实线表示脉冲响应估计值曲线，虚线表示一个标准误差置信带，横轴表示冲击作用的滞后期数（单位：半年），纵轴表示因变量（满意度）对解释变量的响应程度

从图 7－9 可以看出，在给满意度一个服务年收益冲击后，其脉冲曲线先下降，在第 3 周期达到最小值，约为负向 0.6%，之后逐年增加，并趋向于稳定，在整个滞后期内，都呈现出负效应。

以上的脉冲响应说明用户满意度对服务年收益的变化的适应程度有关系，图形曲线显示当年收益增加时，年收益主要来源于文献传递服务的经济收入,这直接与用户的经济支付是相关联的,因此它们之间呈现负相关效应。但是合理使用增加的年收益用于服务环境的优化、服务设施的改进及服务人员业务素质的培养,最终将提高用户的满意度。

7. 科技论文索引数量对满意度的脉冲响应

图 7－10 展示了科技论文索引数量对满意度的脉冲响应情况。

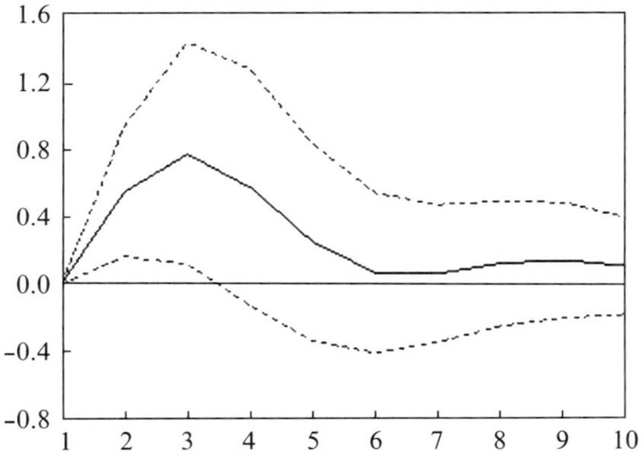

图 7－10　科技论文索引数量对满意度的脉冲响应

注：图中实线表示脉冲响应估计值曲线，虚线表示一个标准误差置信带，横轴表示冲击作用的滞后期数（单位：半年），纵轴表示因变量（满意度）对解释变量的响应程度

从图 7－10 可以看出,在给满意度一个科技论文索引数量冲击后,其脉冲曲线急速上升,在第 3 周期达到最大值,约为正向 0.8%,说明反应敏感,之后逐年减少,并趋向于稳定。

以上的脉冲响应说明用户满意度与科技论文索引数量的变化的适应程度有很大的关系,从图形显示曲线波动幅度大,这说明满意度受科技论文索引数量影响反应敏感。当服务范围内科技论文索引数量上升时,科研产出增大,说明文献传递服务的创新收益增加,用户的满意度理所当然会大大提高。随着科研产出的稳步增长,满意度仍呈现上升趋势,但幅度减缓。

8. 专利发明对满意度的脉冲响应

图 7－11 展示了专利发明对满意度的脉冲响应情况。

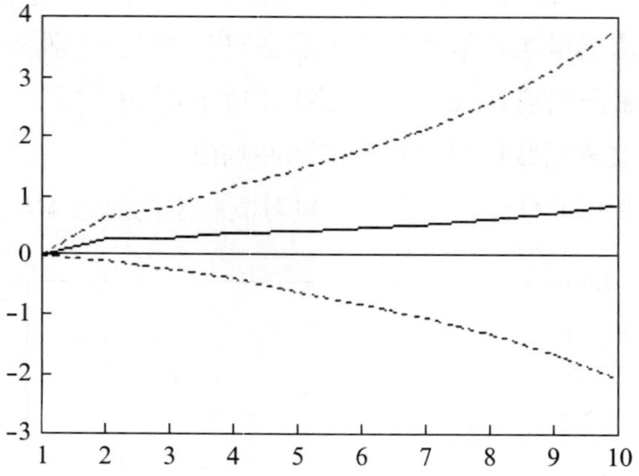

图 7－11　专利发明对满意度的脉冲响应

注：图中实线表示脉冲响应估计值曲线，虚线表示一个标准误差置信带，横轴表示冲击作用的滞后期数（单位：半年），纵轴表示因变量（满意度）对解释变量的响应程度

从图 7－11 可以看出，在给满意度一个专利发明冲击后，其脉冲曲线平缓上升，到第 2 周期，达到正向 0.1%，并且没有趋于收敛，这与满意度与专利发明的 VAR 模型不稳定的结论一致，也就是 VAR 模型不稳定，说明不宜进行脉冲响应分析。

7.3.4　用户满意度与其他指标相关度总结与分析

文献传递是在信息技术支持下由馆际互借发展而来却又优于馆际互借，充分借助“外延馆藏”来满足用户特定需求，跨越信息服务“最后一公里”，完成资源与用户之连接的一项重要工作。因其具有简便、多用户共享等优点。因此，用户是文献传递服务关注的重点，本书借助协整分析和脉冲响应分析分别检验满意度与影响文献传递服务其他指标之间的相关性，其中协整检验是检验满意度与其他指标之间的长期均衡，研究满意度与其他指标之间的短期影响。以上的实证检验可以得出如下结论。

1. 优化共享服务平台，最大限度提高用户满足率

云计算技术的出现，为共享服务平台的优化提供了更为有力的技术保证，共享服务平台可以是按区域、分学科，也可以是因共同目的、兴趣，共同需求组合而成。CALIS作为一个全国性的高校图书馆共享体系，其成员馆覆盖研究型大学、教学为主型大学、高职高专等各级各类院校的图书馆，各方服务需求差异较大。为使所有成员都能充分享用CALIS的资源，在原有三级文献保障服务体系下，CALIS在三期建设中增设了共享域，把具有共性需求的院校图书馆分别组织起来，形成各类共享域，整合资源，开展各领域有针对性的资源共享服务。目前CALIS共建有30余个服务共享域，如CALIS省级文献信息服务中心就是按地域组成的共享域，五星联盟、外语联盟等则是按学校类别或学科组成的共享域。①

优化共享服务平台可以实现单馆没有购买的稀缺资源的补缺服务，最大限度地满足用户的文献需求，这是提高用户满意度的根本。从以上的协整检验可以看出，服务满足率对于满意度的影响最为明显，其协整系数达到了0.964 874，即从长期服务的效率来看，服务满足率增加一个单位数量，满意度将增加0.964 874个单位数量；同时，满足率对满意度的脉冲响应检验可以看出，脉冲曲线波动幅度很大，即用户满意度受服务满足率影响反应敏感。因此，无论从服务的长期还是短期效应来看，文献满足率的提高是提高用户满意度最重要的因素。

网络数据库数量也是影响用户满意度的另一要素，其增加一个单位数量，满意度将增加0.196 652个单位数量。因此，优化共享服务平台，建立良好的激励措施，最大限度地扩大文献传递数据库的利用量，提高文献满足率是提高文献传递服务的长效机制。

2. 注重宣传教育，提升用户信息分析能力

通过用户调研，发现大多数用户对自己分析信息的能力表现出没信心，

---

① 姚晓霞，赵永超，陈凌，等.基于SaaS的CALIS共享服务实践[J].大学图书馆学报，2012(4)：24－28.

43.08%被调查者认为自己分析信息的能力仅为“还可以”,20.00%被调查者认为自己分析信息的能力“弱”。同时,通过网络数据库数量对满意度的脉冲响应分析,数字图书馆在丰富数据资源的同时,必须有相应的数据知识普及以及人性化培训配套的及时提供,缩短用户适应周期,提高满意度。因此通过以下有效的宣传方式可以挖掘更多潜在用户的文献需求。首先,最简便的宣传方式是在图书馆主页中设立文献传递服务专栏,及时维护和更新,清晰明了地向读者展示服务内容、收费标准、补贴政策、服务热线以及最新工作动态,同时将用户需求调查表链接在网络及时了解用户的实时需求,或有计划地对重点用户考察和宣传,倾听用户的需求。其次,向全校用户开展文献传递服务的专题讲座,学科馆员以各个院系为单位组织文献检索培训和文献传递系统的使用培训,常规90分钟专题讲座中开设文献传递服务专题,研究生新生入学培训增加文献传递服务内容的介绍和培训等,教会用户掌握基本的检索知识和检索技能,在充分利用馆藏资源的基础上掌握利用文献传递服务来进行文献保障。最后,通过电话、email、邮件、QQ在线、移动设备等方式及时解答用户(包括本校用户和本区域成员馆)在文献传递服务中遇到的各种问题等,缩短服务时间。

3. 提高工作人员素质,为用户提供优质服务

从以上的脉冲响应分析看出,服务量增大、设备更新时,短期内用户的满意度不升反而降,因此,培养员工的素质,提高服务质量,使环境的改善与人员的服务完美结合是文献传递工作的重中之重。作一个优秀的文献传递馆员,首先应努力做到一切以用户需求为第一,善于同用户沟通和交流,深入发掘网络信息资源,提高服务效率,缩短服务时间,千方百计满足用户的各种个性化需求。

科技论文索引数量对满意度的脉冲响应,可以看出这说明满意度受科技论文索引数量影响反应敏感。在网络环境下,负责文献传递的馆员收集信息、处理信息、分析信息、传递信息的能力很大程度地影响着图书馆的文献传递服务质量和效率,直接影响科学研究的文献保障能力。因此,文献传递馆员要关注相关领域的发展动态,不断更新知识,开阔视野。同时还应善

于总结，分析文献传递数据，不断改进工作方式，以提高文献满足率。同时图书馆也要有计划地安排馆员接受继续教育和短期培训，提高文献传递工作人员对工作内容的认知度和熟悉程度，并加强与各业务合作机构、兄弟院校的沟通与联系，建立良好的合作关系。为科学研究提供充足的文献保障，并使更多的用户从此项服务中受益。

4. 扩展多种服务模式，为用户提供全方位的服务

从以上实证看出，武汉大学文献传递工作已经形成一定的服务模式和服务流程，随着人员素质的提高，宣传教育的普及，文献传递的服务用户数量逐年增加，用户信息需求的多元发展，为文献传递工作提出更高的要求。仅仅依靠增加投入，改善工作条件已经远远不能满足需求。因此，寻求更为灵活的服务模式，将传统的公益服务与时尚的商务服务高效结合，避免单独应对文献传递产业遭遇的市场冲突、资源有限、成本上升等问题。例如CALIS、NSTL、CASHL的馆藏充实了百链云图书馆的服务资源；百链云图书馆元搜索技术帮助众多CALIS成员馆整合了异构资源，避免了大量重复性申请，减轻了服务馆的工作负担……在文献传递服务中，公益机构和商业机构在资源整合、技术研发、市场拓展、服务营销等方面都各擅所长，互有优势。① 服务模式的转换，改变目前被动的服务状态，把丰富文献传递的资源与对用户的整体服务有机结合。一方面，通过系统提供的交互界面，用户可以根据自己的知识和经验进行操作，充分挖掘利用各类文献和非文献内容发现、检索和利用系统，支持不断扩展的用户信息需求。另一方面，文献传递系统设计应考虑公益资源和商业资源的有效链接，以方便用户的观点来设计信息构建的内容组织和界面转换，不仅要关注用户的满意度，更要关注用户的真实感知以及为用户提供深层次的个性化服务②。因此，只有更新服务理念，优化服务模式，精炼服务流程才能为用户提供高效的文献传递服务。

① 黄静.变革中的文献传递服务：案例剖析与路向管窥[J].图书情报工作，2013(4)：55－59.

② 梁孟华.面向用户的数字图书馆信息交互服务综合评价实证研究[J].图书情报知识，2012(2)：55－60,66.

7.4　基于数据包络分析的文献传递服务发展评价

本节以武汉大学图书馆文献传递中心为研究实例，运用数据包络分析方法研究年度发展变化，利用评价模型综合评价服务发展趋势，并进一步研究与用户感知的关系，为文献传递服务的可持续发展提供基础。

7.4.1　数据包络分析(DEA)模型介绍

1978年，著名运筹学家A.查恩斯(A.Charnes)、W.W.库珀(W.W.Cooper)和E.罗兹(E.Rhodes)发表了一篇重要论文：《决策单元的有效性度量》(*Measuring the efficiency of decision making units*)，正式提出了运筹学的一个新领域，即数据包络分析(Data Envelopment Analysis, DEA)，其模型简称C^2R模型。

DEA是使用数学规划(包括线性规划、多目标规划、具有锥形结构的广义最优化、半无限规划、随机规划等)模型，评价具有相同的多个输入、多个输出的“部门”或“单位”(称为“决策单元”，简记DMU)间的相对有效性(称为DEA有效)。

C^2R模型是应用最广的数据包络分析模型，它可以同时对决策单元的规模有效性和技术有效性进行检验。

C^2R的公式如模型(1)所示：

$$
\begin{aligned}
&\min[\theta-\varepsilon(\hat{e}^T S^- + e^T S^+)] \\
&\text{s.t}\quad \sum_{j=1}^{n} X_j\lambda_j + S^- = \theta X_0, \\
&\qquad \sum_{j=1}^{n} Y_j\lambda_j - S^+ = Y_0, \\
&\qquad \lambda_j \geqslant 0, j=1,\cdots,n \\
&\qquad S^- \geqslant 0, S^+ \geqslant 0
\end{aligned}
\tag{1}
$$

其中，X_j 代表决策单元在一定时期内的输入；Y_j 代表决策单元在同一时期内的输出；ε 为非阿基米德无穷小量；λ_j 为输入输出指标的权系数；θ 为评估结果，S^-，S^+ 为松弛变量。S^- 为投入冗余可改进的方向，S^+ 为产出不足可改的方向。

设模型(1)的最优解为 θ^*，λ^*，S^{*-}，S^{*+}，可以很容易判断决策单元的技术有效性和规模有效性：

若 $\theta^*<1$，则 DMU 为 DEA 无效，即它既不是技术有效也不是规模有效；

若 $\theta^*=1$ 且 $\hat{e}^T S^{*-}+e^T S^{*+}>0$（$S^{*-}$ 和 S^{*+} 至少有一个大于 0），则 DMU 仅为弱 DEA 有效，即它不是同时满足技术有效和规模有效；

若 $\theta^*=1$ 且 $\hat{e}^T S^{*-}+e^T S^{*+}=0$（$S^{*-}$ 和 S^{*+} 均为 0），则 DMU 为 DEA 有效，即它同时满足技术有效性和规模有效性；

常用 DEA 模型(如 C^2R)的特点主要有：

(1) 不需要对投入和产出指标设置权重，每个指标的权重由模型通过最优化理论自动迭代计算；

(2) 不需要对指标的原始数据进行无量纲化，即使指标之间的单位不统一，DEA 模型仍然可以计算。

当然常用 DEA 模型的使用也有一些局限性，主要有：

(1) DEA 计算的是决策单元间的相对效率，而非绝对效率，如果决策单元都很差，也会得到至少一个 DEA 有效单元；

(2) 通过 DEA 模型自动计算的指标权重，往往与实际情况或者主观感受不一致，从而得到的结论也会与实际情况或者主观感受不一致；

(3) DEA 模型要求投入和产出指标不能过多，否则容易出现很多决策单元都是 DEA 有效的情况。

随着 DEA 方法的不断改进，之后又有 BC^2、C^2GS^2、C^2W 和 C^2WH 等模型被提出，相对于 C^2R 模型而言，这些模型对于数据的分析更加细致，得出的结论也更加丰富、合理。

7.4.2 基于权重限制的数据包络分析介绍

前面分析到常用DEA模型的一些特点和局限性,在特点和局限性中都提到了指标权重问题,恰恰是DEA模型能够自动计算指标权重这一特点,从而导致其计算出来的指标权重完全是客观权重,会出现其与主观感受(主观权重)不一致的情况。

因此,如果能在DEA模型中加入主观权重,会很大程度上避免这种情况的出现。

1986年,查恩斯等人提出了体现决策者主观偏好的DEA模型——C^2WH模型。假设有n个决策单元,记为DMU_j,$j=1,2,\cdots,n$,每个决策单元有m个输入,s个输出,$u=(u_1,u_2,\cdots u_m)^T$,$v=(v_1,v_2,\cdots,v_s)^T$为输入输出的权重向量;(X_j,Y_j)为决策单元DMU_j在一定时期内投入和产出,含义同式(1)。

对于$DMU_0\in\{DMU_j,j=1,2,\cdots,n\}$,体现决策者主观偏好的锥比率DEA模型$C^2WH$为:

$\max u^Ty_0$

$$\text{s.t}\begin{cases}u^TX-v^TY\in K\\u^Tx_0=1\\v\in v-\{0\}\\u\in U-\{0\}\end{cases}\qquad(2)$$

其中,$X=(x_1,x_2,\cdots,x_n)$为$m\times n$矩阵,$Y=(y_1,y_2,\cdots,y_n)$为$s\times n$矩阵;$V\subset R_+{}^m$,$U\subset R_+{}^s$,$K\subset R_+{}^n$为闭凸锥,且$\ln tV\neq\varnothing$,$\ln tU\neq\varnothing$。决策者的主观偏好体现在U,V的选取当中。

对$j\in\{1,2,\cdots,n\}$,评价其同时为技术和规模有效的体现决策者主观偏好的DEA模型为:

$$\max V_1 = v^T Y_0$$

$$\text{s.t}\begin{cases} u^T x_0 = 1 \\ u^T X_j - v^T Y_j \geqslant 0 \\ u \in U, v \in V, \\ j = 1, 2, \cdots, n \end{cases} \tag{3}$$

对评价纯技术有效性的体现决策者偏好的 DEA 模型为：

$$\max V_2 = v^T Y_0 + \mu_0$$

$$\text{s.t}\begin{cases} u^T x_0 = 1 \\ u^T X_j - v^T Y_j - \mu_0 \geqslant 0 \\ u \in U, v \in V, \\ j = 1, 2, \cdots, n \end{cases} \tag{4}$$

U,V 为闭凸锥，(X_0, Y_0) 为 DMU_0 的投入和产出，$u=(u_1, u_2, \cdots, u_m)^T$，$v=(v_1, v_2, \cdots, v_s)^T$ 分别为投入和产出指标权重向量。

7.4.3　基于权重限制的数据包络分析的文献传递发展评价

本研究拟采用 Matlab 软件编程来实现 C^2WH 模型，而戚峰等人撰写的《基于 MATLAB 求解有权重限制的 DEA 模型》一文就 C^2WH 模型中有关权重限制在 Matlab 中的表达以及具体实现做了比较深入的研究，因此本研究在用 Matlab 实现 C^2WH 模型时，主要参考该文中的结论。在实现过程中，对于涉及投入和产出意义的指标，只需分别设置指标的权重排序即可，而不必计算出每个指标的权重值。

7.4.3.1　指标选取

项目组以 2003 年至 2012 年武汉大学图书馆的文献传递发展作为考评对象，着重三维评价模型中有投入产出含义的指标作为研究文献传递各个指标之间的平衡关系。指标选取如表 7 - 33 所示。

表 7 - 33　武汉大学图书馆文献传递发展绩效评价指标一览表(初选指标)

指标类型	指标编号	指标名称	指标单位
投入指标	C12	网络数据库	个
	C19	人员成本	元
	C20	软硬件购置成本	元
	C21	服务补贴	元
产出指标	C22	服务用户数	个
	C23	服务业务量	笔
	C25	服务满足率	%
	C26	服务年收益	元
	C28	服务范围年科技论文索引的数量	篇
	C29	服务范围年专利发明数量	项

由于 DEA 模型对于投入和产出指标的数量有限制，另外本研究的研究样本只有 7 个，样本数量也限制了选取指标的数量，因此考虑将人员成本、软硬件购置成本和服务补贴三个投入指标合并成一个投入指标，称作"投入资本"。权重排序是选取 7 位图书馆学专家和一线工作人员作为问卷调查对象，并将调查数据按平均取分排序表 7 - 34 所示。

表 7 - 34　武汉大学图书馆文献传递发展绩效评价指标一览表(最终指标)

指标类型	指标名称	权重排序
投入指标	投入资本	1
	网络数据库	2
产出指标	服务业务量	1
	服务范围年科技论文索引的数量	2
	服务范围年专利发明数量	3
	服务年收益	4
	服务满足率	5
	服务用户数	6

7.4.3.2 数据获取

在DEA模型的指标选取好之后，就要获取这些指标的数据，根据前面的调研数据，可以获得2003年至2012年武汉大学图书馆文献传递相关指标的数据①，如表7-35所示，以下每个年份相当于一个决策单元。

表7-35 2003年至2012年武汉大学图书馆文献传递相关指标数据

年份	指标							
	投入资本(元)	网络数据库数量(个)	服务业务量(笔)	服务范围年科技论文索引的数量(篇)	服务范围年专利发明数量(项)	服务年收益(元)	服务满足率(%)	服务用户数(个)
2003	187 497	61	10 273	1 590	206	108 816	85.86	713
2004	279 370	280	10 736	2 235	209	116 198	88.84	796
2005	265 668	300	14 052	3 050	239	149 154	85.22	1 003
2006	252 968	398	17 946	3 499	245	199 096	89.61	840
2007	206 426	403	13 128	4 072	274	143 826	90.46	795
2008	195 386	412	11 917	4 473	291	129 626	91.1	710
2009	508 244	422	23 795	5 132	355	293 738	90.92	626
2010	450 968	432	20 498	4 458	359	233 918	90.41	554
2011	371 296	442	15 644	4 976	449	167 070	90.55	699
2012	395 517	449	18 646	4 681	592	211 788	90.92	920

7.4.3.3 模型运算

在Matlab软件中编程，并将表7-35中的数据代入计算，可以得到2003年至2012年各个年度武汉大学图书馆文献传递发展的综合效率值，同时得到排序，如表7-36所示。

① 以上数据根据武汉大学图书馆文献传递小组提供数据计算而得。

表 7-36　2003 年至 2012 年武汉大学图书馆文献传递年度发展综合效率值及排序

年份	综合效率值	排序
2003	0.773 3	4
2004	0.549 6	10
2005	0.759 8	5
2006	1	1
2007	0.970 2	3
2008	1	1
2009	0.728 7	6
2010	0.659	8
2011	0.654 4	9
2012	0.703 1	7

7.4.3.4　计算结果分析

从表 7-36 可以看出,2006 年和 2008 年的综合效率值均为 1,并列第一,往下依次是 2007 年、2003 年、2005 年、2009 年、2012 年、2010 年、2011 年和 2004 年。

将表 7-36 中的结果用图形展示出来,如图 7-12 所示。

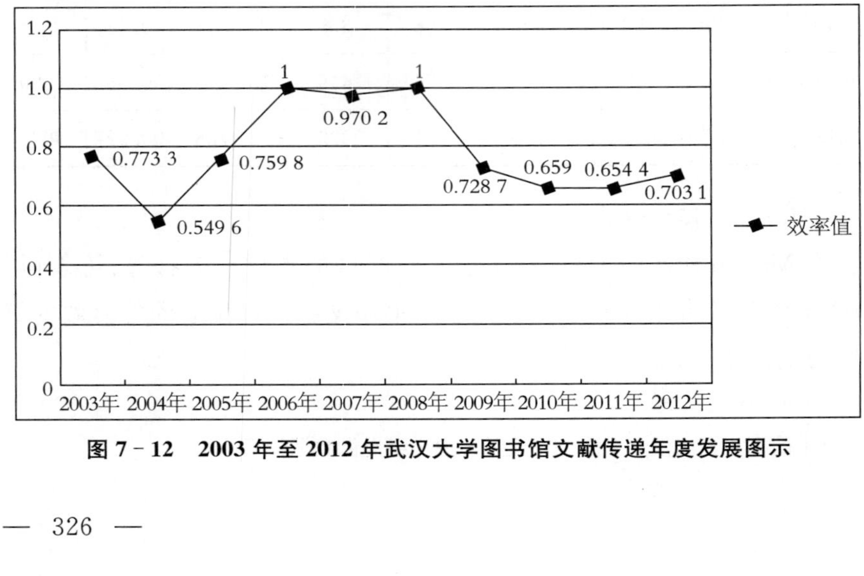

图 7-12　2003 年至 2012 年武汉大学图书馆文献传递年度发展图示

从图 7－12 可以看出,武汉大学图书馆 2006 年至 2008 年的综合效率值,明显大于其他年份的综合效率值,其综合效率值均大于 0.97,另外,除了 2004 年的综合效率值相对较低之外,为 0.549 6,其他年份的综合效率值比较接近,均在 0.7 上下徘徊。

投入方面:从表 7－2 和表 7－3 中可以看出,2009 年文献传递小组设备全面更新,设备成本从 5 376 元/年,增加到 2012 年的 14 540 元/年,平均每年设备成本增长 1.7 倍;创新补贴从 2003 年的 82 000 元,增加到 2009 年的 364 554 元,补贴成本增长了 3.5 倍;这些因素虽然是为了改进服务设备,提高服务效率,但却使服务成本大大增加。

产出方面:在 2009 年设备更新前,2006 年的服务年收益取得最大值,达到 199 096 元,服务业务量也达到最大值 17 946 笔,同时其他产出指标也取得了不俗的成绩。2008 年年科技论文索引的数量达到 4 473 篇、年专利发明数量达到 291 项,最值得一提的是服务满足率达到所有年份的最大值 91.1%,而 2003 年是 85.86%,2012 年是 88.79%,这些都为 2008 年的综合效率排名做出贡献。

2009 年以后的综合效率值相对之前都有所下降,这主要是由于设备的全面更新以及补贴费用的大大增加,使投入成本成倍增长,如 2009 年的投入资本达到这 10 年中的最大值 508 244 元,相对 2003 年的 187 497 元,增长 320%。不过可喜的是产出方面也有较大增长,2009 年的服务业务量达到 10 年中的最大值 23 795 笔,服务范围年科技论文索引的数量也达到 10 年中最大值 5 132 篇,服务年收益也达到最大值 293 738 元。其他产出指标,各个年份也取得较好成绩。但是,综合效率值 2009 年之后的年份相对之前的 2 年有所下降,这也说明在设备更新、补贴增加的同时,产出效率没有达到最大化,也就是新增的投入使用未达到最大化,项目组将进一步细分析原因。

7.5　基于 New-Cost-DEA 模型的文献传递成本效率绩效研究

为了进一步分析武汉大学图书馆 2003 年至 2012 年年份绩效的变化情

况，本节采用基于成本效率分析的 DEA 模型来进行分析。运用 New-Cost-DEA 技术测算运行成本效率是因为 New-Cost-DEA 技术不但考虑成本效率而且考虑了配置效率，即在投入要素中考虑了投入要素的价格，能够对投入因素做进一步分析。①

7.5.1 New-Cost-DEA 模型介绍

在传统 DEA 模型的基础上，法雷尔(Farrell)等提出了成本效率(cost efficiency)的概念，将投入产出要素价格(即成本因素)引入到效率评价中②，查恩斯③、库珀④对成本效率做了进一步的研究。托恩(Tone)对成本效率的各个决策单元的投入要素价格的一致性假设进行了进一步修正，提出了基于各投入要素价格不同的 New - Cost - DEA 模型，即新成本效率模型⑤⑥。

成本效率研究在成本前沿的基础上，既考虑投入与产出之间的技术效率，又要考虑要素价格因素所带来的配置效率，即成本效率＝技术效率×配置效率。

---

① 马乃毅.基于 New-Cost-DEA 模型的污水处理企业成本效率研究[J].企业经济，2002(3)：72－75.

② FARRELL M J. The measurement of productive effieiency[J]. Journal of the royal statistical society series A, 1957,120(Ⅲ).

③ CHARNES A, CLARK C T, COOPER W W, et al. A developmental study of data envelopment analysis in measuring the efficiency of maintenance units in the US air forces[J]. Annals of operation research, 1985,3(5).

④ COOPER W W, SEIFORD L M, TONE K. Data envelopment analysis: a comprehensive text with models, applications, references and DEA-solver software [M]. Boston: Kluwer Accadimic Publishers,2000.

⑤ TONE K. A strange case of the cost and allocative efficiencies in DEA[J]. Journal of the operational research society, 2002,(53).

⑥ COOPER W W, SEIFORD L M, TONE K. Data envelopment analysis second edition[M]. Springer Science + Business Media, LLC.2007.

假设有 n 个决策单元，有 m 维输入向量 X，s 维输出向量 Y，DMU_j 对应的生产活动(X_j, Y_j)，$j=1,2,\cdots n$，考虑单位成本因素 $C=(c_1,\cdots,c_n)$的生产可能集合如下：

$$P_c = \{(\overline{x}, y) \mid x \geqslant \overline{X}\lambda, y \leqslant Y\lambda, \lambda \geqslant 0\}$$
$$X = (\overline{x_1}, \cdots, \overline{x_n}) \in R^{M*N}, \overline{x_j} = (c_{1j}x_{1j}, \cdots, c_{mj}x_{mj})T,$$
$$Y = (y_1, \cdots, y_n) \in R^{S*N}$$

在这个新生产可能集合中，技术效率可以通过以下线性规划方程求解得：

$$[\text{New} \quad \text{cos}t]\bar{\theta} = \min_{\bar{\theta}\lambda}(\bar{\theta})$$
$$\text{s.t.} \quad \bar{\theta}_{\bar{x}0} \geqslant \overline{X}\lambda,$$
$$y_0 \leqslant Y\lambda,$$
$$\lambda \geqslant 0,$$

新成本效率 $\bar{\gamma}^* = e\,\bar{x}_0^* / e\,\bar{x}_0$，其中$\bar{x}_0^*$ 是以下线性规划方程的最优值：

$$[\text{New} \quad \text{cos}t]e\,\bar{x}_0^* = \min_{\bar{x}\lambda}(e\bar{x}_0)$$
$$\text{s.t.} \quad \bar{x} \geqslant \overline{X}\lambda,$$
$$y_0 \leqslant Y\lambda,$$
$$\lambda \geqslant 0,$$

则配置效率为：$\bar{\alpha}^* = \bar{\gamma}^* / \bar{\theta}^*$

7.5.2 基于 New-Cost-DEA 模型的文献传递成本效率绩效评价

本研究使用 DEAP2.1 软件和 MaxDEA 软件，对表 7－10 中的投入产出指标以及表 7－11 中的数据进行建模计算，测算了武汉大学图书馆 2003 年至 2012 年的成本效率，并将其分解为技术效率和配置效率(见表 7－37)，配置效率等于成本效率除以技术效率。技术效率衡量的是文献传递小组在产出既定，使投入要素数量最小的有效程度；而配置效率衡量的是在给定投入要素价格时，文献传递小组选择最优投入要素配比的有效程度。上述两项的结果组成了成本效率，衡量的是在产出一定情况下，文献传递小组最小化成本的有效程度①。

通过模型测算的各个年份的理想投入值如表 7－38 所示，各个年份的理想产出值如表 7－39 所示。

表 7－37　2003 年至 2012 年武汉大学图书馆文献传递成本效率及其分解

年份	成本效率(ce)	技术效率(te)	配置效率(ae)
2003	1	1	1
2004	0.741	0.745	0.994
2005	0.981	0.987	0.994
2006	1	1	1
2007	1	1	1
2008	1	1	1
2009	0.735	0.892	0.824
2010	0.696	0.793	0.878
2011	0.81	0.89	0.91
2012	1	1	1
均值	0.896	0.931	0.96

注：ce＝te×ae.

从表 7－37 可以看出，成本效率各年度的均值是 0.896，2003 年、2006 年、2007 年、2008 年和 2012 年的成本效率达到 1，表 7－38 可以看出这 5 个年份投入资本实际投入和投入资本理想投入是完全相吻合的，也说明文献

① 姜帆.基于 DEA 新成本效率方法的我国商业银行效率实证研究[D].合肥：合肥工业大学，2009：11.

传递小组在这几个年份最小化成本的有效程度最高。其他年份的差异较大，从2010年的成本效率最差为0.696，结合表7-13可以看出2010年的投入资本达到450 968元，而社会效益的重要产出年科技论文索引的数量为4 458篇，相对于2009年的5 132篇下降13%；服务年收益为233 918元，相对2009年的293 738元更是下降20%；服务用户数2010年新增554人，相对2009年626人，也下降13%。表7-38可以看出2010年的投入资本实际投入和投入资本理想投入之间的差额为-137 151元，这部分投入尚未得到合理的利用，也是这10年中差额最大的。

技术效率衡量的是文献传递小组在产出既定，使投入要素数量最小的有效程度。技术效率各年度的均值为0.931，2003年、2006年、2007年、2008年和2012年的技术效率达到1，表7-39、表7-40和表7-41显示只要这5个年份文献传递小组在服务年收益实际产出和服务年收益理想产出、服务业务量实际产出和服务业务量理想产出、科技论文索引数量实际产出和科技论文索引数量理想产出、专利发明数量实际产出和专利发明数量理想产出、服务满足率实际产出和服务满足率理想产出、服务用户数实际产出和服务用户数理想产出6项指标的变化数量为0，说明这几年文献传递的投入成本得到有效利用，所有的投入都得到既定的产出回报。其他数据，如2004年技术效率为0.745，2010年为0.793，都是较低的。表7-35显示2004年投入资本增加到279 370元，相对2003年的187 497元，增加了49%，而各项产出指标只有服务范围年科技论文索引的数量由2003年的1 590篇增加到2 235篇，其他没有太多变化，因此2004年在投入要素最小的有效程度相对于2003年较差。表7-40显示同样的问题，2004年科技论文索引数量实际产出为2 235篇，科技论文索引数量理想产出应该为3 947篇，差额为1 712篇。

配置效率是衡量当前各项投入的价格条件下实现投入组合与理论最优组合的偏离，也就是度量文献传递小组在现有投入水平上，能否正确选择投入量组合的能力，它是成本效率与技术效率的比值。配置效率各年份的均值是0.96，2003年、2006年、2007年、2008年和2012年的配置效率达到1，表7-38至表7-41也显示这5个年份中的实际投入和理想投入之间的差额为 0,实际产出和理想产出之间的变化数量也为 0,说明在现有的服务投入条件下,文献传递小组在这些年份的资源和人力的配备、协作等方面达到较好的状态,投入资本得到了充分的利用,也得到了相应的回报。

表 7－38　2003 年至 2012 年武汉大学图书馆投入资本、网络数据库数量实际投入和理想投入一览表

年份	投入资本			网络数据库数量		
	实际投入（元）	变化数量（元）	理想投入（元）	实际投入（个）	变化数量（个）	理想投入（个）
2003	187 497	0	187 497	61	0	61
2004	279 370	－72 684	206 685.7	280	124	404
2005	265 668	－5 234	260 434.3	300	208	508
2006	252 968	0	252 968	398	0	398
2007	206 426	0	206 426	403	0	403
2008	195 386	0	195 386	412	0	412
2009	508 244	－135 025	373 218.5	422	165	587
2010	450 968	－137 151	313 816.5	432	118	550
2011	371 296	－70 777	300 519.1	442	8	450
2012	395 517	0	395 517	449	0	454

表 7－39　2003 年至 2012 年武汉大学图书馆服务年收益、服务业务量实际产出和理想产出一览表

年份	服务年收益			服务业务量		
	实际产出（元）	变化数量（元）	理想产出（元）	实际产出（篇）	变化数量（篇）	理想产出（篇）
2003	108 816	0	108 816	10 273	0	10 273
2004	116 198	27 809	144 007	10 736	2 409	13 145
2005	149 154	32 302	181 456	14 052	2 511	16 563

（续表）

年份	服务年收益			服务业务量		
	实际产出（元）	变化数量（元）	理想产出（元）	实际产出（篇）	变化数量（篇）	理想产出（篇）
2006	199 096	0	199 096	17 946	0	17 946
2007	143 826	0	143 826	13 128	0	13 128
2008	129 626	0	129 626	11 917	0	11 917
2009	293 738	0	293 738	23 795	2 682	26 477
2010	233 918	0	233 918	20 498	713	21 211
2011	167 070	7 817	174 887	15 644	35	15 679
2012	211 788	0	211 788	18 646	0	18 646

表 7-40　2003 年至 2012 年武汉大学图书馆科技论文索引数量、专利发明数量

年份	科技论文索引数量			专利发明数量		
	实际产出（篇）	变化数量（篇）	理想产出（篇）	实际产出（项）	变化数量（项）	理想产出（项）
2003	1 590	0	1 590	206	0	206
2004	2 235	1 712	3 947	209	65	274
2005	3 050	1 923	4 973	239	107	346
2006	3 499	0	3 499	245	0	245
2007	3 942	0	3 942	274	0	274
2008	4 853	0	4 853	291	0	291
2009	5 132	30	5 162	355	6	361
2010	4 458	1 046	5 504	359	0	359
2011	4 976	0	4 976	449	0	449
2012	4 681	0	4 681	592	0	592

表 7-41　2003 年至 2012 年武汉大学图书馆服务满足率、服务用户数实际产出和理想产出一览表

年份	服务满足率			服务用户数		
	实际产出(%)	变化数量(%)	理想产出(%)	实际产出(人)	变化数量(人)	理想产出(人)
2003	85.86	0	85.86	713	0	713
2004	88.84	1.73	90.57	796	0	796
2005	85.22	14.78	100.00	1 003	0	1 003
2006	89.61	0	89.61	840	0	840
2007	90.46	0	90.46	795	0	795
2008	91.1	0	91.10	710	0	710
2009	90.92	9.08	100.00	626	613	1 239
2010	90.41	9.59	100.00	554	521	1 075
2011	90.55	3.30	93.85	699	143	842
2012	88.79	0	88.79	920	0	920

注：实际产出＋变化数量＝理想产出

7.5.3　文献传递成本效率绩效评价总结与分析

文献传递各年份的技术效率、成本效率和配置效率均为 1，其效率最高，其运行成本也是最低的，是文献传递综合效率最高的发展年份。具体来说 2003 年、2006 年、2007 年、2008 年和 2012 年的成本效率、技术效率和配置效率均为 1，表明这些年武汉大学图书馆文献传递工作在资源和人力的管理、配合、协作和利用等方面做得较好，结合表 7-36 武汉大学图书馆文献传递年度发展综合效率值，这几个年份确实综合效率值较高，其综合较高效率再次得到确认。同时特别值得关注的是 2012 年是在设备全面更新后，取得不错的成本效率。通过文献传递成本效益评价可以得出如下结论。

1. 成本的有效管理和利用是文献传递可持续发展的根本

图书馆作为公益事业,从理论上讲,图书馆有义务免费提供文献传递服务,所以,对用户的文献传递服务费用进行补贴,也是理所当然的,这也是社会效益的重要体现。但是实行用户免费服务时,将计费目标从终端用户前移到申请馆本身时,成本损耗就成为制约图书馆开展文献传递服务的重要因素。同时,为了提高服务效率,图书馆进行设备更新和添置,必将使投入成本大大增加。武汉大学图书馆文献传递小组是在 2009 年进行设备更新,评价得出 2003 年、2006 年、2007 年、2008 年 4 个年份的技术效率、成本效率和配置效率均为 1。因此,用户免费或补贴政策令文献传递服务代价高昂,使图书馆不堪重负,那无疑是文献传递业务发展的倒行逆施。而事实上突出成本效益优势、注重补贴政策利用情况的统计与分析,注重供需平衡的科学调查与分析,注重文献传递服务实际情况的积累、调查和统计,在补贴政策长效进行的大方向上,根据实际利用情况进行灵活调整,只有这样,才能真正发挥文献传递服务费用补贴政策的实际功效。① 2012 年文献传递小组开展形式多样、丰富多彩的区域优惠活动,面向新疆、西藏开展全年文献传递免费优惠活动、"你身边的 CASHL"基层宣传推广活动、CASHL 学科服务试点活动等,这些服务的推广和优惠措施使服务业务量、年专利发明数量以及服务年收益都有较大增长。所以在投入扩大后的 2012 年的成本效率仍为 1。同时,采用一定的激励措施来适当返还使用经费,调动用户的积极互动参与,有效避免了重复性申请,提高了图书馆经费的使用效益,相应地减免了本馆文献传递的服务开支,形成了良性的利益驱动机制,促进了文献传递服务的可持续发展。

2. 资源的有效整合是提高文献传递成本效益的关键

用户总是希望便捷、高效地获取文献,他们不愿意花太多时间去了解图

① 陈益君,叶杭庆.图书馆文献传递的原文补贴政策探讨[J].大学图书馆学报,2004(3):11-12.

书馆到底拥有多少个数据库,每个数据库又分别有哪些特色资源,他们也不关心图书馆又加入了哪个联盟,可以和多少个文献单位共享资源,他们只希望通过一个检索平台可以检索出所有自己感兴趣的文献,并通过这个平台高效地获取全文。因此,全面挖掘、联合国内各级文献服务机构、商业服务机构和高校成员馆的可利用资源与服务能力,实现各类型文献资源的全面整合,并在此基础上提供文献传递服务,构建统一检索与即时传递相结合的"一站式"文献传递服务模式势在必行①。技术效率、成本效率和配置效率均为1的2012年,也是在设备全面更新后唯一一年所有效率值都为1,这一年是在2009年进行设备更新、投入增加的情况下,武汉大学图书馆对CASHL馆藏期刊目次数据进行更新维护,增加了电子期刊目次数据内容,使馆藏信息揭示更加准确、全面,大大提高了申请量及文献满足率,使社会效益得到较大提升,用户的满意率也得到了较大提高。因此,优化资源整合,提高文献揭示率,是提高服务社会效益的基础。

3. 用户的感知和满足是文献传递服务的终极目标

图书馆文献传递服务是根据用户对特定的、已确知的文献发出需求申请,由图书馆通过一定的方式,在适当的时间内将需要的文献或其替代品以有效的方式与合理的价格,直接或间接地传递给用户的一种服务。因此,用户的感知和满足是文献传递服务的终极目标。用户在获取文献传递服务中不仅希望得到文献的满足,同时更注重情感的愉悦和满足,而且主动地参与到信息服务之中,用户越来越希望和信息服务机构一起,按照用户需求获取满意的服务,通过创造性消费来体现他们独特的个性,使他们获取自我实现的新途径,从而获得更大的成就感和满足感。因此,主动走向用户,感知用户需求,改革服务机制,优化服务体验,发展以用户为主体的"按需服务"这是提升文献传递服务的根本。2012年文献传递小组调整既有服务方案,以发展用户为主、鼓励用户注册(当年新增用户达到920人),强调以用户(而

① 黄静.变革中的文献传递服务:案例剖析与路向管窥[J].图书情报工作,2013(4):55-59.

不是以机构)为基础的“多用多优惠”的滚动式长期服务;同时,加大宣传力度,通过各种渠道密切贴近用户,充分发挥感性因素如情绪、感受等在信息接收过程中的重要作用,增强有效手段提高用户的参与互动,得到信息和情感的双重满足,全面提升文献传递服务的综合水平。

总而言之,成本的有效管理和利用是文献传递可持续发展的重要因素,应更加注重图书馆文献资源的统筹规划、统一管理和统一使用,加强资源的有效整合,这样能够防止资金的大量浪费。权威部门如教育部可以根据各馆特色,统一规划各高校图书馆馆藏特色,并充分利用文献传递服务,使各馆馆藏资源实现长效的资源共享。因此,扩大服务规模和增加设备投入,关键要采取措施合理配置资源和资金的运用,采取有效措施增加服务的社会效益和经济效益,达到收益的最大化。

7.6 本章小结

本章基于用户交互的数字图书馆服务评价实证研究是以上海图书馆和武汉大学图书馆文献传递中心为实例研究对象,通过实证单位背景研究以及长达半年多的数据采集及调研,进行用户群体结构及与图书馆的黏合度调查与分析、用户参与度及服务体验调查分析、用户满意度调查与分析等用户交互性研究。研究表明,不论是公共馆还是高校馆用户群体呈现多层次、文献需求类型日趋多样化,用户对文献传递服务的准确性和时效性要求越来越高,这些都对快速发展的文献传递服务提出更高的要求和挑战;再者用户期望获得性价比较高的文献服务,但是高校馆和公共馆用户的期望值是不一样的,因此针对不同用户群体不仅要满足用户的信息需求,而且要引导用户合理正确使用文献也是服务者的职责;最后是随着移动技术的应用,不论高校馆还是公共馆都应该重视移动服务的开展,提供简单易于操作的系统是满足用户信息需求和情感需求的基础。调研中发现,不论高校馆还是公共馆目前的用户嵌入服务在文献传递中只是初级阶段,因此用户参与服务流程的服务与管理评价有待进一步发展。

用户的感知和满意度直接影响用户参与服务的欲望和评价服务，因此，项目组跟踪收集武汉大学图书馆文献传递中心服务数据，研究用户满意度与各影响因素的动态关联分析，通过协整检验和误差修正研究长期影响用户感知和满意的因素，利用脉冲响应分析短期影响用户感知和满意度的因素。通过实际验证，无论从服务的长期还是短期效应来看，文献满足率的提高是提高用户满意度的最重要因素，其次是网络数据资源的建设。根据验证结果，文章提出优化共享服务平台，最大限度提高用户满足率等策略提高用户的满意度，注重用户信息能力培训和宣传教育，增强用户感知，真正实现嵌入服务。

本章最后以武汉大学图书馆文献传递中心为研究实例，运用数据包络分析方法研究文献传递服务的整体发展变化，利用评估模型综合评价服务发展趋势。采用基于成本效率分析的 DEA 模型来进行分析全面分析成本效率和配置效率，为成本的有效管理和资源的优化配置提供定量分析，也为提高用户交互的服务提供服务机制的内在和外在保障，为文献传递服务的可持续发展提供理论和实践基础。

参考文献

中文参考文献

[1] 范并思，胡小菁.图书馆 2.0：构建新的图书馆服务[J].大学图书馆学报，2006(1)：2-7.

[2] 叶鹰，黄晨.基于 DSpace 的 Lib 2.0[J].大学图书馆学报，2006(3)：2-5.

[3] 邓胜利，张敏.基于用户体验的交互式信息服务模型构建[J].中国图书馆学报，2009(1)：65-70.

[4] 胡昌平，李阳晖.面向用户的交互式信息服务组织分析[J].图书馆论坛，2006(12)：188-193.

[5] 文庭孝，邱均平.对科学评价作用与价值的再认识[J].科技管理研究，2007(9)：43-44.

[6] 严怡民.情报学概论[M].修订版.武汉：武汉大学出版社，2001：10.

[7] 马费成，宋恩梅.情报学的历史沿革与研究进展.情报学研究进展[M].武汉：武汉大学出版社，2007：8.

[8] 文燕平.21 世纪情报学的发展趋势及其哲学思考[J].情报科学，2003(5)：458-460.

[9] 梁孟华.图书馆知识信息服务综合评估研究[M].上海：上海世界图书出版公司，2012：21-26，38，162.

[10] 初景利.应用 SERVQUAL 评价图书馆服务质量[J].大学图书馆学报，1998(16)：43-44.

[11] 金更达.图书馆服务质量评价实现探讨[J].大学图书馆学报，2002(20)：49-54.

[12] 孙静，粟慧.用户感知的服务质量评价模式——以用户为中心的图书馆服务质量评价[J].图书情报工作，2005(11)：105-109.

[13] 杨雅芬，李广建.基于 TAM3 的数字图书馆用户技术接受模型研究[J].图书情报

研究,2012(5)3：15 - 24.

[14] 保洪才.基于用户感知的图书馆电子资源绩效评价模型[J].图书馆学刊,2012(12)：115 - 117.

[15] 李克特量表[EB/OL].[2014 - 05 - 17].http：// en.wikipedia.org/wiki/Likert_scale.

[16] 阎秋娟.数字参考咨询服务质量控制——基于可感知的服务质量思考.图书馆建设[J].2008(5)：69 - 72.

[17] 唐娜.公共图书馆参考咨询网站的用户交互特性关键因素研究[D].重庆：西南大学,2008：34 - 37.

[18] 许炜.高校数字图书馆用户接受研究[D].武汉：武汉大学,2009：137 - 139.

[19] 许巍.基于用户感知的高校图书馆电子服务质量测评研究[D].太原：山西大学,2013：60 - 62.

[20] 宋爽,杜慰纯.高校数字图书馆感知服务质量及控制研究.图书馆建设[J].2013(7)：70 - 75.

[21] 吴建华.数字图书馆评价方法[M].北京：科学出版社,2009：99 - 114.

[22] 用户满意度评价分析方法[EB/OL].[2013 - 03 - 08]. http：// labs.chinamobile.com/mblog/382108_68503.

[23] 任妮,黄水清,熊健.数字图书馆业务流程研究[J].大学图书馆学报,2010(2)：64 - 69.

[24] 梁孟华.面向用户的数字图书馆信息交互服务综合评价实证研究[J].图书情报知识,2012(2)：55 - 60,66.

[25] 李建霞.图书馆绩效评价研究综述[J].图书情报知识,2011(5)：42 - 52.

[26] 方小苏.图书馆绩效评价[M].杭州：浙江大学出版社,2008.

[27] 刘岩芳,吕娜,袁永久.数字图书馆用户满意度测评及其应用研究[J].情报科学,2008(11)：1663 - 1666.

[28] 白茹莉.数字参考服务满意度评价模型分析[J].图书馆理论与实践,2009(2)：53 - 54,61.

[29] 王凯.基于用户满意度的数字馆藏资源评价模型研究[J].图书情报工作,2010(2)：157 - 160.

[30] 杨俊英.基于学生用户的数字资源整合检索系统的评价研究——以 MetaLib 系统

为例[D].重庆：西南大学，2011：1－47.

[31] 胡昌平，胡媛，严炜炜.高校数字图书馆服务的用户满意度实证研究[J].国家图书馆学刊，2013(6)：23－32.

[32] 朱榕.基于用户信息查询行为的数字图书馆可用性评价研究[J].创新科技，2013(10)：49－50.

[33] 刘玉美.高校数字图书馆数字资源服务能力评估系统设计与实现[D].成都：电子科技大学，2013：1－21.

[34] 余胜.关于图书馆绩效评价的研究与实践[J].中国图书馆学报，2006(4)：101－104.

[35] 赵悦，申晓娟，孙一钢.数字图书馆评价指标体系[J].数字图书馆论坛，2011(7)：8－18.

[36] 余胜.ISO11620：2008 绩效评价指标体系及其启示[J].山东图书馆学刊，2013(1)：23－28.

[37] 张红霞.国际图书馆服务质量评价：绩效评价与成效评价两大体系的形成与发展[J].中国图书馆学报，2009(1)：78－83.

[38] 李新霞.中外数字图书馆绩效评价的比较研究[J].图书馆学研究，2013(7)：34－41.

[39] 中国图书馆学会制定公共图书馆评价标准《细则》[EB/OL].[2013－03－04].http://www.doc88.com/p-931465595604.html.

[40] 谢春枝，燕今伟.图书馆联盟绩效评价的研究实践及思考[J].图书情报知识，2007(3)：96－99.

[41] 吕娜，余锦凤.数字图书馆以用户为中心的通用满意度模型的构建[J].情报学报，2006(3)：322－325.

[42] 曹树金，王红霞.高校图书馆中外文数据库用户满意度实证研究[C]//焦玉英，胡昌平，邓胜利.数字化信息服务研究：2009 年信息化与信息资源管理学术研讨会论文集.武汉：武汉大学出版社，2009：47－56.

[43] 田迎玖.图书馆服务读者满意度测评研究[J].大学图书情报学刊，2010，28(3)：22，68.

[44] 尹怀琼，董风华，张畅，杜方冬.基于 CRM-BSC 的图书馆网站评价及实证研究[J].图书馆杂志，2014(3)：74－81.

[45] 索传军.数字馆藏服务绩效评价指标体系及其构建原则[J].图书情报知识,2006(5):5-9.

[46] 索传军:电子资源服务绩效评价的含义及影响因素分析[J].图书情报知识,2005(6):66-69.

[47] 黎明,张小艳,但旺.宁波市特色产业数字图书馆服务评价[J].现代情报,2009,29(8):70-74.

[48] 数据库简介[EB/OL].[2014-03-25].http://www.lib.whu.edu.cn/dc/viewdc.asp? id=18.

[49] 胡昌平,胡吉明.基于 Web2.0 的用户群体交互分析及其服务拓展研究[J].中国图书馆学报,2009(5):99-105.

[50] 李贺,沈旺,等.国外数字图书馆评价研究现状分析[J].中国图书馆学报,2010(6):88-94.

[51] 谢春枝,燕今伟.图书馆联盟绩效评价的研究实践及思考[J].图书情报知识,2007(3):96-99.

[52] 全国哲学社会科学规划办公室.历年资助项目[EB/OL].[2010-01-05]. http://www.npopss-cn.gov.cn/planning/yearxm.htm.

[53] 初景利.国外对数字图书馆概念的认识[J].图书馆,2001(6):1-4.

[54] 索传军.电子图书馆的读者工作研究[J].中国图书馆学报,2000(5):16-19.

[55] 郑宏.对虚拟图书馆的思考[J].大学图书馆学报,1999(1):15-18.

[56] 黄宗忠.论图书馆的新模式——复合图书馆[J].图书情报知识,2002(3):10-15,26.

[57] 孙坦.数字图书馆理论与发展模式[D].北京:中国科学院文献情报中心,2000:19.

[58] 胡昌平,李阳晖.面向用户的交互式信息服务组织分析[J].图书馆论坛,2006(6):188-193.

[59] 中国社会科学院语言研究所词典编辑室.现代汉语词典[M].5 版.北京:商务印书馆,2005:680,1055.

[60] 胡磊.论信息服务交互的用户信息行为理论基础[J].情报理论与实践,2010(3):46-49.

[61] 梁孟华.面向用户的数字图书馆信息交互服务综合评价实证研究[J].图书情报知

识,2012(2): 55-60,66.

[62] 胡昌平,邓胜利,基于用户体验的信息资源整合分析[J].情报学报,2006,25(2): 231-235.

[63] 郭家义.数字图书馆个性化定制服务相关问题研究[J].图书情报工作,2003(11): 90-93.

[64] 邓胜利.面向用户的文献信息服务集成探索[J].图书情报工作,2006(1): 109-111,143.

[65] 周宁,杨峰,刘玮.数字图书馆可视化接口方法探讨[J].中国图书馆学报,2004(4): 62-66.

[66] 库珀.交互设计之路[M].Ding K,译.北京: 电子工业出版社,2006.3.

[67] 张玉峰,李敏,金燕.基于用户认知语境的个性化导航研究[J].情报科学,2005(5): 655-657.

[68] 王义翠,杨萍.公共图书馆读者需求反馈机制研究[J].图书情报论坛,2014(2): 7-10.

[69] 何玉,向阳,庄玫,焦阳.网络环境下高校图书馆读者调查与反馈机制的建构——以清华大学图书馆为例[J].图书馆论坛,2009(6): 131-133,123.

[70] 林鑫,胡昌平.交互式信息服务中的微内容重组分析[J].情报杂志,2008(9): 69-71,85.

[71] 赵保卿.绩效审计理论与实务[M].上海: 复旦大学出版社,2007: 1.

[72] 范柏乃.政府绩效评估与管理[M].上海: 复旦大学出版社,2007: 1.

[73] 绩效[EB/OL].[2014-08-26]. http://baike.baidu.com/view/122994.htm? fr=aladdin.

[74] 邓胜利,张敏.交互式信息服务环境及其影响因素分析[J].情报科学,2008(3): 443-447.

[75]《福布斯》20本最具影响力的商业书籍[EB/OL].[2009-09-28]. http://www.sinobook.com.cn/book/newsdetail.cfm? iCntno=491.

[76] 范并思.核心价值: 图书馆学的挑战[J].图书与情报,2007(3): 2-5.

[77] 杨锡怀,冷克平,王江.企业战略管理理论与案例[M].北京: 高等教育出版社,2005: 93.

[78] 申传斌.Web2.0环境下图书馆核心价值解读[J].人民论坛: 中旬刊,2010(10):

134 - 135.
[79] 张军.提供交互服务，美国开发大型网上数字图书馆[J].大学图书馆学报，2002(2)：57.
[80] 胡昌平，黄晓梅，等.信息服务管理[M].北京：科学出版社，2003：97 - 108.
[81] 邓胜利.交互式信息服务的构成要素与定位分析[J].情报理论与实践，2009(1)：18 - 21.
[82] 赵杨.数字图书馆移动服务交互质量控制机制研究[J].情报杂志，2014(4)：184 - 189.
[83] 林鑫，胡昌平.交互式信息服务中的微内容重组分析[J].情报杂志，2008(9)：81 - 85.
[84] 刘松涛，祝忠明.维基技术在图书馆中的应用探讨.图书馆理论与实践，2007(1)：85 - 86.
[85] 网上咨询.[2014 - 06 - 20]. http：// www. mhlib. sh. cn/Reference/show. asp?fid=5392.
[86] 豆洪青.面向产业的区域数字图书馆可持续发展研究[J].图书馆杂志，2010(1)：38 - 41.
[87] 梁孟华，李枫林.创新型国家的知识信息服务体系评价研究[J].图书情报知识，2009(2)：27 - 32.
[88] 刘颖.嵌入式学科服务创新模式研究——基于嵌入性理论的思考[J].图书情报工作，2012,56(1)：18 - 22,59.
[89] 秦铁辉.嵌入性理论对情报学研究的启示[J].图书情报工作，2009,53(24)：5 - 6,20.
[90] 包昌火，谢新洲，申宁.人际网络分析[J].情报学报，2003,22(3)：365 - 374.
[91] 苏娜，张志强.社会网络分析在学科研究趋势分析中的实证研究——以数字图书馆领域为例[J].情报理论与实践，2009(9)：79 - 83.
[92] 黄静.变革中的文献传递服务：案例剖析与路向管窥[J].图书情报工作，2013,57(4)：55 - 59.
[93] 托夫勒.未来的冲击[M].孟广均，等译.北京：新华出版社，1996：20.
[94] 托夫勒.第三次浪潮[M].朱志焱，等译.北京：三联书店出版社，1984：120.
[95] 邓胜利，张敏.用户体验——信息服务研究的新视角[J].图书与情报，2008(4)：

18 - 23.

[96] 黄宗忠.服务是图书馆的永恒主题——兼评国外图书馆服务的新理念、新方法[J].图书馆论坛,2005(6):22 - 29.

[97] 佚名.体验的《爆米花报告》[EB/OL].[2013 - 04 - 20].http://www.cnw.com.cn/weekly/htm2004/20041208_33058.shtml.

[98] 派恩,吉尔摩.体验经济[M].波士顿:哈佛商学院出版社,1999:43.

[99] 梁孟华.图书馆知识信息服务综合评价指标体系的构建及其校验研究[J].图书情报工作,2012,56(1):73 - 77.

[100] 满足用户需求是数字图书馆的最高评价标准——访美国霍普金斯大学图书馆张甲教授[EB/OL].[2013 - 02 - 10].http://www.caigou.com.cn/news/detail/109011.shtml.

[101] 吕元智.基于软系统方法论的数字图书馆服务评价策略研究[J].情报理论与实践,2012,35(6):92 - 95.

[102] 陆宝益,郑建明,陈雅.图书馆数字化参考咨询评价中的用户因素研究[J].图书情报知识,2006(6):61 - 64.

[103] 胡昌平,胡吉明,邓胜利.基于社会化群体作用的信息聚合服务[J].中国图书馆学报,2010(5):51 - 56.

[104] 西宝,马永驰,王洋,等.管理科学研究方法[M].北京:高等教育出版社,2008:190.

[105] 刘炜,楼向英,张春景.数字图书馆评估研究[J].图书情报工作 2007,51(5):21 - 24,69.

[106] 马宁宁,李春明,周晨.基于不同立场的公共数字图书馆服务评价研究[J].情报理论与实践,2013(7):63 - 66.

[107] 数字图书馆服务政策指南[EB/OL].[2013 - 02 - 08].http://wenku.baidu.com/view/4c1c211dfad6195f312ba6e9.html.

[108] 曾照云.LibQUAL+™——图书馆服务质量评价研究综述[J].情报杂志,2009,28(12):95 - 98.

[109] 沈旺.数字图书馆用户激励研究[D].吉林:吉林大学,2011:59 - 60.

[110] 司莉,邢文明.我国高校图书馆嵌入式服务的策略选择[J].图书情报知识,2012(4):46 - 51,63.

[111] 邵瑞银,刘又礼.软系统方法论在战略性培训中的应用[J].郑州航空工业管理学院学报(管理科学版),2004(3):76-78.
[112] 孟溦,李强,刘文斌.基于3E理论构建科研机构评价指标体系[J].科学学研究,2007(5):908-914.
[113] 王丁,杨建梅,陈建煊.用软系统方法论对广东R&D资源配置问题的研究[J].科学管理研究,1999(2):34-38.
[114] 蔡建东.软系统方法论及其对教育行动研究的启示[J].电化教育研究,2006(4):16-19.
[115] 杨建梅.切克兰德软系统方法论[J].系统辩证学报,1994(3):86-91.
[116] 彭国甫.地方政府公共事业的管理评价与治理对策研究[D].长沙:湖南大学,2004:65-66.
[117] 范并思.理论图书馆学视野中的数字图书馆研究[J].中国图书馆学报,2002(1):25-27.
[118] 姚晓霞,朱强.《数字图书馆服务政策指南》解读[J].中国图书馆学报,2011(1):32-37.
[119] 陈宋生.政府绩效审计研究[M].北京:经济管理出版社,2006:9.
[120] 汪超,王俊丽.基于软系统方法论的城市现代物流系统规划方法探讨[J].交通运输系统工程与信息,2004(1):62-67.
[121] 上海审计网.亚审组织第五次研究项目——绩效审计指南[OL].[2011-07-06].http://sjj.sh.gov.cn/node2/node9/node32/ula7057.html.
[122] 吕元智.政府信息资源管理绩效评估研究[D].武汉:武汉大学,2009:47-54,124.
[123] 王新才,吕元智.我国政府信息资源管理绩效审计中存在的问题与对策[J].情报科学,2009(5):647-650.
[124] 蔡春.审计理论结构新探[J].会计之友,2000(4):42-45.
[125] 张华夏.软系统方法论与软科学哲学[J].系统科学学报,2011(1):9-16.
[126] 尼利,亚当斯,肯尼尔利.战略绩效管理——超越平衡计分卡[M].李剑锋,等译.北京:电子工业出版社,2004:46.
[127] 黄浩岚.绩效三棱镜在商品流通企业评价中的应用研究[D].南京:南京理工大学,2008:42.
[128] 纪建悦,王翠.绩效三棱镜在我国商业银行评价中的应用研究[J].农村金融研究,

2009(10)：38－41.

[129] 王普查.一种基于利益相关者价值取向的战略业绩评价方法——绩效棱柱法[J].企业管理,2005,(2)：54－55.

[130] 颜志刚.业绩三棱镜：一种以利益相关者为中心的业绩评价体系[J].企业经济,2004,(6)：32－33.

[131] 刘亚莉.自然垄断企业利益相关者导向的综合评价研究[J].管理评论,2003(12)：31－36.

[132] 范丽娟.基于绩效三棱镜的图书馆评价体系研究——从利益相关者的视角出发[J].图书馆建设,2011(12)：90－93.

[133] 吴建南,李贵宁.基于利益相关主体及作业活动分析的政府绩效指标设计方法研究[C]//郭济.绩效政府：理论与实践创新.北京：清华大学出版社,2005：101－121.

[134] 查有梁.什么是模式论.社会科学研究[J],1994(2)：89－92.

[135] 施青军.中国特色的绩效审计探索[M].北京：中国财政经济出版社,2007：222.

[136] 徐海波,林艳晶.利益相关者评价模式探析——基于绩效三棱镜与平衡计分卡的比较[J].财会通讯,2010(12)：37－39.

[137] 温素彬,黄浩岚.利益相关者价值取向的企业评价——绩效三棱镜的应用案例[J].会计研究,2009(4)：62－69.

[138] 徐斌.绩效管理流程与实务[M].北京：人民邮电出版社,2006：67.

[139] 李三喜.经济效益审计精要与案例分析[M].北京：中国市场出版社,2006：42.

[140] 孙国平.我国政府绩效审计问题研究[D].哈尔滨：东北林业大学,2006：28.

[141] 胡勤华,韩用明.效益审计技术与方法[M].北京：中国财政经济出版社,2006：55.

[142] 向蓉美.投入产出法[M].成都：西南财经大学出版社,2007.7：8－10.

[143] 张一清.能源优化配置机制的博弈与投入产出分析[D].北京：首都经济贸易大学,2011：87.

[144] 程红莉.数字图书馆收费问题的研究[J].图书馆杂志,2002,21(6)：23－26.

[145] 张锐昕,等.电子政务绩效评估制度建设的目标和重点.中国行政管理,2006(4)：26－30.

[146] 张强,韩莹莹.当代美国联邦政府绩效评估的层级体系分析[J].理论参考,2006(7)：58－62.

[147] 邓胜利.基于用户体验的交互式信息服务[D].武汉：武汉大学，2007：107，129－130.

[148] 李三喜，等.经济效益审计精要与案例分析[M].北京：中国市场出版社，2006：42.

[149] 李嘉敦.效益审计的理论结构[M].北京：中国审计出版社，1996：105.

[150] 索传军.数字馆藏评价与绩效分析[M].北京：北京图书馆出版社，2007：288－290.

[151] 徐革.大学图书馆电子资源绩效评价研究[M].成都西南交通大学出版社，2008：62－64.

[152] 孙国平.我国政府绩效审计问题研究[D].哈尔滨：东北林业大学，2006：30.

[153] 吕元智.政府信息资源管理绩效评估研究[M].上海：上海世界图书出版公司，2012：75，92－93.

[154]《公共支出绩效审计研究》课题组.公共支出绩效审计研究[M].北京：中国时代经济出版社，2007：179－182，194－195.

[155] 王新才，等.政府信息资源管理[M].北京：科学出版社，2011：200－202.

[156] 彭华彰.政府效益审计论[M].北京：中国时代经济出版社，2006：116.

[157] 吴建华，何汶.2005—2009 年国内外数字图书馆评价研究实践回顾与展望[J].数字图书馆论坛，2010(3)：45－61.

[158] 刘盈盈.基于网络的图书馆服务质量评价工具——LibQUAL、DigiQUAL 和 MINES[J].图书情报工作，2006，50(9)：124－126.

[159] 索传军，吴启琳.MINES for Libraries TM 的功能分析[J].国家图书馆学刊，2007(4)：12－15.

[160] 朱良杰.StatsQUAL 主要评价工具对海南省高校图书馆评价的启示[J].现代情报，2010，30(2)：145－148.

[161] 张晓林，等.国家科技图书文献中心的效用形式及其评价[J].图书情报工作，2008(3)：62－65.

[162] 孙丽霞.3G 技术下移动数字图书馆的服务方式探究[J].情报科学，2010，28(10)：1485－1486.

[163] 张旭霞.公共部门绩效评估[M].北京：对外经济贸易大学出版社，2007：8.

[164] 社会效益[EB/OL].[2014－08－14]. http://baike.baidu.com/view/570574.htm?fr=aladdin.

[165] 经济效益[EB/OL].[2014-08-14]. http://baike.baidu.com/view/188272.htm?fr=aladdi.
[166] 邓国胜.非营利组织评估[M].北京：社会科学文献出版社，2001：13.
[167] 卓越.政府绩效评估的模式建构[J].政治学研究，2005(2)：88-95.
[168] 陈芳.绩效管理[M].海口：海天出版社，2002：138-139.
[169] 胡税根.公共部门绩效管理：迎接效能革命的挑战[M].浙江：浙江大学出版社，2005：124.
[170] 杨道玲.服务导向的政府部门电子政务绩效评估研究[D].武汉：武汉大学，2007：84-85，94.
[171] 胡勤华，韩用明.效益审计技术与方法[M].北京：中国财政经济出版社，2006：59.
[172] 吴明隆.结构方程模型——AMOS的操作与应用[M].重庆：重庆大学出版社，2007：212-262，306-370.
[173] 陈益君，叶杭庆.图书馆文献传递的原文补贴政策探讨[J].大学图书馆学报，2004(3)：11-12.
[174] 姜帆.基于DEA新成本效率方法的我国商业银行效率实证研究[D].合肥：合肥工业大学，2009：11.
[175] 何晓群.多元统计分析[M].北京：中国人民大学出版社，2004：287.
[176] 侯泰杰，等.结构方程及其应用[M].北京：教育科学出版社，2004：120-132.
[177] 曾焱.公关目标下的政府形象评价体系——以公共危机为实证研究[D].杭州：浙江大学，2006：62-67.
[178] 梁孟华.基于用户交互的数字图书馆服务评价模型构建与实证检验[J].图书情报工作，2012(7)：72-78.
[179] 周永红.以用户为中心的信息集成服务研究[D].武汉：武汉大学，2006：9.
[180] 邓胜利.基于用户体验的交互式信息服务研究[D].武汉：武汉大学，15.
[181] 胡昌平.情报控制论基础[M].北京：书目文献出版社，1988：222.
[182] 陆伟，万维雅.基于认知观点的信息检索交互模型[J].中国图书馆学报，2005(2)：54-57.
[183] 王鲜萍.试论图书馆激励机制的建设原则[J].图书馆学研究，2004(8)：19-20，27.
[184] 左美云，姜熙.中文知识问答分享平台激励机制比较分析——以百度知道、腾讯搜搜问问、新浪爱问知识人为例[J].中国信息界，2010(11)：25-30.

[185] 马斯洛.动机与人格[M].许金声,等译.北京：中国人民大学出版社,2007.
[186] 李卓卓,等.从“最佳用户”到用户积分制：试论高校图书馆用户激励创新[J].图书情报工作,2011(9)：71-75.
[187] 裴玉香.积分制在图书馆读者管理中的应用探讨——以深圳大学图书馆为例[J].图书馆论坛,2009(2)：104-105,130.
[188] 李书宁.用户参与的图书馆数字资源建设研究[J].图书馆杂志,2011(12)：21-25.
[189] 菲根堡姆.全面质量管理[M].杨文士,廖永平,等译.北京：机械工业出版社,1991：4.
[190] 杨林岩,詹联科.全面质量管理理论在我国公共部门的运用分析[J].科学学与科学技术管理,2006(6)：120-125.
[191] 王海林,侯岩,侯龙文,等.现代质量管理：质量及其管理的科学发展观[M].北京：经济管理出版社,2005：41.
[192] 刘立户.全面质量管理[M].北京：北京大学出版社,2004：23.
[193] 胡昌平.管理学基础[M].武汉：武汉学出版社,2002：222-223.
[194] 常金玲.基于PDCA的信息系统全面质量管理模型[J].情报科学,2006(8)：584-587.
[195] 苏秦,敏捷.竞争环境中TQM与ISO9000标准比较研究[J].南开管理评论,2001(20)：70-73.
[196] 游毅.国内数字资源评价研究综述[J].图书情报工作,2008,52(3)：66-69.
[197] 张建辉.数字图书馆绩效评价研究[D].哈尔滨：黑龙江大学,2010：29-30.
[198] 吕娜,余锦凤.数字图书馆以用户为中心的通用满意度模型的构建[J].情报学报,2006(3)：183-189.
[199] 金胜勇,周文超.面向用户评估的公共图书馆评估指标体系构建[J].图书馆工作与研究,2010(2)：11-16.
[200] 樊钢.渐进式改革的政治经济学分析[M].上海：上海远东出版社,1996：27-28.
[201] 卢现祥,朱巧玲.新制度经济学[M].北京：北京大学出版社,2007：56.
[202] 丁茂战.关于制度、组织和制度安排[J].经济师,2001(3)：15-18.
[203] 刘军宁.民主与民主化[M].北京：商务印书馆,1999：53.
[204] 蔡春,刘学华.绩效审计论[M].北京：中国时代经济出版社,2006：7.
[205] 李海英,蒋永福.我国公共图书馆治理评价制度的弊端及其改进建设——以我国

现行公共图书馆评估制度为背景[J].情报资料工作,2010(5):15-19.
[206] 吴建南,李贵宁.基于利益相关主体及作业活动分析的政府绩效指标设计方法研究[C]//郭济.绩效政府:理论与实践创新[M].北京:清华大学出版社,2005:101-121.
[207] 徐海波,林艳晶.利益相关者绩效评价模式探析——基于绩效三棱镜与平衡计分卡的比较[J].财会通讯,2010(12):37-39.
[208] 柳新元.制度安排的实施机制与制度安排的绩效[J].经济评论,2002(4):48-50.
[209] 张振学.制度高于一切[M].北京:中国商业出版社,2006:205.
[210] 彭国甫.地方政府公共事业的管理绩效评价与治理对策研究[D].长沙:湖南大学,2004:92.
[211] 梁孟华.创新型国家电子政务知识协同服务研究[J].情报理论与实践,2009(2):14-16,26.
[212] 协同理论[EB/OL].[2014-09-02]. http://baike.baidu.com/view/1455975.htm? fr=aladdin.
[213] 孙国强.关系、互动与协同:网络组织的治理逻辑[J].中国工业经济,2003(11):14-20.
[214] 谢春枝.图书馆联盟的成本效益分析及决策选择[J].中国图书馆学报,2007(1):24-29.
[215] 燕辉.信息反馈意识及其在信息服务系统中的应用[J].图书馆学研究,2003(7):73-75.
[216] 刘渊.互联网信息服务理论与实证:用户使用、服务提供与行业发展[M].北京:科学出版社,2007:50-57.
[217] SCI/EI/ISTP 服务[EB/OL].[2009-11-02]. http://www.lib.whu.edu.cn/sci/
[218] 张磊.上海图书馆移动服务实践与创新[J].图书情报工作,2013(4):11-15.
[219] 胡昌平,乔欢.信息服务与用户[M].武汉:武汉大学出版社,2001:78.
[220] 文献传递收费与补贴[EB/OL].[2013-09-07].http://www.lib.whu.edu.cn/web/index.asp? obj_id=206.
[221] 龙泉,谢春枝,申艳,等.国内外高校图书馆移动服务现状及比较分析[J].情报杂志,2013(2):173-177.
[222] 王健,周国民,王剑,等.认知导向信息需求研究综述[J].图书情报工作,2013(10):

136 - 141.

[223] 情感[EB/OL/].[2013 - 09 - 07]. http://baike.baidu.com/link?url=DKOC8NZASm8KxDSUi7tDpbZgiX58SmxmHQF3DV30lvT0206eRIDF26rvxSEon-Zp.

[224] 樊秀峰,等.《开放度对广东省服务业全要素生产率的影响研究——基于 DEA-Malquist 指数法和 VAR 的实证分析》.中国商务管理创新研究[J].2011:167 - 177.

[225] 王黎明,王家泽.整理论研究及其在经济领域中的应用[J].泰山学院学报,2005,27(4):85 - 89.

[226] 马薇.协整理论与应用[M].天津:南开大学出版社,2004:9 - 11.

[227] 马超群,储慧斌,李科,等.中国能源消费与经济增长的协整与误差校正模型研究[J].系统工程,2004(10):47 - 50.

[228] 姚晓霞,赵永超,陈凌,等.基于 SaaS 的 CALIS 共享服务实践[J].大学图书馆学报,2012(4):24 - 28.

[229] 马乃毅.基于 New-Cost-DEA 模型的污水处理企业成本效率研究[J].企业经济,2002(3):72 - 75.

英文参考文献

[1] BUSH V. As we may think[J]. Atlantic, 2012(11): 74 - 75.

[2] NGDA Globetrotter[EB/OL]. [2014 - 05 - 11]. http://clients.alexandria.ucsb.edu/globetrotter/.

[3] NGDA ADL Gazetteer[EB/OL]. [2014 - 05 - 11]. http://webclient.alexandria.ucsb.edu/client/gaz/adl/.

[4] NGDA ESRI Gazetteer[EB/OL]. [2014 - 05 - 11]. http://webclient.alexandria.ucsb.edu/client/gaz/esri/.

[5] HILL L L, CARVER L. Alexandria Digital Library: user evaluation studies and system design [J]. Journal of the Association for information science & technology, 2001,51(3): 246 - 259.

[6] HILL L L. Alexandria Digital Library: user evaluation studies and system design [J]. Journal of the American society for information science, 2000(3): 246 - 259.

[7] KIRAN K, DILJIT S. Modeling Web-based library service quality[J]. Library & information science research, 2012(34): 184 - 196.

[8] KOSTKOVA P, MADLE G. What impact do healthcare digital libraries have? An evaluation of national resource of infection control at the point of care using the Impact-ED framework[J]. Internation journal on digital libraries, 2013(13): 77 - 90.

[9] FUHR N, TSAKONAS G, AALBERG T, et al. Evaluation of digital libraries [J]. Internation journal on digital libraries, 2007(8): 21 - 38.

[10] KIM Y M. Users' perceptions of university library websites: A unifying view[J]. Library & information science research, 2011(33): 63 - 72.

[11] JEONG H. An investigation of user perceptions and behavioral intentions towards the e-library[J]. Library collections, acquisitions, & technical services, 2011, 35 (5): 45 - 60.

[12] MILLER J, KHERA O. Digital library adoption and the technology acceptance model: across-countryanalysis[J]. Electronic journal of information systems in developing countries, 2010, 40(6): 1 - 19.

[13] PARKA N, ROMANB R, LEEC S, et al. User acceptance of a digital library system in developing countries: an application of the technology acceptance model [J]. International journal of information management, 2009, 29(3): 196 - 209.

[14] JENG J. Evaluation of the New Jersey Digital Highway [J]. Information technology and libraries, 2008(12): 17 - 24.

[15] MARTINEZ E F, CHEN S Y, LIU X H. Investigation of behavior and perception of digital library users: a cognitive style perspective[J]. International journal of information management, 2008(28): 355 - 365.

[16] NIELSEN J. Usability engineering[M]. Boston MA: Academic Press, 1993: 65 - 82.

[17] KIRAN K, DILJIT S. Modeling Web-based library service quality[J]. Library & information science research, 2012(34): 184 - 196.

[18] HERADIO R, FERNÁNDEZ-AMORÓS D, CABRERIZO F J, et al. A review of quality evaluation of digital libraries based on users' perceptions[J]. Journal of

information science, 2012(6): 269-283.

[19] XIE H. Evaluation of digital libraries: criteria and problems from users' perspectives[J]. Library & information science research, 2006(6): 433-452.

[20] BICKNELL S T. Focusing on quality reference serviece[J]. The journal of academic librarianship, 1994, 20(2): 77-81.

[21] KEITH S, BUTTERWORTH R, FIELD B, et al. Disrupting digital library development with scenario informed design[J]. Interacting with computers, 2007, 19(1): 70-82.

[22] RAMOS M S, ABRIGO C M. Reference 2.0 in action: an evaluation of the eigital reference services in selected Philippine academic libraries[J]. Library hi tech news, 2012, 29 (1): 8-20.

[23] KHAN A M. Users' perceptions of library effectiveness: A comparative users' evaluation of central libraries of AMU, BHU, ALU and BBRAU [J]. International Information & Library Review, 2012, 44(2): 72-85.

[24] BUCHANAN S, McMENEMY D. Digital service analysis and design: the role of process modeling[J]. International journal of information management, 2012 (32): 251-256.

[25] CHE RUSULI M S, TASMIN R, TAKALA J, et al. An empirical study of library customer satisfaction (LcS) model at malaysian University Libraries[J]. World applied sciences, 2013(23): 47-52.

[26] TRAMULLAS J, CASABÓNA A I S, PICAZOB P G. An evaluation based on the digital library user: an experience with greenstone software[J]. Procedia-social and behavioral sciences, 2013(73): 167-174.

[27] LORENTE Á T, PORCEL C, PEIS E, et al. A quality based recommender system to disseminate information in a university digital library original research article[J]. Information sciences, 2014, 261(10): 52-69.

[28] JAYASUNDARA C, NGULUBE P, MAJANJA M M K. A theoretical model to predict customer satisfaction in relation to service quality in selected university libraries in Sri Lanka[J]. South African journal of libraries & information science, 2009, 75(2): 179-194.

[29] GARIBAY C, GUTIÉRREZ H, FIGUEROA A. Evaluation of a digital library by means of quality function deployment (QFD) and the kano model[J]. The journal of academic librarianship, 2010, 36(2): 125 - 132.

[30] KIRAN K, DILJIT S. Modeling web-based library service quality original research Article[J]. Library & information science research, 2012, 34(3): 184 - 196.

[31] LAURIE A, NEAL B, JOSH W, et al. Analyzing the MISO data: broader perspectives on library and computing trends[J]. Evidence based library & information practice, 2013, 8(2): 129 - 138.

[32] ALI S, STAN R, MATT B, et al. User evaluation of searchling and T-saurus: multilingual thesaurus-enhanced visual interfaces for digital libraries[J]. Canadian journal of information & library sciences, 2013, 37(2): 137 - 160.

[33] LAI C F, CHIU P S, HUANG Y M, et al. An evaluation model for digital libraries' user interfaces using fuzzy AHP[J]. Electronic library, 2014, 32 (1): 83 - 95.

[34] VIRTUE: A visual tool for information retrieval performance evaluation and failure analysis[EB/OL]. [2013 - 03 - 17]. http: // www. sciencedirect. com/science/article/pii/S1045926X13001006.

[35] CHEN C M, LIN S T. Assessing effects of information architecture of digital libraries on supporting E-learning: a case study on the digital library of nature & culture[J]. Computers & education, 2014(75): 92 - 102.

[36] HSU M K, CUMMINGS R G, WANG S W. Business students' perception of university library service quality and satisfaction[J]. Contemporary issues in education research, 2014, 7(2): 137 - 144.

[37] CARUANA A, EWING M T, RAMASESHAN B. Assessment of the three-column format SERVQUAL: an experimental[J]. Journal of business research, 2000(2): 49, 57 - 65.

[38] SILVA L V, GONCALVES M A, LAENDER A H F. Evaluating a digital library self-archiving service: The BDBComp user case study[J]. Information processing and management, 2007 (43): 1103 - 1120.

[39] LibQUAL+TM：Charting library service quality[EB/OL]. [2009-08-20]. http://www.libqual.org/.

[40] ARMS W Y. Digital libraries[M]. Cambridge, MA; MIT Press, 2000.

[41] http://www.dialogselect.com[2012-10-19].

[42] FENG Z, YANG S B, LONG S J, etc. Research on integrating service in grid portal. In: M. Li et al.(Eds.)[J]. Springer-Verlag, 2003(12): 821-824.

[43] BOLDI P, SANTINI M, VIGNA S. Page rank as a function of the damping factor [C].//International conference on world wide web, 2005, May 10-14, 2005, Chiba, Japan: 557-566.

[44] SHEDROFF N. Information interaction design: a unified field theory of design. [EB/OL]. [2006-04-05]. http://www.nathan.com/thoughts/unified/.

[45] TAN F B, SUTHERLAND P. Online consumer trust: a multi-dimensional model, Journal of electronic commerce in organizations, 2004, 2(3): 40-59.

[46] CHOWDHURY G G, CHOWDHURY S. Introduction to digital libraries.[M]. London: Facet Publisher,2003.

[47] VOYNICH S S. The profession's core values: connecting our past to our future [J]. Research in accounting regulation, 2005(18): 303-320.

[48] SCHMEICHEL B J, VOHS K D. Self-affirmation and self-control: affirming core values counteracts ego depletion [J]. Journal of personality and social psychology, 2009(8)v96: 770-782.

[49] IFLA Core values. [EB/OL]. [2009-09-28]. http://archive.ifla.org/III/intro00.htm#CoreValues.

[50] YU C C. A value-based strategic management process for e-Government strategy planning and performance control [A]. Proceedings of the 1st international conference on theory and practice of electronic governace, December10-13, 2007, Macao: 169-178.

[51] POLANYI K, BLOCK F. Karl Polanyi and the writing of "the great transformation"[J]. Theory and society, 2003, 32(3): 275-306.

[52] GRANOVETTER M S. Economic action and social structure: the problem of embeddedness[J]. The American journal of sociology, 1985, 91(3): 481-510.

[53] GRANOVETTER M S. The impact of social sturcture on economic out-comes [J]. Journal of ecnonomic prespectives, 2005, 19(1): 33 - 50.

[54] NANCE R E, KORFHAGE R R, BHAT U N, Information net-works: definitions and message transfer models[R/OL]. [2009 - 07 - 23]. http://www.eric.ed.gov/ERICDocs/data/ericdocs2sql/content_storage_01/0000019b/80/37/67/54.pdf.

[55] MATZAT U. Reducing problems of sociability in online communities: integrating online communication with offline interaction[J]. American behavioral scientist, 2010, 53(8): 1170 - 1193.

[56] RAI A, MARUPING L M, VENKATESH V. Offshore information systems project success: the role of social embeddednesss and cultural characteristics[J]. MIS Quarterly, 2009, 33(3): 617 - 641.

[57] DANIEL L. Understanding user experience[J]. Web techniques, 2000, 5(8): 42 - 43.

[58] The importance of user experience — the Poster[EB/OL]. [2013 - 04 - 10]. http://www.demystifyingusability.com/2006/09/the_importance_.html.

[59] CHECKLAND P B. Systems thinking, systems practice[OL]. [2011 - 06 - 28]. http://www.citeulike.org/group/2050/article/1282764.

[60] GRANOVETTER M S. Economic action and social structure: the problem of embeddedness[J]. The American journal of sociology, 1985, 91(3): 481 - 510.

[61] NEELY A. The search for meaning for measures[J]. Management services, 2007, (9): 14 - 18.

[62] NEELY A, ADAMS C, KENNERLEY M. The performance prism: the scorecard for measuring and managing business success[M]. NJ: Pearson Education, 2002: 238.

[63] FREEMAN R E. Strategic management: a stakeholder approach[M]. Boston: Pitman, 1984: 58.

[64] CLARKSON M. A risk based model of stakeholder theory[M]. Toronto: Center for Corporate Social Performance & Ethic, 1994: 36 - 38.

[65] REY et al. Uncertainty in integrated regional models[J]. Economic systems

research，2004，16(3)：261.

[66] XIE H. Evaluation of digital libraries: criteria and problems from user's perspectives[J]. Library and information science research，2006(28)：433 - 452.

[67] POLLITT C，GIRRE X，LONSDATE J，et al. Performance or compliance? — performance audit and public management in five countries [M]. Oxford University Press，1999：8.

[68] DigiQUAL Goals[EB/OL]. [2014 - 06 - 28]. http://www.digiqual.org/about/goals.

[69] GONCALVES A，FOX E A，WATSON L T，et al. Streams，structures，spaces，scenarios，societies (5S)：a formal model for digital libraries[J]. ACM Transactions on information systems，2004，22(2)：270 - 312.

[70] GONCALVES M. "What is a good digital library?"— A quality model for digital libraries[J]. Information processing & management，2007(43)：1416 - 1437.

[71] NICHOLSON S. The basis for bibliomining：frameworks for bringing together usage-based date mining and bibliomertrics through data warehousing in digital library services[J]. Information processing & management，2006，62(2)：293 - 326.

[72] Evaluatuin themes[EB/OL]. [2014 - 07 - 01]. http://www.evalued.bcu.ac.uk/evaluating/index.htm.

[73] UNC case study[EB/OL]. [2014 - 06 - 29]. http://www.evalued.bcu.ac.uk/resources/docs/UCN/UCN.htm.

[74] User satisfaction surveys at Birmingham University[EB/OL]. [2014 - 06 - 29]. http://www.evalued.bcu.ac.uk/resources/docs/birmingham/birmingham.htm.

[75] PARKHILL A. Monash institute of health services research presentation[EB/OL]. [2014 - 06 - 30]. http://www.evalued.bcu.ac.uk/resources/docs/monash/anne.htm.

[76] Origins of MINES for Libraries® [EB/OL]. [2014 - 07 - 01]. http://www.minesforlibraries.org/about/origins.

[77] LANCASTER F W. The measurement and evaluation of library services[M]. Washington Information Resources Press，1977.

[78] MINES for Libraries® aims [EB/OL]. [2014 - 07 - 01]. http://www.minesforlibraries.org/about/aims.

[79] Origins of MINES for Libraries®? [EB/OL]. [2014 - 07 - 01]. http://www.minesforlibraries.org/about/origins.

[80] Publications[EB/OL]. [2014 - 07 - 01]. http://www.minesforlibraries.org/publications.

[81] FRANKLIN B, PLUM T. Assessing the value and impact of digital content[J]. Journal of library administration, 2008, 48 (1): 41 - 47.

[82] WILSON T D. Models in information behavior research [J]. Journal of Documentation, 1999, 55(3): 249 - 270.

[83] STERN P C. Information, incentives, and proenvironmental consumer behavior [J]. Journal of consumer policy, 1999,(22)4: 461 - 478.

[84] CHEN D M. Interactive dynamic force analysis using constraint-based approach [J]. International journal on interactive design and manufacturing, 2011, 5(4): 20 - 28.

[85] MILFONT T L, DUCKITT J. The structure of environmental attitudes: a first- and second-order confirmatory factor analysis [J]. Journal of environmental psychology, 2004, 24(3): 289 - 303.

[86] JEVICS M. Big science, nano science? mixed method approach to mapping the evolution and structure of nano technology[J]. Information research, 2007, 12 (4): 152 - 159.

[87] ALEXANDROS M, MARGHERITA A, EVAGELOS B, et al. A user — orientation evaluation framework: assessing accessibility throughout the user experience lifecycle[C]. ICCHP, 2006: 421 - 428.

[88] CHEN D M. Interactive dynamic force analysis using constraint-based approach [J]. International journal on interactive design and manufacturing, 2011, 5(4): 20 - 28.

[89] KARAT J. The evolution of the human computer interaction field in industry[C]. In: Proceedings of the APCHI 2002 User Interaction Technology in the 21st Century, Beijing, 2002: 22 - 26.

[90] NSDL2004 Annual Report. Highlighting successful strategies for growth[EB/OL]. [2006-06-11]. http://nsdl.org/about/download/misc/NSDL_ANNUAL_REPORT_2004_1-15.pdf.

[91] ZUCCALA A, etc. User needs and potential users of public repositories: an integrated analysis[EB/OL]. [2006-06-11]. http://www.dlib.org/dlib/september05/09inbrief.html#GREEN.

[92] DALRYMPLE P W. A quarter century of user-centered study: the impact of Zweizig and Dervin on LIS research[J]. Library and information science research, 2001, 23(2): 155-167.

[93] KONTOGIANNIS T, EMBREY D. A user-centred design approach for introducing computer-based process information systems[J]. Applied ergonomics, 1997, Volume 28, Issue 2, April: 109-119.

[94] MARTY P F. Meeting user needs in the modern museum: profiles of the new museum information professional[J]. Library & information science research, 2006(28): 128-144.

[95] WHITE G W. Collaborative collection building of electronic resources: a business faculty/librarian partnership[J]. Collection building, 2004, 23(4): 177-181.

[96] Contact Lenovo.[EB/OL]. [2010-01-09]. http://www.lenovo.com/contact/us/en/.

[97] LINBERGER P, FIELDING L J, BOVE F J. Developing a web-based evaluation tool for purchasing electronic resource: a librarian-faculty-student partnership [J/OL]. Electronic journal of academic and special librarianship, 2007, 8(3). http://southernlibrarianship.icaap.org/content/v08n03/linberger_p01.html.

[98] UK Customer service excellence — the government standard[EB/OL]. [2010-01-08]. http://www.cse.cabinetoffice.gov.uk/homeCSE.do.

[99] University of Arizona Libraries. University of Arizona Libraries policy for selecting and acquiring electronic products[EB/OL]. (2000-05-30)[2010-01-08]. http://intranet.library.arizona.edu/xf/da/selecting_acquiring_elec_prod.doc.

[100] GARRETT J J. Ajax: a new approach to web applications[EB/OL]. [2010-01-09]. http://www.adaptivepath.com/publications/essays/archives/000385.php

[101] BOLD M. Use of Wikis in graduate course work[J]. Journal of interactive learning research，2006(1)：5－14.

[102] PFAU L D. Total quality management gives companies a way to enhance position in global marketplace[J]. Industrial engineering，1989，vol.21(4)：17－21.

[103] REED R，LEMAK D J，MERO N P. Total quality management and sustainable competitive advantage[J]. Journal of quality management，2000(5)：5－26.

[104] WRUCK K H，JENSEN M C. Science，specific knowledge，and total quality management[J]. Journal of accounting and economics，1994(11)，Volume 18，Issue 3：247－287.

[105] REED R，LEMAK D J，MERO N P. Total quality management and sustainable competitive advantage[J]. Journal of quality management，2000(5)：5－26.

[106] KLOBAS J. Wikis：tools for information work and collaboration[M]. Oxford：Chandos Publishing Limited，2006：84.

[107] CLACK M E. Organizational development and TQM：the Harvard College Library's experience[J]. Journal of library administration，1993，18(1/2)：37－38.

[108] SPENCER B A. Models of organization and total quality management：a comparison and critical evaluation[J]. Academy of management review，1994，vol19，No. 3：446.

[109] ICOLC. Guidelines for the statistical measures of usage of web-based resources [EB/OL]. [2013－10－15]. http://legacy.icolc.net/webstats.html.

[110] ISO. ISO/DIS 11620 Information and documentation — library performance indicators[EB/OL]. [2013－10－15]. http://www.iso.org/iso/catalogue_detail.htm? csnumber=56755.

[111] SARACEVIC T. Digital library evaluation：toward an evolution of concepts[J]. Library trends，2000，49(3)：350－369.

[112] ANSI/NISO Z39. 7－2004 Information services and use：metrics & statistics for libraries and information providers data dictionary (Inactive)[EB/OL]. [2013－10－15]. http://www.niso.org/apps/group_public/project/details.php? project_id=7.

[113] TRNKOCZY J, STANKOVSKI V. Improving the performance of Federated Digital Library services[J]. Future generation computer systems, 2008, 24(8): 824 - 832.

[114] COOPER P J. Account ability and administrative reform: toward convergence and begond[C]. In B.Guy peters and Donal Savoi(eds). Governance in a Changing Environment. Ottapwa: McCill Queens University Press, 1995,188 - 189.

[115] EQUINOX.[2013 - 10 - 21]. http://equinox.dcu.ie/.

[116] An evaluation toolkit for e-library developments.[2013 - 10 - 21]. http://www.evalued.bcu.ac.uk/about.htm.

[117] HAKEN H. Synergetic[M]. Berlin: Springer. 1987.

[118] FRIESEN N. Semantic interoperability and communities of practice.[EB/OL]. [2010 - 01 - 29]. http://www.cancore.ca/documents/semantic.html.

[119] SKIANIS C. Performance evaluation of QoS-aware heterogeneous systems[J]. European journal of operational research 191 (2008) 1056 - 1058.

[120] FARRELL M J. The measurement of productive effieiency[J]. Journal of the royal statistical society series A, 1957, 120(Ⅲ).

[121] CHARNES A, CLARK C T, COOPER W W, et al. A developmental study of data envelopment analysis in measuring the efficiency of maintenance units in the US air forces[J]. Annals of operation research, 1985, 3(5).

[122] COOPER W W, SEIFORD L M, TONE K. Data Envelopment analysis: a comprehensive text with models, applications, references and DEA-solver software[M]. Boston: Kluwer Accadimic Publishers, 2000.

[123] TONE K. A atrange case of the cost and allocative efficiencies in DEA[J]. Journal of the operational research society, 2002,53(11): 1225 - 1231.

[124] COOPER W W, SEIFORD L M, TONE K. Data envelopment analysis (second edition)[M]. Springer Science + Business Media, LLC. 2007.

附录1　上海图书馆馆际互借与文献传递工作用户调查表

亲爱的用户：您好！

为了了解用户使用馆际互借服务的情况，以及在文献传递服务过程中用户的体验感受等，调研小组希望通过调查，找出目前存在的不足，从而更好地为您服务。上海图书馆馆际互借与文献传递服务链接点为 http://eservice.digilib.sh.cn/wxtg/service/docusupply.htm。您所填写的资料将是我们统计分析的有效数据。调查占用了您宝贵的时间，在此感谢您的支持！请在您认为合适的选项(可多选)后打上"√"！

非常感谢您的参与和帮助！

如果您有什么意见和建议，欢迎与我联系，我的联系方式是：

电子邮箱：

调查负责人：

1. 您的文化程度是

A 博士　(　　)

B 硕士　(　　)

C 本科　(　　)

D 其他　(　　)

2. 您的技术职称是

A 教授或研究员　(　　)

B 副教授或副研究员　(　　)

C 讲师或工程师　(　　)

D 其他　(　　)

3. 您对馆际互借方式获取文献的了解程度

A 非常了解　(　　)

B 比较了解 (　　)

C 基本了解 (　　)

D 不太清楚 (　　)

E 不知道 (　　)

4. 您最需要的文献类型是

A 图书 (　　)

B 学术论文 (　　)

C 专利文献 (　　)

D 学位论文 (　　)

E 其他 (　　)

5. 您一般是通过哪些信息服务机构获取文献传递服务？

A 高校图书馆 (　　)

B 公共图书馆 (　　)

C 情报研究所 (　　)

D 其他 (　　)

6. 您索取文献的目的主要用于

A 教学 (　　)

B 科研 (　　)

C 其他 (　　)

7. 当您急需的文献在图书馆找不到时，您会采取何种方式去获取？

A 通过馆际互借方式获得 (　　)

B 直接向作者索取 (　　)

C 自己分析网络查找 (　　)

D 通过朋友或者同行帮忙 (　　)

E 放弃查找 (　　)

8. 您不使用馆际互借服务的原因是

A 不知道这项服务 (　　)

B 不明确服务的具体内容 (　　)

C 系统使用起来不方便 (　　)

D 此项服务有成本费开销 (　　)

E 如果不收费，我就会用　　(　　)

9. 您认为在文献传递服务申请中自己分析信息的能力

A 非常强　　(　　)

B 比较强　　(　　)

C 还可以　　(　　)

D 弱　　(　　)

E 非常弱　　(　　)

10. 您对文献传递服务提供文献准确率的满意度为

A 非常满意　　(　　)

B 比较满意　　(　　)

C 基本满意　　(　　)

D 不满意　　(　　)

E 很不满意　　(　　)

11. 您对文献传递获取文献的时间满意度为

A 非常满意　　(　　)

B 比较满意　　(　　)

C 基本满意　　(　　)

D 不满意　　(　　)

E 很不满意　　(　　)

12. 您对文献传递服务的收费标准满意度为

A 非常满意　　(　　)

B 比较满意　　(　　)

C 基本满意　　(　　)

D 不满意　　(　　)

E 很不满意　　(　　)

13. 您对目前获取文献的服务方式和途径的满意度为

A 非常满意　　(　　)

B 比较满意　　(　　)

C 基本满意　　(　　)

D 不满意　　(　　)

E 很不满意 (　　)

14. 您认为文献传递操作界面的互动程度为

A 非常满意 (　　)

B 比较满意 (　　)

C 基本满意 (　　)

D 不满意 (　　)

E 很不满意 (　　)

15. 您认为此项服务的信息需求满足程度为

A 非常满意 (　　)

B 比较满意 (　　)

C 基本满意 (　　)

D 不满意 (　　)

E 很不满意 (　　)

16. 您认为在此项服务中您得到的情感满足程度为

A 非常满意 (　　)

B 比较满意 (　　)

C 基本满意 (　　)

D 不满意 (　　)

E 很不满意 (　　)

17. 您对文献传递服务中信息设计的满意程度为

A 非常满意 (　　)

B 比较满意 (　　)

C 基本满意 (　　)

D 不满意 (　　)

E 很不满意 (　　)

18. 您在文献传递服务中是否使用过移动服务(即通过手机、平板电脑等)

A 是 (　　)

B 否 (　　)

您认为还需要从哪些方面来评价您在文献传递服务中的体验

非常感谢您的帮助!

祝您

身体健康,工作顺利!

“馆际互借与文献传递服务项目”评价小组

附录2　武汉大学图书馆馆际互借与文献传递工作用户调查表

亲爱的用户：您好！

为了了解用户使用馆际互借服务的情况，以及在文献传递服务过程中用户的体验感受等，调研小组希望通过调查，找出目前存在的不足，从而更好地为您服务。武汉大学图书馆馆际互借与文献传递服务链接点为 http://www.lib.whu.edu.cn/web2010/index.asp? obj_id=199。您所填写的资料将是我们统计分析的有效数据。调查占用了您宝贵的时间，在此感谢您的支持！请在您认为合适的选项(可多选)后打上"√"！

非常感谢您的参与和帮助！

如果您有什么意见和建议，欢迎与我联系，我的联系方式是：

电子邮箱：

调查负责人：

1. 您的文化程度是

　A 博士　(　)

　B 硕士　(　)

　C 本科　(　)

　D 其他　(　)

2. 您的技术职称是

　A 教授或研究员　(　)

　B 副教授或副研究员　(　)

　C 讲师或工程师　(　)

　D 其他　(　)

3. 您对馆际互借方式获取文献的了解程度

A 非常了解　(　　)

B 比较了解　(　　)

C 基本了解　(　　)

D 不太清楚　(　　)

E 不知道　(　　)

4. 您最需要的文献类型是

A 图书　(　　)

B 学术论文　(　　)

C 专利文献　(　　)

D 学位论文　(　　)

E 其他　(　　)

5. 您一般是通过哪些信息服务机构获取文献传递服务？

A 高校图书馆　(　　)

B 公共图书馆　(　　)

C 情报研究所　(　　)

D 其他　(　　)

6. 您索取文献的目的主要用于

A 教学　(　　)

B 科研　(　　)

C 其他　(　　)

7. 当您急需的文献在图书馆找不到时，您会采取何种方式去获取？

A 通过馆际互借方式获得　(　　)

B 直接向作者索取　(　　)

C 自己分析网络查找　(　　)

D 通过朋友或者同行帮忙　(　　)

E 放弃查找　(　　)

8. 您不使用馆际互借服务的原因是

A 不知道这项服务　(　　)

B 不明确服务的具体内容　(　　)

C 系统使用起来不方便 ( )

D 此项服务有成本费开销 ( )

E 如果不收费,我就会用 ( )

9. 您认为在文献传递服务申请中自己分析信息的能力

A 非常强 ( )

B 比较强 ( )

C 还可以 ( )

D 弱 ( )

E 非常弱 ( )

10. 您对文献传递服务提供文献准确率的满意度为

A 非常满意 ( )

B 比较满意 ( )

C 基本满意 ( )

D 不满意 ( )

E 很不满意 ( )

11. 您对文献传递获取文献的时间满意度为

A 非常满意 ( )

B 比较满意 ( )

C 基本满意 ( )

D 不满意 ( )

E 很不满意 ( )

12. 您对文献传递服务的收费标准满意度为

A 非常满意 ( )

B 比较满意 ( )

C 基本满意 ( )

D 不满意 ( )

E 很不满意 ( )

13. 您对目前获取文献的服务方式和途径的满意度为

A 非常满意 ( )

B 比较满意 ( )

C 基本满意　　(　　)

D 不满意　　(　　)

E 很不满意　　(　　)

14. 您认为文献传递操作界面的互动程度为

A 非常满意　　(　　)

B 比较满意　　(　　)

C 基本满意　　(　　)

D 不满意　　(　　)

E 很不满意　　(　　)

15. 您认为此项服务的信息需求满足程度为

A 非常满意　　(　　)

B 比较满意　　(　　)

C 基本满意　　(　　)

D 不满意　　(　　)

E 很不满意　　(　　)

16. 您认为在此项服务中您得到的情感满足程度为

A 非常满意　　(　　)

B 比较满意　　(　　)

C 基本满意　　(　　)

D 不满意　　(　　)

E 很不满意　　(　　)

17. 您对文献传递服务中信息设计的满意程度为

A 非常满意　　(　　)

B 比较满意　　(　　)

C 基本满意　　(　　)

D 不满意　　(　　)

E 很不满意　　(　　)

18. 您在文献传递服务中是否使用过移动服务(即通过手机、平板电脑等)

A 是　　(　　)

B 否　　(　　)

您认为还需要从哪些方面来评价您在文献传递服务中的体验

非常感谢您的帮助！

祝您

身体健康，工作顺利！

"馆际互借与文献传递服务项目"评价小组

附录 3　评价指标对数字图书馆服务水平影响和重要程度调查表

尊敬的老师：

您好！

随着信息技术的不断发展和人们对于信息服务要求的日益提升，图书馆服务也面临着传统服务模式与现代高新技术的结合，以及更好地满足用户使用要求等挑战。为了进一步提升数字图书馆的服务水平，提升用户的使用体验，本项目着重研究如何制订科学合理的基于用户交互的数字图书馆服务评价体系。为研究的需要，恳请您在百忙之中抽出时间提供您真实的看法。在此，我向您郑重承诺，您提供的所有信息将会严格保密并只用于统计。

非常感谢您的参与和帮助！

如果您有什么意见和建议，欢迎与我联系，我的联系方式是：

电子邮箱：

联系电话：

调查负责人：

第一部分　基本资料

您的身份是(　　　)

A 图书馆工作者

B 图书馆理论研究者

C 教师

D 研究生

E 本科生

F 数字图书馆用户

第二部分　基于用户交互的数字图书馆服务评价指标影响和重要程度调查

说明：该部分调查您对各个评估指标对于数字图书馆服务水平影响程度的感知，在重要程度判断方面，“5”代表非常重要，“1”代表一点都不重要，数字越小，表明重要程度越低；在影响程度判断方面，“5”代表影响非常大，“1”代表没有任何影响，数字越小，表明影响程度越低。

请您将合适的选项加粗或以其他颜色标注。

维度	二级指标	三级指标	影响非常大→没有任何影响	非常重要→一点都不重要
A1 服务基础	B1 用户交互能力	C1 学历	5　4　3　2　1	5　4　3　2　1
		C2 用户信息能力	5　4　3　2　1	5　4　3　2　1
		C3 交互动力	5　4　3　2　1	5　4　3　2　1
		C4 信息素质	5　4　3　2　1	5　4　3　2　1
	B2 用户交互满足率	C5 信息需求满足率	5　4　3　2　1	5　4　3　2　1
		C6 用户情感满足	5　4　3　2　1	5　4　3　2　1
	B3 用户交互设计	C7 信息设计	5　4　3　2　1	5　4　3　2　1
		C8 交互界面设计	5　4　3　2　1	5　4　3　2　1
		C9 跨平台交互	5　4　3　2　1	5　4　3　2　1
A2 交互服务过程	B4 交互服务基础	C10 服务基础设备	5　4　3　2　1	5　4　3　2　1
		C11 服务人员技术职称	5　4　3　2　1	5　4　3　2　1
		C12 数据资源	5　4　3　2　1	5　4　3　2　1
		C13 服务规范	5　4　3　2　1	5　4　3　2　1
	B5 交互服务方式	C14 即时互动方式	5　4　3　2　1	5　4　3　2　1
		C15 延时互动方式	5　4　3　2　1	5　4　3　2　1
		C16 移动交互服务方式	5　4　3　2　1	5　4　3　2　1

（续表）

维度	二级指标	三级指标	影响非常大→没有任何影响	非常重要→一点都不重要
A2交互服务过程	B6交互服务时间	C17 响应时间	5 4 3 2 1	5 4 3 2 1
		C18 完成时间	5 4 3 2 1	5 4 3 2 1
	B7交互服务成本	C19 人员成本	5 4 3 2 1	5 4 3 2 1
		C20 软硬件购置成本	5 4 3 2 1	5 4 3 2 1
		C21 单次服务成本	5 4 3 2 1	5 4 3 2 1
A3交互服务绩效	B8 社会效益	C22 服务用户数	5 4 3 2 1	5 4 3 2 1
		C23 服务业务量	5 4 3 2 1	5 4 3 2 1
		C24 提供交互服务培训支持	5 4 3 2 1	5 4 3 2 1
		C25 服务满足率	5 4 3 2 1	5 4 3 2 1
	B9 创新效益	C26 服务范围内科技论文索引数量	5 4 3 2 1	5 4 3 2 1
		C27 服务范围内专利发明数量	5 4 3 2 1	5 4 3 2 1
	B10 经济效益	C28 服务年收入	5 4 3 2 1	5 4 3 2 1
		C29 服务性价比	5 4 3 2 1	5 4 3 2 1

非常感谢您的帮助！

祝您

身体健康，工作顺利！

“基于用户交互的数字图书馆服务评价”评估小组

后 记

20 世纪 90 年代中期，正是计算机和互联网刚刚进入中国大陆并在高校图书馆的工作中开始得到大规模的应用和发展的重要时期。当时初入图书馆工作的我，深切地感受到了新兴的信息技术和网络技术对于图书馆事业带来的巨大冲击和深刻改变，并且因此对图书馆的信息化、数字化及其未来发展趋势产生了浓厚的探究兴趣，写下了有关 21 世纪的高校图书馆——数字图书馆的学术论文；而到了 21 世纪的第 11 个年头，当我以一位高校信息管理专业的教师身份继续进行数字图书馆问题的研究时，数字图书馆已经从“未来”变成了真切的现实存在，在国内得到超出想象的建设与发展，并且将一个又一个全新的课题摆在了学者和大众的面前。

由于在武汉大学攻读博士期间深受导师的熏陶和指导，在博士毕业之后，针对国内外数字图书馆研究中交互评价模型和数字图书馆服务指标体系构建方面的缺陷，同时结合自己多年在图书馆工作所积累的经验和思考，2011 年我以“基于用户交互的数字图书馆服务评价模型与实证研究”申请了国家社科项目并获得立项批准。从那时起，我便投入了这项不无艰辛的研究工作。

我在该课题的研究中首先改变了传统的过程评价、绩效评价和综合评价的结构，以构建基于用户交互的数字图书馆服务评价模型为重点，梳理数字图书馆服务与用户交互的关系，从而突破了传统评价理论框架；作为课题研究的重点内容，我在 2011 年 8 月至 2011 年 12 月期间，进行了广泛的资料收集、阅读并整理的工作，特别阅读了国外在本领域的最新研究动态及其最前沿的科研成果。与此同时，我还积极利用参加相关会议和研讨活动的机会，主动将自己在研究中的设想和遇到的问题提出来向前辈老师与同行师友请教、切磋，并且耐心地将自己的研究思路、研究方法和研究内容与本领域已有的相近成果加以比较、讨论，从而获益良多。在该课题研究中，评价指标体系的优选是最大的难点，需要科学客观地设计专家调查问卷并进行广泛的调查研究，对大量的调研数据进行科学的计算进行指标的优选。为了克服这个困难，我多次前往上海图书馆和武汉大学图书馆调研，并与来自上海图书馆和武汉大学图书馆等单位的课题组成员反复沟通、协商，并多次一起进行讨论，从而取得了一系列重要的数据资料和其他原始材料，使得该课题的研究能够建立于坚实的实证基础之上，并以此获得可靠的质量保障。

当前的时代是一个充满诱惑而人心浮躁的时代，在这样的时代从事科学研究是一项格外寂寞而奢侈的事情。作为一名女性科研工作者，我对科研工作的艰辛也深有体会。记不清有多少次，为了解开一个难题，我不得不独守书斋；又有多少个晴天丽日，在人们纷纷扶老携幼尽情出游的时候，我却可能为了第一手的数据或资料，前去寻访清静而寂寞的图书馆；不过，苦与甜又是辩证的，在进行课题研究的过程中，我同样也收获了快乐与幸福，每一次学术上的新发现，每一个问题的顺利解决，每一种数据资料的最终取得，都给了我和课题组不间断的喜悦和极大的成就感。幸运的是，课题的研究自一开始就得到了上海师范大学的大力支持与帮助！尤为幸运的是，课题的参加者既有高校教师，又有武汉大学信息服务中心和上海图书馆文献传递中心一线工作人员、上海社科院研究人员等加盟，他们既拥有丰富的实际工作经验和较强的科研能力，其所在单位又拥有良好的信息环境，是国内数字图书馆建设方面的先锋队，这些得天独厚的资源条件也大大节省了本课题研究的时间与成本，使得本课题研究中所获得与使用的数据资料极具权威性与说服力。

北宋的文学家王安石诗云："看似寻常最奇崛，成如容易却艰辛。"经过课题组成员 3 年的艰辛努力，这项国家社科项目已经完成了 26 万字的研究报告，发表了 12 篇科研论文，取得了不小反响，在一定意义上推动和改善了我国数字图书馆基于用户体验的交互服务和个性化服务的发展。当然，由于课题组时间和经费的限制，未对我国中小型数字图书馆进行实证研究，这点也是后续需要进一步进行研究和深入探讨的。

在这里，我谨代表课题组感谢上海图书馆和武汉大学图书馆各位领导和老师给予的无私帮助，并为我们的调研等工作作了积极的配合与协调，这种出于公益的责任心和职业道德，既鼓舞了我们的斗志，又给予了我们克服困难的动力。

我要特别感谢我的导师胡昌平教授和在项目开题时给予中肯意见和建议的各位专家！感谢《图书情报工作》《图书情报知识》《情报科学》《情报理论与实践》《图书馆论坛》《图书馆学研究》等杂志多次提供宝贵的版面发表课题的成果，给予了课题研究最积极的支持和帮助；感谢课题组成员为课题的完成倾力配合，相互协作。感谢我的合作团队成员吕元智教授、刘颖研究员、张帆老师、朱颖老师、王玉良、汤玉婷等为此项目做出的无私奉献！特别感谢吕元智、王玉良为本书的完成不计个人名利的付出。

最后，感谢我的家人，他们在我长期科研的过程中承担了繁重的家务，牺牲了自己大量的科研与学习时间，没有他们的大力支持和付出，就没有这个项目保质保量地完成。

带着丰收般的喜悦，带着对于未来道路的希望，我今天交出了自己科研事业上的又一份答卷。终点，又是起点，我将继续努力向前！

梁孟华

2018 年 5 月